Anatolij Rybakow:

Jahre des Terrors

Roman

Deutsch von Juri Elperin

Deutscher
Taschenbuch
Verlag

dtv

Von Anatolij Rybakow
ist im Deutschen Taschenbuch Verlag erschienen:
Die Kinder vom Arbat (11315)

Ungekürzte Ausgabe
November 1992
Deutscher Taschenbuch Verlag GmbH & Co. KG,
München

Titel der russischen Originalausgabe:
›Tridztj pjatyi i drugije gody‹

ISBN 3-462-02044-7
Umschlagtypographie: Celestino Piatti
Umschlaggestaltung unter Verwendung eines Fotos des Moskauer Ljubljanka-Platzes mit freundlicher Genehmigung des Süddeutschen Verlags, Bilderdienst
Satz: Fotosatz Froitzheim, Bonn
Druck und Bindung: C. H. Beck'sche Buchdruckerei, Nördlingen
Printed in Germany · ISBN 3-423-11590-4

Das Buch

»Wenn sich der Feind nicht ergibt, wird er vernichtet.« Dieser Ausspruch zieht sich wie ein düsteres Leitmotiv durch Rybakows Roman. Politische Gegnerschaft wird zum Verbrechen. Schon Sascha Pankratow, der Protagonist aus ›Die Kinder vom Arbat‹, hatte als Verbannter in Sibirien die Anfänge dieser Politik zu spüren bekommen. 1935 beginnen in Moskau die Schauprozesse, die mit den Trotzkisten endgültig aufräumen sollen. Saschas Jugendfreund Jura Scharok, der zum NKWD gegangen ist, wird bei den Verhören von Stalins Gegnern eingesetzt. Der Druck des Terrors vergiftet die Atmosphäre in den Familien und zwischen den Freunden, führt zu Feigheit und Denunziantentum. Warja, Saschas Freundin, wartet auf seine Rückkehr aus Sibirien und entzieht sich allem durch Flucht in die Arbeit, die hübsche Vika durch Heirat mit einem Ausländer. Andere schweigen oder versuchen sich durchzulavieren. Angst vor Verhaftung hat jeder, denn das allerhöchste Gesetz ist Stalins Meinung. »Es gelingt Rybakow«, schreibt Jürgen P. Wallmann in der ›Welt‹, »eindrucksvoll vorzuführen, wie der staatliche Terror die privatesten Beziehungen durchsetzt, wie jeder einzelne deformiert wird durch die Mechanismen von Einschüchterung und Bedrohung. Feiglinge und Anständige, Zyniker und Karrieristen, Naive und Skrupellose: Sie alle werden allmählich in Schuld verstrickt, sie werden gleichzeitig zu Opfern und mehr oder minder unfreiwilligen Mittätern.«

Der Autor

Anatolij Naumowitsch Rybakow wurde am 14. Januar 1911 in Tschernigow geboren. Er lebt seit 1919 in Moskau, arbeitete als Transportingenieur, nahm am Zweiten Weltkrieg teil und zog mit der Roten Armee in Berlin ein. Er schrieb Abenteuergeschichten für Kinder, auch Produktionsromane im Sinne der Parteilinie (Stalinpreis 1950). Weitere Werke: ›Menschen am Steuer‹ (1950, dt. 1951), ›Schwerer Sand‹ (1978, dt. 1980), ›Die Kinder vom Arbat‹ (1987, dt. 1988), Romane.

Die Kinder vom Arbat

Moskau im Spätherbst 1933: Stalin will seine diktatorische Alleinherrschaft ausbauen und setzt ein kompliziertes Intrigenspiel in Gang, um die ihm nicht genehmen Parteigenossen, allen voran den Leningrader Parteichef Kirow, auszuschalten. Diese Machenschaften in der Führungsriege setzen sich auf allen Parteiebenen fort, bis hin zum kommunistischen Jugendverband Komsomol. So gerät auch eine Gruppe junger Studenten aus dem Moskauer Arbat-Viertel in einen Sog aus Angst und Denunziantentum, in dem jedes falsche Wort den Kopf kosten kann.
Zur Gruppe gehören der aufrechte Idealist Sascha Pankratow, der Opportunist Jura Scharok, die Geschwister Vika und Wadim Marassewitsch, Lena Budjagina, Tochter eines hohen Regierungsbeamten, und die elternlosen Schwestern Nina und Warja. Ausgerechnet Sascha, der fest an die Ideale der Revolution glaubt, muß die Auswirkungen von Stalins strategischen Machtkämpfen am eigenen Leib erfahren. Wegen Lapalien – er hat Spottverse in einer studentischen Wandzeitung verfaßt und sich mit einem Dozenten angelegt – wirft man ihm antimarxistische Agitation vor und verweist ihn von der Hochschule. Auch die vorsichtige Intervention von Saschas Onkel Mark Rjasanow, dem Direktor eines großen Eisen- und Stahlwerks, und dessen Bekannten, dem Stellvertretenden Volkskommissar für Schwerindustrie und Stalin-Vertrauten Budjagin, bleibt wirkungslos, denn, was keiner von ihnen weiß: Sascha wird nur als Spielball in einem fingierten politischen Komplott benutzt. Nach einer Reihe von absurden Verhören wird er zu drei Jahren Verbannung in Sibirien verurteilt. Nach einem strapaziösen Transport wird er in seinem Verbannungsort, dem sibirischen Dorf Mosgowa an der Angara in den Kreis seiner Schicksalsgenossen Wsewolod Sergejewitsch, Michail Maslow, Pjotr Kusmitsch und Boris Solowejtschik aufgenommen. Allmählich erkennt Sascha, daß man manchmal aus Gewissensgründen gegen die Gesetze verstoßen muß. Er hat ein verbotenes Verhältnis mit der Lehrerin Sida und verhilft seinem Freund Solowejtschik zur Flucht.

Saschas Gegenspieler unter den Studenten ist Jura Scharok. Jura tritt in den Geheimdienst ein und wird dadurch zum aktiven Werkzeug des stalinistischen Terrors. Er ist ein skrupelloser Karrierist, der auch seine Freunde eiskalt mißbraucht, wie Vika Marassewitsch, die zu Spitzeldiensten erpreßt wurde; seine Geliebte Lena zwingt Jura zu einer Abtreibung, an der sie fast stirbt.
Die einzige aus dem Freundeskreis, die weiter zu Sascha hält, ist die 16jährige Warja. Sie kümmert sich um seine Mutter Sophia Alexandrowna. Warja ist technische Zeichnerin in einem Architekturbüro. Mit ihren Kollegen Soja, Rina und Ljowa verkehrt sie in der glitzernden Welt der Moskauer Bars und Restaurants, wo sie den Billiardspieler Kostja, einen miesen kleinen Gauner, kennenlernt. Für kurze Zeit lebt sie mit ihm zusammen, distanziert sich aber bald von ihm und seinen undurchsichtigen Geschäften. Auch der Chef des Architekturbüros, Igor Wladimirowitsch, interessiert sich für die attraktive Warja, aber Warja ist in Sascha verliebt und wartet sehnsüchtig auf seine Rückkehr aus der Verbannung.
Inzwischen spitzt sich die politische Lage zu. Am 1. Dezember 1934 wird Kirow ermordet – vermutlich eine geschickte Inszenierung Stalins, der den Anschlag als Vorwand benutzen kann, um die große Säuberung einzuleiten. Auch Rjasanow und Budjagin stehen auf der Abschußliste. Das Buch schließt mit den prophetischen Worten: »Es brechen finstre Zeiten an.«

I

Am festgesetzten Posttag blieben die Briefe und Zeitungen aus und eine Woche später auch, obwohl der Schlitten aus Keshma wie üblich eintraf und dem Verkäufer Fedja alles mögliche anlieferte. Sascha ging in den Laden. Fedja öffnete nicht, sondern ließ ihn durch die rückwärtige Tür ein, durchs Warenlager.
»Hast du Waren bekommen?«
»Ein paar schon.«
»Weißt du zufällig, warum keine Post dabei ist?«
»Woher? Ich kann anschreiben, wenn du was auf Pump haben willst.«
»Nein danke, ich brauche nichts.«
Sascha ging zu Wsewolod Sergejewitsch. Der lag, mit einem fußlangen, über der Hüfte gefälteten Bauernpelz der Wirtsleute zugedeckt, auf dem Bett.
»Sind Sie krank?«
»Nein, überhaupt nicht.«
»Warum liegen Sie dann im Bett?«
»Was soll ich sonst tun?«
»Wissen Sie, weshalb wir keine Post kriegen?«
»Ach, Post wollen Sie haben? Jetzt können Sie sich auf ganz andere Post einstellen.«
»Wie bitte? Wie meinen Sie das?«
»Sie wissen nicht, was ich meine ... Wissen Sie wenigstens, was sich im Land abspielt? Feinde der Arbeiterklasse haben den Genossen Kirow ermordet, und Sie verlangen, daß diesen Feinden regelmäßig Post zugestellt wird. Sie sind wohl nicht recht bei Trost, Sascha. Begreifen Sie doch, die Behörden müssen sich vorbereiten, um einen Gegenschlag zu führen. Einen Schlag, der ganz Rußland in den Grundfesten erbeben läßt, damit es keinem mehr einfällt, die Führer der Arbeiterklasse zu meucheln, damit die

Feinde der Arbeiterklasse, die erst noch identifiziert werden müssen, nicht wagen, Mörder vorzuschicken, die auch noch identifiziert werden müssen. Und Sie erwarten in einer solchen Zeit, in einer Zeit der Vorbereitung des vernichtenden Gegenschlags Post und Zeitungslektüre. Was für Briefe? Für Feinde der Arbeiterklasse! Damit diese Feinde vereinbaren, wie sie der Vergeltung für den vollbrachten Mord entgehen können? Was für Zeitungen? Damit sie einen Überblick über die Ereignisse gewinnen und entsprechend manövrieren können? Nein, mein Bester, eine solche Möglichkeit wird Ihnen nicht geboten. Bedanken Sie sich gefälligst, daß man Sie ungeschoren läßt und Sie bei diesem Frost nicht per pedes nach Krasnojarsk marschieren müssen.«
»Na schön«, Sascha lachte, »machen Sie mir nicht unnötig angst, und vor allem, machen Sie sich nicht selber angst.«
Wsewolod Sergejewitsch setzte sich im Bett auf und starrte Sascha an.
»Ich mache Ihnen angst? Ganz im Gegenteil, ich beruhige Sie doch. Wann haben Sie Kajurow zum letzten Mal gesehen?«
»Vor wenigen Tagen. Ich habe ihn auf der Straße getroffen.«
»Sie können sicher sein, daß Sie ihn nie mehr treffen.«
Sascha sah ihn fragend an.
»Ganz recht«, bekräftigte Wsewolod Sergejewitsch, »er ist heute nacht abgeholt worden.«
»Heute nacht?«
»Na ja, genauer gesagt, vor Morgengrauen. Vor drei Stunden haben sie ihn und seine Siebensachen auf einen Schlitten geladen und ab ging's.«
»Das hat ja kein Mensch gesehen«, sagte Sascha verwirrt.
»Selbstverständlich. Nicht mal die Hunde haben angeschlagen. Alles lag in tiefem Schlaf. So stehen die Dinge. Erinnern Sie sich an Ihren Weggefährten Wolodja Kwatschadse?«
»Natürlich.«
»Den haben sie ebenfalls unter Bewachung nach Krasnojarsk abtransportiert. Und alle seine Gesinnungsgenossen, die in den Dörfern an der Angara und an der Tschuna gewohnt haben. Und alle aus Goltjawino, Sie kennen sie doch, Maria Fjodorowna, die ehemalige Sozialrevolutionärin, Anatolij Georgijewitsch, den ehema-

ligen Anarchisten, und die schöne Frieda. Alle werden abgeholt. Bald sind auch wir dran.«

»Ist das möglich? Alle abtransportiert?«

»Sascha! Sie kennen mich doch schon lange genug: Ich bin kein Klatschweib und kein Gerüchtemacher. Ich sage nur, was ich genau weiß. Alle, die ich Ihnen genannt habe, und noch viele andere sind bereits nach Krasnojarsk abtransportiert worden. Haben Sie in Keshma eine alte Frau getroffen, eine Deportierte namens Jelisaweta Petrowna Samsonowa?«

»Ja, die kenne ich.«

Sascha hatte ihr Geld von Maria Fjodorowna mitgebracht, fünfundzwanzig Rubel waren es gewesen.

»Diese alte Frau hat man auch abgeholt, obwohl sie schon zweiundsiebzig ist.«

Sascha zuckte die Achseln.

»Ich würde noch verstehen, wenn es uns jüngere trifft. Wolodja, Frieda, mich, sogar Sie – uns kann man ins Lager schicken, immerhin kostenlose Arbeitskräfte. Aber eine alte, zweiundsiebzigjährige Frau, die hält ja nicht mal den Transport nach Krasnojarsk aus, sie stirbt unterwegs.«

»Na und? Wen interessiert das, wen rührt das überhaupt? Ehrenwort, ich muß mich über Sie wundern, Sascha. Vorgeschrieben ist eine bestimmte Aktion: Deportierte, die nach Paragraph X verurteilt worden sind, sind unverzüglich nach Krasnojarsk abzuschieben. Glauben Sie vielleicht, daß der hiesige Vollzugsbeamte, irgendso ein Bevollmächtigter, sich Gedanken macht: Eine alte, kranke Frau, die müßte man allein schon aus Mitleid verschonen? Man würde ihn sofort wegen Befehlsverweigerung erschießen. So aber schiebt er sie ab und hat den Befehl ausgeführt. Wenn sie unterwegs abkratzt, geht es ihn nichts an, dafür trägt er keine Verantwortung. Hält sie bis Krasnojarsk durch, kriegt sie noch fünf Jahre Lagerhaft aufgebrummt und kommt auf den nächsten Transport. Langt sie lebend im Lager an, um so besser, wenn nicht, wird sie abgeschrieben und fertig. Hauptsache, die Liste stimmt. Wie sie darauf aufgeführt wird: ob lebend oder tot, das ist doch egal. Ist einer gestorben, wird er abgehakt, einer mehr oder weniger ist unwichtig, es kommt nur darauf an, daß die Gesamtrechnung

stimmt. Ich weiß nicht, wie man weiterhin mit Ihnen verfährt, Sascha, Sie haben ja bloß eine kurze Frist gekriegt, aber mir und Michail Michailowitsch, die nach ihren Begriffen abgebrühte Kunden sind, uns geht's bestimmt an den Kragen.«
»Tja, wenn's so ist, dann wollen wir eben abwarten«, sagte Sascha ruhig.

So lebten sie in ihrem Dorf Mosgowa weiter, am Rand der Welt, völlig abgeschnitten und doch mit dem Gefühl, daß sich in der Welt etwas Fürchterliches abspielte, das auch sie bald ereilen müßte.
Sida sah er fast gar nicht mehr. In Keshma hatte man zwei Lehrerinnen entlassen: Der Mann der einen war ein Deportierter, der nun nach Krasnojarsk abgeschoben worden war, die andere, einst selber deportiert, war nach Verbüßung der Verbannung in Keshma geblieben. Obwohl das alles auch zuvor kein Geheimnis gewesen war, aber jetzt, nach Kirows Ermordung, war eine neue Zeit angebrochen, das Land wurde von »zweifelhaften Elementen« gesäubert. Beide Lehrerinnen wurden entlassen und durch Sida ersetzt. Von sieben bis zehn Uhr unterrichtete sie in der Dorfschule von Mosgowa, um zehn kam ein Schlitten vorgefahren, der sie nach Keshma fuhr und am späten Abend wieder zurückbrachte. Als Sascha sie einmal auf der Straße traf, blieb er stehen und fragte sie freundlich, wie es ihr ginge. Sie sah ihn nicht an, sagte, es ginge ihr gut, bloß eben die viele Arbeit.
»Ja, Sida«, sagte Sascha, »ich hatte damals Unrecht, es tut mir sehr leid, daß ich dich gekränkt habe. Verzeih, wenn du kannst.«
»Schon gut, Saschenka, was einmal war, das ist vorbei.«
»Daß es vorbei ist, sehe ich ein«, sagte er, »und was entzwei ist, läßt sich nicht mehr kitten. Aber ich möchte, daß wir trotzdem Freunde bleiben.«
»Natürlich«, antwortete Sida lächelnd, »aber ja doch, wie denn anders.«
Damit war das Gespräch beendet.
Sie trafen sich nicht wieder. Sida war mal in Mosgowa, mal in Keshma, und Sascha hatte eine Arbeit gefunden.

Im Januar 1935 herrschten bittere Fröste. Nicht mal die Alten konnten sich an eine solche Kälte an der Angara erinnern. Sie hockten in den Katen und sagten: »So was von Winter haben wir noch nie erlebt.«

Iwan Parfjonowitsch, der Kolchosvorsitzende, hatte mehr als genug um die Ohren, er steckte bis über den Kopf in Geschäften. Natürlich war es nicht schwer, zweihundert Kühe im Dorf unterzubringen, wo es doch vor wenigen Jahren zweitausend gewesen waren: Die Viehställe der Bauern standen noch, Frauen gab es genug im Kolchos, und das Pflichtgefühl, sich um die Tiere zu kümmern, hatte man ihnen noch nicht endgültig ausgetrieben.

Aber die ganze Herde zu versorgen, die auf Dutzende von Höfen verstreut war, war nicht gerade einfach. Die meisten Kühe waren trächtig, sie mußten gewissenhaft gefüttert und mindestens dreimal am Tag mit lauwarmem Wasser getränkt werden. Das Wasser schleppte man aus der Angara, aus Eislöchern, heran, und die Streu mußte frisch sein, also oft gewechselt werden, und man mußte die Kühe wenigstens zwei-, dreimal am Tag ins Freie treiben und aufpassen, daß sie nicht stürzten und keine Stöße abbekamen, und wenn sie dann kalbten, wurden sie in spezielle Ställe gebracht – alles laut Vorschrift. Jetzt gab es zehnmal weniger Kühe, dafür aber zehnmal mehr Vorschriften. Man mußte aufpassen, daß sie keinen Zug bekamen, die Stallungen waren baufällig, wer hätte sie instand halten sollen, wenn es kein Vieh gab.

Der Kolchos baute schon seit bald drei Jahren eine Milchfarm, einfacher gesagt, einen großen Kuhstall. Aber mit dem Bau ging es nicht voran, mal kam das eine, mal das andere dazwischen. Allerdings war das Bauholz schon vor einem Jahr angeliefert worden, gutes Holz, durchweg Lärche, das bloß feucht war und noch trocknen mußte. Freilich lagen seit Jahren vor jedem Bauernhaus Baumstämme, trocken, bestes Baumaterial, lange vor der Gründung des Kolchos geschlagen, als Reserve zum Bauen gewissermaßen. Man hätte diese Stämme für den Viehstall verwenden können, aber sie waren Privatbesitz, obendrein war der Voranschlag für den Bau einer neuen Milchfarm bereits bestätigt, und im Voranschlag gab es die Rubrik »Aufbereitung von Bauholz«, was bedeutete, daß man Lärchen schlagen, entasten, die Stämme aus dem

Wald ins Dorf bringen mußte – alles wie im Voranschlag, damit die Dinge ihren gesetzlichen Gang gingen. Ebenso war im Vorjahr, teils auch im vorvorigen Jahr verfahren worden. Nun war es an der Zeit, den Bau hochzuziehen.

Im Bezirk ging man daran, einen Rechenschaftsbericht über den Bau von Milchfarmen aufzustellen, und dabei erwies sich, daß überhaupt keine gebaut wurden ... In den Dörfern behalf man sich mit den privaten Viehställen. Bei den Behörden geriet man in Aufregung: Einen solchen Rechenschaftsbericht durfte man im Kreis nicht einreichen, das hätte bedeutet, wegen Hintertreibung des Aufbaus der Viehzucht vor Gericht gestellt zu werden, jede eingegangene Kuh würde auf diese Rechnung gesetzt werden, nicht ausgeschlossen, daß man wegen Sabotage erschossen wurde. Darum erfolgte der Befehl: Bis zum Frühjahr, bevor die Kühe kalbten, mußten die Farmen um jeden Preis fertiggestellt werden.

Iwan Parfjonowitsch stellte eine Zimmermannsbrigade auf und ernannte Sawwa Lukitsch, Saschas Wirt, der früher ein tüchtiger Zimmermann gewesen war, zum Brigadier, ganz abgesehen davon, daß jeder im Dorf verstand, mit Axt und Säge umzugehen.

»Vielleicht hilfst du mit«, sagte Sawwa Lukitsch zu Sascha, »der Lohn wird mir angerechnet, und ich gebe ihn dir.«

»Und was sagt Iwan Parfjonowitsch dazu?«

»Die Idee stammt von ihm«, antwortete Sawwa Lukitsch treuherzig.

So wurde Sascha Zimmermann.

Die Brigade bestand aus sechs Mann: Sawwa Lukitsch, Sascha und weiteren vier Männern. Zuerst mußten die Stämme behauen werden. Sie hoben sie auf Böcke, befestigten sie an den Seiten mit Eisenklammern und spannten eine mit Holzkohle geschwärzte Schnur der Länge nach über den Stamm, so daß eine schwarze Linie zurückblieb, an der entlang der Stamm zum Balken behauen wurde. Nachdem zwei Seiten so abgebeilt waren, daß jede in der Breite 25 cm maß, wurde der Stamm gewendet und an den beiden anderen Seiten bearbeitet. Auf diese Art entstand ein Vierkantbalken.

Sawwa Lukitsch besah sich das Ergebnis und war zufrieden.

»Hast noch frische Eier im Sack«, lachten die anderen gutmütig.

Sawwa Lukitsch beilte selber das eine Balkenende zum Zinken zurecht. Sascha machte das gleiche, und es gelang ihm. Trotz der strengen Kälte war das Arbeiten angenehm. Die Späne strömten einen frischen, harzigen Duft aus.
Die Männer kamen mit gewaltigen Steinblöcken angefahren: Hier war es so kalt, daß kein Fundament ausgehoben wurde, die Grundbalken wurden auf die Steine gelegt, und die Fugen mit zwei Lagen Brettern verschalt.
Sascha beilte Stämme für die Grundbalken und die oberen Balken ab und zersägte zusammen mit einem anderen Zimmermann die Stämme zu zwei Meter langen Stumpen, in jeden wurde eine Nut geschlagen und später mit trockenem Moos abgedichtet.
»Ohne Nut und ohne Lot wär' der Zimmermann längst tot«, gab Sawwa Lukitsch zum besten.
Zu Hause war er schweigsam, hantierte mit der Axt auf dem Hof, hier bei der Arbeit zeigte er sich beredt und hatte bei jeder Gelegenheit einen lustigen Vers parat.
Die anderen schnitten Bretter und Bohlen zurecht. Sie arbeiteten mit Bandsägen, der eine oben auf einem Gerüst, der andere unten; sie schafften fröhlich, und selbst wenn einer die Säge verbog, gab es kein böses Wort. Schlug einer mit Hammer oder Axt daneben und traf nicht den Nagel, witzelten die anderen: »Bei deiner Nastja triffst du bestimmt gleich beim ersten Stoß ins Schwarze.«
Sascha ging nun früh zu Bett und stand ebenso wie der Alte bei Morgengrauen auf. Die alte Bäuerin hatte das Frühstück für sie schon fertig, sie aßen und gingen dann gleich zur Arbeit. Hin und wieder kam Wsewolod Sergejewitsch abends vorbei. Er wirkte matt, obwohl er sich bemühte, munter aufzutreten. Manchmal besuchte ihn eine Frau aus Keshma, die mager war und früh gealtert. In diesen Fällen gab sich Wsewolod Sergejewitsch Mühe, sie zu bewirten und es ihr angenehm zu machen.
Aber einmal erschien Wsewolod Sergejewitsch mittags auf der Baustelle. Der Alte bemerkte ihn schon von weitem.
»Da kommt jemand zu dir, Sascha.«
Ob etwas passiert war?
Wsewolod Sergejewitsch winkte ihm mit einem Kreuzband zu.

»Die Post! Ich habe Ihre Briefe und Zeitungen gleich mitgebracht.«
»Wsewolod Sergejewitsch, ich bin Ihnen sehr dankbar, das ist wirklich ein Freundschaftsdienst!«
Sascha nahm die Briefe entgegen, zog die Renfellfäustlinge von den Händen, dann die wollenen Fäustlinge, die er darunter trug, riß den Umschlag auf, sah nach dem Datum und drehte jedes Blatt um. Warjas Zeilen standen immer am Ende. In diesem Brief hatte Warja nichts geschrieben. Er riß den zweiten Umschlag auf, wieder nichts von ihr.
Dann den dritten. Endlich! Er freute sich schon, wenn er ihre Handschrift sah.
Warja schrieb kurz: »Bei mir gibt's nichts Neues. Ich lebe, arbeite, sehne mich nach Dir ... Wir warten auf Dich.«
Was konnte sie ihm noch offen schreiben? Nichts ... Ebensowenig wie er ihr. Aber ihm reichten auch diese wenigen Worte. Die Hauptsache war, daß sie auf ihn wartete, die Hauptsache, daß er kaum noch zwei Jahre in diesem verdammten Nest Mosgowa hokken mußte. Nur darauf kam es an. Danach würden sie einander wiedersehen, egal, ob man ihm erlaubte, in Moskau zu wohnen oder nicht.
Lächelnd schob er die Briefe in die Tasche. In die rechte die Briefe ohne Warjas Grüße, in die linke den Brief mit ihren lieben Worten.
»Wsewolod Sergejewitsch, gehen Sie zu mir nach Hause, sehen Sie sich inzwischen die Zeitungen an, wir kommen bald nach.«
Sawwa Lukitsch, die Gutmütigkeit in Person, ein herzensguter Mensch drehte sich eine Zigarette und sagte: »Warum steckst du denn die Briefe weg? Lies sie doch erst.«
»Das mache ich nachher«, antwortete Sascha.
Als es dunkel wurde, legten sie das Werkzeug in einen Kasten und schoben ihn unter die Balken.
Zu Hause hielt Wsewolod Sergejewitsch Sascha eine Zeitung hin: »Lesen Sie das!«
»Moment, ich muß mich erst mal ausziehen.«
Sascha hängte den Halbpelz und die Mütze an den Nagel, legte die Fäustlinge auf den Ofen, zog die Filzstiefel aus und griff nach der Zeitung.

Der sogleich nach Kirows Tod verfügte Terror-Erlaß des Zentralexekutivkomitees der UdSSR lautete:

»In die gegenwärtig geltenden Strafgesetzbücher der Unionsrepubliken sind für Untersuchungen und Verhandlungen von terroristischen Organisationen und Terrorakten gegen Angehörige der sowjetischen Behörden folgende Änderungen einzuführen:

1. Untersuchungen solcher Fälle sind innerhalb von höchstens zehn Tagen abzuschließen.
2. Die Anklageschrift ist den Angeklagten einen Tag vor der Gerichtsverhandlung vorzulegen.
3. Die Fälle sind ohne Teilnahme der Parteien zu verhandeln.
4. Berufungen gegen die Urteile sowie Gnadengesuche sind unzulässig.
5. Todesstrafen sind unverzüglich nach der Urteilsverkündung zu vollstrecken.«

»Tja«, meinte Sascha nachdenklich, »was soll man dazu sagen.«

»Das ist Kriegsrecht«, sagte Wsewolod Sergejewitsch, »obwohl es doch offenbar gar keinen Krieg gibt. Kein Staat und keine Regierung ist berechtigt, dem Angeklagten das Recht auf Verteidigung zu verweigern, dieser Erlaß entzieht dem Angeklagten nicht nur das Recht auf einen Verteidiger, sondern sogar die Möglichkeit, sich selbst zu verteidigen. Wenn ihm die Anklageschrift einen Tag vor der Verhandlung vorgelegt wird, kann er sich nicht mal vorbereiten. Niemand ist berechtigt, dem Angeklagten das Recht auf Berufung zu nehmen, denn die Richter sind auch Menschen, und Menschen können sich irren. Niemand ist berechtigt, dem Angeklagten das Recht auf Begnadigung zu nehmen, Staaten können nicht ohne Gnade und Barmherzigkeit existieren. Dieser Erlaß ist schlimmer als jedes Kriegsrecht, denn er handelt ja nicht von einem begangenen Mord, sondern ganz allgemein vom Terror gegen Angehörige sowjetischer Behörden, und das, lieber Sascha, ist ein sehr dehnbarer Begriff, als Terror kann man alles Mögliche bezeichnen, als Angehörigen sowjetischer Behörden kann man ebenfalls jeden bezeichnen, bei Stalin angefangen bis zum Kolchosbuchhalter, dem irgendein Bäuerlein angedroht hat, ihm wegen falscher Berechnung der Arbeitszeit die Gurgel durchzuschneiden. Das ist ein Erlaß zur unkontrollierbaren Vernichtung

unschuldiger und schutzloser Menschen. Ein Gesetz zur unbegrenzten Ungesetzlichkeit.«
Er schüttelte den Kopf.
»Erinnern Sie sich, was Puschkin zu Gogol sagte, nachdem er die ersten Kapitel der *Toten Seelen* gehört hatte? O Gott, wie traurig ist unser Rußland, das sagte er. Was kann man nach einem solchen Erlaß denn noch sagen? Unglückliches Rußland! Nehmen Sie nur diese bemerkenswerte Schnelligkeit: Am 1. Dezember wurde Kirow ermordet, und schon ist das neue Gesetz fertig, verabschiedet und veröffentlicht. Wie finden Sie das?«
»Ich habe Ihnen noch nie von meinem Vernehmungsbeamten erzählt, Wsewolod Sergejewitsch. Er hieß Djakow. Ein hölzerner Pedant mit Brille, ein ausgemachter Lump. Er hat mir diesen Fall angehängt. Und war beleidigt, wenn ich mich weigerte, das Protokoll zu unterschreiben: ›Sie wollen die Partei belügen!‹ Und verzog dann gekränkt den Mund. Scheißkerl! Warum ich mich an ihn erinnere? Richtig ... Wäre dieser Erlaß vor anderthalb Jahren verabschiedet worden, hätte er die Beschuldigung wegen Terror gegen mich erheben können, absolut logisch. Warum haben Sie in der der Maifeier gewidmeten Wandzeitung den Namen des Genossen Stalin unterschlagen? Weil Sie gegen den Genossen Stalin sind; Sie wollen nicht, daß er das Land und die Partei führt. Wie können Sie ihn beseitigen? Nur indem Sie ihn, den Genossen Stalin, ermorden, unseren Vater und Lehrer, unseren Führer. Ach, Sie haben nie etwas davon verlauten lassen? Klar doch, über solche Sachen redet man eben nicht. Aber Sie haben sich mit dieser Absicht getragen und hätten sie unter günstigen Umständen in die Tat umgesetzt. Sie sind ein potentieller Terrorist, Ihre Freunde sind potentielle Terroristen, und Sie alle zusammen sind eine terroristische Organisation. Und dann eine Gerichtsverhandlung ohne Verteidiger, ein Urteil ohne Recht auf Berufung, die Erschießung eine Stunde nach der Urteilsverkündigung.«
»Jawohl«, bekräftigte Wsewolod Sergejewitsch, »in diesem Sinn haben Sie noch Glück gehabt.«
Sascha lächelte spöttisch.
»Ich bin also ein Glückspilz. Vielleicht sollten wir ein Gläschen aus diesem Anlaß kippen?«

»Nichts dagegen. Übrigens möchte ich Ihnen erklären, weshalb Sie tatsächlich ein Glückspilz sind.«

Sascha hatte noch etwas reinen Sprit, die Wirtsfrau schnitt geräucherte Äsche auf und machte sich am Herd zu schaffen.

Sascha las noch einmal die Briefe, während Wsewolod Sergejewitsch sich in die Zeitungen vertiefte.

»Was sich tut, Sascha ... Überall Gerichtsprozesse, Massenerschießungen, aus Leningrad werden Tausende von Adelsfamilien ausgesiedelt, auch ehemalige Angehörige des Bürgertums, Kinder ehemaliger Adliger, Kinder ehemaliger Angehöriger des Bürgertums – wofür denn die? Und das Volk? Schweigt das Volk vielleicht dazu? Aber nein! Das Volk schweigt nicht, i wo! Schauen Sie her, lesen Sie! Das Volk dürstet nach Blut und Repressalien. Im ganzen Land von Wladiwostok bis Odessa werden Kundgebungen veranstaltet: Entlarven, Vernichten, Erschießen! Und erst die Partei! In allen Parteiversammlungen fahndet man nach »verkappten Gegnern«; Parteimitglieder legen Bekenntnisse ihrer Fehler ab, streuen sich Asche aufs Haupt: Wir haben nicht aufgepaßt, haben nicht achtgegeben. Nichtsdestoweniger werden alle Reuebekenntnisse als unzureichend und unaufrichtig abgelehnt.«

Die Hausfrau holte die Kartoffeln vom Herd.

Sascha forderte Sawwa Lukitsch auf, sich zu ihnen an den Tisch zu setzen. Sie tranken ein Glas, aßen, gossen ein zweites ein.

»Und nun erklären Sie bitte, wieso ausgerechnet ich ein Glückspilz bin«, fragte Sascha.

»Ganz einfach. Weil Sie in Mosgowa waren«, antwortete Wsewolod Sergejewitsch, während er die Haut von seinem Fisch zog. »Hier leben Sie in einer neutralen Umgebung. Wären Sie in Freiheit, müßten Sie sich an solchen Kundgebungen beteiligen, Entlarvungen, Erschießungen, Vernichtung der Gegner fordern.«

»Ich hätte mich ja nicht zu beteiligen brauchen.«

»Irrtum. Als Mitglied einer Betriebsbelegschaft hätten Sie sich solchen Kundgebungen nicht entziehen, sich vor solchen Femegerichten nicht drücken können. Ich will damit nicht sagen, daß Sie sich auf die Tribüne gestellt, anklägerische Reden geschwungen, auf jemanden gezeigt, ihn als Feind oder Helfershelfer der Feinde und verkappten Widersacher verunglimpft hätten. Nein! Aber Sie hätten gemeinsam mit den anderen für Erschießung gestimmt, die Hand gehoben, denn wenn Sie das nicht getan und dagegen gestimmt hätten, hätten Sie sich ebenfalls als ein Feind zu erkennen gegeben und wären auf der Stelle verhaftet worden.«

»Und Sie, wie hätten Sie sich verhalten?«

»Mir könnte das nicht passieren. Solange die Sowjets an der Macht sind, gibt's für mich nur den einen Weg: Verbannung – Lager – Gefängnis – wieder ins Lager und wieder ins Gefängnis. Und solche Kundgebungen im Lager oder Gefängnis zu veranstalten – auf diese Idee sind sie ja Gottseidank noch nicht verfallen. Da würde keiner auch nur einen Finger heben.«

»Aber gesetzt den Fall, Ihre Straffrist ist um, Sie befinden sich auf freiem Fuß in irgendeiner Kleinstadt und auf Ihrer Arbeitsstelle findet eine Kundgebung statt, auf der Feinde angeprangert werden und gefordert wird, sie zu erschießen. Selbstredend stimmen alle dafür. Und Sie? Würden Sie sich an der Abstimmung beteiligen?«

Wsewolod Sergejewitsch pellte stumm die Haut seiner Äsche ab.

»Na?« bohrte Sascha vorsichtig.

»Ich weiß nicht, Sascha, ehrlich gesagt, kann ich's nicht sagen. In diesen Kundgebungen gibt es Leute, die aufrichtig glauben, was in den Zeitungen geschrieben steht und was ihnen eingebleut wird. Dann gibt's welche, die vielleicht nicht alles glauben, aber an ihre kleinen Kinder denken.«

»Sie haben ja keine.«

»Richtig. Und ich will Ihnen auch ganz offen sagen: Höchstwahrscheinlich hätte ich die Hand gehoben. Warum? Weil meine einzelne Stimme nichts ändern würde. Man kann nicht gegen den Strom schwimmen. Schon darum nicht, weil sich nichts an der Sache ändert, wenn ich meinen Kopf in die Schlinge stecke. Sie werden sowieso erschossen und ich dazu. Sie aber legen Geständnisse ab, bereuen ihre Vergehen, warum sollte ich mich für solche schwachen Menschen opfern? Schließlich haben sie doch seinerzeit alles selber so eingerichtet, sie sind Kommunisten, Komsomolzen, sie selber haben Menschen aufs Schafott geschickt, jetzt schickt man sie aufs Schafott, warum soll ich sie also verteidigen?«

»Aber Sie haben doch selber gesagt, daß man ehemalige Adlige, ehemalige Angehörige des Bürgertums und ihre Kinder deportiert.

Die Kinder haben niemanden in den Tod geschickt. Gerade sie sollte man doch verteidigen.«

Wsewolod Sergejewitsch hatte seiner Äsche die Haut abgezogen und biß ein Stück vom Fisch ab.

»Ein wunderbarer Fisch, schmeckt großartig. Sie schneiden eine wesentliche Frage an, Sascha. Sehr wesentlich und obendrein höchst aktuell. Aber aktuell für Sie, Sascha, nicht für mich. Für mich wird es dieses Dilemma nie geben – ich befinde mich auf einer anderen Ebene. Sie dagegen befinden sich auf der Ebene, auf der sich dieser Staat befindet. Sie werden nie aus ihr ausbrechen können, so daß Sie sich unweigerlich mit diesem Problem werden auseinandersetzen müssen.«

»Wenn's erst soweit ist, werde ich es eben lösen«, antwortete Sascha, »bloß Ihre Lösung befriedigt mich nicht.«

»Ich nehme sie als unbedacht zurück«, sagte Wsewolod Sergejewitsch, »ich wollte damit bloß sagen, wie jeder vernünftige Mensch an meiner Stelle gehandelt hätte. Er hätte die Hand gehoben und getan, was alle tun. Eben darin liegt die Tragödie des russischen Volkes. Ich verurteile niemanden, Menschen sind Menschen.«

»Und wie steht's mit der ›besonderen Berufung der Nation‹? Wie steht's mit ihrer ›besonderen Mission‹? Mit dem christlich-orthodoxen Element?«

»Sascha, wollen Sie etwa mit diesen primitiven Fragen unsere, oder sagen wir mal, meine Philosophie widerlegen?«

»Ich bin kein Philosoph«, widersprach Sascha, »bin aber überzeugt, daß keinem Volk eine Messiasrolle oder eine Mission zufällt. Es gibt kein Übervolk, es gibt Menschen, gute und schlechte. Es gilt, eine Gesellschaft zu schaffen, in der keine Kraft imstande ist, die Menschen zu schlechten Handlungen zu bewegen.«

»Diese Idee von einer vollkommenen Gesellschaft ist nichts als eine Illusion, Sascha.«

»Einverstanden, eine vollkommene Gesellschaft gibt es nicht und kann es wohl auch nicht geben. Aber eine Gesellschaft, die sich zum Ziel setzt, eine vollkommene Gesellschaft zu werden, ist an und für sich schon großartig«, wandte Sascha ein.

»Ich kann nicht behaupten, daß unsere Gesellschaft sich solche Ziele setzt. Die Gesellschaft besteht aus Menschen, wir aber verwandeln sie in Unmenschen«, Wsewolod Sergejewitsch erhob sich, »Na schön, ich gehe. Ich kann morgen so lange schlafen, wie ich will, Sie dagegen müssen arbeiten. Sehen Sie, Sie zieht man sogar zur Zimmermannsarbeit heran, mir wird das versagt.«

Sascha lachte.

»Ich habe eben Protektion.«

Er wies auf den Hausherrn.

»Sawwa Lukitsch hat mir geholfen.«

»Warum auch nicht?« sagte Sawwa Lukitsch. »Die Arbeit muß ja abgeschlossen werden. So befiehlt's der Staat.«

»Da hätten Sie mich doch auch nehmen können.«

»Du bist ein geistiger Mensch, ein Wissenschaftler«, erklärte Sawwa Lukitsch, »dir würde unsere Arbeit nicht zusagen.«

Wsewolod Sergejewitsch ging.

Sascha las die Briefe der Mutter, überflog noch einmal Warjas Zusätze, kurz und zurückhaltend, trotzdem glaubte er, einen geheimen Sinn zwischen den wenigen Zeilen zu entdecken.

»Ich lebe, arbeite, habe Sehnsucht! Wir warten auf Dich.«

Er schrieb ihr ebenso kurz, überlegte sich aber jedes Wort:

»Liebe Warja, wenn ich Post bekomme, sehe ich immer sofort nach, ob etwas von Dir dabei ist.« Vielleicht würde auch sie etwas zwischen seinen Zeilen entdecken.

Mehr durfte er sich ihr gegenüber nicht erlauben. In Moskau hatte er sich wenig für sie interessiert, ihr jetzt größeres Interesse zu zeigen, könnte von ihr als Sehnsucht nach der Freiheit, nach dem Freundeskreis, ja, einfach nach einer Frau verstanden werden. Sascha wollte aber nicht falsch verstanden werden.

Vielleicht hatten ihre Worte »wie gern ich wissen würde, was Du im Augenblick tust« mehr zu bedeuten, vielleicht bildete er sich das aber bloß ein, sie war ein guter Kerl mit einem guten Herzen und wollte Trost spenden, ihn innerlich aufrichten.

»Ich lebe, arbeite, habe Sehnsucht! Wir warten auf Dich.«

Natürlich stand etwas hinter diesen Worten. Wie dem auch sei, selbst auf diese lakonischen Sätze wartete er mit sehnsüchtiger Ungeduld. Warjas Zuversicht erfüllte auch ihn mit Hoffnung.

Die Briefe der Mutter waren dem Ton nach gelassen, aber irgend etwas machte ihn unruhig. In einem Brief hieß es: »Tante Vera ist aus ihrer Datscha ausgezogen, obwohl das Haus auch im Winter bewohnbar ist. Sie will sich nicht mit Ofen und Brennholz abgeben.« An und für sich enthielt die Nachricht nichts Besonderes. Aber im nächsten Brief schrieb die Mutter wieder: »Vera hat die Datscha für den Winter verriegelt.« Was hatte das zu bedeuten? Warum erwähnte sie das zweimal nacheinander? Aus Zerstreutheit? Vielleicht war mit Tante Vera oder ihrem Mann oder ihren Kindern, seinem Cousin und der Cousine, etwas passiert? Er antwortete der Mutter: »Wie geht es Tante Vera, Onkel Wolodja (das war ihr Mann), Swetlana, Waleri (das waren ihre Kinder). Wo sind sie, was gibt's bei ihnen Neues?«

Mutter mußte beruhigt werden. Im selben Brief bat er sie, in den Schreibtischfächern nach seinem Studienprüfungsbuch und dem Führerschein, die bei der Haussuchung nicht konfisziert worden waren, zu suchen und sie aufzubewahren, da er sie nach seiner Rückkehr brauchen würde. Er schrieb das einzig und allein, um sie zu beruhigen und von seiner baldigen Heimkehr zu überzeugen, obwohl er nicht an seine Freilassung glaubte. Er bat auch, ihm einige seiner Bücher über die große französische Revolution zu schicken, für die er sich schon auf der Schule interessiert und zu der er auch später Bücher gesammelt hatte. Außerdem teilte er mit, daß er beim Bau einer Milchfarm beschäftigt sei, die Arbeit mache ihm Spaß und werde gut bezahlt, das Einkommen reiche für Essen und Wohnung, so daß sie ihm kein Geld zu schicken brauche. Er schrieb lange an dem Brief. Die alte Bäuerin rief ihm von ihrem Lager auf der Ofenbank zu:

»Solltest deine Augen schonen, geh endlich ins Bett.«

»Die Post geht morgen ab«, antwortete Sascha, »ich möchte den Brief fertig schreiben.«

Er legte sich erst zu später Stunde schlafen und wachte auf, als Sawwa Lukitsch schon frühstückte.

»Ich bin gleich soweit, Lukitsch.«

Sascha wusch sich, zog sich schnell an und aß sein Rührei, das schon auf dem Tisch stand.

Der Alte ging auf den Hof.

»Ich komme gleich nach«, rief Sascha ihm nach, »ich hole dich ein.«
Sawwa Lukitsch kam aber gleich wieder zurück.
»Der Milizschlitten!«
»Kommt der hierher?«
»Sieht so aus.«
Sascha hatte nichts gepackt, er hatte nichts fertig. Hastig griff er nach den Briefen, er wollte nicht, daß sie in fremde Hände fielen. Er würde ja nicht mal zum Packen kommen. Na ja, dann mußten sie eben warten.
Das war also das Ende seines Lebens an der Angara. In welchem Lager würde es weitergehen? Sicherlich würde er die Mutter nie wiedersehen, den Vater nicht und auch Warja nicht.
Er zog eine Zigarette aus der Packung und zündete sie an. Er wollte aus dem Fenster schauen, aber es war völlig vereist. Nun lauschte er auf die Geräusche von draußen. Kein Knirschen von Schlittenkufen.
Die Gartenpforte schlug. Die Tür öffnete sich. Sawwa Lukitsch war wieder da.
»Sie sind vorbei, Sascha«, er bekreuzigte sich, »Gott sei Dank.«
»Wo sind sie hingefahren?«
»Um die Ecke.«
Wen wollten sie holen? Wahrscheinlich Maslow.
»Lukitsch, ich laufe rüber und komme später zur Arbeit.«
»Geh nur, geh«, sagte der Alte, »laß dir Zeit, wir kommen ohne dich zurecht.«
Der Schlitten wartete vor Maslows Haus. Wsewolod Sergejewitsch und Pjotr Kusmitsch standen auch da. Als Sascha näher kam, erschien Michail Michailowitsch Maslow mit einem Koffer in der Hand und einem geschulterten Rucksack auf der Schwelle. Wann hatte er die Sachen gepackt? War's möglich, daß er den Koffer schon vorbereitet hatte? Vor Maslow ging ein Milizmann mit einem Karabiner, gefolgt wurde er ebenfalls von einem Milizmann mit Karabiner, einem großen, athletischen Burschen mit verächtlich zusammengepreßten Lippen.
Maslow legte Koffer und Rucksack auf den Schlitten.
Darauf wandte er sich Wsewolod Sergejewitsch zu. Sie umarmten

und küßten sich. Dann umarmte und küßte er Pjotr Kusmitsch. Sascha streckte er die Hand hin. Sascha umschloß seine Rechte mit festem Druck und sah ihm in die Augen.
Dann fragte er: »Michail Michailowitsch, vielleicht möchten Sie Olga Stepanowna etwas bestellen?«
»Wsewolod Sergejewitsch hat die Adresse, er wird ihr schreiben.«
Nach kurzer Überlegung fügte er hinzu: »Ich danke Ihnen, daß Sie daran gedacht haben.«

2

Sascha ging zum Bau. Die Männer dübelten im Abstand von zwei Metern Pfosten in die Bodenbalken, um die Viehstände voneinander abzugrenzen, was zugleich eine stabile Konstruktion gewährleistete. Jeder Pfosten hatte der Länge nach eine Nut, in die die Balken, die die Wand bildeten, horizontal eingesetzt wurden. Eine schöne, präzise Arbeit. Sascha staunte, wie das mit so einfachem Werkzeug wie Axt, Bandsäge und Fuchsschwanz, Stechbeitel, Stemmeisen, Handhobel und Messer vollbracht, wie eine solche Präzision mit Lot und Wasserwaage erreicht wurde. Auch er hätte diese Arbeit machen können, aber er hatte sich heute verspätet und mußte darum Balken für das obere Bindwerk abbeilen.

»Hast du dich von deinem Freund verabschiedet?« fragte Sawwa Lukitsch.

»Ja.«

»Wohin muß er denn?« erkundigte sich Stepan Timofejewitsch, ein dunkelhäutiger, sehniger Bauer mit Adlernase.

»Keine Ahnung«, antwortete Sascha.

»Vielleicht ist seine Zeit um«, meinte Sawwa Lukitsch.

»Also in die Freiheit?« Stepan Timofejewitsch lächelte ironisch. »In die Freiheit fährt man nicht unter Bewachung.«

»In Keshma wird geredet, daß irgendein Leiter ermordet worden ist, so steht's in den Zeitungen«, fügte ein anderer hinzu, der ebenfalls Stepan, aber mit Vatersnamen nicht Timofejewitsch, sondern Lukjanowitsch hieß, »ein Trotzkist hat ihn ermordet, der gegen die Kolchose ist und möchte, daß die Kolchosen aufgelöst werden.«

»Und was dann?« Stepan Timofejewitsch ließ wieder sein spöttisches Lächeln sehen, »was soll schon aufgeteilt werden? Ist doch alles zerrüttet und kaputt, nichts mehr da zum Verteilen.«

»Schon gut, schon gut«, Sawwa Lukitsch sah sich ängstlich um, »paß auf, nur sachte ...«

»Was denn sachte?!«
»Nun, alles kommt eben von Gott, mein' ich«, sagte Sawwa Lukitsch, »so wie es Gott eingerichtet hat, so läuft's eben.«
»Gott und noch mal Gott, ihr schiebt alles auf den lieben Gott«, antwortete Stepan Timofejewitsch gallig, »wo ist sie denn, eure Kirche? Gott macht nichts für dich, wird der liebe Gott vielleicht den Kuhstall für dich bauen? Wir richten bloß die Kühe zugrunde mit unserem Kuhstall.«
»Dann bau ihn doch nicht«, sagte ein anderer, der Jewsej hieß und dessen Vatersnamen Sascha nicht kannte, weil alle ihn bloß Jewsej nannten.
»Wohin soll ich denn sonst?« antwortete Stepan Timofejewitsch gehässig. »Die da«, er wies auf Sascha, »sitzen ihre Haft ab und fahren weg. Wir Bauern aber kleben hier fest, für uns gibt's nichts anderes. Wir haben ja keinen Paß und keinen Ausweis.
Wie angekettet hocken wir da, sitz und rühr dich nicht! Und das nennt man Freiheit!«
»Was für 'ne Schlange beißt dich denn?« fragte Sawwa Lukitsch, »wenn das einer hört und weitererzählt, weißt du, was dir dann blüht?«
»Ich weiß Bescheid«, antwortete Stepan Timofejewitsch finster, »eben darum kommen wir um, weil wir zu allem schweigen.«
»Wir haben unsere Arbeit, und dabei verquatschen wir noch die ganze Mittagspause.«
In der Tat, es ging schon auf Mittag zu. Sie machten sich wieder an die Arbeit.
Die Männer wollten sich aussprechen, und das war nur zu verständlich, aber Saschas Anwesenheit störte sie: Ein Fremder, und sie wußten bereits, in Gegenwart eines Fremden hielt man die Zunge besser im Zaum ... Eine traurige Wahrheit.

Etwa zwei Wochen später wurde Pjotr Kusmitsch nach Keshma bestellt. Es kam keine Miliz, man benachrichtigte einfach den Dorfsowjet, daß er sich am soundsovielten in Keshma zu melden habe.
»Vielleicht lassen sie mich frei, was meint ihr?« Er sah Sascha und Wsewolod Sergejewitsch fragend in die Augen, als bitte er um Trost und Unterstützung.

»Meine Verbannungsfrist ist ja schon im November abgelaufen.«
»Warum haben Sie sich denn nicht früher in Erinnerung gebracht, sondern hier herumgesessen?« fragte Sascha.
Pjotr Kusmitsch wiegte den Kopf.
»Gefährlich, sich in Erinnerung zu bringen, Alexander Pawlowitsch, wenn man's tut, brummen sie einem gleich eine weitere Frist auf ... Man bringt mich doch nicht weg wie Michail Michailowitsch. Und ich bin ja auch nicht als Politischer verurteilt.«
»Daß ich nicht lache!« Wsewolod Sergejewitsch verzog sarkastisch die Lippen. »Wirtschaftliche Konterrevolution – als ob das nicht reichte.«
»Aber doch nur wirtschaftliche und nicht politische«, widersprach Pjotr Kusmitsch.
»Na schön«, unterbrach ihn Wsewolod Sergejewitsch. »Gehen Sie erst mal nach Keshma, erkundigen Sie sich, und nachher erzählen Sie uns, was los ist.«
Nachdem sich Pjotr Kusmitsch auf den Weg gemacht hatte, sagte Wsewolod Sergejewitsch zu Sascha: »Sie können ihn tatsächlich freilassen, es ist doch eine bürokratische Maschinerie. Die haben eine Karteikarte, seine Frist ist abgelaufen, und irgendwelche neuen Anweisungen sind noch nicht da ... Andererseits, jetzt nach der Sache mit Kirow ... Aber weiß der Teufel, warten wir's ab.«
Abends kehrte Pjotr Kusmitsch freudig erregt zurück. Er war frei! Zeigte das Papier vor. »Nach Abbüßung der Verbannung gilt für den Betreffenden Punkt II der Verordnung des Rates der Volkskommissare über das Paßsystem.«
Also durfte er sich in keiner Großstadt niederlassen.
»Was soll ich auch in einer Großstadt«, sagte Pjotr Kusmitsch aufgeregt, »von Großstädten will ich nichts wissen. Ich bin in Stary Oskol geboren und aufgewachsen, dort wohnen meine Frau, die Töchter, alle Verwandten. Dort will ich leben.«
»Haben Sie Fahrgeld?« erkundigte sich Sascha.
»Glaub schon, daß es reicht ... Ich habe mit dem Postboten abgemacht, daß er bloß mein Gepäck im Schlitten mitnimmt, das macht zehn Rubel, die Fahrkarte bis Stary Oskol wird wahrscheinlich fünfundzwanzig, dreißig Rubel kosten. Mit fünfzig Rubel komme ich also wohl hin, und die habe ich.«

»Aber unterwegs müssen Sie doch essen und trinken ...«
Pjotr Kusmitsch winkte ab.
»Ich verhungere schon nicht. Meine Wirtin bäckt mir Zwieback, gibt mir Dörrfisch, harte Eier mit, und heißes Wasser findet man auf den Bahnhöfen ja umsonst, damit ich mir Tee machen kann ... Keine Sorge, ich komme schon irgendwie hin.«
Am nächsten Tag fuhr Pjotr Kusmitsch mit einem Schlitten des Kolchos nach Keshma. Schluchzend verabschiedete er sich von Sascha und Wsewolod Sergejewitsch, ihm war anzusehen, daß er sich seines Glückes schämte.
»So Gott will, geht auch bei Ihnen alles gut.«
»So Gott will, so Gott will«, wiederholte Wsewolod Sergejewitsch mit freundlichem Spott, »leben Sie dort in Frieden, lassen Sie sich bloß nicht einfallen, einen Laden aufzumachen!«
»Wo denken Sie hin, Wsewolod Sergejewitsch«, der Alte wehrte erschrocken ab, »heutzutage einen Laden aufmachen, da ist doch nicht dran zu denken. Wenn man mich als Verkäufer nimmt, will ich schon dankbar sein.«
»Lassen Sie sich lieber irgendwo als Wächter einstellen«, sagte Wsewolod Sergejewitsch.
»Warum denn das?«
»Das ist sicherer. Im Laden tragen Sie die finanzielle Verantwortung und wenn irgendwas schiefgeht, packt man sie gleich beim Kragen. Als Wächter sitzen Sie dagegen in aller Ruhe in ihrem Pelz da und wärmen sich.«
»Nein, Wsewolod Sergejewitsch, das finde ich nicht richtig. Ich habe schon als Kind im Geschäft angefangen, kenne die Sache von der Pike auf und kann mich noch nützlich machen.«
Die letzten Worte sagte er, während er schon auf den Schlitten stieg. Der Fuhrmann zog die Zügel an, und die Pferde setzten sich in Bewegung.
»Leben Sie wohl, Gott sei mit Ihnen«, rief Pjotr Kusmitsch zurück.
»Der Mann hat überhaupt nichts verstanden«, sagte Wsewolod Sergejewitsch niedergeschlagen.

Pjotr Kusmitschs Freilassung hob ihre Laune ein wenig. Obendrein kam aus dem Dorf Saimka die Nachricht, daß Pater Wassilij ebenfalls freigelassen worden sei, da seine Frist um war. Folglich handelte es sich um keine Massenaktion, nicht alle wurden über einen Kamm geschoren, sie suchten sich ihre Leute aus.
Allerdings kam eine Woche darauf ein kleines Mädchen zur Baustelle gelaufen, stellte sich vor Sascha hin und sagte: »Wsewolod Sergejewitsch läßt bestellen, du sollst zu ihm kommen.«
Die Kleine war die Tochter von Wsewolod Sergejewitschs Wirtin. Sascha begriff sofort: Wsewolod Sergejewitsch mußte auf den Transport. Sascha traf ihn gelassen und in voller Aktivität an. Er packte seinen Rucksack. Vorher hatte ihn die Ungewißheit geplagt, jetzt war sein Schicksal entschieden. Er wußte genau, was ihm bevorstand. Dafür brauchte er Kraft, er mußte auf alles gefaßt sein.
»Haben Sie den Befehl bekommen, sich zu melden?« fragte Sascha.
»Doch egal! Die aus Keshma holen mich ab. Von dort geht's dann nach Krasnojarsk weiter. Sie müssen diesmal nicht mit, und das berechtigt zu einigen Hoffnungen. Andererseits wird's noch viele Transporte geben, Sascha, also seien Sie auf alles gefaßt. Sehen Sie, Lidia Grigorjewna Swjaguro schickt man mit diesem Transport nicht weg, obwohl gerade sie – so wie die Dinge liegen – ganz bestimmt hätte abtransportiert werden müssen, aber man läßt sie in Ruhe. Folglich steht noch alles bevor. Und das hier ist für Sie«, fuhr Wsewolod Sergejewitsch fort und wies auf einen Bücherstapel. »Ich weiß, Sie haben für Philosophie nicht viel übrig, aber Sie werden hier recht interessante Bücher finden, ich kann sie nicht mitschleppen ... Außerdem würde man sie mir sowieso wegnehmen ... Wenn man Sie abtransportieren sollte, lassen Sie sie irgend jemandem da, schlimmstenfalls schmeißen Sie sie weg.«
»Danke schön«, sagte Sascha, »was brauchen Sie noch für die Reise?«
»Ich glaube, ich habe alles.«
»Sie haben doch überhaupt nichts«, sagte Sascha, »nicht mal warme Wäsche.«
»Ich trage nie welche, bin's nicht gewohnt. Ich trage gewöhnliche Wäsche. Außerdem ist der Winter auch bald vorbei.«

»Richtige Jägerwäsche habe ich auch nicht, aber immerhin welche aus Flanell, zweimal zum Wechseln. Und auch Wollsocken.«

»Ich komme aus mit dem, was ich habe.«

»Ich habe auch einen Pullover übrig, nehmen Sie ihn.«

»Sascha, ich brauche nichts ... Die Kriminellen würden mir sowieso alles abnehmen.«

»Bis Krasnojarsk kommen Sie ungeschoren ... Ihre Handschuhe habe ich auch gesehen. Damit können Sie höchstens auf dem Newskij-Prospekt in Leningrad promenieren.«

»O nein, meine Handschuhe sind noch gut.«

»Ich gebe Ihnen meine Fäustlinge, die können Sie über den Handschuhen tragen, dann haben Sie's wärmer. Und wie steht's mit Ihren Schuhen?«

»Sie sehen doch, ich habe ausgezeichnete Filzstiefel, damit komme ich sehr gut aus, Sascha ... Alles andere habe ich. Allerdings kein Geld. Aber jetzt sorgt ja Vater Staat für mich.«

»Woher wissen Sie eigentlich, daß man Sie abholen wird?«

»Ich weiß es«, antwortete Wsewolod Sergejewitsch knapp. Er hatte vor Sascha keine Angst, vertraute ihm, nannte aber trotzdem keine Namen. Das war ungeschriebenes Gesetz hier: Namen wurden nie genannt.

Wsewolod Sergejewitsch hatte tatsächlich nicht viel Gepäck: nur einen vollgepackten Rucksack.

»Sehen Sie, jetzt bin ich bereit.«

Wsewolod Sergejewitsch setzte sich auf die Bank.

»Was ich Ihnen noch zum Abschied sagen wollte, Sascha. Es stimmt mich traurig, mich von Ihnen zu trennen, ich sage Ihnen die Wahrheit. Ich mag Sie sehr gern. Obwohl wir, wie man jetzt zu sagen pflegt, auf verschiedenen Seiten der Barrikade stehen, aber ich mag Sie und achte Sie auch. Nicht etwa deshalb, weil Sie Ihren Glauben nicht verleugnen – solche wie Sie gibt es noch in Hülle und Fülle. Aber Ihr Glauben ähnelt nicht dem Glauben vieler anderer: Ihr Glauben hat wenigstens etwas Menschliches, hat nicht die klassengebundene parteiliche Beschränktheit. Ohne es vielleicht selber zu ahnen, leiten Sie Ihren Glauben dort ab, wo alle wahren menschlichen Ideale entspringen. Und das schätze ich bei Ihnen sehr. Aber ich bin älter und erfahrener als Sie. Verwandeln

Sie sich nicht in einen Idealisten, nehmen Sie Tuchfühlung zum Leben. Denn sonst vernichtet Sie das Leben oder zerbricht Sie, und das ist noch schlimmer, denn dann ... Entschuldigen Sie meine Geradlinigkeit: Idealisten verwandeln sich manchmal in Heilige, aber viel häufiger in Tyrannen und in Wächter der Tyrannei ... Wieviel Böses auf dieser Erde verbirgt sich hinter hohen Idealen, wie viele Schandtaten werden mit hohen Idealen gerechtfertigt. Nehmen Sie mir meine Worte nicht übel?«

»Aber nicht doch, Wsewolod Sergejewitsch! Solche Überlegungen kann man nicht übelnehmen. Ich habe auch nicht vor, Ihre Theorie anzufechten. Und was meine Zukunft angeht, so bin ich mir auch nicht sicher. Ich will nur eins sagen: Ich lebe auf der Erde und bin absolut irdisch eingestellt. Darum bin ich kein Idealist, wie Sie Idealismus verstehen, bin aber Idealist in dem Sinn, wie ich Idealismus verstehe: Ich bin der Ansicht, daß ein Mensch sich zu bestimmten Ideen bekennen muß, die aber menschlich und human sein müssen. Und noch etwas, was mich dieses Jahr Gefängnishaft und Verbannung gelehrt hat: Es gibt nichts auf der Welt, was so teuer und heilig wäre wie menschliches Leben und menschliche Würde. Wer nach fremden Leben trachtet, der ist ein Verbrecher, und wer den Menschen im Menschen erniedrigt, ist ebenfalls ein Verbrecher.«

»Aber Verbrecher gehören vor ein Gericht gestellt«, bemerkte Wsewolod Sergejewitsch.

»Ja, da haben Sie recht.«

»Das wäre schon ein schwacher Punkt in Ihren Ausführungen. Wer und wo sind die Richter?«

»Wir wollen doch nicht das Problem in seiner ganzen Tiefe ausloten. Ich wiederhole bloß: Das wertvollste auf Erden sind das menschliche Leben und die menschliche Würde. Wenn dieses Prinzip zum Ideal erhoben wird, werden die Menschen mit der Zeit auch Antworten auf alle Einzelfragen finden.«

Wsewolod Sergejewitsch horchte nach draußen. Vor dem Haus war das Knirschen von Schlittenkufen zu hören.

»So, jetzt werde ich geholt.«

»Halten Sie sie eine Weile auf, ich komme gleich wieder«, sagte Sascha.

Er lief hinaus, an der Vortreppe stand ein Schlitten, in dem der Fuhrmann und ein Milizmann saßen.
Sascha rannte nach Hause, griff nach einem Packen Flanellwäsche, nach dem Pullover, den Fäustlingen, tat noch zwei Oberhemden dazu und kehrte rasch zurück.
»Aber wozu denn das alles?« meinte Wsewolod Sergejewitsch stirnrunzelnd. »Schauen Sie doch, mein Rucksack ist zum Platzen voll.«
»Macht nichts, wir kriegen das schon rein, schnallen Sie den Rucksack auf.«
Sie packten alles in den Rucksack.
»Ja richtig«, sagte Wsewolod Sergejewitsch, »hier ist die Adresse von Olga Stepanowna, sie wohnt in der Stadt Kalinin. Ich habe ihr schon einen Brief geschrieben und hoffe, ihn in Krasnojarsk abschicken zu können. Aber wer weiß, vielleicht bringt man mich dort direkt ins Gefängnis. Darum schreiben Sie ihr bitte auch noch: Einer der beiden Briefe kommt bestimmt an.«
Sascha steckte den Zettel mit der Adresse in die Tasche.
Der Milizionär und der Fuhrmann hatten ihren Tee getrunken und warteten draußen vor der Tür.
Wsewolod Sergejewitsch zog den Mantel an, griff nach dem Rucksack und setzte ihn auf den Boden.
»Nun, Sascha, wir müssen Abschied nehmen.«
Sie umarmten und küßten sich.
»Unsere Diskussion bleibt also offen«, sagte Wsewolod Sergejewitsch lächelnd.
»Wer weiß, vielleicht ergibt sich doch noch die Möglichkeit zum Weiterdiskutieren«, antwortete Sascha.
Wsewolod Sergejewitsch ging in die Küche, verabschiedete sich von den Wirtsleuten, trat dann auf die Straße und hob den Rucksack auf den Schlitten.
Das Töchterchen der Wirtsleute stand mit umgehängtem Pelz vor der Tür.
»Nochmals alles Gute!«
Wsewolod Sergejewitsch und Sascha küßten sich.
Wsewolod Sergejewitsch stieg auf den Schlitten, deckte sich die Beine mit der Plane zu und sagte lustig: »Na, dann los!«

Der Schlitten setzte sich in Bewegung.
Sascha sah ihm nach, bis er um die Ecke verschwunden war. Das kleine Mädchen stand ebenfalls da und beobachtete den Vorgang. Jetzt gab es nur noch zwei Deportierte in Mosgowa: Sascha und Lidia Grigorjewna Swjaguro.

3

Am Arbat schien alles beim alten geblieben zu sein. Das Leben ging weiter, als gäbe es weder Deportationen noch Gefängnisse noch Lager oder Verhaftete.
Die Bekannten der Verhafteten und die Bekannten dieser Bekannten lebten, wie sie zuvor gelebt hatten. Von diesen einfachen Werktätigen, von ihrer ruhmreichen Arbeit wurde in den Zeitungen geschrieben, im Radio berichtet, in Versammlungen gesprochen.
Von Leuten wie Sascha Pankratow wurde ebenfalls in den Zeitungen geschrieben, im Radio berichtet und in Versammlungen gesprochen. Mit dem Unterschied, daß man sie Feinde nannte, die vernichtet werden mußten. Und jene, die sie unterstützten, die sie bemitleideten, mußten auch vernichtet werden.
Da keiner vernichtet werden wollte, äußerte auch keiner den leisesten Zweifel daran, daß Menschen vernichtet werden sollten, die vor kein Gericht gestellt worden waren und von deren Schuld man nur aus kurzen Zeitungsmeldungen erfuhr.
Nicht über sie zu reden, war das sicherste. Man redete besser über andere Dinge. Beispielsweise über die mutigen Polarflieger, die vor einem Jahr die Besatzung der im Eismeer havarierten »Tscheljuskin« gerettet hatten. Selbst wenn jemandem der Gedanke kam, daß die Rettung der Unschuldigen aus den Gefängnissen nicht minder wichtig war wie die Rettung der »Tscheljuskin«-Besatzung, so sprach er diesen Gedanken jedenfalls nicht aus.

Juri Scharok trug jetzt einen Balken am Kragenspiegel, er war befördert worden und unterstand nun unmittelbar dem Leiter der Ersten Unterabteilung Alexander Fjodorowitsch Wutkowski und dessen Stellvertreter Stein. Auch Djakow, aber nur in dessen Eigenschaft als rechte Hand des Unterabteilungsleiters.

Wutkowski und Stein schätzten Scharok als ernsthaften, zuverlässigen und pflichtbewußten Beamten, obendrein als jemanden, der eine Zukunft hatte. Als Leute mit Zukunft galten hier solche, die den Untersuchungsgefangenen nicht nur zum Schuldgeständnis zwangen, sondern ihm auch Aussagen über seine Verbindungen zu anderen Personen zu entlocken wußten – und das war die Hauptsache, denn dadurch entstand anders als im Einzelverfahren ein Gruppenverfahren. Mitglieder einer solchen Gruppe konnten nun ihrerseits der Untersuchung neue Spuren, neue Verbindungen zugänglich machen. Auf diese Weise ergab sich ein Vorlauf, der das ununterbrochene Funktionieren der Straforgane gewährleistete.
Scharok begriff das sehr gut, er hatte das gleich begriffen, und nun begriff er noch viele andere Dinge, zum Beispiel, daß man sich von niemandem ins Schlepptau nehmen lassen durfte. Beresin war ihm gewogen gewesen, aber Scharok hatte Distanz gehalten und zu Recht, denn Beresin war in den Fernen Osten abgeschoben worden. Freilich in hoher Position und mit demselben Dienstgrad. Aber aus Moskau hatte man ihn entfernt und seine Mitarbeiter in alle möglichen Winkel versetzt. Zu den Binsenweisheiten, die Scharok sich hier angeeignet hatte, gehörte auch folgende: Immer das rechte Maß halten, nicht überheblich werden und nie vergessen, daß alles auf des Messers Schneide stand. Nur durch größte Vorsicht konnte man hier Leben und Stellung bewahren. Mochte Djakow, der Dummkopf, sich in seinem Dünkel an seiner Position berauschen und sich einbilden, ihm sei alles erlaubt, weil er im aktuellsten Bereich tätig war. Der Krug geht so lange zum Wasser, bis er bricht.
Natürlich hatte ihre Unterabteilung die aktuellsten Fälle. Die Zweite Unterabteilung beschäftigte sich mit Menschewiki, Bundisten, Anarchisten. Die Dritte mit nationalen Bewegungen: Mussawatisten, Daschnaken und so weiter. Die Vierte mit Sozialrevolutionären, die Fünfte mit Anhängern der Kirche. Alle diese Unterabteilungen schoben eine ruhige Kugel, was für Menschewiki und Sozialrevolutionäre gab es jetzt?
Nur zu gern wäre Scharok dorthin übergewechselt. Einmal bot sich die Gelegenheit, sich in die Fünfte Unterabteilung versetzen zu lassen, aber nach kurzem Schwanken lehnte er ab: Mit dem lieben Gott wollte er sich nicht anlegen.

Scharok glaubte nicht an Gott, tolerierte aber zugleich die Gottesfürchtigkeit der Mutter. Schließlich war's ihre Sache, an wen sie glaubte. Und überhaupt, weiß der Teufel!, gab es doch genug gebildete Leute, die fromm waren. Beispielsweise das Akademiemitglied Pawlow. Materialist und weltberühmter Gelehrter, hatte er dennoch eine Kirche in Koltuschi eingerichtet und betete dort. Trotzdem war ihm die Regierung mehr als gewogen, selbst Genosse Stalin begegnete ihm mit Hochachtung.

Ob Gott oder nicht, das Unerklärliche existierte bestimmt. Man konnte es auch Schicksalsfügung nennen ... Wie enttäuscht war er damals im Oktober 1934 gewesen, als er wegen einer idiotischen Blinddarmentzündung nicht zu Saporeshez nach Leningrad fahren konnte. Wäre er gefahren, säße er heute im Lager.

Jura war damals von der Arbeit nach Hause gekommen, wie gewöhnlich erst gegen Morgen, und gegen sieben hatte er wahnsinnige Schmerzen gefühlt, die nicht zum Aushalten waren. Ihm war, als bräche sein Körper auseinander, er konnte weder ein- noch ausatmen, er legte sich auf die rechte Seite, zog die Knie an, aber nichts half, er konnte sein Stöhnen nicht mehr unterdrücken.

Die Mutter rannte aufgeregt um ihn herum und fragte, »Vielleicht mache ich dir eine Wärmflasche?« Gott sei Dank war der Vater noch nicht zur Arbeit gegangen, er erriet die Ursache des Übels, verbot die Wärmflasche und sagte: »Wir rufen gleich die Erste Hilfe.«

Jura widersprach, denn der Wagen der Ersten Hilfe würde ihn bestimmt ins Krankenhaus schaffen, und er mußte doch abends mit dem Express »Roter Pfeil« zu Saporeshez nach Leningrad fahren. Aus dem Krankenhaus würde er bestimmt nicht entlassen werden, und dann war alles verdorben: Die Fahrt und die neue Stellung in Leningrad und er würde wieder nach Djakows Pfeife tanzen müssen.

»Ich bestelle gleich die Erste Hilfe, gib mir die Nummer«, beharrte der Vater.

»Nein, laß. Das vergeht wieder.«

»Wenn du mir nicht die Nummer deiner Ambulanz gibst, rufe ich die städtische an.«

Jura versuchte, sich im Bett aufzurichten, sackte aber stöhnend zusammen. Nein, er hielt es nicht mehr aus, der Arzt würde ihm wenigstens eine Spritze geben, damit der Schmerz verging. Er zeigte, wo das Notizbuch lag.
Der Vater telefonierte, eine halbe Stunde später war der Wagen da. Jura wurde auf einer Trage nach unten gebracht, das ganze Haus sah bestürzt zu. Man fuhr ihn ins Krankenhaus des NKWD, wo er sofort operiert wurde. Man sagte ihm, die Fäden würden in etwa zehn Tagen entfernt werden. Alles aus und vorbei! Aus der Traum von Leningrad! Wie enttäuscht war er damals gewesen! Dabei hatte ihn die Blinddarmentzündung gerettet. Und da sollte man nicht an eine Fügung des Schicksals glauben.
»Ihr Glück, daß man Sie rechtzeitig hergebracht hat, zwei, drei Stunden später hätte es die schönste Bauchfellentzündung gegeben«, sagte Professor Zitronblat, der Jura operiert hatte. Der beste Chirurg und was bemerkenswert war – mit einer Beinprothese. Wie sich später erwies, war nicht nur der Umstand, daß man ihn vor der Bauchfellentzündung gerettet hatte, sein Glück gewesen, sondern vor allem, daß er nicht nach Leningrad gefahren war.
Zwei Tage nach der Operation brachte man ihm einen Korb mit Früchten: Apfelsinen, Mandarinen, Äpfel und ein Zettelchen: »Jurotschka, wie geht es Dir? Schreibe mir, was Du brauchst. Lena.«
Jura sank die Hand mit dem Zettel herab. Lena war zu ihm ins Krankenhaus gekommen! Trotz allem gekommen! Erschöpft von dem, was er durchgemacht hatte und nach all den Schmerzen, überließ er sich einer plötzlich aufwallenden sentimentalen Anwandlung, er fühlte sogar einen sonderbaren Druck im Hals. Folglich liebte sie ihn, da sie alles verziehen hatte und nicht mehr eifersüchtig war.
Freilich durchzuckte ihn zugleich der unangenehme Gedanke: Vielleicht war das bloß der Stil dieser intellektuellen Kreise? Einerlei, was früher gewesen war, in einer schweren Stunde mußte man helfen, Aufmerksamkeit und Mitleid erweisen. So war es üblich bei diesen anständigen Leuten, denn sie waren ja anständig ... Keiner war zu ihm gekommen, sie aber doch.
Allerdings rief Alexander Fjodorowitsch Wutkowski regelmäßig an und erkundigte sich nach seinem Befinden. Aber er war schließ-

lich der Chef, er hatte sich um seine Untergebenen zu kümmern. Natürlich kam auch die Mutter, aber das zählte für Jura nicht. Sie brachte irgendwelches Zeug mit, die dumme Pute: Sie hatte Piroggen gebacken, aber hätte doch wenigstens den Arzt fragen sollen, was er essen durfte und was nicht. Dabei brauchte er hier wirklich nichts, die Patienten wurden gut verpflegt, immerhin das Zentralkrankenhaus des NKWD ... Lena, die Intellektuelle mit ihren überkandidelten Manieren, war da natürlich anders: Mandarinen, Apfelsinen – richtig vornehm, keine Fressalien, keine Piroggen mit Buchweizenfüllung, sondern eine kleine Aufmerksamkeit. Da sah man's wieder.

Und doch war sie nicht nur aus Anstand gekommen! Sie konnte ihn nicht vergessen. Solche Frauen wie sie vergaßen nicht. Und einen Mann wie ihn vergaß man eben nicht!

Aber Stolz, Freude, wie Scharok sie nach ihrer ersten Versöhnung im letzten Sommer in Serebrjannij Bor, im Silberwäldchen, empfunden hatte, fühlte er jetzt nicht. Befriedigung schon, aber nicht mehr.

»Schreiben Sie eine Antwort«, forderte ihn die Krankenschwester auf.

»Das Schreiben fällt mir schwer ... Vielleicht darf sie für ein paar Minuten zu mir.«

»Nein, Besuche sind hier im Krankenzimmer verboten. Sie werden schon bald aufstehen und ein wenig herumgehen dürfen, dann können Sie in den Gang gehen, wir haben hier auch einen kleinen Saal für Besucher. Gedulden Sie sich noch ein bißchen. In zwei Tagen dürfen Sie aufstehen.«

Jura schrieb auf die Rückseite von Lenas Zettel: »Lenotschka, ich danke Dir für Dein Geschenk. Ich brauche nichts, hier habe ich alles. Mach Dir bitte keine Sorgen. Ich würde Dich sehr gern sehen. In zwei Tagen darf ich aufstehen, und dann komme ich in den Flur. Komm doch bitte ...«

Er überlegte und schrieb dann dazu: »Ich küsse Dich.«

Nach zwei Tagen durfte er wirklich aufstehen, und sie kam am selben Tag zu ihm.

Sie saßen in einem kleinen Raum in der Nähe seines Krankenzimmers. Man hatte Lena einen weißen Krankenhauskittel umge-

hängt, sie trug ein dunkelblaues Kostüm mit einer weißen Bluse und hohe Stiefel, die ihre festen runden Waden umschlossen. Ihre Beine hatten ihn schon immer erregt, ebenso wie ihr Parfüm ... Sie war schön, gesund, strahlend, er in seinem häßlichen Krankenhausmantel aus graubraunem Flanell stach äußerst unvorteilhaft von ihr ab. Unter dem Mantel sah man die Unterwäsche, an den bloßen Füßen ausgetretene Schlappen, obendrein war er unrasiert.
»Erkennst du mich noch«, Scharok lächelte spöttisch, »ich sehe wahrscheinlich aus wie ein Leichnam?«
»Übertreib bloß nicht«, Lena lächelte, »du bist zwar ein bißchen blaß, aber das ist ja nur zu natürlich. Wie lange mußt du noch im Krankenhaus bleiben?«
»Wahrscheinlich zwei, drei Wochen.«
»Mach dir nichts draus, ich komme dich besuchen.«
Eine tolle Frau, nichts dagegen zu sagen! Zwar fremd, aber trotzdem ein feiner Kerl, durchaus zu gebrauchen. Sie war gutherzig, zärtlich, liebte ihn, das sah er ja. Ihm zuliebe war sie zu allem bereit, und doch gab's irgendwo einen Punkt, an dem die Unverträglichkeit begann oder wie immer Wissenschaftler so was nannten. Gerade ihre Güte, Zärtlichkeit, Anständigkeit, ihr Feingefühl, alles, was ihr so zum Vorteil gereichte, entsprach nicht seiner Natur, war ihm absolut fremd. Ihr gegenüber konnte er nicht offen sein, konnte sich nicht geben, wie er wirklich war.
Mit Vika, der Agentin und Nutte, hätte er offen sein können, vorausgesetzt sie wäre nicht Agentin, sondern einfach seine Frau gewesen. Ihr hätte er alles sagen können, was er dachte, ohne großes Drumherum, sie hätte ihn verstanden und ihm obendrein einen guten Rat gegeben.
Mit Lena ging das nicht. Er mußte sich ihren Vorstellungen von Moral und Sittlichkeit anpassen. Was für eine Moral und Sittlichkeit konnte es aber in seinem Beruf, in seinem Leben geben, ja, gab es überhaupt Moral und Sittlichkeit?
Was für eine Moral und Sittlichkeit hatte ihr Vater, der allgemein geachtete Iwan Grigorjewitsch Budjagin? Wie viele Menschen hatte er in seiner früheren Funktion als Vorsitzender einer Gebiets-Tscheka erschießen lassen? Von welcher Moral und Sittlichkeit hatte er sich leiten lassen, als er diese Menschen ins Jenseits

befördern ließ? Von den Interessen des Proletariats? Aber wer bestimmte diese Interessen? Die Partei? Lenin?

Gut und schön. Er, Scharok, ließ sich ebenfalls von den Interessen des Proletariats leiten, nur mit dem Unterschied, daß sie nun vom derzeitigen Führer der Partei, nämlich von dem Genossen Stalin, bestimmt wurden. Aber Lena das zu erklären, war zwecklos. Über Menschen mußte er ebenso wie sie mit Achtung sprechen, über die Verfolgten ebenso wie sie mit Mitleid. Er hatte sich einmal anders geäußert, sie hatte nicht widersprochen, ihn bloß erschrocken angesehen und ihm die Laune für die nächsten Stunden verdorben.

Im Bett war sie Feuer und Flamme, dabei fügsam und willig, sie zog ihn dermaßen an, daß er nicht von ihr loskam. Schon richtig, aber schließlich brauchte man auch eine Gesprächspartnerin ... Was hatte er schon davon, daß sie täglich zu ihm ins Krankenhaus marschiert kam?

Nur zu gern hätte er vor ihr ausgepackt, was ihn bewegte, mit ihr seinen Kummer geteilt, weil er sich Leningrad jetzt abschminken konnte, gemeinsam überlegen, wer von den anderen Kollegen an seiner Stelle zu Saporeshez nach Leningrad gefahren war. Klar, sobald er aus dem Krankenhaus raus war, würde er es erfahren. Aber vielleicht würde Djakow, der schlaue Fuchs, nicht einmal mit dem Namen herausrücken ... War die Sache andererseits nicht sehr dringend, würde Saporeshez vielleicht so lange warten, bis er wieder gesund war, und in Moskau sagen: Ich brauche niemanden außer Scharok.

Statt dessen unterhielt er sich mit ihr über irgendwelchen Unsinn, der ihn überhaupt nicht interessierte, sagte nicht das, was er in Wirklichkeit dachte, paßte sich ihr an und mußte dabei die ganze Zeit auf der Hut sein, um nicht ein falsches Wort zu sagen und ihre erschrockenen Augen zu sehen, das eben bedrückte und erniedrigte ihn. Andererseits wollte er aber auch nicht mit ihr Schluß machen.

Scharok wurde aus dem Krankenhaus entlassen, und sie begannen sich nun wieder zu sehen, allerdings nur von Zeit zu Zeit. Jura Scharok arbeitete nachts, Lena tagsüber. Zudem gab es auch keinen Platz, wo sie sich hätten treffen können: Die Wohnung von Rebecca, Djakows Frau, kam nicht mehr in Frage, Jura hatte den

Reinfall mit Vika nicht vergessen. Ein paarmal fuhren sie ins Silberwäldchen, wo die Budjagins ihre Datscha hatten. Das Haus war winterfest und wurde geheizt, aber an den freien Tagen kam immer irgend jemand heraus und während der Ferien wohnte Wladlen, Lenas jüngerer Bruder, dort, um Ski zu laufen.
Einmal rief Jura sie abends von seiner Arbeitsstelle an. Erfreut fragte sie ihn, wie es ihm ginge.
»Ich bin hundemüde, habe mich hier mit einem Schweinehund abgeben müssen.«
Natürlich verstummte sie sofort. So was war für sie, die Intelligenzlerin und Prinzessin, zu grob. Da hatte er sich verhauen, solche Worte waren nichts für ihre zarten Nerven. Er war völlig fertig und konnte schließlich nicht jedes Wort auf die Goldwaage legen.
»Na schön, zerbrich dir nicht den Kopf über unsere Sorgen. Erzähle lieber von deinen.«
»Bei mir gibt es nichts Neues, es ist alles beim alten.«
»Ich rufe einfach so an«, sagte Scharok, »ich habe deine Stimme so lange nicht mehr gehört. Wie verbringen wir die Maifeiertage?«
»Wieviel Tage wirst du denn frei haben?«
»Zwei Tage.«
»Ich auch. Laß uns doch irgendwohin fahren.«
»Wohin?«
»Da wird uns schon was einfallen ... Wir haben ja noch drei Wochen vor uns.«
»Einverstanden«, sagte Scharok, »wir überlegen uns was.«

Es wurden zwei berauschende Tage. Ein Sonderbus brachte sie in ein für Wissenschaftler reserviertes Sanatorium bei Moskau.
»Wo hast du die Kurschecks her?« fragte Jura.
»Ist doch egal«, wich sie aus.
Aber als sie dem Hauswart die Kupons vorlegte, sah Scharok, daß sie auf Budjagins Namen ausgestellt waren. Klar, der Alte hatte sich fürs Töchterchen ins Zeug gelegt.
Ein feudales Haus, aber kein einziges ihm bekanntes Gesicht, während Lena viele Leute grüßte. Sie nannte ihm einige Namen: Gelehrte, teils sogar Mitglieder der Akademie der Wissenschaften, sie waren mit ihren Frauen und Kindern über die Feiertage da.

Lena und Jura bekamen ein kleines Zimmer, aus dessen Fenster man ein Birkenwäldchen sah. Die Zweige waren noch kahl, zeigten aber schon einen hellgrünen Schimmer. Die Knospen würden also in Kürze aufgehen.
»So weiße Stämme haben die Birken nur im Frühling«, Lena sah Jura an, »hast du das noch nie bemerkt?«
Nein, das hatte er noch nie bemerkt.
»Ich könnte nicht mal sagen, wann ich das letzte Mal im Grünen war.«
Unter dem vorjährigen Laub lugte schon frisches Gras hervor, das Wetter war herrlich, warm und sonnig, aber im Wald war es noch feucht. Auf den Waldpfaden quatschte das Wasser unter den Sohlen. Keiner zog den Mantel an, die Männer gingen in Anzügen herum, die Frauen rollten die Kleiderärmel hoch, durch die Bank schön, gepflegt und rassig.
Man spielte Volleyball und Krocket. Scharok sah zum ersten Mal, wie man Krocket spielte. Ein altmodisches Spiel, komisch, wie die soliden Gelehrten und ihre herausgefütterten vollbusigen Damen sich wegen irgendwelcher Spielregeln stritten und erregten: Ob die Kugel berührt worden war oder nicht, ob die Kugel das Tor passiert hatte. Die Zuschauer gaben ihre Kommentare dazu ab und die Spieler baten höflich, aber bestimmt, sogar sarkastisch, sie doch bitte nicht zu belehren und zu stören.
Kurzum, es war recht amüsant. Jura sah zu, wenn Lena spielte und lächelte, wenn sich ihre Blicke kreuzten. Eigentlich sah sie alles andere als sportlich aus mit ihrer großen Figur und den langsamen Bewegungen. Dabei hatte sich Jura schon im Silberwäldchen überzeugen können, daß sie ausgezeichnet schwamm, und hier sah er, daß sie vorzüglich Krocket und Volleyball spielte. Gut, sie war also ein sportlicher Typ. Sie war fröhlich, ausgeglichen, ihre Augen strahlten, und ihm gegenüber war sie sehr aufmerksam.
Sie wollten am Abend des zweiten Tages zurückfahren. Nach dem Mittagessen hatten sie sich noch ein wenig hingelegt ... Als es Zeit zum Aufstehen war, fragte sie, den Kopf an seiner Schulter:
»War doch schön hier, stimmt's?«

»Ja, nicht übel«, antwortete er im Halbschlaf.
»Wir trennen uns nämlich, Jura«, sagte sie ruhig, ihm schien sogar, daß sie lächelte.
Ihm ging nicht gleich der Sinn ihrer Worte auf.
»Ich verstehe wohl nicht recht.«
»Ich sage, daß wir uns trennen, Jura. Und dieses Mal für immer.«
»Warum denn das auf einmal?«
»Das ist gar nicht auf einmal, und beschlossen habe ich es auch nicht heute. Aber ich wollte mich von dir im Guten trennen, im Glück.«
»Hast du mich darum hergebracht?«
»Genau darum.«
»Na, das hast du richtig schön hingekriegt, elegant und vornehm. Einfach große Klasse. Die Königin gibt ihrem Favoriten sozusagen den Laufpaß. Dürfte ich vielleicht den Grund erfahren?«
»Den Grund?«
Sie drehte sich auf den Rücken und verschränkte die Arme im Nacken. »Lohnt es sich überhaupt, auf die Gründe einzugehen? Wir sind keine Kinder mehr und auch keine Jungverliebten ... Solche Rendezvous auf Telefonanruf sind doch nichts für uns ... Glaub aber ja nicht, daß ich das sage, weil ich geheiratet werden möchte.«
»Warum auch nicht? ... Doch gut möglich, daß ich dich heiraten möchte.«
Sie lachte auf.
»Das ist noch zu wenig, mein Lieber ... Vielleicht willst du es wirklich. Aber vielleicht will ich es nicht.«
Eigentlich hatte er auch gar nicht vor, sie zu heiraten. Lächerlich, darüber zu reden. Aber er fühlte sich in seinem Stolz verletzt und war gekränkt.
»Würde gern wissen, warum ich dir nicht passe.«
»Du paßt mir schon, und auch ich scheine dir zu passen, aber eben hier in diesem oder in irgendeinem anderen Bett. Aber das Bett allein macht noch lange nicht das ganze Leben aus.«
»Sag mal, bist du vielleicht wieder auf Vika eifersüchtig?«
»Woher willst du wissen, daß ich auf Vika eifersüchtig war, ich habe dir nie etwas davon gesagt.«

»Du hast es nicht gesagt, aber ich weiß es, in meinem Beruf habe ich eben alles zu wissen.«
Diesen Satz pflegte Scharok bei jeder passenden und unpassenden Gelegenheit einzuflechten.
»Also hör zu: Ich weiß nämlich auch einiges. Beispielsweise weiß ich, wozu und in welcher Eigenschaft Vika damals in die Wohnung gekommen ist.«
Und jetzt stützte er sich auf. Hier war etwas unklar, und es roch schon brenzlig. Er hatte vermutet, ihre Eifersucht sei vergangen, und nun erwies sich, daß sie wußte, daß Vika Agentin war. Woher wußte sie das? Hatte Vika es ihr selbst erzählt? Dann war das sein Fehler, den man ihm ankreiden konnte.
»Nun sag schon, in welcher Eigenschaft sie zu mir gekommen ist?«
»Auf dieses Thema möchte ich nicht eingehen.«
Er hörte in ihrer Stimme plötzlich die Budjaginsche metallene Härte.
»Das Thema interessiert mich nicht. Was Vika ist, das wissen bereits viele. Aber daß sie in dieser Funktion mit dir in Verbindung stand, weiß nur ich allein. Und von mir erfährt das keine Menschenseele. Da kannst du also beruhigt sein. Ich füge ihr keinerlei Schaden zu und werde es auch nie und unter keinen Umständen tun. Das weißt du doch. Als ich Vika damals bei dir traf, war ich empört und habe unsere Beziehung abgebrochen. Aber als ich später erfuhr, was sie ist, begriff ich, daß ich Unrecht hatte. Der Vorfall spielt also jetzt überhaupt keine Rolle. Warum wir uns trennen? Ich wollte es nicht sagen, aber wenn du darauf bestehst: Also, ich bin wieder schwanger, Jura. Ich erwarte ein Kind. Und wie du wohl errätst, wird es dieses Mal keine Senfbäder und keine Abtreibung geben. Ich kriege einen Sohn oder eine Tochter. Ich zwinge dich zu nichts. Und Alimente verlange ich von dir auch nicht und gebe dich auch nicht als Vater an, ich weiß, daß du das nicht möchtest.«
Das war ja eine nette Überraschung!
Aber was ihn noch mehr als diese Nachricht bestürzte, das war ihre ruhige und harte Stimme; so hatte er sie noch nie gehört.
»Wieso eigentlich?« begann Scharok.

Aber sie unterbrach ihn: »Widersprich nicht! Das Thema ist zu ernst, laß also die Redereien.«
Sie erhob nicht die Stimme, aber wieder war der kategorische Budjaginsche Ton zu hören.
»Diese Ehe ist für uns beide unerwünscht und vor allem für dich, wozu also heucheln?«
Scharok stand auf, trat zum Fenster, schob die Gardine beiseite und stand lange in dieser Haltung da.
Alles richtig. Sie brauchte ihn nicht, und er brauchte sie nicht. In eine fremde Familie einheiraten, ewig in innerer Anspannung leben, sich ihrer Denkart und Mentalität anpassen, sich jedes Wort und jeden Satz überlegen – nein, das war ausgeschlossen.
Er war sehr erstaunt, als Lena fast Wort für Wort das wiederholte, was er soeben hier am Fenster stehend gedacht hatte. Offenbar hatte er sie immer unterschätzt.
»Wir sind uns absolut fremd, Jura, wir haben grundverschiedene Anschauungen, sehr unterschiedliche Wertbegriffe, wir verstehen einander nur mit Mühe. Ich merke doch, daß du versuchst, dich mir anzupassen, daß du weder das sagst, was du denkst, noch das, was wirklich ist. Und das ist schwer zu ertragen, jedenfalls beschwerlich.«
»Was meinst du eigentlich?«
»Beispielsweise deine Darstellung der Sache mit Sascha, als hätte er es angeblich deinen Bemühungen zu verdanken, daß er nur zu drei Jahren Verbannung und nicht zu Lagerhaft verurteilt worden ist. Und als hätte seine Verhaftung dich selber gefährden können. Alles Quatsch! Ich habe bloß immer versucht, dich für besser zu halten als du wirklich bist.«
Scharok schwieg.
»Und dann das mit Vika. Ich weiß, daß du bei den Geheimen Sicherheitsorganen bist, aber die Tatsache einer solchen Arbeit hat mich doch sehr unangenehm berührt und einen üblen Nachgeschmack hinterlassen. Es war schmutzig, alles in einen Topf zu werfen.«
Er setzte sich neben sie, ergriff ihre Hand und fragte lächelnd: »Warum bist du dann zu mir ins Krankenhaus gekommen? Du selbst hast doch unsere Beziehung wiederaufgenommen.«

»Wie hätte ich denn anders handeln können ... Ich war sehr beunruhigt und habe mir Sorgen gemacht. Nina hatte gesagt: Man hat ihn auf einer Trage heruntergebracht und mit dem Wagen der Ersten Hilfe weggefahren. Außerdem hast du mir leid getan: Man fühlt sich doch sehr einsam im Krankenhaus, wenn man von keinem Menschen besucht wird.«
»Klar ... Also, ich habe dir bloß leid getan. Ich habe mir nämlich Hoffnungen gemacht, daß du mich liebst.«
»Daß ich dich liebe?«
Sie machte ein nachdenkliches Gesicht. »Das weiß ich nicht. Wohl kaum ... Aber ich möchte, daß wir als Freunde auseinandergehen, möchte, daß wir uns an einem solchen hellen Maitag trennen, damit dieser Tag in unserer Erinnerung weiterlebt.«
Das Krankenhaus hätte er nicht erwähnen sollen, damit hatte er ihr nur einen weiteren Trumpf zugespielt und ihr die Möglichkeit gegeben, ihn zu erniedrigen und ihre menschliche Überlegenheit zu beweisen. Er war nicht zu ihr ins Krankenhaus gekommen, obwohl sie damals fast gestorben wäre, und zwar durch sein Verschulden, sie dagegen war selbst nach einer so harmlosen Operation zu ihm gekommen und hatte gezeigt, daß sie besser war als er, daß sie weit über ihm stand.
Jetzt, da sie schwanger war, nahm sie wieder die ganze Last auf ihre Schultern, befreite ihn von allen Sorgen, von jeder Verantwortung, von den Alimenten. Sicherlich hatte die feine Familie im engsten Kreis bereits alles abgesprochen, sicherlich hatte Iwan Grigorjewitsch selber gesagt: Wir kommen ohne diesen Lumpen zurecht, trag das Kind aus! Abermals kehrten sie die Aristokraten heraus und zeigten ihm, daß er ein Plebejer, ein Nichts war. Und er, er konnte ihr nichts darauf erwidern. Dabei mußte er irgendwie antworten, er durfte sich nicht restlos blamieren.
»Es waren wirklich wunderbare Tage hier«, sagte er, »wir wollen sie nicht mit kleinlichen Streitereien verderben. Ich verstehe: Du hast dich schon im voraus auf dieses Gespräch eingestellt, dich innerlich ereifert, wir wollen es nicht fortsetzen. Es fällt dir schwer, diese Stimmung zu überwinden. Laß uns zurückfahren, wenn du dich erst beruhigt hast, reden wir ein anderes Mal über die Sache.«

Sie schüttelte den Kopf: »Wir reden nie mehr darüber. Wir werden uns nie mehr treffen, Jura, es ist aus.«
Sie griff nach der Armbanduhr, erhob sich, begann sich anzuziehen. Dann sagte sie, als sei nichts weiter geschehen: »Es gibt zwei Busse heute – um sieben und um acht. Ich habe uns für sieben Uhr vorgemerkt, weil ich früher zu Hause sein möchte. Alle, die um sieben Uhr fahren, bekommen das Abendessen eine halbe Stunde früher serviert. Beeil dich also, mein Lieber.«

4

Warja studierte jetzt an der Hochschule für Bauwesen. Nicht etwa tagsüber im Direktstudium wie Nina geraten hatte, sondern an der Abendfakultät. Warja begründete das damit, daß das Stipendium zu klein sei und sie nicht auf Ninas Tasche liegen wolle.

Nina ließ sich von diesem Argument nicht überzeugen: Millionen Studenten kamen mit einem solchen Stipendium aus. Natürlich hätte man bescheiden leben müssen, aber schließlich streckten sich ja alle nach der Decke. So waren eben die Zeiten. Das Land strengte alle seine Kräfte an, eine industrielle Supermacht war im Entstehen. Für dieses hohe Ziel verzichtete das Volk auf das Notwendigste, nahm unglaubliche Entbehrungen auf sich, Warjas Altersgefährten froren in Erdbunkern und Baracken, bauten Fabriken und Kraftwerke. Die Studenten lebten zu sechs Mann zusammengepfercht in den Zimmern der Wohnheime und aßen in der billigen Mensa. Warja dagegen hatte ein Zimmer am Arbat, ihr Verflossener war zwar ein Schieber gewesen, hatte sie aber für die nächsten fünf Jahre im voraus von Kopf bis Fuß eingekleidet, sie hätte also auf ihre Arbeit verzichten und tagsüber die Vorlesungen besuchen können.

Im Grunde genommen hatte Nina nichts gegen die Abendfakultät. Aber warum machte ihr Warja ein X für ein U vor? Schließlich kannte Nina die Schwester, kannte sie bestens! Die Sache war einfach die, daß das Studium an der Abendfakultät Warja von allen gesellschaftspolitischen Verpflichtungen am Arbeitsplatz befreite und die Arbeit von allen gesellschaftspolitischen Verpflichtungen an der Hochschule. Sie hatte doch selbst zugegeben: Jetzt brauche ich zum Glück zu keinen Versammlungen mehr zu gehen. Sollen andere Leute die Hände heben und ihren »genialen und weisen Führer« bejubeln und vor Begeisterung blöken wie die Hammel. Und das sagte sie ihr, Nina, einem Parteimitglied! Mit Warja zu streiten, ihr etwas beweisen zu wollen, war zwecklos. Wirklich erstaunlich in ihrem Alter diese Verbitterung und Unversöhnlichkeit!

Warja hatte sich Sascha Pankratows Fotografie übers Bett gehängt. Das gleiche Foto hatte Nina im Album, aber im üblichen Kleinformat, dieses dagegen war vergrößert, gerahmt und unter Glas. An sichtbarer Stelle. Nina hatte über ihrem Tischchen das Bild vom Genossen Stalin hängen, Warja bevorzugte das Bild von Sascha Pankratow, der laut Paragraph 58.10 – konterrevolutionäre Agitation und Propaganda – nach Sibirien verbannt war. Zu Nina kamen alle möglichen Leute, viele erkannten Sascha, die Nachbarn beispielsweise, wenn Nina allein an die Nachbarin Vera Stanislawowna, dieses Biest dachte, überlief es sie kalt. Die hatte das Foto gesehen und sarkastisch gegrinst, bestimmt würde sie es melden. Was tun, keinen mehr ins Zimmer lassen?

»Warum hast du Saschas Foto an die Wand gehängt?« fragte Nina.

»Wieso regt dich das auf?«

»Wir wohnen schließlich in einem Zimmer und müssen wohl oder übel aufeinander Rücksicht nehmen.«

»Hast du mich vielleicht gefragt, als du dir den da, unseren besten Lokführer, hingehängt hast?«

Sie wies auf das Stalinbild.

»Wieso Lokführer?« fragte Nina verblüfft.

»Aber ja doch. Die Eisenbahner schreiben doch: Stalin, unser bester Lokführer.«

»Ich verbitte mir solche Redensarten! Verstanden? Das geht zu weit! Ich habe das Bild vom Genossen Stalin über den Tisch gehängt, als du nicht da warst, als du mit deinem Billardspieler zusammengelebt hast. Ich achte den Genossen Stalin.«

»Ich dagegen achte den Genossen Pankratow«, antwortete Warja kaltblütig.

»Bitte sehr, achte ihn, aber behalte das für dich ... Du brauchst das nicht an die große Glocke zu hängen! Ist er vielleicht dein Mann? Wenn ich mich nicht täusche, hattest du doch einen anderen! Warst du mit ihm verlobt? Warum hast du dann nicht auf ihn gewartet, sondern diesen Gauner genommen? Dein Schulfreund? In der Schule hast du ihn überhaupt nicht gekannt. Er kann dir also nichts bedeuten, nicht das geringste! Warum hängst du dir dann sein Foto über's Bett? Als Demonstration? Aber was das für ein Ende nehmen kann, daran denkst du wohl nicht? Ich warne dich: Wenn du das Foto nicht abnimmst, nehme ich es selber ab.«

»Ach so ...«, Warja versagte die Stimme, dann fuhr sie jedoch ruhig und entschieden fort: »Damit du's weißt, wenn du Saschas Foto anrührst, dann nehme ich deinen schnurrbärtigen Kerl ab, bringe ihn in den Flur, zerreiße ihn in tausend Stücke, und zwar in Anwesenheit aller Mieter. Du kannst sicher sein, daß ich das mache.«

Nina lief zornrot an: Eine Psychopathin, verrückt und verdorben obendrein! Hatte sich aus Sascha einen Abgott gemacht, diese neugebackene Maria Magdalena, und nun dieser neugebackene Jesus Christus. Verblendet in ihrem Fanatismus! Für ein Hundertstel dessen, was sie quasselte, konnte sie fünf Jahre aufgebrummt kriegen. Und Nina würde die Verantwortung tragen müssen. Was sollte sie sagen? Daß sie die Ansichten der eigenen Schwester nicht kannte? Der Schwester, mit der sie das Zimmer teilte?

»Ich verbiete dir, so mit mir zu reden!« erklärte sie kategorisch. »Ein für allemal.«

»Soll ich vielleicht immer schweigen?«

»Jawohl, wenn du kein anderes Gesprächsthema findest. Ich bin Parteimitglied und will mir dein antisowjetisches Gerede nicht anhören!«

»Antisowjetisches Gerede? Sage ich denn was gegen die sowjetische Staatsform? Ich bin dafür, bloß euren ›Vater und Lehrer‹ kann ich nicht ausstehen.«

»Untersteh dich, noch mal so was zu sagen! Genosse Stalin und der Sowjetstaat, das ist ein und dasselbe!«

»Nur für dich!«

»Nein, nicht nur für mich, sondern für die ganze Partei und das ganze Volk.«

»Rede du doch nicht im Namen des ganzen Volkes, ihr verdummt es ja bloß. In einer Zeitung schreiben sie: Jenukidse muß aus der Haft entlassen und zum Vorsitzenden des Obersten Sowjets im Kaukasus gewählt werden, und in den anderen Zeitungen heißt es: Wegen politischer und moralischer Verkommenheit muß Jenukidse aus der Partei ausgeschlossen werden. Ihr lügt ja auf Schritt und Tritt.«

Sie hörten Schritte im Flur, das Geräusch erstarb vor ihrer Tür. Aha, jetzt hatten sie's, wegen Saschas Foto belauschte dieses Luder, die Vera Stanislawowna, ihre Gespräche.

»Ich sage es dir noch mal«, Nina dämpfte die Stimme zu einem Flüstern: »Ich verbiete dir, solche Gespräche mit mir zu führen, hast du verstanden?« Ihr Gesicht rötete sich, sie schlug mit der Hand durch die Luft. »Ich verbiete es dir! Und ich verbiete dir nicht nur, solche Gespräche mit mir, sondern auch mit anderen Leuten zu führen.«

»Mit dir brauche ich ja nicht zu reden«, Warja flüsterte nun auch, »aber mit anderen Leuten zu sprechen, das ist schließlich meine Sache. Und fuchtel bitte nicht mit den Händen herum!«

»Verstehst du überhaupt, was das für ein Ende für dich nehmen kann?«

»Überhaupt keins. Ich rede ja nur mit anständigen Menschen.«

»Deine Sache, aber wenn du noch einmal in meiner Gegenwart in dieser Art sprichst, dann muß eine von uns beiden diese Wohnung für immer verlassen.«

»Ich halte dich hier nicht fest«, Warja kniff die Augen zusammen, »aber du kannst mich ja ins Butyrka-Gefängnis schaffen lassen.«

»Wenn du nicht vernünftig wirst, wird mir nicht anderes übrig bleiben.«

»Naja, für dich ist das absolut logisch und natürlich«, antwortete Warja kaltblütig, »aber dann wirst du mir ja Päckchen ins Gefängnis tragen müssen.«

»Spar dir gefälligst deine dreckigen Witze!« schrie Nina.

»Ach ja, richtig, Päckchen wirst du mir natürlich nicht bringen, wozu auch – so einer antisowjetisch eingestellten Person wie mir. Keine Sorge, das werden andere Leute tun. Na schön«, sie erhob sich, »sei sicher, über dieses Thema werden wir nie mehr reden.«

Von nun an redeten sie überhaupt nicht mehr miteinander, weder über dieses Thema noch über andere. Worüber hätten sie sich auch unterhalten sollen? Jede der beiden Schwestern lebte ihr eigenes Leben.

Aber Nina war auch das nicht recht. Man lebte in einer harten, verantwortungsvollen Zeit. Das von äußeren Feinden bedrängte Land hatte gegen die inneren Feinde zu kämpfen. Der leiseste Zweifel an Stalin war nichts anderes als der Zweifel an der Partei, bedeutete Verneinung des Sozialismus. Nur der grenzenlose, uneingeschränkte, bedingungslose Glaube konnte die Millionen zum Aufbau der neuen Gesellschaft begeistern und den Sieg gewährleisten. In der Schlacht diskutierte man nicht, in der Schlacht mußte man handeln, die Befehle des Oberkommandos ausführen, ohne an ihnen herumzudeuteln. Ihr Fräulein Schwester zweifelte nicht nur, sie verharrte in sturstem Unglauben und verleugnete alles, was Nina und Millionen sowjetischer Menschen teuer und heilig war. Früher waren es die Jungen, waren es Tanzdielen und Restaurants gewesen, dann dieser unmögliche Mann – ein Billardspieler, Dieb und Gauner –, jetzt war es diese absolut sowjetfeindliche Einstellung. Wohin würde das führen? Was würde auf Warja zukommen? Und auf sie selbst, Nina? Sie dachte dabei nicht an die Angst, sondern an ihre Ehrlichkeit als Parteimitglied. Dadurch, daß sie Warja deckte, begünstigte sie sowjetfeindliche Gespräche und begünstigte folglich sowjetfeindliche Agitation. Damit beging sie der Partei gegenüber ein Verbrechen und wurde dadurch zur Mittäterin.

Was also war zu tun? Zu Warjas Chef gehen und mit ihm reden? Die Parteiorganisation benachrichtigen? Die Schwester denunzieren? Das war furchtbar! Warja würde verhaftet werden und alle würden wissen, daß ihre leibliche Schwester sie ins Gefängnis gebracht hatte. Aber schweigen konnte sie auch nicht.

Sollte sie sich bei Alewtina Fjodorowna Rat holen? Alewtina Fjodorowna hatte sich ihr gegenüber immer wie eine Mutter verhalten. Nina war ihre Lieblingsschülerin gewesen. Nina war Konsomolzin und Aktivistin und eben das gefiel Alewtina Fjodorowna. Nachdem Nina die Pädagogische Hochschule beendet hatte, hatte Alewtina Fjodorowna sie an der Schule als Geschichtslehrerin eingestellt und damit verhindert, daß sie nach Abschluß des Studiums in irgendeinem entfernten Kaff gelandet war. Und als Nina Unterschriften für die Eingabe zu Sascha Pankratows Verteidigung nach der Verhaftung gesammelt hatte, hatte Alewtina Fjodorowna die Eingabe gelesen und sie zerrissen.

»Dieses Dokument hat es nie gegeben.«
Später hatte sie diese Eingabe nie wieder erwähnt. Einen Monat darauf hatte sie Nina ihre schriftliche Empfehlung für den Eintritt in die Partei gegeben.
Nina brachte Alewtina Fjodorowna vorbehaltloses Vertrauen entgegen. Diese korpulente, untersetzte Frau mit dem spärlichen glatten Haar, dem Kneifer im runden mordwinischen Gesicht, Bürgerkriegsteilnehmerin, Parteimitglied seit 1919, war für Nina die Verkörperung des Parteigewissens, war das Vorbild, dem sie nacheiferte.
Ihr jedoch von Warja zu erzählen, bedeutete nichts anderes, als ihr die Verantwortung für die Schwester und deren Äußerungen aufzubürden. Sie würde eingeweiht sein, und Eingeweihtsein hieß heutzutage, die Mitverantwortung zu übernehmen. Nina konnte schweigen, für den äußersten Fall hatte sie eine, wenn auch wenig überzeugende, so doch einigermaßen plausible Ausrede: Sie hätte Warjas wahre Ansichten nicht gekannt, weil die Schwester sie verheimlichte. Oder vielleicht auch folgende Variante: Sie hätte wohl Ungutes geahnt, versucht, mit der Schwester ein offenes Gespräch zu führen, aber diese sei ausgewichen. Kurzum, sie könnte sich notfalls irgendwie herausreden, obwohl es natürlich unwürdig war, sich der Verantwortung zu entziehen.
Aber Alewtina Fjodorowna würde sich nicht rechtfertigen können – Nina hatte ihr alles erzählt, sie war also im Bilde, wußte, daß eine ehemalige Schülerin ihrer Schule solche Gespräche führte und hatte nichts unternommen, um das zu unterbinden. Folglich konnte Alewtina Fjodorowna nach einer solchen Information nicht untätig bleiben.
Nina schwankte und konnte sich zu nichts entschließen. Der Zufall half ihr. Alewtina Fjodorowna bestellte sie von sich aus zu einem vertraulichen Gespräch.
Alewtina Fjodorowna war seinerzeit aus dem Volkskommissariat für Bildungswesen zwecks moralischer und politischer Festigung an diese Schule entsandt worden, die für üble gesellschaftliche Elemente unter den Schülern, die reaktionäre Stimmung des Lehrkörpers und den unausrottbaren Gymnasialgeist aus der vorrevolutionären Zeit berüchtigt war.

Alewtina Fjodorowna hatte diesen Geist mit Stumpf und Stiel ausgerottet. Junge Lehrer wurden eingestellt, darunter Nina, es entstand eine Jungpionier- und eine Komsomolzelle, der alte obstruktive Elternbeirat wurde aufgelöst und durch einen neuen loyal gesinnten ersetzt.

Die Schule existierte nicht mehr als geschlossene, kastenmäßige Lehranstalt, wie sie vor und selbst nach der Revolution bestanden hatte, als man sie dem sogenannten Komitee zur Verbesserung der Lebensbedingungen der Wissenschaftler angeschlossen hatte, ein Trick, der den Intellektuellen des Arbatviertels ermöglicht hatte, ihren Kindern exklusive Schulbedingungen zu schaffen. Jetzt wurden alle in die Schule aufgenommen. Sogar die Bezeichnung »Experimental- und Musterschule« wurde ihr abgesprochen, eine Bezeichnung, die ihr dank der Bemühungen desselben Komitees verliehen worden war, damit die ehemaligen Gymnasiallehrer, durch die Bank Reaktionäre, ein höheres Gehalt bekamen. So wurde aus der elitären Anstalt eine gewöhnliche Mittelschule mit einer gewöhnlichen Ordnungszahl als Name.

Doch dadurch wurde Alewtina Fjodorowna zur Direktorin einer gewöhnlichen Mittelschule. Dabei hatte sie im Volkskommissariat für Bildungswesen einen verantwortungsvollen Posten bekleidet und war auch vorher in hohen Stellungen tätig gewesen. Ursprünglich hatte man sie vorübergehend, nur für eine bestimmte Zeit an der Schule einsetzen wollen, sie aber dann vergessen.

Sie wartete jahrelang auf einen neuen Einsatz, doch der erfolgte nicht. Im Ergebnis lief das auf eine dienstliche Zurückstufung hinaus. Die Aura hoher Bedeutsamkeit, mit der Alewtina Fjodorowna in die Schule gekommen war, verblaßte. Ihre kämpferische Einstellung war nun überflüssig, fehl am Platz, ja sogar komisch. Ihre Strenge verkehrte sich in Nörgelsucht, ihre Härte in Reizbarkeit. Da sie seinerzeit eine klassische pädagogische Ausbildung erhalten hatte, schloß sie sich den alten Lehrern an, also jenen, die von den Schülern Wissen verlangten, Aktivisten nicht begünstigten und pädologische Experimente ablehnten. Als sie eines Tages hinter die himmelschreiende Unwissenheit der Schüler der achten Klasse kam, die zwar über die soziale Herkunft Hamlets unterrichtet waren, aber kein Komma richtig setzen konnten, jagte sie den jungen

Lehrer für Russisch und Literatur davon und stellte den alten Lehrer wieder ein, der den Kindern Syntax, Rechtschreibung und Zeichensetzung beibrachte.
Alewtina Fjodorownas Rückstufung ging einher mit ihrem wachsenden Haß auf die Leitung des Volkskommissariats für Bildungswesen, auf Bubnow, den Volkskommissar, und seinen Stellvertreter Epstein, die sie für ihre dienstliche Degradierung verantwortlich machte. Aber nicht alle hatten sie vergessen, jene, mit denen sie in der Revolution Schulter an Schulter gestanden hatte, achteten sie noch.
Von diesen Freunden war sie seinerzeit über die Verordnung des ZK und des Rates der Volkskommissare unterrichtet worden, daß der Geschichtsunterricht abstrakt sein müsse, die Schüler sich aber dennoch historische Persönlichkeiten und die Chronologie der Ereignisse einprägen sollten.
Nach einiger Zeit wurde diese Verordnung veröffentlicht und löste allgemeine Überraschung aus. Die Lehrer waren an die Formel gewöhnt, die Geschichte der Menschheit sei die Geschichte des Klassenkampfes, die historischen Persönlichkeiten seien lediglich die Exponenten von den Interessen der unterschiedlichen Klassen. Sollte man jetzt also zu der Geschichtsauffassung zurückkehren, daß der Ablauf der Geschichte von den Taten großer Persönlichkeiten bestimmt wurde?
Alewtina Fjodorowna nahm die neue Verordnung gelassen auf. Als Vertreterin der höchsten Parteipolitik wunderte sie sich nicht über das Hin und Her dieser Politik. Sie empfand keine Pietät vor den höchsten Instanzen, sie hatte die Mitglieder der Regierung aus nächster Nähe erlebt, betrachtete sie als ihresgleichen und hätte durchaus an ihrer Stelle sein können. Sie hielt Trotzki für einen Fremdling und seine Anhänger, die Trotzkisten, für kleinbürgerliche Krakeeler, Sinowjew und Kamenew für Panikmacher. Politiker wie Rykow, Tomski, Bucharin und andere Vertreter des russischen Bolschewismus waren ihr näher. Aber sie hatten sich als zu schwach erwiesen, um die Leitung zu übernehmen. Jetzt war sie für Stalin, nicht etwa, weil sie sich für seine Fähigkeiten begeisterte, sie wußte nur zu gut, was er wert war, sondern weil er in der augenblicklichen Situation der einzige war, der die Zügel zu

halten vermochte. Und zwar straff. Er kannte die Partei, kannte seine Leute, er war kein Schönredner, sondern Praktiker.

Alewtina Fjodorowna war selbst Praktikerin und beurteilte die Menschen nach dem Nutzen, den sie brachten. Im Geschichtsunterricht hatte sie einmal sogar gesagt: »Die Dekabristen? Was haben die denn vollbracht?«

Nach der Information der Freunde war die Verordnung des ZK und des Rates der Volkskommissare ohne Teilnahme von Bubnow und Epstein verfaßt worden und richtete sich folglich gegen letztere.

Das machte Alewtina Fjodorowna sogleich zur Verfechterin dieser Verordnung, obwohl sie verstand, daß die Behauptung, die Rolle der Persönlichkeit sei in der Geschichte von dominierender Bedeutung, zur Glorifizierung von Stalins Rolle führte. Aber hatte die Persönlichkeit vielleicht eine geringe Bedeutung? Hätte die Oktoberrevolution ohne Lenin überhaupt stattfinden können? Stalin wurde zu Lebzeiten mehr Ehre zuteil, als Lenin je erfahren hatte. Aber diese beiden Gestalten waren in keiner Hinsicht vergleichbar. Lenin brauchte um sein Ansehen nicht besorgt zu sein, schließlich war er Lenin, Stalin dagegen mußte sich darum kümmern, denn er war schließlich doch nur Stalin. Aber Stalins Autorität war die Autorität der Partei, ihrer Kader, denen Stalin in jeder Hinsicht verpflichtet war.

Die neuen Lehrbücher für Geschichte waren noch nicht fertiggestellt. Die alten durften nicht mehr benutzt werden. Eben aus diesem Grund hatte Alewtina Fjodorowna Nina kommen lassen: Es wurde ein Sommerseminar für Geschichtslehrer veranstaltet, zu dem die besten Lehrer aus der ganzen Union entsandt werden sollten, die im Anschluß daran Lehrerseminare in ihren jeweiligen Städten und Bezirken durchzuführen hätten. Alewtina Fjodorowna hatte Nina ausgewählt, ein weiterer Beweis ihrer Gunst und Zuneigung.

»Haben Sie Dank, Alewtina Fjodorowna, ich will mein Bestes tun, um das zu schaffen.«

»Natürlich wirst du es schaffen«, machte ihr Alewtina Fjodorowna Mut, »wen sollen wir denn sonst schicken? Shochow vielleicht?«

Seinerzeit hatten sie in der Schule nach Shochows bekanntem Lehrbuch Geschichte gelernt, Nina hatte an der Hochschule seine Vorlesungen besucht. Shochow war ein Anhänger von Solowjow und wurde nun des Idealismus bezichtigt. Durch die Erwähnung von Shochow zeigte Alewtina Fjodorowna Nina, wie hoch sie sie einschätzte.

»Morgen wird der Beschluß gefaßt«, fuhr Alewtina Fjodorowna fort, »geh also übermorgen in die Bezirksleitung und hol dir die Beorderung.«

Alewtina Fjodorowna zweifelte keinen Augenblick daran, daß der Beschluß so ausfallen würde, wie sie es wünschte und daß Ninas Kandidatur bestätigt werden würde.

»Das Unterrichtsmaterial und die sonstigen Unterlagen werden wohl noch nicht fertig sein, so daß du im Seminar alles selber mitschreiben mußt, nimm also genug Hefte mit.«

»Natürlich.«

Alewtina Fjodorowna lächelte spöttisch.

»Möchte wissen, wie unsere aus dem Volkskommissariat mit der Situation fertig werden wollen. Epstein wird sich vor einem Referat kaum drücken können. Er wird sich drehen und winden.«

Sie konnte sich nicht erlauben, in dieser Art über Bubnow zu reden – er war Volkskommissar und dazu noch ZK-Mitglied. Aber in Wirklichkeit meinte sie Bubnow.

Dann wurde ihr Ton wieder sachlich: »Merk dir alles und notiere das Wesentliche, denn später wirst du die anderen instruieren müssen.«

Nina begriff, daß sie sich nur für Bubnow und Epstein interessierte.

»Ich werde gut aufpassen und mir alles merken.«

Wegen Alewtina Fjodorowna (eine Frau mit solcher Arbeitserfahrung nicht zu schätzen zu wissen!) waren auch ihr die Leiter des Volkskommissariats unsympathisch.

Und doch dachte sie andauernd nur daran, ob sie Alewtina Fjodorowna ihre Sorgen um Warja anvertrauen sollte oder nicht.

Die Direktorin sah ihr forschend in die Augen.

»Bekümmert dich etwas?«

Nina druckste herum: »Ach, nichts besonderes.«

»Na, rede schon!« befahl Alewtina Fjodorowna.
»Erinnern Sie sich an Warja, meine Schwester?«
»Aber natürlich, ein sehr hübsches Mädchen. Was ist denn mit ihr?«
»Sie hat irgend so einen Billardspieler geheiratet, ist ihm wegen des süßen Lebens auf den Leim gegangen, hat sich dann scheiden lassen und nun hockt sie mit schlechter Laune herum, natürlich: die Enttäuschung und so weiter.«
Alewtina Fjodorowna sah Nina nach wie vor forschend an. Sie verstand, daß es nicht um den Billardspieler und das süße Leben ging.
Nina verstummte, es überstieg ihre Kräfte, die Worte »antisowjetische Gespräche« zu gebrauchen. Ihr war plötzlich absolut klar, daß sie über diese Dinge nicht sprechen durfte. Solche Worte würde Alewtina Fjodorowna sehr ernst nehmen, keine Umstände machen, und das konnte die unerwartetsten und schlimmsten Folgen haben.
»Na und weiter?« erkundigte sich Alewtina Fjodorowna streng.
»Nichts besonders. Sie haben mich gefragt, warum ich bekümmert bin, und ich habe es ihnen erklärt.«
Sie lächelte, als wolle sie sich für ihre Schwäche entschuldigen.
»Das Seminar wird wahrscheinlich in Leningrad stattfinden, vielleicht aber doch in Moskau, in den Räumlichkeiten des Instituts der Roten Professur.«
Nina überlegte: Leningrad wäre unbedingt vorzuziehen, dann würde sie Moskau verlassen und Warja zwei Monate lang nicht sehen; das Zusammenleben wurde immer unerträglicher.

5

Warja war mit ihrer Entscheidung, an der Abendfakultät zu studieren, sehr zufrieden. Jetzt konnte sie niemand mehr zu den Versammlungen schleppen. Mit erstauntem Gesicht fragte sie dann: »Und mein Studium?« Außerdem standen ihr zusätzlich freie Tage für die Vorbereitung aufs Examen zu. Zu ihrer Genugtuung gab es an der Abendfakultät kaum gesellschaftswissenschaftliche Fächer, weder Politische Ökonomie noch anderes, sie konnte auch einige uninteressante Vorlesungen schwänzen, indem sie sich auf ihre Arbeit berief. Die Arbeit schwänzte sie nie, weil sie ihre Kollegen nicht im Stich lassen mochte.

Und die Hauptsache: das Studium fiel ihr leicht. Mit ihrer soliden Schulausbildung und der ausgesprochenen Begabung für Mathematik und Physik war sie die erste unter ihren Kommilitonen – einfachen Vorarbeitern und Brigadiers vom Bau, die durchweg Praktiker waren. Sie war der Stolz der Studiengruppe.

Gegen neun Uhr abends war sie frei, konnte noch Sofija Alexandrowna besuchen oder ins Kino gehen. Ins Kino ging sie allein, ohne Soja. Warja mied diese in letzter Zeit.

Einmal kam Soja zu ihr, aufgeregt, mit vom Weinen geröteten Augen – ihr war das Reißzeug gestohlen worden, ein ausländisches Fabrikat von der Firma Richter, das noch ganz neu war.

»Lara hat's geklaut, ganz bestimmt«, sagte Soja. »Gestern abend ist sie zu mir gekommen, wollte ein Glas Tee haben, ich bin in die Küche gegangen, und da ist es passiert. Ich hab's nicht gleich gemerkt, aber wenn man schon ihr Gesicht sieht ...«

»Eine Person mit so einem Gesicht läßt man nicht über die Schwelle«, erklärte Warja, »ich habe dich ja gewarnt.«

»Richtig«, bestätigte Soja bereitwillig, »du hast mich tatsächlich gewarnt, du hast eben einen Riecher.«

»Bitte keine Komplimente.«

»Wir sind in einem Haus aufgewachsen, sind in ein und dieselbe Klasse gegangen, wie soll ich sie da rauswerfen?«
»Na klar. Können wir uns denn solche Grobheiten erlauben?«
Soja verzog das Gesicht, erneut kamen ihr die Tränen.
»Wenn wir ihr das Reißzeug nicht gleich wegnehmen, dann gibt sie es ihrem Vitja, und dann kann ich alles vergessen.«
»Wen meinst du mit ›wir‹? Ich habe nicht die geringste Lust, mich in diese schmutzige Sache einzumischen.«
»Liebste Warja, ich bitte dich, komm doch mit. Du brauchst gar nichts zu sagen. Du stehst einfach neben mir, und dann kriegt Lara einen Schreck.«
»Nein«, erklärte Warja kategorisch, »ich muß in die Bibliothek und arbeiten.«
Sie verließen das Haus.
»Alles Gute«, sagte Warja, »ich wünsche dir viel Erfolg.«
Als sie in die Plotnikow-Gasse einbog, drehte sie sich noch einmal um. Soja stand weinend vor der Haustür und wischte sich mit ihrem Taschentuch die Augen.
Warja kehrte um.
»Na, komm schon. Aber merk dir, das ist das letzte Mal.«
Die Staatsbank befand sich im Erdgeschoß eines Hochhauses Ecke Smolenski- und Plustschicha-Straße. Im Kundenraum war es voll und laut. Vor den Schaltern standen die Leute in langen Schlangen an, während die Bankangestellten hinter den Schranken genauso eng an ihren Tischen saßen.
Hinter einer Schranke war Lara mit ihrer Kartei beschäftigt. Sie merkte sofort, daß jemand zu ihr gekommen war, hatte es wohl erwartet und senkte den Kopf deshalb noch tiefer über ihre Kartei. Sie wühlte so eifrig darin, daß gleich klar war, es würde nicht einfach sein, sie von ihrer Beschäftigung abzulenken.
»Ruf sie!« befahl Warja.
»Lara!« rief Soja.
Lara warf einen Blick in den Saal und tat, als hätte sie nichts gehört. Sie nahm eine Karte, brachte sie der Buchhalterin, einer dikken Frau mit einer schweren Hornbrille und vielen Rüschen auf der wogenden Brust. Die typische Buchhalterin, das Gegenstück zu der storchenbeinigen Lara.

»Sie hat Angst herzukommen«, sagte Soja.
»Du mußt lauter rufen«, riet Warja.
»Lara!« schrie Soja durch den ganzen Raum.
In der Schlange, die direkt in ihrer Nähe stand, drehte man sich nach ihnen um. Warja wäre vor Scham am liebsten im Erdboden versunken. Die Angestellten hinter der Schranke hoben die Köpfe. Die Buchhalterin mit den Rüschen sagte mit tiefer Baßstimme: »Das sind vielleicht Sitten!«
Lara wandte sich mit bestürztem Blick um. Warja hatte den Eindruck, daß Lara sich gleich unter dem Tisch verkriechen würde. Sie selbst wäre am liebsten weggelaufen, aber die andere kam nun doch zögernd hinter der Schranke hervor.
Mager, spitznasig, mit Ringellöckchen stand sie vor ihnen und starrte Soja mürrisch und herausfordernd an.
»Warum schreist du denn so? Ich bin doch nicht taub! Was willst du eigentlich von mir?«
»Sei so gut, gib mir das Reißzeug wieder.«
»Was für ein Reißzeug?« fragte Lara entrüstet.
»Na hör mal, Lara«, sagte Soja vorwurfsvoll. Sie konnte sich nicht entschließen, Lara direkt des Diebstahls zu beschuldigen.
»Was heißt das: Na hör mal?!« In Laras Augen glitzerten böse Funken.
»Ich habe dein Reißzeug nicht gesehen und weiß von nichts!«
»Ich arbeite doch damit, ich brauche es«, sagte Soja kläglich, »Lare, sei lieb, versteh mich doch, vielleicht hast du's bloß aus Spaß gemacht?«
»Du hältst mich wohl für blöd? Bluffen kannst du andere Leute, aber nicht mich«, konterte Lara. »Da bist du an die Falsche geraten. Ich stehle nicht, ich bin ehrlicher als du.«
»Ich weiß einfach nicht, was ich jetzt machen soll«, sagte Soja niedergeschmettert.
Lara zuckte verächtlich die Achseln.
»Das weiß ich auch nicht. Du hast es verlegt, such also. Oder kauf dir ein neues. Das war's. Schluß jetzt! Tschüs! Ich habe zu tun!«
Soja sah Warja verzweifelt an, ihre Augen füllten sich wieder mit Tränen.
»Lara, hör mal gut zu«, sagte Warja halblaut, »wir gehen gleich zu

deinem Direktor«, damit wies sie mit dem Kopf zur Tür des Direktor-Zimmers, »und erklären ihm, weshalb wir hier sind. Von hier gehen wir dann ins 8. Revier der Miliz, du weißt, wo es ist, in der Mogilzewski-Gasse. Wenn du's nicht weißt, dann wird es dir dein Vitja erklären. Dann kommt die Miliz und macht eine Haussuchung bei dir. Wenn sie das Reißzeug bei dir nicht finden, dann wird bei Vitja weiter gesucht. Habe ich mich klar und deutlich genug ausgedrückt? Hast du mich verstanden?«

Lara hielt den Blick gesenkt und sagte nach einer Weile: »Ich weiß nicht, ich habe das Reißzeug nicht genommen. Natürlich möchte ich nicht, daß ihr an meiner Arbeitsstelle Krach schlagt ... Ich werde gleich versuchen, mir Geld zu besorgen. Ich leihe es mir von einem Kollegen.«

»Hör auf!« sagte Warja. »Wer borgt dir schon Geld?«

Lara schwieg.

»Entscheide dich, aber ein bißchen schnell«, sagte Warja, »ich hab's nämlich auch eilig.«

»Na schön«, Lara sah endlich auf, »ich gehe nach Hause und laß es mir von meiner Mutter geben.«

»Dann komm!«

»Ich kann erst in der Mittagspause weg.«

»Und wann ist die?«

»Um ein Uhr.«

Die runde Normaluhr an der Wand zeigte halb eins, sie würden also noch eine halbe Stunde herumhocken müssen.

»Wir warten hier auf dich«, erklärte Warja.

Die drei boten einen komischen Anblick: In der Mitte die dünne Lara und zu beiden Seiten wie Milizmänner, hochgewachsen und stattlich, Warja und Soja.

Lara sah sich andauernd um, entweder weil sie Angst hatte oder hoffte, Vitja zu treffen.

Vor der Haustür angekommen, sagte sie: »Wartet hier auf mich, ich komme gleich wieder.«

Warja lächelte spöttisch: »Halt uns doch nicht für blöder, als wir sind! Die Mama ist nicht da, oder sie hat kein Geld. Und du versteckst inzwischen das Reißzeug. Soja geht mit dir rauf. Los, Soja!«

Lara sah die beiden verstört an und verschwand dann mit Soja im Hausflur. Warja blieb unten stehen.
Laras Eltern waren einmal begüterte Leute gewesen, zudem von Adel. Jetzt fertigte Laras Mutter Stickereiarbeiten an, und Lara ging mit dem Dieb Vitja Lomaschow und war selbst zur Diebin geworden. Warja dachte an Soja, während sie vor der Haustür auf und ab lief. Soja ging ihr mit ihrer Albernheit auf die Nerven, mit ihrer exaltierten Art, ihren ewigen Mißgeschicken, in die sie aus Dummheit tappte. Und nun die Sache heute – einfach widerlich. Aber wie man's auch nahm, Soja war ihr ehrlich zugetan. Wer eigentlich sonst noch? Niemand.
Soja kam aus dem Hausflur gestürzt und winkte triumphierend mit dem Reißzeug.
»Hast du wenigstens hineingeschaut?« fragte Warja.
Soja machte gleich ein erschrockenes Gesicht.
»Ich habe mich so gefreut und mich so beeilt.«
Sie öffnete vorsichtig das Kästchen. Alles war an Ort und Stelle. Soja klappte den Deckel wieder zu und verstaute das Reißzeug in ihrer Handtasche.
»Gott sei dank! Ich muß jetzt schleunigst ins Büro. Ich bin dir ja so dankbar!«
Sie küßte Warja auf die Wange.

Auf dem Heimweg aus der Bibliothek traf sie Vika.
Vika blieb übers ganze Gesicht lächelnd stehen, umarmte und küßte Warja. Sie holte sogleich ihr nach dem Parfum Coty duftendes Taschentuch aus der Handtasche und wischte Warja die Spur ihres Lippenstiftes von der Wange. Vika war nach wie vor schön, elegant in ihrem leichten, beigefarbenen Mantel und der Baskenmütze, und zog die Aufmerksamkeit der Passanten auf sich, die sich nach ihr umdrehten.
»Warja, Liebste. Ich freue mich ja so, dich zu sehen.«
Freute Warja sich über die Begegnung? Schwer zu sagen. Im Grunde genommen war Vika ihr fremd. Aber dann erinnerte sie sich an den Sylvesterabend, an Sascha, der dabeigewesen war, an das Restaurant, wo sie Ljowas Clique kennengelernt hatte. Sie lächelte Vika zu.

»Wohin gehst du jetzt?« erkundigte sich Vika.
»Nach Hause.«
»Vielleicht kommst du zu mir rauf?« schlug Vika vor.
»Nein danke, ich werde zu Hause erwartet.«
»Na, dann begleite ich dich ein Stückchen.«
Vika ging neben Warja her, sah sie von der Seite freundlich an und lächelte fröhlich. Sie schien sich wirklich über die Begegnung zu freuen. Wie damals, als sie sich kennengelernt hatten, umgab sie die Atmosphäre eines anderen Lebens, das flott war, unbekümmert und nach ungebundenen eigenen Gesetzen verlief. Es war das Leben der Erfolgreichen und Glückspilze, denen alles erlaubt war und die alles vermochten. Warja wußte natürlich, daß der Anschein trog und daß es keine Menschen gab, die alles vermochten und durften. Aber die Atmosphäre, das Flair waren doch da. Dieses Leben zog sie nicht wie einst an, aber es erinnerte sie daran, wie es sie einst angezogen und fasziniert hatte.
»Ich habe gehört, daß du jetzt von Kostja geschieden bist?« fragte Vika.
»Ja«, antwortete Warja, die keine Lust hatte über dieses Thema zu reden.
»Entschuldige, daß ich mich einmische, Warja, aber ich war von Anfang an gegen diese Ehe. Ich habe sie nicht verstanden und auch nicht richtig gefunden. Ich wußte, wie sie enden würde. Schade, daß du mich nicht nach ihm gefragt, nicht mal mit mir gesprochen hast. Weißt du, Warja, ich habe immer nur dein Bestes gewollt, ich mag dich doch. Aber du hast unsere Freundschaft ganz plötzlich und ohne jeden Anlaß abgebrochen. Habe ich dich vielleicht irgendwie gekränkt?«
»Es ist einfach so gekommen«, antwortete Warja zurückhaltend.
»Verstehe«, Vika nickte mitfühlend, »wir sind alle Sklaven unserer Triebe. Du hast sicherlich gehört, mit wem ich verheiratet bin?«
»Ja.«
»Er ist ein großartiger Mensch, durch und durch anständig, vom anderen brauche ich gar nicht zu reden: ein großes Talent. Und er liebt mich. Aber verstehst du, ich sehe ihn fast gar nicht, er geht am frühen Morgen weg und kommt erst spätabends wieder, manchmal übernachtet er sogar in seinem Atelier. Aber was tun? Er ist

völlig besessen, wie jedes Genie ... Ich muß mich eben bescheiden und meine Bürde tragen. Aber es ist natürlich etwas langweilig.«

»Geh doch arbeiten«, sagte Warja.

»Um sechs Uhr früh aufstehen? ... Mit der Straßenbahn durch die ganze Stadt zockeln ... Ich habe doch einen Haushalt, muß mich um meinen Mann, um den Vater und Wadim kümmern – alles hängt an mir. Wie mein Mann arbeitet, habe ich dir schon gesagt. Mit Vater ist es auch nicht besser: Er arbeitet am Wissenschaftlichen Forschungsinstitut in der Klinik und außerdem im Kreml-Krankenhaus, dazu wird er oft nachts rausgeholt, ich muß ihn doch auch bemuttern. Im Grunde genommen bin ich eine richtige Hausfrau. Wadim ist ein bekannter Kritiker geworden, er arbeitet für viele Zeitungen. Und Journalisten führen bekanntlich ein verrücktes Leben, manchmal wird er bis zum frühen Morgen in der Redaktion festgehalten. Drei solche Persönlichkeiten müssen schließlich umhegt werden, und das tue ich.«

Sie warf Warja einen Blick zu und fügte hinzu: »Meine Männer sind absolut dagegen, daß ich arbeiten gehe.«

Warja mußte innerlich schmunzeln: Vika hatte alles gesagt, bloß Fenja, das Hausmädchen, mit keinem Wort erwähnt, Fenja, die Vika den Morgenkaffee ans Bett brachte.

»Ist Fenja denn nicht mehr bei euch?« fragte sie mit naiver Miene.

»Doch. Aber Fenja ist eben Fenja. Und zu uns kommen doch verschiedene Leute und, wie du dir denken kannst, nicht gerade einfache Menschen. Sie müssen empfangen werden, und das kann nur ich machen. Na ja, was soll ich lange reden. Ich beklage mich ja nicht, ich erzähle dir bloß von meinem Leben. Ich gehe nicht mehr aus, komme weder ins Theater noch in ein Konzert. Und mich besucht auch niemand. Warja, es wäre doch schön, wenn du wenigstens mal von Zeit zu Zeit vorbeischauen würdest.«

»Wann denn? Tagsüber arbeite ich, und abends bin ich in der Hochschule.«

»Wirklich? Sehr tüchtig! An welcher Hochschule studierst du denn?«

»An der Hochschule für Bauwesen.«

»Na großartig! Ich habe eine Menge Bekannte, die auf diesem Gebiet arbeiten, Architekten, Bauingenieure und so weiter. Vielleicht brauchst du ihre Hilfe?«
»Nein«, sagte Warja, »ich brauche keine Hilfe.«
»Na, du mußt es wissen. Wenn du was benötigst, bitte sehr. Ich rede nicht nur von meinem Mann, sondern auch von meinen Bekannten ... Alles Leute mit Weltruf. Ein Wort von denen genügt, und alles wird für dich getan.«
»Ich brauche nichts«, antwortete Warja stirnrunzelnd.
»Also, wie du meinst.«
Vika blieb stehen.
»Hast du noch meine Telefonnummer?«
»Ja.«
»Fein. Ruf an, komm vorbei, dann plaudern wir ein wenig ...«

6

Seit Mitte Februar kam regelmäßig Post. Sascha erhielt die Zeitungen von Dezember, Januar und Februar.
Nach Kirows Ermordung durch Nikolajew veröffentlichten die Zeitungen fast täglich lange Listen mit Namen von Terroristen, die aus dem Ausland eingeschleust und in Moskau, Leningrad, Kiew und Minsk erschossen worden waren.
Dadurch entstand der Eindruck, daß gerade sie etwas mit Kirows Ermordung zu tun hatten.
Aber Ende Dezember 1934 meldeten die Zeitungen, daß die ehemaligen Leiter des Leningrader Komsomol, Anhänger von Sinowjew, den Mord an Kirow auf dem Gewissen hätten und auch den Genossen Stalin und andere Leiter der Partei und Regierung hätten ermorden wollen. Alle Angeklagten, darunter zwei ehemalige Mitglieder des ZK des Kommunistischen Jugendverbandes der SU – Kotolynow und Rumjanzew – wurden auf der Stelle erschossen.
Im Januar 1935 kamen Sinowjew, Kamenew, Jewdokimos, Bakajew und andere zuvor namhafte Parteifunktionäre, insgesamt 19 Personen, auf die Anklagebank. Ihre unmittelbare Mittäterschaft an Kirows Ermordung wurde vor Gericht nicht bewiesen, trotzdem wurde Sinowjew zu zehn, und die anderen zu acht, sechs und fünf Jahren Haft verurteilt.
Es war ein Schnellverfahren, ohne Verteidiger, und trotzdem wirkte die Version von der Mittäterschaft der Sinowjew-Anhänger am Mord glaubwürdig. Wer sonst hätte den Mord verübt haben können? Nikolajew war früher auch ein Anhänger Sinowjews gewesen und alle seine Genossen ebenfalls, und die moralische Verantwortung für deren Einstellung trugen natürlich Sinowjew und Kamenew. Sehr zu bezweifeln, ob sie eine so harte Strafe verdient hatten, aber wie man's auch sah, Kirow war schließlich ermordet worden! Ermordet!

Schon 1917 hatten Sinowjew und Kamenew der Provisiorischen Regierung den Beschluß über den Aufstand verraten. 1926 hatten sie sich mit Trotzki verbündet, der ein Jahr zuvor zum ärgsten Feind der Partei erklärt worden war. Konnte man sich jetzt angesichts der faschistischen Bedrohung schwach zeigen, da Hitler ein 500 000 Mann starkes Heer, eine schlagkräftige Luftwaffe geschaffen hatte und uns offen mit Krieg drohte? Die Partei beantwortete den Schlag mit einem Gegenschlag, obwohl das leider nicht ohne Fehler abging und mit dem Untergang Unschuldiger verbunden war.

Darum versuchte Sascha bei seiner aufmerksamen Zeitungslektüre hinter der Hysterie, dem Haß und den Schmähungen das wahrzunehmen, was ihm teuer war, was das Land bewegte, ihn selbst schon immer von Kind auf bewegt hatte, die Leistungen und Erfolge, die Begeisterungsfähigkeit und der Glaube des Volkes. Dieser Glaube hatte ihn immer in seinem eigenen Glauben bestärkt.

Manchmal besuchte er Lidia Grigorjewna Swjaguro, seine Bekannte. Sie wohnte nach wie vor bei Larissa, nähte und schneiderte viel, vor allem für die Leute in Keshma. Larissa behandelte die alte Frau mit Ehrerbietung und war ihr gern gefällig. Jetzt kamen die Frauen zu Larissa, der Geschiedenen und als Nutte verschrienen, ins Haus, um zu beratschlagen, was und wie zu nähen war, und sie beteiligte sich an diesen Gesprächen, sie spielte jetzt eine größere Rolle im Dorfleben, jedenfalls in dem der Frauen und war über die Ereignisse nicht nur hier im Dorf, sondern auch über die in Keshma stets auf dem Laufenden. Vielleicht hatte sie auch einen zu großen Respekt vor der despotischen Lidia Grigorjewna, die sich in jeder Situation Achtung zu verschaffen wußte.

Lidias kleiner Tarassik, ein schweigsamer Junge, saß gewöhnlich auf der Bank und drehte irgendein Stückchen Holz in den Händen – das war alles, was er an Spielzeug besaß. Lidia Grigorjewna war ebenfalls wortkarg, eine altjüngferliche, unschöne Frau mit schräg vorstehenden Zähnen.

Sascha brachte ihr Zeitungen, die sie ihm nach einigen Tagen zurückgab, fast ohne Kommentar, ohne lange Reden zu halten wie Wsewolod Sergejewitsch. Nur über den Prozeß gegen Sinowjew und Kamenew bemerkte sie: »Jetzt geht das Theater los.«

»Aber Kirow ist doch ermordet worden«, widersprach Sascha.
»In den Zeitungen kann man alles Mögliche schreiben«, unterbrach sie ihn gallig. »Sinowjew und Kamenew würden so etwas nie tun, und sie haben das auch nicht nötig. Der Mord an Kirow nützt nur einem einzigen Menschen.«
Sascha verstand, wen sie meinte.
»Aber die Partei, das Volk ...«
»Wir haben keine Partei«, fiel sie ihm ins Wort, »es gibt die sogenannten Kader, die seine Politik gehorsam ausführen. Er hat die Partei gehaßt und rottet sie nun aus, ebenso wie er das Volk haßt und ausrottet.«
Sascha überflog die Zeitungen.
»Hören Sie, was Stalin über's Volk sagt: ›Menschen muß man sorgsam pflegen, so wie der Gärtner seine liebsten Obstbäume pflegt.‹«
»Kaukasischer Schwulst«, unterbrach sie ihn wieder, »Gärtner, Obstbäume. Wieviel Millionen solcher ›Bäume‹ hat er auf dem flachen Land umgehauen, wieviel Millionen sind verhungert?«
»Hören Sie aber mal, was er über's Dorf sagt«, beharrte Sascha, »jeder Kolchoshof muß auch eine Privatwirtschaft haben, nicht groß, aber privat ... Jeder hat Familie, Kinder, seine persönlichen Bedürfnisse und seinen persönlichen Geschmack, der berücksichtigt werden muß.«
»Persönlicher Geschmack«, wiederholte Lidia Grigorjewna sarkastisch, »der berücksichtigt werden muß. Und Sie glauben an dieses Geschwafel? Er versteht natürlich, daß der Bauer essen muß, sonst sterben alle weg. Und wen soll er dann regieren? Sie kennen ihn nicht, ich dagegen kenne ihn zur Genüge. Ich habe ihn jahrelang aus nächster Nähe gesehen, so wie ich jetzt Sie sehe. Menschen und Menschenleben bedeuten ihm nichts, sind Luft für ihn, er ist schlimmer als der schlimmste Verbrecher. Er ist imstande, jeden zu ermorden, der ihm im Wege steht. Er ist ein Schauspieler und kann jede Rolle spielen. Gegenwärtig redet er von Menschen und schmeichelt dem Volk. Das haben alle Tyrannen getan. Der kluge Tyrann schmeichelt immer dem Volk. Mit Worten, versteht sich, mit seinen Taten vernichtet er es. Sind Ihnen noch nie solche Gedanken gekommen?«

Ja, solche Gedanken waren ihm manchmal tatsächlich gekommen. Aber wenn er Stalins Reden las, bemühte er sich jedesmal, diesen Mann zu verstehen, auf seine Art und nicht so wie Lidia Grigorjewna ihn darstellte, die nichts als Haß für Stalin empfand.
»Sie schweigen?«
Sie musterte ihn ironisch, ihr Blick blieb auf den Umschlägen seiner Hose haften.
»Warum laufen Sie denn in ausgefransten Hosen herum?«
Er errötete. Es war seine einzige Hose, auch in Moskau hatte er keine zweite gehabt, bloß noch den Anzug, den Mark ihm geschenkt hatte.
»Die Fransen schneide ich mit der Schere ab.«
»Ein guter Einfall ... Setzen Sie sich hinter den Vorhang, ich bessere inzwischen Ihre Hose aus.«
Ihr Ton war wie immer kategorisch.
Sascha ging hinter den Vorhang und setzte dort seine Zeitungslektüre fort.
»In einer ganzen Reihe von Fällen haben wir es mit einem herzlos-bürokratischen, ja unerhörten Verhalten den Werktätigen gegenüber zu tun ... Oft geht man mit diesen Menschen wie mit Marionetten um ... Wir müssen vor allem lernen, die Menschen zu schätzen, die Kader zu respektieren, jeden Mitarbeiter zu würdigen, der fähig ist, unserer gemeinsamen Sache zu nutzen. Man sollte endlich begreifen, daß unter allen wertvollen Gütern, die es auf der Welt gibt, die Menschen, die Kader das entscheidende Kapital sind.«
Das bezog sich doch auf ihn, Sascha, und auf solche wie ihn. Eben das müßte er Lidia Grigorjewna vorlesen.
Aber es war töricht, von hinter dem Vorhang her und ohne Hosen mit ihr zu diskutieren.
Nach einer Weile hielt sie ihm die ausgebesserte Hose hin.
»Ziehen Sie sich an.«
Er fuhr in die Hose und kam hinter dem Vorhang hervor.
Tarassik saß nach wie vor auf der Bank und spielte mit dem Holzklötzchen.
»Tarassik«, sagte Sascha, »komm mit ins Freie, wir wollen ein bißchen spazierengehen.«

Tarassik warf Lidia Grigorjewna einen fragenden Blick zu.
»Geh mit«, sagte sie, »du hockst doch den ganzen Tag zu Hause. Geh schon!«
Sie zog Tarassik seinen Mantel an, band ihm ein dickes Tuch über Kreuz um, obwohl es nicht mehr so kalt war, und dann folgte der Junge Sascha nach draußen. Sie gingen zur Angara.
Der Kleine ging neben ihm her, ernst, schweigsam, klein und plump in seinem über den Mantel gebundenen Tuch.
»Wie alt bist du?« fragte Sascha.
»Weiß nicht ... wohl sieben.«
»Also weißt du es. Kannst du lesen?«
»Nein.«
»Kennst du die Buchstaben?«
»Ja.«
»Kennst du auch irgendwelche Gedichte?«
»Nein.«
»Liest dir Mama manchmal Gedichte vor?«
»Ja.«
»Was für welche?«
»Weiß nicht mehr.«
»Möchtest du, daß ich dir ein Gedicht vortrage?«
»Ja.«
Sie standen in der wärmenden Sonne am Ufer der Angara. Tarassik drehte den Kopf hin und her, offenbar war ihm heiß.
Sascha lockerte den Knoten des Tuches.
»Ist es so besser?«
»Ja.«
Tarassik zog die Hände aus den an einer Schnur hängenden Fäustlingen. Sascha griff nach seiner Hand.
»Wirst du nicht frieren?«
Die Wärme der kleinen, schwachen Kinderhand ging ihm durch und durch. Er hockte sich hin und griff nun auch nach Tarassiks anderer Hand.
»Ist dir jetzt warm?«
»Ja.«
Der Kleine sah ihn ernst an. Sascha sagte sich, daß Tarassik bestimmt noch nie gelacht hatte.

»Möchtest du also, daß ich dir ein Gedicht vortrage?«
»Gern.«
»Zieh die Fäustlinge über.«
Tarassik tat es.
Sascha kam wieder aus der Hocke hoch.
Ringsum die weiße Schneewüste, nur der Wald, der auf einer Seite von der Sonne beleuchtet wurde, zeichnete sich dunkel am anderen Ufer ab.
Es wurde schnell Nacht. Die Sonne war hinter einer Wolke verschwunden.
»Erinnern dich die Wolken an irgend etwas?«
Tarassik sagte achselzuckend: »Nein.«
»Siehst du dort das Schiff? Schau mal, die vereisten Masten. Die Segel. Siehst du es?«
»Jaa«, antwortete Tarassik unsicher.
Sascha erinnerte sich plötzlich an Lermontows Gedicht und trug es Tarassik vor:

Kaum funkeln am Himmel die Sterne
und blinken im tiefblauen Meer –
da schwebt mit geblähten Segeln
ein einsames Schiff einher.

Im Meer liegt ein Felseneiland
in wüster Wogen Hut;
ein Grab ist auf dieser Insel,
darin ein Kaiser ruht.

Und um die Jahreswende,
da ihn der Tod übermannt,
fliegt über die nächtigen Wogen
das Schiff zum Inselstrand.

Mit seinem dreieckigen Hute
und grauem Waffenrock
entsteigt der Kaiser dem Grabe –
ihm wehrt kein Felsenblock.

Gekreuzt die mächtigen Hände,
das Haupt auf die Brust gesenkt,
betritt er das Schiff und setzt sich,
ergreift das Steuer und lenkt.

Er jagt zu Frankreichs Gestade
wo er gelassen den Thron,
die alte treue Garde
und seinen Erben, den Sohn.

Er steigt ans hohe Ufer
und schreitet ohne Scheu;
die Waffenbrüder ruft er,
ruft die Marschälle herbei.

Auch hören ihn nicht die Marschälle:
Die starben den Heldentod,
sie brachen ihm die Treue,
verrieten ihn in der Not.

Und mit gesenktem Haupte
und trostlos schmerzlichem Blick
besteigt er sein Schiff und lenkt es
zum einsamen Eiland zurück ...

Der Kleine hatte aufmerksam zugehört.
»Na, hat's dir gefallen?« fragte Sascha.
»Ja«, antwortete Tarassik, »ich möchte nach Hause.«
Sie kehrten um. Sascha wollte gleich wieder gehen, aber Lidia Grigorjewna hielt ihn zurück.
»Sie haben Ihre Zeitungen vergessen.« Und ergänzte höhnisch: »Mit den Fotos von Ihrem Stalin in allen möglichen Varianten. Jetzt erfährt man sogar, daß er die proletarischen Regimenter bei der Eroberung des Winterpalastes geführt hat.«
In der Tat sah man in jeder Zeitung das Bild vom Genossen Stalin, oft auch zwei oder drei. Stalin allein, Stalin und Lenin, Stalin und Woroschilow, Stalin und Molotow, Stalin und Kaganowitsch, Sta-

lin und Shdanow, Stalin mit Kolchosbauern, Stalin mit Militärs, Stalin mit Arbeitern, gezeichnete Porträts von Stalin und Büsten von Stalin.

Lange Beiträge über die Siege im Bürgerkrieg: Die Verteidigung Zarizyns, die Einnahme von Rostow, Perm, die Ostfront, die Niederlage Denikins, der Jahrestag der Roten Armee, das fünfzehnjährige Bestehen der Ersten Reiterarmee, die Polnische Front – und immer und überall Stalin.

Im Oktober 1917 hatte Stalin, wie der Historiker I. I. Minz schrieb, »in Lenins Auftrag die bolschewistischen Regimenter gegen die bürgerliche Regierung geführt«.

Aha, eben das hatte Lidia Grigorjewnas Hohn herausgefordert. Sie hatte Recht, das war tatsächlich eine dicke Lüge! Alle Verdienste wurden Stalin zugesprochen, überall hatte Stalin gesiegt. Von allen Ecken und Enden hagelte es Grußadressen an Stalin: Von den Fabriken, Kolchosen, von den Gipfeln des Elbrus und denen des Kasbek. Jede Rede, jeder Artikel begann und schloß mit seinem Namen.

Schon an der Hochschule hatten Sascha die Lobhudeleien geärgert, Lobhudeleien über Stalin, seine Bücher, seine Beiträge, seine Reden und Abhandlungen, die Sascha primitiv vorgekommen waren. Die endlosen Wiederholungen, dieses Vorkauen: »Erstens«, »zweitens«, »drittens« – die Schematisierungen, das Verbot, auch nur den kleinsten Zweifel an seinen Gedanken, an einem einzigen seiner Worte zu hegen – all das hatte bedrückend gewirkt.

Aber die anderen bedrückte das doch nicht, im Gegenteil, sie waren begeistert. War's möglich, daß alle Unrecht und er und seinesgleichen dagegen Recht hatten?

Wahrscheinlich hatte er damals nicht verstanden, daß Stalin sich ans Volk wandte und so reden und schreiben mußte, damit das Volk ihn verstand, ihm vertraute, ihm folgte. Dieses Volk hatte eine viele Jahrhunderte währende Sklaverei durchgemacht, war rückständig, man mußte wissen, wie man mit einem solchen Volk sprach, man mußte sein Niveau heben, aber man mußte zugleich auch den heutigen Stand berücksichtigen. Er, Sascha, gehörte auch zum Volk. Er konnte nicht ohne die Ideale seiner Kindheit, ohne das Vertrauen zu seinem Land, zur Partei leben. Er mußte zur

Partei, zu seinem Land stehen. Einerlei, ob Stalin ihm gefiel oder nicht – Stalin verkörperte beides, Partei und Land. Seine persönliche Kränkung mußte er hintanstellen.

Darum kam ihm immer wieder der Gedanke, an Stalin zu schreiben. Er wußte, daß jetzt alle an Stalin schrieben und daß dieser nicht imstande war, auch nur ein Tausendstel aller Briefe zu lesen, also würde auch Saschas Brief ungelesen bleiben. Er würde nicht mal auf Stalins Schreibtisch landen.

Trotzdem hielt er es für seine Pflicht, sich an Stalin zu wenden. Warum eigentlich – das hätte er kaum zu erklären vermocht, aber später einmal würde er sich selbst sagen können: Ich habe mich an Stalin gewandt, auch wenn es nichts gebracht hat. Aber er hatte es getan, weil Stalin für ihn die Partei verkörperte.

Als vor zwei Jahren seine traurige Geschichte an der Hochschule begann, hatte er sich nicht berechtigt gefühlt, an Stalin zu schreiben, dessen Zeit in Anspruch zu nehmen, zumal er gehofft hatte, selbst für sich einstehen zu können. Aber das konnte er nun nicht, und nur Stalin konnte ihm helfen, sonst drohte ihm die Verlängerung der Straffrist, vielleicht das Lager, und damit wäre der Schlußpunkt unter sein Leben gesetzt. Er wollte sich an Stalin wenden, weil er, Sascha, genau der »kleine Mann« war, von dem Stalin sprach, der redlich arbeitete und gewissenhaft seine Pflicht erfüllte.

Während dieser einsamen, kummervollen Tage, der langen, dunklen Abende und endlosen schlaflosen Nächte hier in Sibirien, am Rand der Welt, begann er zu phantasieren und stellte sich vor, daß Alfjorow einen Bauernwagen nach ihm schickte, daß er damit nach Keshma fuhr und Alfjorow ihm verkündete, ein Telegramm aus Genossen Stalins Sekretariat sei eingetroffen, Pankratow solle unverzüglich nach Moskau fahren. In Krasnojarsk würde die Fahrkarte schon bereitliegen und er von dort seine Mutter in Moskau anrufen. Und dann würden Mama und Warja ihn auf dem Bahnsteig abholen. Sie würden zur Straßenbahnhaltestelle gehen und mit der 4 nach Hause fahren.

Ja, er mußte den Brief an Stalin schreiben, selbst wenn er keine Hoffnung auf Antwort hatte. Maslow, Wsewolod Sergejewitsch lehnten die sowjetische Staatsform und die Partei ab und hatten daher nicht das moralische Recht, sich an Stalin zu wenden. Ans Gericht und die Staatsanwaltschaft schon, das waren offizielle Instanzen, aber nicht an Stalin. Er, Sascha, durfte es, denn an Stalin zu appellieren, hieß für ihn, an die Partei zu appellieren.

Sascha überlegte sich lange seinen Brief, legte jedes Wort auf die Goldwaage ... »Sehr geehrter Genosse Stalin!«, schrieb er, »entschuldigen Sie, daß ich es wage, mich an Sie zu wenden. Laut Beschluß der Sonderkommission der GPU vom 20. Mai 1934 bin ich nach Paragraph 58^{10} unter Berücksichtigung der Untersuchungshaft zu 3 Jahren Verbannung nach Sibirien verurteilt worden. Ich habe über die Hälfte der Strafe verbüßt. Aber wofür ich verurteilt worden bin, ist mir nicht bekannt. Ich bin völlig unschuldig. Ich habe eine sowjetische Schule und anschließend eine sowjetische Hochschule besucht. Ich war Jungpionier und dann Mitglied des Kommunistischen Jugendverbandes Komsomol, habe in einem Betrieb gearbeitet, möchte meinem Land nützlich sein und bin trotzdem zur Untätigkeit verurteilt. So zu leben ist unmöglich. Ich bitte Sie um ein Revisionsverfahren. Mit vorzüglicher Hochachtung. A. Pankratow.«

Er schrieb den Brief, schickte ihn aber nicht ab, er konnte sich immer noch nicht dazu entschließen.

Handelte er redlich? Im tiefsten Innern hatte sich seine eher negative Einstellung zu Stalin nicht geändert. Im Gegenteil, nach allem, was er gesehen und durchgemacht hatte, waren seine Zweifel nur noch stärker geworden. Und jetzt wandte er sich an ihn. Er schrieb, daß er arbeiten, dem Land und der Partei dienen wollte, aber wollte er in Wirklichkeit nicht einfach freikommen, sein Leben retten, sein Schicksal ändern?

War es ganz abgesehen davon nicht naiv, einen solchen Brief zu schreiben? Würde der Brief Stalin überhaupt erreichen? Würde er gelesen werden? Würde ein Revisionsverfahren eingeleitet werden? Natürlich würde der Brief Stalin nie erreichen, ungelesen bleiben und ein Revisionsverfahren nie eingeleitet werden. Wozu also der ganze Aufwand, wenn man doch die Gewißheit hatte, daß der Brief nur im NKWD gelesen werden würde. Denn gerade dort würde er natürlich landen.

Und dennoch, dennoch ...

7

Am 14. Mai 1935 kam Stalin zur Eröffnungsfeier der Moskauer Metro in den Säulensaal des Gewerkschaftshauses.

Angesichts der jungen Menschen im Saal – der Erbauer der Metro, ihrer frohen Gesichter, die sich ausschließlich IHM zuwandten, die nur auf SEINE Worte warteten – dachte er, daß die Jugend zu IHM stand, die Jugend, die in SEINER Epoche großgeworden war – das war SEINE Jugend, ihnen, diesen Kindern aus dem Volk hatte ER die Ausbildung ermöglicht, hatte ihnen die Möglichkeit gegeben, dieses Werk zu vollbringen, an der großen Umgestaltung des Landes teilzunehmen. Die Jugend, die romantischste Zeit im Leben, würde in ihrer Erinnerung für immer mit IHM verknüpft, durch SEINEN Namen verklärt sein, bis an ihr Lebensende würden sie IHM die Treue bewahren. Ihnen mußte er den Weg zur Macht bahnen, ihren Aufstieg hatten sie dann IHM und nur IHM zu verdanken.

Sein Gedankengang wurde von Bulganin unterbrochen: »Genosse Stalin hat das Wort.«

Stalin trat ans Rednerpult.

Der ganze Saal stand auf.

Der Beifall wollte kein Ende nehmen.

Stalin hob die Hand, aber der Applaus dauerte an, alle klatschten im Takt, es klang wie Trommelschlag, und jeder Schlag wurde von dem donnernden Ruf »Stalin! Stalin!« begleitet.

Stalin war Huldigungen gewohnt, aber die heutige war etwas Besonderes. Ihn bejubelten nicht Funktionäre, nicht Komsomol-Bürokraten, sondern einfache Arbeiter: Betonbauer, Vortriebshauer, Schweißer – die Erbauer der ersten Untergrundbahn im Lande. Das war das Volk, die besten des Volkes, die Zukunft des Volkes.

Der Beifall erschütterte den Saal, Jungen und Mädchen sprangen auf die Sitze und schrien: »Es lebe Genosse Stalin! – Dem großen Führer, Genossen Stalin, unser Komsomol-Hurra!«

Stalin zog die Uhr aus der Tasche und hob sie in die Höhe, um anzudeuten, daß er um Ruhe bat. Die Antwort war ein noch lauterer Applaus.
Nun zeigte Stalin dem Präsidium die Uhr, am Tisch lächelte man geschmeichelt, weil man an dem rührend schlichten Treffen des Führers mit dem Volk teilnehmen durfte. Die Mitglieder des Präsidiums nahmen wieder Platz, als würden sie sich Stalins in so demokratischer Form kundgetanem Willen beugen.
Auch im Saal setzte man sich wieder, aber das Klatschen hörte nicht auf.
»Genossen«, Stalin lächelte, »klatschen Sie nicht im voraus, Sie wissen ja nicht, was ich Ihnen sagen werde.«
Der Saal quittierte die Worte mit Lachen und neuerlichem Beifall.
»Ich möchte zweierlei berichtigen«, fuhr Stalin fort, »für den erfolgreichen Abschluß des Baus der Moskauer Metro haben die Partei und die Regierung verschiedene Auszeichnungen verliehen. Die einen erhalten den Lenin-Orden, die anderen den Orden des Roten Sterns, die dritten den Orden des Roten Arbeitsbanners,die vierten Ehrenurkunden des Zentralexekutivkomitees. Aber die Frage ist nun: Was ist mit den übrigen, mit jenen Genossen, die ihre Arbeitsleistung, ihr Können, ihre Kräfte ebenso wie die anderen eingesetzt haben? Die einen von euch scheinen sich zu freuen, die anderen aber wundern sich gewiß. Was tun? Das ist die Frage.«
Er machte eine Kunstpause.
Im Saal herrschte andächtige Stille.
»Also«, fuhr Stalin fort, »diesen Fehler der Partei und der Regierung wollen wir in aller Öffentlichkeit gutmachen.«
Wieder erschallten lautes Lachen und frenetischer Beifall.
Stalin hob die Hand und sprach weiter: »Ich bin kein Liebhaber von langen Reden, erlauben Sie mir daher, die Berichtigung vorzulesen.«
Er entnahm der Brusttasche seiner Uniformjacke ein zusammengelegtes Blatt und entfaltete es.
»Die erste Berichtigung: Für die erfolgreiche Arbeit beim Bau der Moskauer Metro wird den Stoßarbeitern, den Stoßarbeiterinnen und dem gesamten Kollektiv der Ingenieure, Techniker, Arbeiter und Arbeiterinnen des U-Bahn-Baus der Dank des Zentralexeku-

tivkomitees und des Rates der Volkskommissare der UdSSR ausgesprochen.«
Erneut donnernder Beifall.
Alle erhoben sich, auch das Präsidium. Wieder erschallten Hurrarufe. Stalin stand lächelnd auf der Tribüne und machte keinen Versuch, den Jubel zu beschwichtigen: Der Applaus galt nicht nur ihm, sondern auch der Regierung, die den Erbauern der Metro ihren Dank aussprach, und ebenso den Erbauern der Metro, die diesen großen Dank verdient hatten.
Nachdem der Saal sich endlich beruhigt hatte, begann Stalin erneut: »Nun zur zweiten Berichtigung«, er warf einen Blick auf das vor ihm liegende Blatt, »für besondere Verdienste bei der Mobilisierung der Komsomolzen und Komsomolzinnen zum erfolgreich verlaufenen Bau der Moskauer U-Bahn wird der Moskauer Komsomol-Organisation der Lenin-Orden verliehen.«
Wiederum ein Beifallssturm. Dieses Mal klatschte Stalin mit, um dem Moskauer Komsomol zu danken.
Als er aufhörte, wurde es auch im Saal still.
»Beide Berichtigungen werden morgen veröffentlicht. Vielleicht ist das zu wenig, Genossen, aber etwas Besseres ist uns nicht eingefallen. Wenn wir noch etwas tun können, so sagen Sie es uns.«
Mit einer knappen Handbewegung die Versammlung grüßend, begab sich Stalin zum Präsidium.
Der Applaus, der nun einsetzte, übertraf alles vorhergehende.
»Hurra unserem geliebten Stalin!« Der Saal dröhnte: »Hurra! Hurra! Hurra!«
Ein Mädchen sprang auf den Sitz und schrie: »Dem Genossen Stalin unser Hurra!« Alle Reihen nahmen den Ruf auf. »Hurra! Hurra! Hurra!«
Der Beifallssturm dauerte etwa zehn Minuten. Der Saal stand immer noch und klatschte, immer wieder ertönten die Rufe »Hurra!« und »Dem geliebten Stalin unser Hurra!«
Stalin stand schweigend im Präsidium und sah in den Saal. Nein, das waren nicht jene, die ihm beim XVII. Parteitag vor anderthalb Jahren Beifall geklatscht hatten, das war ein unaufrichtiger Beifall gewesen, diese hier waren ganz anders, das waren SEINE Leute. Zweifellos war die Jugend ihrer Natur nach wankelmütig. Auch

junge Menschen verknöchern mit der Zeit, neue wachsen nach, und auch ihnen muß der Weg bereitet werden: ein unaufhörlicher und schmerzhafter Prozeß.
Aber die Erneuerung der Kader war eben unausbleiblich, die Hauptsache dabei war lediglich, daß die neuen Kader, die zur Leitung aufrückten, seine Leute waren. An die Tatsache, daß ihre Vorgänger vernichtet wurden, dachten die neuen Kader nicht: Wenn sie an die Macht kamen, waren sie überzeugt, daß sich nie etwas daran ändern würde. Und wenn sie eines Tages abtreten müßten, würden sie nicht den Genossen Stalin beschuldigen, sondern ihre Rivalen. Für sie würde Genosse Stalin immer jener bleiben, der sie zur Macht gebracht hatte.
Das waren Stalins Gedanken, als er in den froherregt jubelnden Saal sah.
Jawohl, sie waren ihm aufrichtig und grenzenlos ergeben. Er mußte ihnen noch etwas sagen, etwas Einfaches und Menschliches, mußte sich Eingang in jedes Herz verschaffen, sie nicht nur durch seine Größe, sondern auch durch seine Schlichtheit erobern.
Als der Beifall sich endlich legte, fragte er halblaut, aber laut genug, damit ihn alle hörten: »Was meinen Sie, brauchen wir keine Berichtigungen mehr?«
Ein neuer Beifallssturm brach los.
Alle sprangen auf.
Das Präsidium klatschte im Stehen. Es klatschten Stalin, Molotow, Kaganowitsch, Woroschilow, Ordshonikidse, Tschubar, Mikojan, Jeshow, Meshlauk. Das dauerte endlos. Die Menschen konnten sich nicht von ihren Plätzen entfernen, konnten nicht gehen, konnten sich nicht von Stalin trennen, denn das war doch ihr Tag, vielleicht der einzige Tag in ihrem Leben, da sie Stalin mit eigenen Augen sahen, sie wollten dieses Fest verlängern, wollten Stalin immer wieder hören.
Aber Stalin hatte bereits gesprochen, er würde nicht mehr sprechen, und nun rief jemand: »Kaganowitsch!«
Sogleich fiel der ganze Saal ein: »Kaganowitsch! Kaganowitsch!«
Verwirrt warf Kaganowitsch Stalin einen Blick zu. Sollte er nach ihm sprechen?

Aber Stalin sagte: »Warum nicht, Lasar, das Volk wartet, sprich mit dem Volk.«
Kaganowitsch begab sich zum Rednerpult.

8

Nach der Festsitzung im Säulensaal fuhr Stalin ohne Zwischenstation im Kreml geradewegs zu seiner neuen Datscha in Kunzewo. Mershanow hatte sie im vorigen Jahr gebaut. Ein schlichter, eingeschossiger Bau inmitten eines von Wald umgebenen Gartens. Mit einem Dachgarten. Stalin benutzte ihn nicht, aber er störte auch nicht. Ein zweites Geschoß ließ sich immer noch draufsetzen. Eine überdachte Galerie führte zu einem Nebengebäude, in dem das Hauspersonal untergebracht war.

Heute kam Stalin zum ersten Mal in das schlüsselfertige Haus, das ihn erwartete.

Damit war's endlich vorbei mit Subalowo, dieser Schlangengrube, wo sich seine sogenannte Sippe eingenistet hatte: Das alte Ehepaar Allilujew, das ihm Nadjas Tod nicht verzieh, dessen Sohn Pawel – er hatte Nadja die Pistole geschenkt, mit der sie sich erschossen hatte –, Anja, Nadjas Schwester, eine dicke, schlampige Gans, die in ihren Mann Redens verliebt war, während dieser Hübschling mit jeder schlief, die er traf, ein grober, überheblicher, hochnäsiger Pole.

Auch die Familie Swanidse war IHM verhaßt, die Verwandten von Katharina, seiner ersten Frau. Er hatte sie nicht geliebt: Eine schweigsame, gehorsame, aber beschränkte, gottesfürchtige Frau, die ihm in jeder Hinsicht fremd gewesen war. Sie hatte gehofft, er würde die revolutionäre Arbeit aufgeben und Pope werden, sie hatte nichts verstanden. Genauso hatte ihre liebe Schwester seinen Sohn Jascha erzogen: einen stillen, halbwüchsigen Jungen, mit dem ihn nichts verband. Und diesen Jascha, den er im Grunde genommen nie richtig gesehen und auch nie gekannt hatte, hatte sein Schwager Aljoscha Swanidse nach Moskau mitgenommen.

Wozu?! Damit er hier studierte! Gab es in Tiflis vielleicht keine Hochschulen? Nein, nicht darum hatte er ihn hergebracht, sondern um allen deutlich zu machen, daß ER sich nicht um die Zukunft des eigenen Sohnes, nicht um dessen Ausbildung kümmerte. Und deswegen blieb seinem Onkel Aljoscha Swanidse eben nichts anderes übrig, als sich selber darum zu kümmern.

ER hatte damals eine neue Familie gehabt. Wozu den Stiefsohn in diese Familie einführen? Einen fremden, ungeliebten Jungen, der obendrein schlecht Russisch sprach. Dahinter konnte nur die Absicht stecken, Zwietracht in seiner Familie zu säen, einen Vertrauensmann in SEINEM Hause zu haben. Swanidse hatte alles genau berechnet. Nadja war eine zartfühlende Frau gewesen. Wenn sie Jascha nach Tiflis zurückgeschickt hätten, so hätten alle geglaubt, sie, Nadja, habe ihn nicht aufnehmen wollen, für sie war schon immer ausschlaggebend gewesen, was die anderen sagten.

Diese nette Überraschung hatte ihm der liebe Schwager Aljoscha Swanidse bereitet. Und das war nicht die einzige gewesen. Seinen eigenen Sohn hatte Aljoscha John Reed genannt. Was sollte man dazu sagen? Sich so einen Namen auszudenken! Im Jahr 1929! War das vielleicht ein georgischer Name? Ein russischer? Mitnichten, weder ein georgischer noch ein russischer. John – das war verständlich. Ein englischer Name. Reed? Den gab's vielleicht auch. Aber John Reed – das war ein Vor- und ein Zuname. Der Vor- und Zuname des bewußten John Reed, der ein verlogenes, die Geschichte des Oktoberaufstandes verzerrendes Buch geschrieben hatte, ein infames Büchlein, in dem er Trotzki hoch lobte, aber IHN, Stalin, kein einziges Mal erwähnte. Dieses Machwerk war aus allen Bibliotheken entfernt worden, wer es im Hause hatte, wurde zu fünf Jahren Lagerhaft verurteilt. Und da hatte sein Schwager Aljoscha Swanidse dem eigenen Sohn diesen Namen gegeben. Wußte er vielleicht nicht, wer John Reed war? Er wußte es nur zu gut. Ein Intellektueller. Gebildet. Er war nicht in einem Seminar in Tiflis gewesen, sondern hatte in Jena, in Deutschland, studiert. Er sprach mehrere europäische Sprachen und kannte auch orientalische. Ein polyglott Gebildeter, so einer wie Menshinski, der alles bestens verstand und seinen Sohn bloß IHM zum Trotz so genannt hatte.

Swanidse hatte eine Opernsängerin geheiratet, Maria Anissimowna, offenbar keine gute Sängerin, da sie die Bühne verlassen

hatte, um mit ihrem Mann in Berlin bei der Handelsvertretung zu leben. Sie hatte Nadja Klamotten aus dem Ausland mitgebracht, hatte SEINE Frau auf den Geschmack ausländischer Kleider gebracht und hatte sie moralisch und politisch zersetzend beeinflußt. Dieser Klüngel machte alles absichtlich, gehässige und neidische Leute. Aber Angst hatten sie. Wenn sie Billard spielten, ließ Aljoscha IHN immer gewinnen, und nachher erklärte er seinen Freunden: Wenn ich gewinne, zahlt er's den anderen heim und macht sie einen Kopf kürzer.
Solche Dinge sagte der teure Aljoscha Swanidse hinter seinem Rücken, auf diese Art verhöhnte er ihn in der Öffentlichkeit.
Und warum diese zärtliche Freundschaft zwischen den Allilujews und den Swanidses? Man hätte doch vermuten dürfen, daß sie einander hassen müßten, die Verwandten der ersten und die der zweiten Frau. Konnten die Allilujews Jascha lieben? Oder die Swanidses die Geschwister Wasja und Swetlana? Was sie verband, war der gemeinsame Haß auf IHN.
Damit war's jetzt aber vorbei. Er würde keinen Fuß mehr über die Schwelle in Subalowo setzen, mochten sie dort ohne ihn wohnen und sich gegenseitig in den Haaren liegen. Da sie an jemandem doch diese Wut auslassen mußten, würden sie einander einheizen.
Stalin ging im Garten in der warmen Maisonne auf und ab und freute sich an den Blumen. Die einen waren noch nicht erblüht, die anderen blühten bereits. Der Boden mußte nicht nur Früchte tragen, sondern auch das Auge erfreuen. Stalin gefiel hier alles: Der gepflegte Garten, die ordentlichen Wege, die hübschen Lauben, die Rasenflächen, auf einer standen ein kleiner Tisch, ein Korbsessel, ein Liegestuhl.
Es war still und ruhig hier. Ganz anders als in Subalowo mit dem ewigen Betrieb, dem Klatsch und Zank. Namentlich die Schwiegermutter: Olga Jewgenjewna, eine dickköpfige alte Frau, die dauernd mit dem Personal zankte, ihm Verschwendung vorwarf, Vergeudung staatlicher Mittel. Sie ging so weit, daß sie das Hauspersonal fast schon des Diebstahls beschuldigte; sie schimpfte mit den Verwaltern, den Köchen, den Serviererinnen. Und das in SEINER Gegenwart, die Leute hätten glauben können, daß er eine solche Behandlung des Personals unterstützte.

Das Personal mochte sie nicht und nannte sie hinter ihrem Rücken »die verrückte Alte«. Das war sie tatsächlich, mal schrie und lärmte sie, mal floß sie über vor Liebe, sie vergoß Freudentränen, um im nächsten Augenblick bitterlich und trostlos zu weinen, dann kritisierte sie wieder, wie die Kinder erzogen wurden, und vor allem: sie lärmte, lärmte unerträglich.
Ihr Vater war zur Hälfte Ukrainer, zur Hälfte Georgier gewesen, ihre Mutter, Magdalene Eichholz, stammte von deutschen Kolonisten ab. Die Schwiegermutter sprach mit georgischem Akzent und streute auch georgische Wörter in ihre Rede ein. Und dann kam das deutsche »mein Gott«! Immer und ewig hob sie empört die Hände in die Höhe und rief ihr: »Mein Gott«. Dieses »mein Gott« ärgerte ihn ganz besonders und zerrte an seinen Nerven.
Der alte Allilujew, Sergej Jakowlewitsch, war ein Idiot! Er hatte sich in Subalowo eine Hobelbank eingerichtet, Werkzeug angeschafft, irgendwelchen Metallkram dazu, ewig hobelte, drechselte, lötete er, reparierte Türschlösser in ihrem und den benachbarten Häusern. Ein echter Proletarier von altem Schrot und Korn, ein Proletarier mit sogenannten »goldenen Händen«.
Da saß ER in seiner Datscha, und plötzlich kam irgendein Mädchen aus der Nachbarschaft hereingeschneit und bat Sergej Jakowlewitsch, doch bitte das Türschloß bei ihnen zu reparieren.
Was sagte man dazu?! Da blieb einem doch die Luft weg!
ER saß in der Veranda, und so ein Mädchen fragte ihn ganz unverfroren: »Wo ist Sergej Jakowlewitsch?« – »Was willst du denn von ihm?«
»Er soll bitte unser Schloß reparieren.« SEINE Datscha in eine Schlosserei zu verwandeln! Dieser Hornochse ließ sich auch nicht eines Besseren belehren! Körperliche Arbeit veredelt, hieß es dann. Einer von diesen marxistischen Idealisten aus der Gesellschaft der alten Bolschewiki. Er ging zu ihren Sitzungen und quatschte mit. Obendrein schrieb er seine Memoiren. Den halben Tag über reparierte er fremde Türschlösser, während der anderen Tageshälfte kritzelte er seine Erinnerungen.
Was war das für ein Verein, diese Gesellschaft alter Bolschewiki? Ein Asyl für geistig Behinderte! Während des Prozesses gegen Sinowjew und Kamenew hatten sie sich entrüstet und sogar ver-

sucht, irgendwelche Entschlüsse zu fassen. Besonders ereifert hatte sich Wanja Budjagin. Alte Bolschewiki dürfe man nicht vor Gericht stellen. Warum denn nicht? Warum war der liebe Wanja nicht empört gewesen, als man Trotzki ausgewiesen und Iwan Nikititsch Smirnow, Smilga, Rakowski und andere Trotzkisten eingesperrt, Sinowjew und Kamenew in die Verbannung geschickt hatte? Aber jetzt, wo es um den Mordfall Kirow ging, da protestierte er. Warum? Kirow war doch sein Freund gewesen, da sollte man eigentlich vermuten, daß Budjagin unerbittlich sein müßte, aber nein, er war gegen die Aburteilung der Mörder und ihrer Drahtzieher. Wußte er vielleicht etwas? Ahnte er die Zusammenhänge? Er stiftete auch die anderen an, zu protestieren, Briefe zu schreiben, Entschlüsse zu fassen. Aber sie hatten gezögert, weil sie Angst hatten.
Ein Wespennest! Wem und was nützten sie? Warum spalteten sie sich von der Partei ab? Sie wollten einen Sonderstatus für die sogenannten alten Bolschewiki schaffen, gaben sich als die einzigen Treuhänder der alten bolschewistischen Traditionen und des Leninschen Erbes aus. Sie erhoben Anspruch darauf, das oberste Gericht der Partei, ihr »Gewissen« zu werden, die Hüter ihrer Einheit. Vor wem behüteten sie die Partei? Nein, sie behüteten nicht die Partei, sondern sich selbst – zu drei Vierteln waren sie alle ehemalige Trotzkisten, Anhänger von Sinowjew, Bucharin, Abweichler und Oppositionelle aller möglichen Schattierungen.
Die sogenannten alten Bolschewiki waren überzeugt, daß ihre Stärke in ihrer Einheit, Geschlossenheit und Solidarität lag. Aber da irrten sie sich gewaltig: Gerade das war ihre Schwäche. Die Verbindungen, die sie Geschäfts- und Parteibeziehungen, die sie Freundschaftsbande nannten, würden sich eines Tages als kriminell herausstellen. Die Aussagen eines einzigen würden ausreichen, viele zu verdächtigen, die Aussagen dieser vielen – daß alle schuldig dastanden.
Jetzt hielten sie allerdings den Mund.
Aber Schweigen war auch eine Form des Protests.
Was brachten sie in ihrem Verlag heraus? Den Sammelband »Der alte Bolschewik« und irgendwelche Informationsblätter. Was stand darin? Eine eigene Geschichtsschreibung. Nicht etwa eine

Geschichtsschreibung, wie sie die Partei brauchte, sondern eine, die sie selber brauchten, in der es vor allen Dingen keinen Platz für den Genossen Stalin gab. Und das nannte sich dann persönliche Erinnerungen, Memoiren.
Die Partei konnte auf solche Memoiren, auf solche Erinnerungen, verzichten. Memoiren verzerrten die Geschichtsschreibung: Memoiren stammten von einem einzelnen, der nur das beschrieb, was er selbst erlebt hatte, der also nur einen Ausschnitt, aber nicht das Gesamtbild kannte. Der Mangel an Gesamtkenntnissen ließ die Memoirenschreiber phantasieren und darum die Ereignisse falsch darlegen. Durch diese Mängel eignete sich die Memoirenliteratur nicht, ja war schädlich für die Darstellung der Parteigeschichte.
Womit befaßten sich diese sogenannten alten Bolschewiki außerdem? Sie stritten sich, wogen ihre Verdienste gegeneinander auf, beschuldigten sich gegenseitig, mit der zaristischen Ochranka, dem Geheimdienst, zusammengearbeitet zu haben, und kompromittierten damit nur Ruf und Namen alter Bolschewiken. Die Kommission für Parteikontrolle war nur damit beschäftigt, ihre Zwistigkeiten zu prüfen. Hatte Jemeljan Jaroslawski vielleicht nichts anderes zu tun, als ihre Händel zu schlichten?
Ja richtig, Genosse Jemeljan Jaroslawski war doch der Vorsitzende dieser Gesellschaft. Natürlich war es ehrenvoll, Vorsitzender der Gesellschaft alter Bolschewiki zu sein, aber Genosse Jemeljan Jaroslawski sollte sich vorher überlegen, wer diese Gesellschaft brauchte und welchen Zielen sie diente.
Übrigens war der teure Genosse Jemeljan außerdem Senior der Gesellschaft ehemaliger politischer Verbannter. Natürlich war auch das eine Ehre, zumal Jemeljan Jarowslawski in Tschita in einer verbannten Familie geboren war. Aber Genosse Jemeljan sollte wiederum bedenken, wem diese Gesellschaft nützte, die ebenfalls ein Asyl für geistig Minderbemittelte war, in diesem Fall für Menschewiki, Sozialrevolutionäre, Anarchisten und ehemalige Kriminelle, die sich als politisch Verfolgte ausgaben. Sie gaben die Zeitschrift »Verbannung und Zwangsarbeit« heraus. Wer veröffentlichte dort? Welche Namen wurden erwähnt? Die Gesellschaft hatte fast fünfzig Zweigstellen in der ganzen Sowjetunion.

Was für Leute gehörten ihr an? Welchen Gruppen diente diese Organisation? Fremden Elementen, potentiellen Feinden der Sowjetmacht.
Das sollte sich Genosse Jaroslawski selbst einmal reiflich überlegen und selbst den Vorschlag zur Liquidierung sowohl der Gesellschaft alter Bolschewiki als auch der Gesellschaft ehemaliger politischer Verbannter im ZK einbringen. Wer würde dann sagen können, daß Genosse Stalin sich von den alten Bolschewiki befreite? Niemand.
Jaroslawski war ein kluger Mann und wußte, wie alles zu machen war. Sie waren fast gleichaltrig, beide 1898 der Partei beigetreten. Beide waren sie im Ausland gewesen, 1905 in Tammersfors bei der Konferenz der Bolschewiki, dann 1906 und 1907 beim IV. und V. Parteitag der Sozialdemokratischen Arbeiterpartei Rußlands. Damals hatte Jaroslawski einen guten Eindruck auf IHN gemacht, ein ausgeglichener Charakter und ein Praktiker, was die revolutionäre Arbeit betraf. Nach der Revolution waren sie sich auf Parteitagen begegnet. ER fühlte, daß Jaroslawski IHM gegenüber Sympathie empfand und Trotzki aus tiefster Seele haßte, schon immer gehaßt hatte. 1923 hatte ER Jaroslawski auf den Posten des Sekretärs des Parteikollegiums der Zentralen Kommission für Parteikontrolle berufen. Er war tüchtig, erbarmungslos gegen alle Oppositionellen und Abweichler. Im Gegensatz zu Ordshonikidse hatte er sich geweigert, allen Oppositionellen, die kapituliert hatten, in Bausch und Bogen die Parteimitgliedschaft wieder zuzuerkennen. Ordshonikidse hatte damals die heilige Einfalt gespielt. Aber ER hatte gleich begriffen, was dahinterstand. Und Jaroslawski ebenfalls. Alle Achtung vor dem Mann! Im Juli 1928 hatte er die Krupskaja, Lenins Frau, beim Zweiten Plenum des ZK sehr eindrucksvoll zurechtgewiesen: »Sie haben sich herausgenommen, sich beim kranken Lenin zu beklagen, weil Stalin Sie gekränkt hat. Eine Schande! In solchen großen Fragen darf man die persönlichen Beziehungen nicht mit der Politik vermengen.«
Gut pariert. Er hatte nicht nur die Krupskaja zurechtgewiesen, sondern auch Klarheit, die notwendige Klarheit in diese unglückselige Sache gebracht, hatte die wirklich Schuldige angeprangert und auf SEINEN Edelmut, den Edelmut des Genossen Stalin, hinge-

wiesen, der sich entschuldigt und alles auf die eigene Kappe genommen hatte, um den kranken Lenin zu schonen und zu beruhigen. Ein Bravo diesem Mann!
In der Partei genoß Jaroslawski Ansehen, zudem erhob er keinen Anspruch auf die allerhöchsten Posten im Land. Er war nie in der Emigration gewesen, ein urwüchsiger russischer Bolschewik mit praktischer Erfahrung. Einige wenige solcher Männer mußten der Partei erhalten bleiben. Gymnasien und Universitäten hatte Jaroslawski nie besucht, war aber gebildet wie jeder Revulutionär, ein Autodidakt. Hin und wieder schrieb er Aufsätze zur Parteigeschichte, verstand, wie die Rolle eines wahren Führers in der Geschichte darzustellen war. Als er es einmal nicht ganz verstanden hatte, mußte er 1931 ein wenig berichtigt werden, und zwar auf sehr höfliche Art. »In dieser Hinsicht bildet auch Genosse Jaroslawski keine Ausnahme, dessen Bücher zur Geschichte der KPdSU ungeachtet ihrer Vorzüge eine Reihe prinzipieller historischer Fehler aufweisen.« Er hatte es nicht krummgenommen und alles eingesehen. Genauso würde er einsehen, daß mit diesen lächerlichen Gesellschaften Schluß gemacht werden mußte. Die Gesellschaft alter Bolschewiki würde aufgelöst, dafür aber der alte Bolschewik Jemeljan Jaroslawski verschont werden.

Es wurde kühl, Stalin begab sich ins Haus.
Er hatte angeordnet, das große hintere Zimmer so einzurichten, daß es ihm als Arbeits- und Schlafraum, ja, sogar als Eßzimmer dienen konnte, wenn er keine Gäste hatte. Nur Müßiggänger gingen von Zimmer zu Zimmer. Ein vielbeschäftigter Mann mußte alles in der Nähe haben.
Am Sofa, auf dem er schlief, stand ein kleiner Tisch mit den Telefonen, an der gegenüberliegenden Wand eine Anrichte mit Geschirr, dort lagen auch in einer Schublade die Arzneien. Einen Schreibtisch aufzustellen hatte Stalin verboten: Ein Schreibtisch hätte dem Raum ein amtliches Aussehen verliehen, die Datscha war aber ein Wohnhaus. Arbeiten konnte er auch am großen Tisch, auf dem Papiere, Zeitungen, Zeitschriften lagen; hier wurde auch an einer Seite das Tischtuch ausgebreitet, wenn das Frühstück, das Mittagessen oder das Abendessen gebracht wurden.

Nicht anders war es auch in dem Augenblick, als er das Zimmer betrat. Waletschka, die Haushälterin aus Subalowo, eine junge Frau, hübsch und fröhlich, deckte gerade den Tisch.
»Guten Abend, Jossif Wissarionowitsch, ich habe das Abendessen gebracht.«
Wie immer war Treue und Anbetung in ihrem Blick zu lesen.
»Danke«, antwortete er.
Dabei hatte er Wlassik doch ausdrücklich befohlen, niemanden vom Personal aus Subalowo nach Kunzewo zu holen.
Waletschka hatte eine Serviette über die Teller gebreitet.
»Räumen Sie in einer halben Stunde ab«, sagte Stalin.
»Sehr wohl! Wird gemacht.«
Waletschka ging.
Stalin setzte sich an den Tisch. Er pflegte wenig zu essen. Brach ein Stückchen Brot ab, bestrich es mit ganz wenig Butter, trank ein Glas trockenen Wein, eine halbe Tasse Tee und überflog die Zeitungen.
Genau eine halbe Stunde später erschien Waletschka auf der Schwelle.
»Haben Sie gegessen, Jossif Wissarionowitsch?«
Nach wie vor sah sie ihn fröhlich und ergeben an, beglückt über die Möglichkeit, es ihm recht zu machen, eine einfache Frau, flink und geschickt.
»Ja, danke.«
Waletschka stellte das Geschirr auf das Tablett, lächelte ihm zu und ging, das Tablett auf der erhobenen Hand, zur Tür.
»Sagen Sie Wlassik, er soll zu mir kommen!« befahl Stalin.
»Sehr wohl! Wird gemacht.«
Stalin las die Zeitung zu Ende, erhob sich, machte ein paar Schritte durchs Zimmer.
Auf dem Fußboden lag ein Teppich, ein anderer hing über dem Sofa. Diese beiden Teppiche waren der ganze Luxus, den er sich erlaubte.
Die Tür öffnete sich, auf der Schwelle stand Wlassik in soldatischer Haltung und starrte Stalin mit vorquellenden Augen an. Stalin sah ihn so an, wie nur ER jemanden ansehen konnte.
Wlassik war mehr tot als lebendig.

Stalin machte wieder einige Schritte durchs Zimmer, kehrte um und stellte sich vor Wlassik.
»Ich habe Ihnen befohlen, niemanden vom Personal aus Subalowo hier einzusetzen.«
»Sehr wohl, Genosse Stalin, das haben Sie befohlen.«
»Warum haben Sie meinem Befehl zuwidergehandelt?«
»Hier ist niemand eingesetzt worden, Genosse Stalin, außer der Genossin Walentina Wassiljewna Istomina.«
»Warum haben Sie das ohne meine Erlaubnis getan?«
»Sie waren gerade nicht da, Genosse Stalin. Wir haben eine Versammlung abgehalten, die Frage erörtert und beschlossen, nur die Genossin Walentina Wassiljewna Istomina hierherzuholen, weil sie, will sagen die Walentina Wassiljewna Istomina, genau weiß, wie serviert und wie abgeräumt werden muß. Sie ist eine zuverlässige Kraft.«
»Mit wem haben Sie eine Versammlung abgehalten, die Frage erörtert und entschieden?«
»Mit dem Genossen Pauker.«
Stalin drehte sich um, trat zur Glastür, die auf die Veranda ging und blickte in den Garten hinaus.
»Wahrhaftig, eine große Versammlung ... Und haben Sie die Frage lange erörtert?«
»Jawohl«, begann Wlassik und verstummte.
Stalin trat von der Tür zurück und schob das Tintenfaß auf dem Tisch ein Stückchen beiseite.
»Ich frage, wie lange Sie das erörtert haben: Eine Stunde, zwei Stunden, drei Stunden?«
»Eine Stunde«, äußerte Wlassik, kaum hörbar und vergaß »Genosse Stalin« hinzuzufügen.
Jetzt starrte Stalin Wlassik gerade ins Gesicht.
»Sie sind also ein gutherziger Mensch, haben die Istomina hierhergeholt, und ich bin ein böser Mensch und muß sie nun von hier verjagen?«
Wlassik schwieg.
»Ich muß sie also verjagen?« wiederholte Stalin seine Frage.
»Aber nicht doch«, murmelte Wlassik, »Genosse Stalin, wir erledigen das im Handumdrehen ...«

»Im Handumdrehen?!« Stalin explodierte: »Idiot! Wegen eines Idioten soll ich einen Menschen verjagen? Da würde ich viel lieber dich verjagen, Dummkopf ... Haben eine Versammlung abgehalten, die Frage erörtert und entschieden ... Hornochsen!«
Stalin trat erneut an die Glastür und äußerte, ohne sich umzudrehen: »Wegtreten!«

In dieser Nacht klagte Nikolai Sergejewitsch Wlassik, ein grober ungebildeter Komißhengst, zum ersten Mal in seinem Leben über Herzbeschwerden. Die nichtsahnende Waletschka aber arbeitete bis zu Stalins Tod in Kunzewo weiter.

Von der Westveranda, die an das Zimmer anschloß, führte eine Tür in den Garten. Die letzten Strahlen der untergehenden Sonne stahlen sich durch die Fliederbüsche. Stalin warf den Militärmantel über, ging wieder auf die Veranda und setzte sich in den Sessel.
Er hätte schon viel früher von Subalowo wegziehen sollen. Die Wohnung im Kreml hatte er nach Nadjas Tod gewechselt, aber mit dem Umzug auf eine andere Datscha gezögert. Schade – während diese hier gebaut wurde, hätte er auf irgendeine der weiter entfernt liegenden fahren können. Bloß nicht nach Subalowo.
Früher, zu Nadjas Lebzeiten, hatte er die Verwandtschaft noch irgendwie geduldet, aber nach Nadjas Tod hatte ihn dort alles an sie erinnert. Und diese Leute ebenfalls. In den Augen der Alten stand immer ein Vorwurf.
Warum hatte sie das bloß getan?
Es hieß, er hätte einen schwierigen Charakter. Aber wer von den Großen hatte einen guten gehabt? Ein echter Charakter war immer ein schwieriger Charakter.
Sie hatte doch gesehen, was für einen Kampf gegen Titanen er ausfocht, hatte gesehen, daß man ihn angriff, verleumdete, Intrigen gegen ihn spann, oder hatte sie nicht verstanden, was für ein Reich er geerbt hatte und was für ein Reich er aufbauen mußte?! Sie wollte es nicht verstehen! Sie war eine Petersburger Lyzeumsschülerin aus kleinbürgerlichen Verhältnissen gewesen und war es geblieben.
Eine wahre Aristokratin hätte sich das nie erlaubt. Nicht von un-

gefähr heirateten gekrönte Häupter nur Frauen von königlichem Geblüt, die das Bewußtsein, daß die Interessen der Dynastie über allem anderen standen, mit der Muttermilch eingesogen hatten.
Selbst die Töchter der verarmten deutschen Barone verstanden das. Sie verziehen ihren königlichen Gatten, den Zaren, alles – Betrug und Grausamkeit –, weil sie verstanden, was regieren heißt. Katharina I. war eine einfache Magd gewesen, was war sie schon für eine Zarin gewesen? Menschikow hatte das Szepter in der Hand gehabt, sie gelenkt, wie und wohin er wollte. Katharina II. dagegen, obwohl aus kleinem Fürstengeschlecht, hatte selber regiert. Sich das Leben zu nehmen! Welche Zarin hätte sich das erlaubt? So etwas hatte es noch nie gegeben, keine hätte gewagt, einen Schatten auf den Ehemann zu werfen, der an der Macht war. Nicht einmal im Kerker und nicht im Kloster hatte sich eine Zarin je das Leben genommen.
Na schön, sie hatte nichts Königliches an sich gehabt, hatte SEINE Bedeutung nicht erkannt, IHN für einen der vielen führenden Funktionäre gehalten, war es gewohnt gewesen, solche Leiter im Kreml zu sehen, hatte SEINE Rolle nicht verstanden und ihre eigene auch nicht. Außerdem hatte sie in ihrer Akademie auf jedes Geschwätz gehört, wozu überhaupt diese Akademie? Die Fakultät für Kunstfasern, was brauchte sie Kunstfasern! Awel, dieser Lump, hatte es ihr eingeblasen. Und sie hatte sich dort von den Oppositionellen einwickeln lassen. Wieso hatte sie gewagt, sich die Reden dieser Leute anzuhören?! Sie hätte allem Gerede einen Riegel vorschieben sollen! Sie hätte sich so verhalten müssen, daß keiner es gewagt hätte, mit ihr über IHN zu reden, sie aber hatte sich so verhalten, daß man gewagt hatte, mit ihr über IHN zu reden.
Und sie hatte die Ohren aufgesperrt und zugehört.
Stolz und selbstbewußt hatte sie selber alles lenken wollen und dann erkannt, daß ER sich nicht lenken ließ. ER mußte selber lenken. Sie hatte sich IHM widersetzt, ER hatte es genau gemerkt: Sie schwieg, war aber gegen jedes SEINER Worte. Eine Frau! Wenn du nicht Ehefrau sein kannst, dann sei wenigstens Mutter! Hatte die Kinder einfach im Stich gelassen! Wassili war wenigstens ein Junge, na schön, er würde seinen Weg machen, aber Swetlana –

sie war erst sechs Jahre alt. Nadja hatte die Erziehung der Kinder auf ihn abgewälzt.
Die Lehrer in der Schule beschwerten sich über Wassili: Er lernte schlecht und benahm sich auch nicht gut. ER selbst war in die Schule gefahren, um mit den Lehrern zu sprechen, ER selbst. Damit das Volk wußte, daß er seine väterliche Pflicht erfüllte, ebenso wie jeder einfache Sowjetmensch. Dabei hätte doch die Mutter diesen Pflichten nachkommen müssen. Sie hatte sich vor ihrer Pflicht gedrückt, war desertiert, hatte sich an ihm gerächt: Aber wofür? Daß er nicht mit ihr ins Theater gegangen war? Er war beschäftigt gewesen, darum war er nicht mitgegangen. Dabei hatte er sie doch geliebt. Er konnte sich an den Tag erinnern, als er sie als kleines, dreijähriges Mädchen gesehen hatte. Nach seiner Flucht aus Ufa war er zu den Allilujews gekommen, hatte sie zwar nicht bemerkt, konnte sich aber an diesen Tag in Tiflis noch genau erinnern.
Aufgefallen war sie ihm erst im Jahr 1912, als er mit Sila Todrija in Petersburg zu den Allijujews gekommen war, die am Sampsonijewski-Prospekt gewohnt hatten. Damals bemerkte er das hübsche, elfjährige Mädchen, das wie eine dreizehnjährige aussah, nach georgischen Begriffen bereits eine Braut. Ernst, verschlossen, wortkarg, ganz anders als ihre Schwester Anja.
Von nun an verkehrte er oft im Hause der Allilujews, manchmal übernachtete er in der kleinen Kammer hinter der Küche und schlief auf einer schmalen eisernen Bettstatt.
Im Februar hatten sie in der Fastnachtswoche in einem niedrigen, mit Schellen behangenen, bändergeschmückten finnischen Schlitten, der von kleinen, stämmigen Pferden gezogen wurde, eine Schlittenpartie unternommen. Anja, schon ein fast erwachsenes Mädchen, kreischte, wenn der Schlitten, über Schneehöcker setzend, ins Schleudern geriet. Sie spielte sich affektiert auf, während Nadja, ein reizendes Mädchen mit runder Pelzmütze, einem Stadtpelz und Stiefeletten an den schlanken Beinen ruhig und schweigsam dasaß.
Und schließlich der März 1917 ... Er war in das in Petrograd umbenannte Petersburg gekommen und gleich zur Wyborger Seite gefahren, wo er erfuhr, daß die Allilujews umgezogen wa-

ren, sie wohnten jetzt in der Nähe der Tornton-Fabrik. Er traf nur Anja in der Wohnung an, Nadja war beim Musikunterricht.
Auf wen hatte ER damals gewartet? Ja, natürlich, auf das Ehepaar Allilujew, aber in Wirklichkeit auf das kleine, nette Mädchen. Nach einer Weile kam Sergej Jakowlewitsch nach Hause. Die beiden Männer saßen am Samowar in der Küche, und dann stand plötzlich Nadja auf der Schwelle, in dem gleichen Pelz und der Mütze, ein großes, schlankes, sechzehnjähriges, schönes Mädchen, das dem Vater Sergej Jakowlewitsch ähnelte, dessen Großmutter eine Zigeunerin gewesen war. Nadja hatte große schwarze Augen, blendendweiße Zähne und einen olivfarbenen Teint.
Sie legte den Pelz ab, unter dem sie die Schuluniform trug, und half den Tisch decken, wobei sie IHN immer wieder verstohlen ansah. Als sie am Tisch saß, folgte sie schweigend, ernst und aufmerksam dem Gespräch und hörte SEINEN Worten zu. Eben darum beteiligte er sich nicht an Sergej Jakowlewitschs politischem Geschwätz, sondern erzählte von der Verbannung, von Sibirien, vom Fischfang, auch davon, daß er mit Swerdlow zusammen gewohnt hatte und immer zur Post gelaufen war, um sich vor der Hausarbeit zu drücken. Er erzählte das mit viel Humor.
Damals hatte man ihm ein Lager auf dem Sofa im Eßzimmer gerichtet, auf einem anderen Sofa schlief Allilujew. Im Nebenzimmer schliefen Olga Jewgenjewna und die beiden Töchter Anja und Nadja. ER hörte ihr Lachen, die gedämpften Stimmen. Nach einer Weile schlug der alte Allilujew mit der Faust gegen die Wand.
»Gebt Ruhe! Wir wollen schlafen!«
Er erinnerte sich noch, daß er damals laut gesagt hatte: »Sergej, laß sie doch, Jugend muß lachen.«
Er hatte absichtlich ›Jugend‹ gesagt. Er benahm sich wie ein Älterer, wie ein Freund des Vaters, obwohl er dreizehn Jahre jünger war als Allilujew. Er war damals 38 und Allilujew über 50. Er wollte, daß Nadja diesen Altersunterschied selbst bemerkte und sich sagte: Der tut ja bloß so alt, aber in Wirklichkeit ist er noch jung.
Aber sie sprach es nicht aus. Ihm fiel auf, daß sie klug war, wie ihm auch nicht ihr Interesse für seine Person entging. Es war nicht das bei den Jugendlichen übliche Interesse für den in der Illegalität

arbeitenden Revolutionär, der Gefängnis und Verbannung durchgemacht hatte, es war eine andere und besondere Anteilnahme.
Morgens trank man gemeinsam Tee. Nadja war ihm nun schon ganz vertraut, sie hatte bereits die Morgenzeitungen geholt und auf den Tisch gelegt, gewissermaßen für alle, aber er spürte, daß das eine für IHN bestimmte Aufmerksamkeit war.
Er konnte sich noch genau erinnern, daß sie am nächsten Sonntag auf dem Oberdeck der Pferdebahn in die Stadt gefahren waren, ER, Nadja, Fedja, der Sohn der Allilujews, und Anja. Die Allilujews wollten näher ins Stadtzentrum ziehen und hatten die Geschwister auf Wohnungssuche geschickt. Es war beschlossen worden, daß in der Wohnung auch ein Zimmer für IHN sein sollte.
Beim Aussteigen hatte er noch lächelnd gesagt:
»Daß ihr mich aber ja nicht vergeßt ... Für mich muß ein Zimmer dabei sein ... Denkt daran«, wiederholte er mit erhobenem Zeigefinger.
Damals hatte Nadja zum ersten Mal gelächelt, ihm zugelächelt. Sie hatten eine Wohnung in der zehnten Roshdestwenka im Haus Nr. 17a gemietet, eine schöne Wohnung im fünften Stock: Eine geräumige Diele, ein großes Eßzimmer, in dem der alte Allilujew und Fedja schliefen, ferner ein Schlafzimmer für Olga Jewgenjewna, Anja und Nadja und am Flurende ein separates Zimmer für IHN.
Im Grunde genommen war er ein Mitglied der Familie geworden. Er sah Nadja fast täglich – es zog ihn zu diesem hübschen, schweigsamen, rätselhaften Mädchen. Und auch sie zog es zu ihm, er merkte es, fühlte es deutlich ... Aber er war zum ersten Mal mit der Revolution beschäftigt, sie spielte sich vor seinen Augen ab, er nahm daran teil, arbeitete in der Zeitung *Prawda*, übernachtete oft in der Redaktion, es war ein unstetes Leben, immer auf den Beinen, immer unterwegs. Der politische Kampf war in vollem Gang, SEINE Zukunft, die Zukunft der ganzen Bewegung war ungewiß. Konnte er das Leben dieses Mädchens mit seinem Leben verbinden, turbulent und wechselhaft wie es war?
Was waren Nadjas Beweggründe? Er war zweiundzwanzig Jahre älter als sie. Im Kaukasus wäre das kein Hindernis gewesen, auch ältere Männer als er heirateten blutjunge Mädchen, und in Nadjas

Alter verliebten sich junge Mädchen häufig in gestandene Männer. Aber ebenso wie ihr Vater idealisierte sie die Revolution. Sah sie ihn nicht durch eine rosarote Brille? Aber das Familienleben war alles andere als romantisch. Er hatte das schon einmal ausprobiert. Und was war das Ergebnis? In Tiflis wuchs sein Sohn auf, den er nicht kannte, fast nie gesehen hatte. Seine ehemalige Frau war ihm ebenfalls völlig fremd. Für den Revolutionär ist die Familie ein Hemmschuh, besonders während der Revolution. Die Revolution ist nicht die richtige Zeit zum Heiraten. Alle seine Genossen waren verheiratet. Ihre Frauen waren politische Genossinnen, aber keine Frauen im wahren Sinn des Wortes ... Nein!

Natürlich konnte Nadja mit ihnen nicht verglichen werden. Sie war ganz anders. Aber die Zeit war auch anders ... Er mußte seine Stellung in der Partei festigen. Gleich am 12. März, am ersten Tag seiner Rückkehr aus der Deportation (sie waren zu dritt angekommen: ER, Kamenew und Muranow) wurde im Russischen Büro des ZK beschlossen, Muranow ins Büro aufzunehmen, IHN, Stalin, dagegen nur mit beratender Stimme »wegen einiger seiner Wesenszüge«, Kamenew in den Redaktionsstab der *Prawda* einzugliedern und seine Beiträge zu veröffentlichen, allerdings ohne Namensnennung wegen seines unwürdigen Verhaltens beim Gerichtsprozeß im Jahr 1914.

Ein törichter Beschluß! Schljapnikow, dieser Trottel, hatte sich eingebildet, Leiter des Russischen Büros des ZK zu sein, dabei waren ER und Kamenew Mitglieder des ZK, und zwar schon viel länger als Schljapnikow. Aus welchem Grund war dieser Beschluß gefaßt worden?

Am nächsten Tag hatte er sie gezwungen, diesen Beschluß zu ändern. ER wurde nun mit beschließender Stimme, also als vollberechtigtes Mitglied, sowohl ins Büro als auch in den Redaktionsstab der *Prawda* aufgenommen, zusammen mit Olminski, Jeremejew, Kalinin und Maria Iljinitschna Uljanowa. Bei dieser Zusammensetzung war ER Herr in der *Prawda* und verkündete drei Tage später, am 15. März, die neue Zusammensetzung der Redaktion: Stalin, Kamenew, Muranow.

Natürlich hatte Olminski, der Ärmste, lauthals protestiert. Aber

was nützte schon sein Protest? Am 12. März in Petrograd angekommen, bewies er ihnen schon am 15. März, WER hier der eigentliche Leiter war.
Ob der Standpunkt der *Prawda* und dann der Zeitung *Rabotschij Putj* (Arbeiterweg), die er leitete, damals richtig oder falsch gewesen war? Ob sein Standpunkt in Hinblick auf die anderen sozialistischen Parteien, auf Lenins »Aprilthesen« und auf Sinowjews und Kamenews »Streikbrechertum« damals richtig oder falsch gewesen war – das hatte jetzt keine Bedeutung mehr, war aber damals von Bedeutung gewesen. Im Kampf um eine führende Rolle innerhalb der Partei hatte er manövrieren müssen, das war unter jenen Bedingungen eine Notwendigkeit gewesen und hatte auch zu Ergebnissen geführt: In der Oktoberrevolution war er zu einem der Parteiführer, zum Mitglied des Politbüros des ZK und Mitglied der ersten sowjetischen Regierung aufgestiegen.
Aber damals war man mitten im Kampf. ER war nicht wie die anderen zu Kundgebungen gerannt und hatte keine langen Reden geschwungen. ER hatte gearbeitet. Und nachdem alles entschieden war, hatte er sich Lenin vorbehaltslos angeschlossen und war ihm konsequent gefolgt. Keiner konnte ihm jetzt einen Vorwurf machen.
In jenen Tagen hatte er keine Zeit für Privatdinge gehabt. Er sah Nadja nur in den seltenen Stunden, wenn er in der Wohnung erschien, das Mädchen erregte ihn, aber er hatte anderes zu tun. Er hatte nicht einmal die Muße, daran zu denken.
Damals hatte sie für ihn gedacht.
Ein denkwürdiger Junitag. Er hatte im kleinen Redaktionszimmer gesessen, etwas geschrieben, andauernd kamen Leute ins Zimmer und verließen es wieder, er beachtete keinen und ärgerte sich nur, weil die Tür schlug, ein Geräusch, das er nie gemocht hatte. Aber hier mußte er sich zusammennehmen und es ertragen.
Nur einmal sah er hoch, als sich die Tür öffnete. Warum wohl? Auf der Schwelle stand Nadja. Dann sah er auch Anja.
Es folgte ein belangloses Gespräch. Warum er sich so lange nicht habe blicken lassen. Sein Zimmer warte auf ihn. All das war belangloses Gerede. Die Hauptsache war, daß sie zu ihm gekommen war. Folglich wollte sie ihn sehen.

Anja sagte: »Sie sind lange nicht mehr bei uns gewesen. Wir haben uns schon Sorgen gemacht.«
Warum eigentlich? Es gab doch keinen Grund zu irgendwelchen Sorgen. Sie bekamen jeden Morgen die Zeitung, lasen seine Beiträge und wußten folglich, daß er gesund und munter war.
Nadja war lediglich gekommen, um ihn zu sehen. Das war das Ausschlaggebende.
Als er sie damals in der Tür gesehen hatte, groß, schlank und schön, hatte er beschlossen, daß dieses Mädchen seine Frau werden würde.
Von diesem Tage an kam er öfter in die Roshdestwenka-Straße.
Die Allilujews kümmerten sich um ihn, setzten ihm das Essen vor, kauften ihm sogar einen Anzug. Den größten Wirbel machte Anja, aber die wahre Hausfrau war Nadja, die jüngste.
Olga Jewgenjewna und Anja machten viel Lärm um Nichts, redeten, daß es in der ganzen Wohnung zu hören war und störten ihn mit ihrem Geschrei. Nadja dagegen war still und geschäftig, sie räumte die Wohnung auf, stellte alles an seinen Platz, war auf Ordnung und Sauberkeit bedacht.
Abends spielte sie Klavier, sie spielte für sich, und wenn ER kam, hörte sie auf zu spielen.
»Warum spielst du nicht weiter?« fragte er sie.
»Sie müssen sich ausruhen«, antwortete sie, »ich möchte nicht stören.«
Sie ging noch zum Lyzeum, galt dort als Bolschewikin, verspottete in der Klasse »das Seelchen« Kerenski, weigerte sich, Geld für irgendwelche bedauernswürdigen zaristischen Beamten zu spenden, aber das hörte er nicht von ihr, sondern von Olga Jewgenjewna.
An manchen Abenden saßen sie alle zusammen bei Tisch.
ER bat Nadja, etwas vorzuspielen, sie lehnte ab, dann bat er sie, etwas von Tschechow vorzulesen. ER liebte Tschechow und liebte es, wenn Nadja eine seiner Erzählungen vorlas. Sie las sehr gut vor. Anja las auch vor, aber schlecht, sie konnte nicht das Lachen unterdrücken, unterbrach sich und kicherte, so daß man kein Wort verstand. Nadja dagegen las vor, ohne zu lachen, und wenn die Zuhörer lachten, machte sie eine Pause, ehe sie weiterlas.
Manchmal kamen Freundinnen zu ihr. Er hörte die jungen Mäd-

chenstimmen ... Sie unterhielten sich oft auf französisch. Er ärgerte sich darüber, weil es den Anschein hatte, daß sie etwas vor ihm verheimlichen wollten, und dann kam er mit düsterer Miene aus seinem Zimmer. Aber die Tatsache, daß Nadja Französisch sprach und Klavier spielte, sowie ihr Ernst und ihre Reserviertheit zogen IHN an.

Einmal hatte er sich zum Ausruhen auf's Bett gelegt und war von ihrem Ruf geweckt worden: »Jossif!«

Er öffnete die Augen.

Nadja stand in der Tür ... Er spürte sogleich den Brandgeruch, den Geruch nach versengtem Stoff, die Decke schwelte. Er war mit der Tabakpfeife in der Hand eingeschlafen.

Sie öffnete das Fenster. Er sprang auf und rollte die Decke zusammen. Dann kamen Olga Jewgenjewna und Anja angerannt und füllten das Zimmer mit lautem Ach und Weh. Nadja lächelte ihm bloß zu und verließ das Zimmer.

Er erinnerte sich, einmal Kamo mitgebracht zu haben, er selbst war wieder gegangen und hatte den Freund zurückgelassen. Kamo hatte die Familie den ganzen Abend über mit seinen Geschichten unterhalten. Er hatte wohl gewußt, daß Kamos Geschichten auch IHN betrafen.

Ein Jahr später, 1918, hatte er Nadja geheiratet und war sofort mit ihr nach Zarizyn gefahren. Aber später hatte er sie nach Moskau zurückgebracht und nie mehr auf Reisen mitgenommen. Wann hatten die Unstimmigkeiten zwischen ihnen eigentlich begonnen? Das konnte er nicht mehr genau sagen. Sicherlich gleich nach Swetlanas Geburt. Nadja war damals unvermittelt mit Wasja und Swetlana, dem Baby, nach Leningrad zu den Eltern gefahren und hatte ihm erklärt, daß sie nicht mehr zurückkommen würde. Sie hatte ihn einen Grobian geschimpft, einen Rohling. Das hätte er niemanden verziehen, ihr verzieh er's. Es hieß, daß Frauen nach der Entbindung besonders nervös seien, daß das hysterische Element, das jede Frau in sich trägt, sich in dieser Zeit verstärkt zeigte.

Er hatte ihr verziehen, in Leningrad angerufen, sie gebeten, zurückzukehren, ja, er wollte sie sogar selbst zurückholen. Sie hatte spöttisch geantwortet: »Deine Reise dürfte den Staat zu viel kosten«, und war von sich aus zurückgekommen.

Was hatte sie mit diesen Worten sagen wollen? Damals hatte er geglaubt, das sei ihr gewohnter Spott, echt weiblicher Sarkasmus. Jetzt verstand er den Satz anders, nämlich so, wie er gemeint war. Wenige Monate nach dem XIV. Parteitag, nach der Zertrümmerung der Sinowjew-Opposition, nach dem Wechsel in der Leningrader Leitung wäre seine Anwesenheit in Leningrad höchst unerwünscht gewesen und hätte falsch gedeutet werden können.
Kirow hatte Nadja überredet, nach Moskau zurückzukehren, Kirow wollte nicht, daß ER nach Leningrad kam, hatte es schon damals verhindern wollen. Dort hatte ihre zärtliche Freundschaft begonnen.
Kurz vor ihrem Tod hatte Nadja ihm erklärt, daß sie gleich nach Abschluß der Akademie zu den Redens nach Charkow übersiedeln würde, um dort zu arbeiten.
Man hatte ihm ihr Gespräch mit der Kinderfrau hinterbracht.
»Ich habe alles satt, mir ist alles über, mich freut nichts mehr«.
Was bitte hieß »nichts«? Und die Kinder?
Alles, was sie tat, tat sie aus Trotz ihm gegenüber.
Sie wußte, daß er Parfüm haßte und der Meinung war, eine Frau müsse lediglich nach Frische und Sauberkeit duften. Sie aber benutzte Parfüm, parfümierte sich absichtlich und obendrein noch mit ausländischem Parfüm, das ihr Bruder Pawel für sie mitbrachte, ferner trug sie ausländische Kleider, die ihr derselbe Pawel mitbrachte und auch die geschätzten Swanidses. Sie saß unter einfachen sowjetischen Menschen in der Akademie und duftete nach ausländischem Parfüm. SEINE Frau. Was sagte man dazu?
Warum hatte Pawel ihr die Pistole geschenkt? Wozu brauchte eine Frau eine Waffe? Wem würde einfallen, einer Frau eine Pistole zu schenken? Vielleicht hatte er von langer Hand einen Mordanschlag gegen IHN geplant und wollte sie zu diesem Zwecke benutzen? Nach dem Vorfall hatte ER befohlen, ihm den Passierschein in den Kreml abzunehmen. Noch zuwenig, viel zuwenig. Er dachte voller Haß an Pawel. Man mußte ihn streng bestrafen. Damit er's zu fühlen bekam!
Jetzt würde ER nicht mehr heiraten.
Das Volk würde ihn verstehen. Er hatte seine geliebte Frau verloren und wollte keine andere – so würde das gesehen werden. Ein

guter Vater, der seinen Kindern keine Stiefmutter wünschte –, so würde das Volk das sehen. Er wünschte den Kindern tatsächlich keine Stiefmutter: Neue Komplikationen, neue Zwistigkeiten, neue Verwandte und wer weiß, als was die sich dann entpuppen würden. Seine Einsamkeit würde gut zu SEINER Schlichtheit passen, die dem Volk so imponierte und gefiel. Er hatte eben niemanden, der sich um ihn kümmerte.

Es gab kein Getratsche um SEINE Person, in dieser Hinsicht belogen ihn die Sicherheitsorgane nicht, da griff er sehr streng durch. Nein, er lieferte keinen Stoff für Klatschgeschichten. Er trat selten auf, fuhr nicht in die Fabriken und Betriebe, veranstaltete keine Kundgebungen, sprach nur bei außerordentlichen Anlässen auf Parteitagen, Plenarsitzungen oder veröffentlichte lakonische Adressen in der Presse. Jede seiner Reden mußte zum Ereignis werden, jedes seiner Worte Gewicht haben. Puschkin hatte ganz recht:

»Sei schweigsam; – niemals darf des Zaren Wort
Zwecklos verhallen in der leeren Luft;
Es soll, geweihter Glocke gleich, nur künden
Ein großes Leiden oder große Feier.«

Was für Sätze!

Er mußte überprüfen und sich vergewissern, wie die Vorbereitungen zu Puschkins hundertstem Todestag abliefen. Natürlich gab es bei Puschkin auch vieles, was man nicht akzeptieren konnte, aber alles, was akzeptabel war, mußte einfach als Ausdruck des Protestes gegen den damaligen Zaren Nikolaus I. und seine Umgebung gewertet werden. Das, was man heute brauchte und was für die heutige Politik geeignet war, mußte besonders hervorgehoben werden. Puschkin war es doch gewesen, der Peter den Großen glorifiziert hatte: *Der eherne Reiter, Poltawa, Der Mohr Peters des Großen.* Ja, manchmal hatte Puschkin auch die damalige Regierung gelobt und ihre auswärtige Politik verteidigt.

Schade, daß es in SEINER Epoche keinen Dichter solchen Formats gab.

Aber warum eigentlich schade? Im Gegenteil, das war eine zwangsläufige Erscheinung: Unter großen Herrschern gibt es keine großen

Dichter. Was für große Dichter hatte es zur Zeit von Alexander dem Großen, Dschingis-Khan, Napoleon, Iwan dem Schrecklichen und Peter I. gegeben? Und umgekehrt: Homer, Goethe, Shakespeare, Puschkin, Tolstoi – zur Zeit welcher Zaren, Könige oder Kaiser hatten sie gelebt? Wer erinnerte sich an deren Namen? Ein großer Dichter beansprucht für sich das geistige Haupt seines Volkes zu sein. Ein großer Herrscher ist selbst das geistige Haupt seines Volkes, und neben ihm kann es kein anderes geistiges Haupt geben.

Alles richtig, aber ... Seine Gedanken schweiften ab. Das war nicht gut. Man muß sich konzentrieren können ... Richtig ... Nein, jetzt würde er nie mehr heiraten.

Der Bruder von Katharina Semjonowna Swanidse, Stalins erster Frau, der alte Bolschewik Alexander Semjonowitsch (Aljoscha) Swanidse wurde 1937 verhaftet und fünf Jahre später – im Jahr 1942 – erschossen.

Vor der Erschießung wurde ihm gesagt: wenn er den Genossen Stalin um Verzeihung bäte, würde er begnadigt werden.

»Wieso soll ich um Verzeihung bitten. Ich habe nicht das Geringste verbrochen«, antwortete Swanidse.

Daraufhin wurde er erschossen.

Als das dem Genossen Stalin gemeldet wurde, sagte er: »Sieh an, wie stolz. Ist gestorben und hat nicht mal um Verzeihung gebeten.«

Im gleichen Jahr 1942 kam Swanidses Frau Maria Anissimowna in einem Lager in Kasachstan um.

Jonik (Iwan Alexandrowitsch), der Sohn der beiden, saß zusammen mit Kriminellen im Gefängnis und wurde erst 1956 aus der Haft entlassen.

Mariko, die Schwester von Stalins erster Frau Katharina, wurde 1937 verhaftet und starb bald darauf im Gefängnis.

Anna Sergejewna Allilujewa, die Schwester von Nadeshda (Nadja) Sergejewna Allilujewa, Stalins zweiter Frau, wurde 1948 verhaftet und zu zehn Jahren Gefängnis verurteilt. Sie saß im Gefängnis Wladimir in einer Einzelzelle und wurde nach Stalins Tod freigelassen. Ihr Mann Stanislaw Franzewitsch Redens war 1938 erschossen worden.

Pawel Allilujewa, der Bruder von Stalins Frau Nadeshda, arbeitete in der Verwaltung »Panzertruppen«. Nachdem er mehrere Versuche unternommen hatte, unschuldige Kollegen, die Repressalien ausgesetzt waren, zu verteidigen, ließ ihn Stalin nicht mehr vor. Pawel starb 1938 völlig unerwartet im Alter von vierundvierzig Jahren.

Jewgenija Alexandrowna Allilujewa, Pawels Frau, wurde am 10. Dezember 1947 verhaftet und zu zehn Jahren Gefängnis verurteilt. Als Jewgenija Alexandrowna am 2. April 1954 freigelassen wurde, sagte sie nach ihrer Ankunft in Moskau beim Betreten ihrer Wohnung zu ihrem Sohn: »Da hat uns unser Verwandter also doch freigelassen.« Sie wußte nicht, daß Stalin schon ein Jahr zuvor gestorben war.

Kira Pawlowna Allilujewa, die Tochter von Pawel und Jewgenija, wurde 1948 verhaftet und erst nach Stalins Tod aus der Haft entlassen.

Jakow, Stalins Sohn aus erster Ehe, geriet 1941 in deutsche Kriegsgefangenschaft, wo er Tapferkeit bewies und 1943 unter ungeklärten Umständen ums Leben kam.

Julia, seine Frau, wurde im März 1941 verhaftet und kurz nach Jakows Tod freigelassen.

9

Aschchen Stepanowna war die erste im Haus, die Lenas Schwangerschaft bemerkte.
Als die anderen nach dem Abendessen auf ihre Zimmer gegangen waren, hielt sie Lena im Speisezimmer zurück.
»Bleib noch ein bißchen da, ich möchte mit dir sprechen.«
Sie setzten sich einander gegenüber an den Tisch.
»Lenotschka, sag bitte, bist du schwanger, oder täusche ich mich?«
»Ja.«
»Du hast also einen Mann?«
»Ich habe keinen Mann.«
»Verzeih bitte ... Wer ist denn der Vater des Kindes?«
»Ich möchte seinen Namen nicht nennen.«
Aschchen Stepanowna zuckte mit den Achseln.
Lena fügte hinzu: »Ich bitte dich, Vater zu sagen, daß auch er mich nicht fragt, wer der Vater des Kindes ist.«
Iwan Grigorjewitsch hörte seine Frau schweigend an, überlegte und sagte dann: »Wahrscheinlich ist es immer noch der gleiche Lump.«
»Aber sie hat damals mit ihm gebrochen.«
»Sie haben sich nachher wieder getroffen. Sag ihr, sie soll zu mir kommen.«
»Sie hat Angst vor einem Gespräch mit dir, Iwan, sie hat darum gebeten, daß du ihr keine Fragen stellst.«
»Ich werde sie nichts fragen, schick sie zu mir.«
»Sei freundlich zu ihr, versprichst du mir's?«
»Ja.«
Aschchen Stepanowna ging zu Lena ins Zimmer.
»Lenotschka, Vater möchte dich sprechen.«
»Wozu?«
»Er möchte mit dir reden.«

»Ich habe dir doch schon alles gesagt. Mehr sage ich nicht.«
»Er wird dich nichts fragen. Er hat es mir versprochen. Geh zu ihm.«
Lena legte das Buch beiseite, erhob sich und ging in Iwan Grigorjewitschs Arbeitszimmer.
Der Vater saß auf dem Sofa und wies mit einer Handbewegung auf den Platz neben sich.
Lena setzte sich.
Iwan Grigorjewitsch sah sie mit einem langen Blick an und sagte dann lächelnd: »Na, du willst mich also zum Großvater machen?«
»Wenn's gelingt.«
»Es muß gelingen. Die Sache vom Vorjahr darf sich nicht wiederholen. Ich mache dir keine Vorwürfe, ich befürchte lediglich, daß sich das auf die Entbindung auswirkt. Darum bitte ich dich, einen Arzt zu konsultieren und auch später unter ärztlicher Kontrolle zu bleiben. Sag Mutter Bescheid, wenn du möchtest, kann ich es ihr sagen.«
»Ich sage es ihr selbst«, antwortete Lena, »ich werde auch zum Arzt gehen.«
»Jetzt die delikate Seite der Frage. Mich interessiert natürlich, wer der Vater des Kindes ist. Das wirst du doch verstehen. Nicht, um ihn zur Heirat zu zwingen, und auch nicht, um Alimente zu bekommen. Wir werden das Kind auch ohne ihn großziehen. Wer ist es? Dein Klassengefährte ... Jura hieß er wohl?«
Lena zögerte mit der Antwort.
Iwan Grigorjewitsch sah sie abwartend an.
»Ja«, antwortete sie schließlich.
»Weiß er etwas davon?«
»Ja.«
»Wollt ihr heiraten?«
»Auf gar keinen Fall.«
»Wird er Anspruch auf das Kind erheben?«
»Niemals.«
»Weiß es sonst noch jemand?«
»Nein, das weiß keiner.«
»Dann ist alles in Ordnung«, sagte Iwan Grigorjewitsch, »ein

Kind ist ein Kind, es soll leben. Bleibe bloß fest bei deinem Entschluß: Trenne dich für immer von diesem Mann.«
»Das habe ich schon getan.«
Lena verstellte sich nicht, sie sagte dem Vater die Wahrheit. Nach den Maifeiertagen hatte sich Jura wieder gemeldet, was sie überrascht hatte. Sie hatte gedacht, das Gespräch im Sanatorium sei ihr letztes gewesen, er würde von der Bildfläche verschwinden und nie mehr auftauchen. Er hatte zwar gesagt, er würde anrufen, aber das war bestimmt nur eine Floskel gewesen.
Als sie im Bus aus dem Sanatorium nach Moskau zurückgefahren waren, hatte Scharok das Gespräch wie zufällig wieder auf Vika gebracht.
»Wer hat dir denn das alles über sie eingeblasen?«
Daß Vika ein Spitzel war, hatte Nina ihr erzählt und sich dabei auf ihre Schwester Warja berufen. Warja hatte irgendeinen Billardspieler geheiratet und besuchte mit ihm häufig ein Restaurant, in dem auch Vika verkehrte, und Warja behauptete steif und fest, daß Vika Spitzeldienste leiste.
»Ich hab's gehört«, hatte Lena lakonisch geantwortet. Nach einigen Tagen hatte er sie angerufen und gefragt, ob sie an ihrem Entschluß festhalte. Es war nicht recht ersichtlich, was er meinte: Eine Abtreibung oder ihre Trennung. Aber sie ließ sich auf keine Fragen ein und antwortete kurz: »Mein Entschluß steht fest, ich werde ihn nicht ändern.«
»Dann leb wohl.«
»Leb wohl, Jura«, sagte Lena und legte auf.
So stand es gegenwärtig.
»Es ist die Wahrheit, Papa«, wiederholte sie, »ich habe mich endgültig von ihm getrennt.«
Iwan Grigorjewitsch wollte fragen, ob ihr Entschluß unumstößlich sei, unterdrückte die Frage jedoch und sah ihr wortlos in die Augen. Sie wandte den Blick nicht ab, und das beruhigte ihn. Und da hieß es, sie sei noch kindlich und passiv ... Nein! Das war seine Tochter, sein Blut, sein Charakter!
Er legte ihr den Arm um die Schulter und zog sie an sich, sie schmiegte sich an ihn und legte den Kopf an seine Schulter, wie sie es als Kind getan hatte.

Im Arbeitszimmer, in dem wegen der vorspringenden Außenwand ohnehin immer Dämmerlicht herrschte, wurde es ganz dunkel. Der Vater und die erwachsene Tochter saßen schweigend und eng aneinandergeschmiegt auf dem Sofa. Solche Augenblicke hatte es nur selten in ihrem Leben gegeben. Sie belohnten sie für all das Schwere und Qualvolle der letzten Jahre und gaben ihnen die Kraft, zuversichtlicher in die ungewisse, bedrohliche Zukunft zu sehen.

Es läutete im Flur.

Iwan Grigorjewitsch küßte Lena auf die Stirn und tätschelte zärtlich ihre Wange.

»Schluß jetzt, Töchterchen, ich kriege Besuch.«

Er erhob sich, machte Licht und ging hinaus.

Mark Alexandrowitsch Rjasanow stand im Flur.

Er war zum Juniplenum des ZK nach Moskau gekommen, das am 7. Juni zu Ende war. Am 8. hatte er mehrere Stunden bei Ordshonikidse verbracht. Zu Iwan Grigorjewitsch war er nicht gegangen, sondern hatte ihn aus einer Telefonzelle angerufen und gefragt, ob er ihn abends zu Hause besuchen dürfe, obwohl ihre Beziehung in letzter Zeit etwas getrübt war: Zum einen, weil Rjasanow sich wegen des Neffen nicht an Stalin gewandt hatte, was Budjagin unverhohlen mit Verwunderung quittiert hatte, und zum anderen – und das war der eigentliche Grund – weil ihre unterschiedliche Einstellung zu Stalin sich nun endgültig offenbart hatte.

Budjagin wußte, daß Rjasanow Schwierigkeiten hatte, angeblich abgesetzt und mit dem Bau eines Kombinats in Kemerowo beauftragt werden sollte. Ein sonderbarer Auftrag: Mark Alexandrowitsch war Hüttenwerker, nicht Bergbauingenieur, auch nicht Chemiker und schon gar kein Fachmann für Bauwesen. Ordshonikidse hatte ihm offenbar die neue Ernennung mitgeteilt, die wahren Gründe dieser Versetzung jedoch verschwiegen. Eben darum war Rjasanow hier, nur zu natürlich, daß er von Budjagin über die Ursachen aufgeklärt werden wollte. Aber Iwan Grigorjewitsch konnte ihm auch nicht helfen, er wußte selber nichts.

Sie gingen ins Arbeitszimmer. Mark Alexandrowitsch bat um Erlaubnis, das Jackett ablegen zu dürfen. Er war ein kleinwüchsiger,

beleibter Mann mit einem kurzen dicken Hals und beginnender Glatze. Er war außer Atem und sah sich mit gehetztem Blick um.
»Na, Mark, man hört, du gehst nach Kemerowo?« fragte Budjagin. Er hatte Rjasanow beim Vornamen genannt und geduzt, um ihm seine Sympathie zu zeigen. Ihm war klar, daß Rjasanow sie jetzt brauchte.
»Ja, ich hätte gern gewußt, warum ich versetzt werde, aber Ordshonikidse hat mir keine Gründe genannt. Das sei der Wille der Partei. Die Industrialisierung des Kusnezker Beckens müßte vorangetrieben werden. Du hast schließlich einen Orden gekriegt, hat er gesagt, folglich schätzen wir dich.«
Im März hatte die *Prawda* eine lange Liste von Betriebsleitern aus der Schwerindustrie veröffentlicht, die mit dem Lenin-Orden ausgezeichnet worden waren. Rjasanow hatte dazugehört. An der Spitze der Liste stand der Name von Ordshonikidse, Budjagins fehlte.
»Ich verstehe einfach nicht, was los ist. Hängt's irgendwie mit Lominadse zusammen? Lominadse hat im Januar Selbstmord begangen. Wir waren nie befreundet, haben uns aber nie gestritten. Ich bin auch nicht die Ursache seines Selbstmords, Sie wissen das ebensogut wie ich. Ryndin, der Sekretär des Gebietsparteikomitees, hatte ihn zu sich bestellt und sehr grob abgekanzelt.«
»Woher weißt du das?«
»Das wissen alle im Betrieb. Mir hat's Lominadse nicht erzählt, aber es heißt, man hätte ihm eine Zeugenaussage vorgelegt, daß er angeblich der Kopf einer Verschwörung in der Komintern war. Als er von neuem zu Ryndin bestellt wurde, hat er sich im Auto erschossen. Der Fahrer hielt, weil er dachte, ein Reifen sei geplatzt. Da sah er Lominadse auf der Seite liegen. Er drehte um, brachte seinen Chef ins Krankenhaus, aber der starb während der Operation.«
Budjagin hatte aufmerksam zugehört, obwohl er alles wußte, was Rjasanow ihm erzählte, er wußte sogar mehr: Die Aussagen, die Tschir und der andere Lump sich aus den Fingern gesogen hatten, waren Lominadse auf Stalins persönliche Anordnung hin zugeschickt worden.
»Ordshonikidse hat Lominadse geliebt, ich verstehe nur zu gut,

daß ihm sein Tod sehr nahegegangen ist, aber ich habe mit der Sache nicht das Geringste zu tun ... Für mich war's schwierig, mit ihm zusammenzuarbeiten, er war eine bedeutende politische Persönlichkeit, ich bin nur ein Ingenieur, aber die Leitung des Betriebs lag in meiner Hand. Und doch haben wir uns nie gezankt, das möchte ich noch einmal wiederholen. Ich kenne auch die Einstellung des Genossen Stalin zu Liminadse, aber ich habe mich nie davon beeinflussen lassen. Übrigens war ich überzeugt, daß Lominadse in seiner Heimat zur letzten Ruhe gebettet werden würde, wie das bei Georgiern üblich ist, aber statt dessen wurde befohlen, ihn auf dem Städtischen Friedhof zu beerdigen. Die Georgier haben ihm dort einen Grabstein gesetzt, haben Geld dafür gespendet, sie haben nämlich eine Sammelliste herumgehen lassen. Wohlgemerkt, kein überwältigendes Monument, aber doch ein anständiges Grabmal, und das konnte ich ihnen natürlich nicht verbieten. Vielleicht ist Genosse Stalin damit unzufrieden?«
»Wo befindet sich denn diese Sammelliste?« erkundigte sich Budjagin.
»In der Buchhaltung. Alles richtig und ordnungsgemäß eingetragen, es sind freiwillige Mittel, damit hat der Betrieb einen Teil der Materialkosten gedeckt, eine Lappalie. Aber alles absolut gesetzlich.«
Budjagin schwieg. Rjasanow war ihm in diesem Moment höchst unsympathisch. Ein Rückversicherer. Hatte Angst. Ließ die Sammelliste in der Buchhaltung aufbewahren. Verstand er denn nicht, daß alle, die sich in diese Liste eingetragen hatten, daß alle diese unglücklichen Georgier mit der Zeit ans Messer geliefert werden würden? Solche Wohltätigkeitsaktionen verzieh Stalin nicht.
»Iwan Grigorjewitsch«, begann Rjasanow unsicher, »ich brauche Ihren Rat. Mir ist natürlich klar, daß meine Versetzung nicht auf einem Zufall beruht. Aber ich durchschaue die Gründe nicht. Arbeitstechnische können es nicht sein. Die Bautermine werden vorfristig eingehalten, der Stahl ist von bester Qualität, die Stadt entwickelt sich, im Januar haben wir das Straßenbahnnetz eingeweiht. Wir haben keinen Analphabeten mehr, im vorigen Jahr zählten unsere Hoch-, Mittel- und Analphabetenschulen insgesamt 32 000 Schüler und Studenten, 10 000 davon im Fernunterricht. Die Stadt

hat sich zu einem Kulturzentrum entwickelt, die Sänger Sobinow und Obuchowa haben bei uns gastiert, die Schriftsteller Katajew und Gladkow waren bei uns, sogar Louis Aragon war da. Das haben wir doch alles selbst geschaffen, sozusagen aus dem Nichts. Warum werde ich da plötzlich abgesetzt?«

»Du wirst doch nicht abgesetzt«, widersprach Budjagin, »du wirst auf einen nicht minder verantwortungsvollen Posten versetzt. Hier hast du dich gut bewährt, alle Achtung. Jetzt darfst du dich woanders bewähren, wo eine starke Hand gebraucht wird. So ist das doch bei uns üblich.«

»Ja natürlich«, pflichtete Rjasanow bei, »ich bin bereit, überall dort zu arbeiten, wohin die Partei mich schickt. Aber erinnen Sie sich an die Sache mit Pjatakows Kommission im vorigen Jahr?«

»Du meinst die, die du eingesperrt hast?« lachte Budjagin.

»Ich habe sie doch nicht eingesperrt«, widersprach Rjasanow, »ich wollte sie bloß nicht aufs Werksgelände lassen, bevor ich nicht mit Ordshonikidse gesprochen hatte. Das hatten sie krummgenommen und sind wieder abgefahren ... Jawohl, wir haben ein Kino gebaut, einen Klub, ein Jungpionierlager, einen Kindergarten und eine Heilstätte neben einer schwefelhaltigen Thermalquelle. Und nicht etwa auf Staatskosten, die Leute haben abends und an ihren freien Tagen geschuftet, und zwar mit Begeisterung, denn sie haben für sich und ihre Kinder gearbeitet. Ohne Wohnhäuser und den Bau notwendiger Dienstleistungsbetriebe kann sich das Werk nicht weiter entwickeln. Der Fall ist beim Genossen Stalin erörtert worden und zwar im Beisein von Ordshonikidse, Woroschilow und noch jemandem, ich glaube, es war Jeshow. Genosse Stalin hat unser Bauvorhaben gebilligt, er war völlig damit einverstanden. Und daß Pjatakow eine Kommission zu uns geschickt hat, hat er als Fehler, als groben Fehler bezeichnet. Vor einer Woche haben sie mich aber ins Gebietsparteikomitee bestellt und eine schriftliche Erklärung wegen des Vorfalls von mir verlangt. Sie wollen das Eingeständnis von mir haben, daß das ein außerplanmäßiges und folglich ungesetzliches Bauvorhaben war und daß ich die aus Moskau angereiste Kommission de facto eingesperrt hätte. Ich habe von der Sitzung bei dem Genossen Stalin berichtet und gesagt, daß der Genosse Stalin meine Handlungsweise gebilligt hat.

Und was antworten die darauf? Wir fragen Sie nicht nach der Handlungsweise von dem Genossen Stalin, sondern nach Ihrer Handlungsweise, wie kommen Sie dazu, sich hinter dem Namen des Genossen Stalin zu verstecken, sind Sie nicht Manns genug, Ihre Handlungsweise selbst zu verantworten? Ich erklärte, daß die Arbeiter von sich aus in ihrer freien Zeit am Bau gearbeitet hätten, und da ruft so ein Kerl dazwischen: Sie haben Sie gezwungen, darum haben die auch gearbeitet. Dann kam's noch schlimmer: Als ich erklärte, daß der Bau von Wohnhäusern eine Notwendigkeit für das Werk, für die Arbeiter war, hatte Ryndin, der Sekretär des Gebietsparteikomitees, mich mit den Worten unterbrochen: Das war keine Notwendigkeit für die Arbeiter, sondern nur für Sie, weil Sie auf billige Popularität aus waren.«
»Und was ist beschlossen worden?«
»Die Parteikommission mit der Klärung des Falles zu beauftragen. Das heißt, daß ich mit einem Parteiverfahren am Hals von dort wegfahre – das ist der Lohn für meine Arbeit.«
»Eigentlich solltest du mit Stalin über die Sache reden, willst du's nicht?«
Rjasanow senkte den Kopf.
»Er hat mich nicht empfangen.«
»Aber du bist doch Kandidat des ZK, du warst beim Plenum.«
»Beim Plenum gab's keine Möglichkeit, an ihn heranzukommen. Zudem waren es überhaupt aufreibende und bedrückende Sitzungen. Jenukidse bot einen bedauernswerten Anblick. Sie kennen sicherlich den Beschluß?«
Budjagin warf einen vielsagenden Blick auf die *Prawda* vom 8. Juni, die die Resolution des von Stalin geleiteten ZK-Plenums veröffentlicht hatte.
Stalin hatte mit seinem besten Freund abgerechnet, dem Paten seiner verstorbenen Frau, dem ausgesprochenen Lieblingsonkel seiner Kinder Swetlana und Wasja, die ihn »Onkel Awel« nannten, mit dem einzigen Vertrauten, der viel dazu beigetragen hatte, wenigstens den Anschein von Eintracht in ihrer Familie zu wahren. Und wofür?
Dafür, daß Jenukidse über die Druckerei »Nina« in Baku die Wahrheit geschrieben, an den Tatsachen nichts verfälscht und in

seiner Broschüre Stalin nicht erwähnt hatte, der keine Ahnung von der Existenz dieser Druckerei gehabt hatte.
Er hatte mit ihm abgerechnet!
Und wie er mit ihm abgerechnet hatte!
Innerhalb von zwei Wochen wurde eine »Kreml-Verschwörung« konstruiert, 78 Menschen wurden verhaftet: die Mitarbeiterinnen des Sekretariats des Zentralexekutivkomitees der UdSSR, die Mitarbeiterinnen der Regierungsbibliothek, mehrere Mitarbeiter des Kreml-Zeughauses, besonders viele Reinemache-Frauen im Regierungsgebäude. Ebenfalls verhaftet wurden die Bekannten dieser Reinemache-Frauen, Wärter, Bibliothekarinnen und Pförtner, die Bekannten jener Bekannten, die Mehrzahl der »Verschwörer« kannte einander nicht einmal. Mit Foltermethoden erpreßte man auch von ihnen Aussagen über Gespräche anläßlich des Todes von Kirow und Nadja Allilujewa, qualifizierte das als konterrevolutionäre Verleumdung und Diskreditierung des Genossen Stalin und anderer Leiter und erfand die »Kreml-Verschwörung«.
Dafür wurde Awel Jenukidse auf dem Plenum an den Pranger gestellt und mit Füßen getreten. Angeblich hätte er zugelassen, daß sich eingefleischte Klassenfeinde in den Sekretariats-Apparat des Zentralexekutivkomitees eingeschlichen hätten, hatte klassenfeindliche Elemente begünstigt, die ihn zu ihren verruchten Zwekken mißbraucht hätten, die Verbindung zu Menschen aus dieser fremden Welt sei ihm wichtiger gewesen als die zur eigenen Partei. Er habe sich als zutiefst verdorbener Philister erwiesen, als verfetteter, aufgeblähter, selbstherrlicher mit den Menschewiki liebäugelnder Großmogul.
Budjagin sah Rjasanow durchdringend an.
All das war im Plenum gesagt worden, all das hatte Rjasanow mit eigenen Ohren gehört, aber Budjagin nichts davon erzählt. Weshalb diese Vorsicht? Schämte er sich, weil er an dieser Verfemung, an dem Blutgericht über den alten Kommunisten Awel Jenukidse, über die einfachen, schutzlosen, halbgebildeten Menschen, Reinemachefrauen und Pförtner, teilgenommen hatte?
Nein, durchaus nicht. Er war es gewohnt. Er wollte sich nicht über die Einzelheiten auslassen, weil er dann auch seine Einstellung zu diesen Dingen hätte offenbaren müssen. Und davor hatte er Angst

– wie konnte man auch zu dieser schmutzigen Verfälschung der Tatsachen Stellung nehmen? Es war die gleiche Angst wie vor einem Jahr, als er gefürchtet hatte, Sascha in Schutz zu nehmen, für den eigenen Neffen einzutreten, einen rechtschaffenen Jungen, der ebenso unschuldig war wie diese 78 Menschen. Um mit Awel Jenukidse abzurechnen, opferte Stalin weitere 78 Leben. Awel allein auf die Anklagebank zu setzen, wäre ganz deutlich als Abrechnung wegen der Broschüre verstanden worden – mit 78 anderen dagegen war das eben eine Verschwörung, die Broschüre hatte damit nichts zu tun. Jenukidse war für den Kreml verantwortlich, im Kreml hatten sich Feinde eingenistet, also hatte Jenukidse dafür zu büßen. Daß 78 weitere, absolut Unschuldige geopfert wurden – wenn schon, eine Belanglosigkeit! Noch viele würden geopfert werden, es würde immer weitere Kreise ziehen, damit alle, die sich SEINER Geschichtsschreibung widersetzten, sich hinter die Ohren schrieben: Nicht nur 78 Menschen, auch 78000 Menschen konnten vernichtet werden. Geschichtsschreibung war wichtiger als ein paar Menschenleben – das war Stalins Philosophie.

Aber Rjasanow dachte im Augenblick nicht an die Plenarsitzungen, nicht das bekümmerte ihn, sondern sein Schicksal, die plötzliche Wende in seinem Leben. Er war so blendend vorangekommen, immer weiter aufgestiegen, hatte eine steile Karriere gemacht, und nun auf einmal hieß es Schluß!

Die Versetzung ins Kusnezer Becken lag an und für sich in der Ordnung der Dinge. Aber ohne die Ursachen erklärt zu bekommen, dazu ein Parteiverfahren und obendrein der Umstand, daß Stalin nicht mit ihm reden wollte ... Das endgültige Debakel ahnte Rjasanow noch nicht, aber die Angst saß ihm bereits im Nacken. Und diese Angst war gerechtfertigt.

Bei Ordshonikidse würde Stalin nicht nach einem Attentäter Nikolajew suchen wie seinerzeit bei Kirow oder nach zwielichtigen Ärzten wie bei Kujbyschew, er würde die Leute ausrotten, die Ordshonikidses größter Stolz waren: jene Wirtschaftskapitäne, die Ordshonikidse selbst entdeckt, aufgebaut und ernannt hatte. Stalin würde diese Männer als Feinde, als Schädlinge, Saboteure vernichten und Ordshonikidse zwingen, sich entweder an der

Hetze gegen sie zu beteiligen oder mit ihnen die Verantwortung für ihre Sabotagetätigkeit zu übernehmen.
Natürlich genoß Ordshonikidse sehr große Autorität, aber war die Autorität von Trotzki, Sinowjew, Kamenew, Bucharin, Rykow, Tomski vielleicht geringer gewesen? Wahrscheinlich war der Fall Rjasanow ein Kettenglied in diesem Plan: Stalin pflegte seine Pläne und auch die ersten Züge lange im voraus zu berechnen. Offensichtlich war Rjasanow für Stalin in diesem Spiel eine geeignete Figur: Er glaubte an Stalin wie an einen Gott und würde sofort umkippen.
Darum behielt Budjagin seine Gedanken und Informationen für sich und fragte nur: »Und was willst du jetzt von mir?«
Rjasanow zuckte die Achseln.
»Mein Gespräch mit Grigorij Konstantinowitsch Ordshonikidse hat nichts gebracht. Ich habe ihm gesagt, man hätte mich ins Gebietsparteikomitee bestellt und ein Parteiverfahren gegen mich eingeleitet, er hat aber bloß gelacht: Siehst du, wie man mit außerplanmäßigen Bauvorhaben reinschlittern kann? Auch damals bei Stalin hat er mich nicht unterstützt. Iwan Grigorjewitsch, ich bitte Sie, die Sache zu klären und mir zu sagen, was die wahren Gründe für meine Versetzung sind und warum ein Parteiverfahren gegen mich eingeleitet worden ist.«
»Schön«, sagte Budjagin, »ich will versuchen, mit Grigorij Konstantinowitsch zu reden.«
Er erhob sich. Rjasanow folgte seinem Beispiel.
»Ich bin nicht überzeugt, daß er mir mehr sagen wird, als er dir gesagt hat. Aber wenn sich die Möglichkeit ergibt, will ich mit ihm reden«, fügte Iwan Grigorjewitsch hinzu.
Nach einigem Nachdenken fragte er: »Wie geht es deinem Neffen?«
Mark Alexandrowitsch seufzte: »Er ist in der Verbannung.«
»Wo?«
»In Sibirien.«
»Sibirien ist groß.«
»Irgendwo an der Angara.«
»Irgendwo an der Angara«, wiederholte Iwan Grigorjewitsch halb nachdenklich, halb sarkastisch. »Na schön. Wenn ich etwas er-

fahre, gebe ich Bescheid, wenn nicht – kann ich auch nichts dafür, sei mir nicht böse.«

»Jawohl, vielen Dank, Iwan Grigorjewitsch.«

Rjasanow verabschiedete sich von Budjagin, dann von Aschchen Stepanowna und ging.

10

Vika hatte Warja nicht die ganze Wahrheit gesagt. Der Architekt arbeitete tatsächlich viel und sie sah ihn selten, aber damit hätte sie sich abgefunden: Wenn dein Mann den ganzen Tag beschäftigt ist, du dagegen den Tag über frei bist, kannst du auch ohne ihn aus deinem Leben ein Fest machen. Aber für ein solches Leben braucht man Geld, viel Geld, doch der Architekt gab die Hälfte seines Gehalts seiner früheren Frau und den Kindern, die eigentlich erwachsen genug waren, um selbst für ihren Unterhalt zu sorgen. Mit ihr, Vika, hatte er einmal ein albernes Gespräch begonnen, daß sie sich mit irgend etwas beschäftigen solle: arbeiten gehen oder studieren, es sei ja noch nicht zu spät dazu. Das hätte gerade noch gefehlt! Schließlich hatte sie als Ehefrau, sogar in diesem plebejischen Regime, einen offiziellen Status: Sie war Hausfrau und damit berechtigt, nicht zu arbeiten ... Er kümmerte sich einfach nicht genug um sie, umsorgte und behütete sie nicht. Alle seine Interessen gehörten der Arbeit und der früheren Familie ... Er gab ihnen nicht nur Geld, er hielt auch den Kontakt zu ihnen aufrecht, besuchte die Frau und die Kinder und fehlte bei keinem Familienfest. Sogar Sylvester hatte er es fertiggebracht, sowohl mit Vika zu feiern – bis zwölf Uhr nachts, als auch dort – nach zwölf. Ich will mal die Kinder besuchen, ich hab's ihnen versprochen. Dort war also die Familie, aber was war hier?

Nicht mal seine Sachen hatte er hergebracht, war mit einem Köfferchen gekommen, ein paar Hemden, Unterhosen und Hosenträgern. Da hatte sie ihr Genie! Nicht mal das »gemeinsam erworbene Vermögen« hatte er mit seiner Frau teilen wollen, sondern einfach alles dagelassen. Auch die Bibliothek, die er doch für seine Arbeit brauchte. Sein wahres Heim befand sich dort, und Vika zweifelte keinen Augenblick, daß er eines Tages dorthin zurückkehren würde, eigentlich war sie auch nicht traurig darüber, denn ein sol-

ches Leben paßte ihr nicht. Es war kein Fest, sondern ein graues Einerlei.
Vika stritt nicht mit ihm, weil ihr klar war, daß alles an einem dünnen Faden hing, und der würde beim ersten Ehekrach reißen. Das durfte er aber auf gar keinen Fall. Ein neues Leben, eine neue Zukunft mußte sie aufbauen, solange sie die Frau des Architekten war. Der andere, den sie sich für die Zukunft erhoffte, sollte nicht etwa eine verlassene Frau glücklich machen, im Gegenteil, dem anderen zuliebe würde sie ihre hohe gesellschaftliche Position und ihr glückliches Eheleben opfern. Was tat man nicht alles aus Liebe! Dann würde ihre neue Ehe erneut zum Ereignis werden, vor allem für den Neuerwählten.
Wieder drehten sich ihre Gedanken um einen Flieger. Aber wo waren sie, die Flieger? Wo sollte sie einen suchen? Das waren Hirngespinste. Außerdem ging Vika fast nicht aus. Sie saß zu Hause.
Die Wohnung ihrer Familie war nach wie vor voller Gäste und Besucher, man aß zusammen und führte angeregte Gespräche. Nach wie vor verkehrten bei den Marassewitschs Moskauer Berühmtheiten. Vielleicht sollte sie einen Komponisten nehmen? Oder einen Maler? Nein, die Position dieser Künstler war zu labil. Ihr Bruder verriß einen nach dem anderen, er schrieb über Musik, Theater, Malerei und Literatur. In der *Prawda* hatte der Schriftsteller Panfjorow gegen Gorki gestichelt. Wadim behauptete zurecht, weil Gorki die kommunistischen Schriftsteller kritisiere. Aber auf derselben Seite hatte die *Prawda* auch einen bisher unveröffentlichten Brief von Gorki an Tschechow gebracht, man hatte ihm also »die bittere Pille versüßt«, wie Wadim sarkastisch bemerkte. Er hatte neuerdings Umgang mit prominenten Schriftstellern und Lyrikern, von denen viele bei den Marassewitschs verkehrten.
Vika empfing die Gäste, obschon sie sich nicht an den Gesprächen beteiligte – sie las nichts, weil sie diese Art von Lektüre langweilte: Bestarbeiter, Betriebe, Fabriken, Erz und Stahl. Doch sie verstand es, sogar aus ihrer Uninformiertheit Nutzen zu ziehen: Sie hörte den Gesprächspartnern mit ungeteilter Aufmerksamkeit zu, bewunderte jedes ihrer Worte, zeigte sich entzückt, wie geistreich

und gebildet sie waren, und das schmeichelte den Betreffenden immer.

Unter den Gästen befand sich auch ein junger Schriftsteller um die dreißig, klein, schmal und beweglich, der soeben einen Roman veröffentlicht hatte, den alle lasen und lobten. Sogar Vika hatte ihn gelesen, zum Glück war es kein Buch über Bestarbeiter, sondern über Großbauern, die sogenannten Kulaken und ihren Aufstand, man konnte das Buch wenigstens lesen. Freilich war der Schriftsteller ziemlich unbeleckt von jeglicher Kultur, er war der Sohn irgendeines Dorfpopen oder Dorfküsters. Das brillante Debüt hatte ihm dermaßen den Kopf verdreht, daß er niemandem zuhörte, nur sich selbst, niemanden sah und nicht einmal zu würdigen wußte, daß Vika ihm aufmerksam zuhörte. Er sah sie bloß verwundert an: Es war ihm gar nicht recht, wenn jemand schwieg, man sollte über ihn und seinen Roman reden und wenn das nicht der Fall war, dann würde er selbst erzählen, wie andere Leute in anderen Häusern seinen Roman lobten.

Vielleicht wäre es Vika gelungen, ihn an sich zu fesseln, aber er verschwand schon bald von der Bildfläche, er hatte sich zurückgezogen, wie Wadim sagte, um einen neuen Roman über die trotzkistische Untergrundbewegung zu schreiben – der erste Erfolg mußte genutzt werden.

Dann erschien ein anderer Schriftsteller, etwas älter, an die vierzig, ein Petersburger Intellektueller mit Hornbrille, der sich öfter im Ausland aufgehalten hatte und über irgendwelche exotischen Dinge schrieb, über Asien oder ähnliches, aber auch er war bald auf und davon, obwohl Vika geglaubt hatte, diesmal erfolgreich gewesen zu sein: Sie hatte ihn angehimmelt, jedes seiner Worte bejaht, ihm zu verstehen gegeben, daß sie Männer wie ihn noch nie kennengelernt hätte. Aber es ging schief: Auch dieser verschwand, wohl gen Osten, um einen neuen Roman zu schreiben. Ein Fiasko nach dem anderen, kein einziger von den Gästen, die ihr Haus besuchten, biß richtig an.

Der Kontakt zu den alten Bekannten brach ab, früher hatte man sich in Restaurants getroffen, jetzt besuchte Vika keine Restaurants mehr – der Architekt war viel zu beschäftigt, und ohne den

Gatten auszugehen, hätte das Image der Dame von Welt zerstört, das sie sich selbst geschaffen hatte.
Sie telefonierte mit den alten Freundinnen, schwatzte mit Noëmi und mit Nina Scheremetjewa (ein flottes Leben führten die Mädchen, nicht so wie sie), besuchte aber noch Nelly Wladimirowa, die George, einen reichen, französischen Geschäftsmann, geheiratet hatte.
Für George hatte Vika nichts übrig, ein kleiner, dicklicher Mann mit wulstigen Lippen, der jede Frau mit öligen Schlafzimmeraugen ansah und fast kein Wort Russisch sprach oder auch nur so tat, als ob er kein Russisch verstünde.
Aber sie hatten eine elegante Wohnung, Teppiche, schöne alte Möbel, Porzellan, ein Auto, importierte Wäsche, Kleider und Anzüge, sehr viel Klamotten. George war wohl wirklich sehr reich, obwohl niemand wußte, womit er sich eigentlich beschäftigte, und aus Nelly war auch nichts herauszukriegen.
Im großen und ganzen hatte Nelly Glück gehabt. Und was war sie schon? Ein Dragoner. Groß und knochig, aber die Männer rannten ihr nach. Hatte sich George geangelt. Dabei war er einen halben Kopf kleiner als sie. »Sag mal, zerquetscht du ihn nicht nachts?« hatte Vika einmal lachend gefragt. »Keine Sorge«, hatte Nelly geantwortet, »er weiß, wie's geht, wir finden die geeignete Stellung.«
Nelly führte ihr Haus in europäischem Stil. Sie war schon zweimal in Paris gewesen und hatte sich umgeschaut: Aperitifs, Toasts, sie fuhr selbst Auto, eine nicht mal europäische sondern eher amerikanisierte Frau, fähig anzupacken, ein bißchen zu laut, aber nicht faul, sie las viel, zeichnete und malte, in der Ecke stand eine Staffelei ... Sie frönte auch mehreren Leidenschaften: Sie fuhr zu Pferderennen, schloß Wetten ab und gewann immer beim Toto. Sie war geschäftstüchtig, ihre Klamotten versilberte sie sehr geschickt, dabei war es kein Schwarzhandel, sondern so, als verkaufe sie den Freundinnen, was ihr nicht paßte, das eine entsprach nicht ihrer Größe, das andere nicht ihren farblichen Vorstellungen. Sie hatte sogar einen Jour fixe eingerichtet, an dem sich die Freunde des Hauses versammelten.
Aber das entscheidende war, daß viele, sehr viele Menschen zu

Nelly kamen, in der Hauptsache Ausländer. Darin sah Vika eine gewisse Chance. Nelly erzählte ihr über jeden etwas, erwähnte sein Alter, seine Interessen und Möglichkeiten, manchmal fügte sie pikante Einzelheiten hinzu, mit einem Wort, der übliche Tratsch.
Viele warfen ein Auge auf Vika, aber vorerst entdeckte sie nichts Richtiges – keiner hatte das erforderliche Format. Und fast alle verheiratet. Vika benahm sich einfach und natürlich, mit unverbindlicher Liebenswürdigkeit, wie es sich für eine Dame ihres Ranges gehörte, wich Annäherungsversuchen taktvoll aus, ohne jedoch – ehe eine »Klarstellung« der Personalien erfolgt war – endgültig alle Brücken abzubrechen. Stellte sich heraus, daß die »Person« nicht den gewünschten Vorstellungen entsprach, löschte sie geschickt den kleinen Hoffnungsfunken, den sie am ersten Abend entzündet hatte.
Bis sie eines Tages in Nellys Wohnung Charles traf.
Charles, groß, blond, stand mit einem Glas in der Hand neben George und erzählte ihm etwas. Vika fiel sogleich sein aristokratisches Gesicht auf, die feine, gebogene Nase, die diskrete Eleganz seines Anzugs. Männer solchen Kalibers hatte sie bei Nelly noch nie getroffen. Ein Aristokrat? Er musterte sie mehrmals mit aufmerksamem Blick, und Vika verstand, daß der Funke übergesprungen war. Sie konnte mit untrüglicher Sicherheit den anstößig-lüsternen Blick mancher Männer von jenem unterscheiden, der wahres Interesse signalisierte. Als sie am nächsten Tag mit Nelly ihre Eindrücke austauschte, sagte sie über Charles: »Einen blonden Franzosen trifft man auch nicht jeden Tag.«
»Französische Adelige sind in der Regel blond. Überhaupt sind alle Nordfranzosen, namentlich die aus dem Nordosten von Frankreich blond – sie haben germanisches Blut in den Adern«, erklärte Nelly.
Als Frau eines Franzosen hielt sie sich für eine Kapazität in allem, was Frankreich betraf.
»Ist er adlig?«
»Und ob! Er ist Vicomte und trägt ein de als Adelsprädikat vor dem Namen.«
»Höchst interessant«, lachte Vika, »und was macht der Vicomte in Moskau?«

»Charles ist Korrespondent«, Nelly nannte eine bekannte französische Zeitung, »die Zeitung gehört seiner Familie, einer der reichsten in Frankreich. Charles' Braut ist die Tochter eines Bankiers, nicht gerade Rothschild aber so was ähnliches, mir ist der Name entfallen.«
Charles war schön, reich und unverheiratet. Ein wichtiger Umstand. Katholiken war die Scheidung verboten.
Zu Hause überlegte sie sich alles noch einmal sehr genau. Diese Chance durfte sie sich nicht entgehen lassen. Die Gelegenheit mit Eric hatte sie verpaßt, weil ihr Djakow und Scharok dazwischengekommen waren. Jetzt durfte niemand und nichts dazwischenkommen. In diesem Land hatte sie nichts verloren. Sie hatte alles satt: die bäurischen Manieren, die allgemeine Grobheit, den Neid, die beängstigende Ungewißheit, die Militärmärsche, Losungen und Plakate, die ewige Angst. Heute spazierte sie noch durch Moskau, und schon morgen konnte sie wie damals angerufen werden und zu hören bekommen: »Bürgerin Marassewitsch, ich bin vom NKWD ...« Es spielte keine Rolle, daß sie sie laufengelassen hatten, sie konnten sie erneut bestellen und wieder zur Spitzelarbeit zwingen. Ihre schriftliche Verpflichtung lag ja bei ihnen vor. Sie mußte nach Paris! Das große ewige Paris! In der Schule hatte sie Französisch gehabt, freilich hatte sie viel vergessen, aber sie würde sich hinter die Bücher klemmen ... Wie war noch der Scherzreim? Bonjour, Madame Sans-souci, combien coûtent ces saucisses? Die Hauptsache war die Grammatik, die würde sie bald wieder im Griff haben, schließlich hatte sie neun Jahre alle Zeiten – *présent, passé-composé, passé simple, future simple, participe passé* gebüffelt. Vika war richtig gerührt, die Gedanken an die Verbformen hatten ihr die Kindheit in Erinnerung gebracht.
Um jeden Preis weg von hier! Der Architekt konnte jeden Tag durchbrennen, Vater würde über kurz oder lang sterben, was sollte sie dann anfangen? Mit Wadim konnte sie nicht mal zusammen am Tisch sitzen, konnte sein Schmatzen nicht hören, seine Gefräßigkeit war ihr ekelhaft. Und obendrein hatte er die widerliche Angewohnheit, mit vollem Mund rumzutönen.
Irgendeinen kleinen Ingenieur heiraten und mit seinem kümmerlichen Gehalt dahinvegetieren – nein danke! Das große, ruhmreiche

Land würde auch ohne sie auskommen. Wenn sogar dieser Dragoner Nelly nach Paris verfrachtet wurde, dann war Vikas Platz auf jeden Fall in der französischen Metropole.
Vielleicht würde es dieses Mal klappen. Sie erinnerte sich an Charles aufmerksamen Blick, an sein Schweigen, sie waren doch sonst geschwätzig, die Franzosen, aber Charles hatte in ihrer Anwesenheit geschwiegen, vielsagend geschwiegen. Gerade das machte Vika Hoffnung.
Sie war früher als die anderen gegangen, eine kluge Frau blieb nie bis zum Ende der Party, sie hatte sich, wie man so sagt, auf französisch empfohlen, war rätselhaft verschwunden.
Gutgelaunt, mit roten Wangen war sie nach Hause zurückgekommen. Der Architekt schlurfte im Schlafanzug und in Pantoffeln durch den Flur und öffnete ihr die Tür. Ein graues Gesicht mit Tränensäcken unter den Augen.
»Aha, da bist du also. Ich wollte schon schlafen gehen.«
Vika schlüpfte aus dem Pelz, warf ihn über seinen Arm und gab ihm einen Kuß.
»Sehr richtig, Liebster, du siehst wirklich erschöpft aus ... Ich lege mich noch ein Weilchen in die Badewanne.«
Sollte sie Nelly in die Sache einweihen oder nicht? Das war der Gedanke, der sie beschäftigte.
Nein, vorerst lieber nicht. Eine falsche Bewegung, ein ermunterndes Wort, ein mitwissendes Lächeln konnte alles verderben. Sollte sich Charles bei Nelly nicht mehr sehen lassen, dann lagen die Dinge natürlich anders. Aber jetzt hieß es erst einmal, den nächsten Mittwoch abzuwarten.
Würde Charles kommen, so war der Funke tatsächlich übergesprungen. Dann brauchte sie Nelly nicht einzusetzen. Am nächsten Mittwoch fand sich Charles bei Nelly ein. Vika kam natürlich auch und wie üblich etwas später als die anderen.

Am 7. Juli 1935 führte Stalin den Vorsitz in der Plenarsitzung der Verfassungskommission. Die Kommission zählte außer Stalin dreißig Mitglieder. Alle waren anwesend bis auf Awel Jenukidse, der – obwohl aus Versehen formell Mitglied dieser Kommission geblieben – inzwischen aus der Partei ausgeschlossen und aller seiner Posten enthoben worden war. Die Hauptreferenten waren Bucharin und Radek, sie hatten den Entwurf für die neue Verfassung erarbeitet. Natürlich würden auch die anderen reden. Wie denn anders! Aber gerade diese beiden würden als »Väter der neuen Verfassung« jetzt in die Geschichte eingehen.
Bucharin sprach als erster.
Als er im Februar auf dem Zweiten Unionskongreß der Best-Kolchosbauern gesprochen hatte, hatte er unter anderem gesagt: »Das ganze Land schart sich um die Leninsche Partei, die der hervorragende Führer der Werktätigen, der Feldherr der Millionen mit eiserner Hand führt, dessen Name – das Symbol der großen Fünfjahrespläne, der gewaltigen Siege und des gewaltigen Kampfes – Stalin ist.«
Genau eine Woche später veröffentlichte die *Prawda* den Beitrag von Radek: »Der Feldherr des Proletariats«, in dem letzterer sogar Bucharin an Lobhudelei übertraf. Der Gauner mit dem Affengesicht war eine berüchtigte Figur. Ob sich mit ihnen das gleiche wiederholen würde wie mit Sinowjew und Kamenew? Die hatten IHN ebenfalls in den höchsten Tönen gepriesen, und wie hatten sie geendet?
Alles Finten. Bucharin trug die »Grundlage des Verfassungsentwurfs« vor. Die Verfassung müsse dem Volk alle möglichen Freiheiten garantieren, die umfassendsten Rechte der ganzen Welt, absolute Gleichheit aller Bürger, das demokratischste Wahlsystem der ganzen Erde, die gerechteste Justiz der ganzen Welt ...

So übermütig ließen Bucharin und Radek ihrer Phantasie die Zügel schießen.
Nicht mal ER hatte ein solches Tempo von ihnen erwartet, da hatten sie alle demokratischen Verfassungen der Welt übertrumpft. Naive Leute. Dachten, sich mit einer solchen Verfassung außer Gefahr zu bringen, sich in der ersten Zeit eine ruhige Existenz zu sichern und anschließend einen »konstitutionellen« Regierungswechsel durchzuführen. Idioten!
ER brauchte diese Verfassung, ausschließlich ER. Sie würde eine zuverlässige politische Deckung der bevorstehenden revolutionären Umwälzung in der Personalpolitik abgeben. Wenn die Macht in einer Hand lag, wenn diese Macht unerschütterlich war, wenn das Volk diese Macht unterstützte, dann war jede Verfassung brauchbar.
Das Volk war für IHN. Trotz der Hungersnot, der Armut, trotz der Millionen Opfer – das Volk stand hinter IHM. Man fürchtete IHN. Und liebte IHN. Die wichtigste Voraussetzung für die Alleinherrschaft war erfüllt. Zu allen Zeiten hatte das Volk immer jemanden für seine Nöte und Leiden verantwortlich gemacht, aber Gott nie. Gott wird nie getadelt, Gott wird gepriesen. Während Stalin diesen Gedanken nachhing, hörte er Bucharin aufmerksam zu. Übrigens hörten alle aufmerksam zu, namentlich die Vertreter der nationalen Randrepubliken. Sie waren begeistert und zerflossen förmlich vor Rührung. Bucharin persönlich, sprach zu ihnen »der beste Theoretiker der Partei«, der »Liebling der Partei«, sie genossen seine Logik, die Brillanz seiner Formulierungen. Aitakow aus Turkmenien riß sogar den Mund auf. Jerbanow aus der Burjätischen Mongolei blinzelte zufrieden wie ein satter Kater. Fasziniert lauschten Mussabekow, der Vorsitzende des Rates der Volkskommissare von Transkaukasien, ein ausgepichter Nationalist, und Rachimbajew aus Tadschikistan, ebenfalls ein Nationalist, und die Usbeken Ikramow und Faisulla Hodshajew, die auch Nationalisten waren. Sie alle hatten leuchtende Augen bekommen, als Bucharin von der Souveränität der Unionsrepubliken schwadronierte. Für sie war Bucharin nach wie vor der »Führer«. Sicherlich hofften die Brüder, wenn ER Bucharin mit der Ausarbeitung der neuen Verfassung beauftragt hatte, würde ER ihn auch wieder in

die oberste Führung aufnehmen. Das war ihr sehnlichster Wunsch. Sie waren überzeugt von ihrer Selbstständigkeit, ihrer Unentbehrlichkeit, diese kleinen Politiker, die sich als Landesfürsten gebärdeten.
Zu dieser Sorte gehörten auch die anwesenden Goloded und Tscherwjakow aus Belorußland, Lubtschenko, Petrowski und Tschubar aus der Ukraine ... Undurchsichtige Zeitgenossen, absolut unzuverlässig.
Im Politbüro hatte er den ermordeten Kirow und den im Januar verstorbenen Kuybyschew durch Tschubar und Mikojan ersetzt.
Mikojan war ein Filou, ein Schlitzohr und Gauner, aber er war SEIN Filou, SEIN Gauner und obendrein tüchtig. Die Umstände seiner Rettung 1918 in Baku waren mehr als undurchsichtig. Alle Bakuer Kommissare waren erschossen worden, bloß Genosse Mikojan war am Leben geblieben. Sonderbar, nicht wahr? Dieser Mann würde treu dienen.
Tschubar war nicht zu durchschauen. Aber ER hatte zwischen ihm und Petrowski wählen müssen – beide waren seit 1926 Kandidaten des Politbüro gewesen und da war Tschubar immerhin besser als Petrowski. Tschubars Einstellung war unklar, Petrowskis dagegen nur zu klar: Ein Fremdkörper, ein marxistischer Idealist ebenso wie sein eigener liebwerter Schwiegervater Allilujew.
Übrigens waren nicht alle der hier anwesenden Russen zu durchschauen. Beispielsweise Akulow, ein Glatzkopf, der wie ein Mongole aussah. War Staatsanwalt gewesen, hatte Wyschinski behindert, man hatte ihn deshalb zum Sekretär des Zentralexekutivkomitees wählen müssen – für Jenukidse – und Wyschinski zum Staatsanwalt ernannt und ihm damit freie Hand gegeben. Wyschinski war ein ausgemachter Lump, aber einer, der gut zu gebrauchen war; da saß er mit trüber Miene und tat, als sei er von Bucharins Referat wenig begeistert. IHM zuliebe tat er so, er verstand die Situation bestens, diese Kanaille mit akkurat gezogenem Scheitel, dem grauen, sorgfältig gestutzten Schnurrbärtchen, im offensichtlich teuren Anzug, einem Hemd mit gestärktem Kragen und Krawatte. Er spielte den europäischen Intellektuellen, dabei war er eigentlich ein Krimineller.

Manchmal lächelte ER Krylenko liebenswürdig zu, den er haßte und am liebsten ohne Salz und Pfeffer gefressen hätte.
Krylenko war zweifellos ein Gegner. Wie hatte er sich in der Frage über die strafrechtliche Verantwortlichkeit von Kindern verhalten? Als Gegner.
Trotz des Gesetzes vom 7. August wurde weiterhin staatliches Eigentum gestohlen, vor allem bei der Bahn. Die schlimmsten Diebe waren Kinder. Das hatte Jagoda bei seiner letzten Information besonders betont. Das gleiche hatte Kaganowitsch bestätigt, der seit Februar für das Verkehrswesen verantwortlich war.
Kinder fielen jedoch nicht in die Zuständigkeit des Gerichts. Warum eigentlich nicht?
Ein Zwölfjähriger wußte genau, daß Stehlen verboten, daß Diebstahl ein Verbrechen war. Aber ebensogut wußte dieser Junge, daß er nicht vor Gericht gestellt werden durfte. Jetzt sollte er sich aber hinter die Ohren schreiben: Von nun an durfte er gerichtlich belangt werden.
Und die Eltern, die ihre Kinder zum Diebstahl anstifteten, sollten sich das ebenfalls hinter die Ohren schreiben! Eine Berichtigung im Strafgesetz war erforderlich: Jeder Bürger, der das zwölfte Lebensjahr erreicht hatte, war strafrechtlich voll verantwortlich, und konnte sogar mit dem Tode bestraft werden. Dann würden sie aufhören zu stehlen, das Volkseigentum zu plündern, zu rauben und zu morden. Und den Eltern würde das als Warnung dienen. Allen Eltern, damit sie wußten, was ihren Kindern drohte.
Aber Genosse Krylenko, der Volkskommissar für Justiz, hatte sich gegen einen solchen Erlaß gewandt. Hatte sogar um Audienz bei IHM gebeten. ER hatte ihn natürlich nicht empfangen. Ihm lagen eindeutige Berichte vor: Krylenko behauptete, daß ein solches Gesetz präzedenzlos sei, daß es in der Praxis der Weltjustiz beispiellos dastehen würde, daß in keinem Land der Welt zwölfjährige Kinder hingerichtet würden, daß Kinder Opfer von verleumderischen Anschuldigungen oder einfach von Mißverständnissen werden könnten, daß die Verabschiedung eines solchen Erlasses im achtzehnten Jahr des Bestehens der Sowjetmacht einen fürchterlichen Eindruck im Ausland hervorrufen und das Ansehen des sowjetischen Staates untergraben würde.

Warum war Genosse Krylenko plötzlich so human geworden, warum kümmerte er sich auf einmal um die öffentliche Meinung der bürgerlichen Welt? Als er früher als Ankläger in den Prozessen gegen die Industriepartei, gegen die Menschewiki und in anderen Prozessen aufgetreten war, hatte er sich doch nicht darum gekümmert.

Erst unlängst hatte Genosse Krylenko behauptet: »Von einem Richter absolute Objektivität zu verlangen ist Utopie.« Er hatte auf dieser These bestanden, um die Rechte der Verteidigung einzuengen, da sowjetische Gerichte, wie er damals sehr zu recht sagte, selbst die Angeklagten verteidigten. Er hätte damals fast vorgeschlagen, die Zivilprozeßordnung abzuschaffen, die er als »ein Stück bürgerlicher Justiz« bezeichnete.

Und dann plötzlich diese Wendung um hundertachtzig Grad. Nicht genug damit, daß er seine Ansichten öffentlich widerrufen hatte, er hatte im vorigen Jahr ein Buch veröffentlicht: *Lenin über das Gerichtswesen und die Kriminalpolitik*, ein Buch, in dem er für eine revolutionäre Gesetzesordnung, für eine absolut objektive Beweisführung und die strengste Einhaltung aller Prozeßnormen eingetreten war ... All das richtete sich gegen Wyschinski, der die Aufgaben von Gerichten und Staatsanwaltschaft im gegebenen Moment richtig verstand, richtete sich gegen den Kampf der Partei mit ihren Feinden.

Gleich nach dem Prozeß gegen die Menschewiki hatte Krylenko um Versetzung in das Volkskommissariat für Justiz gebeten. Natürlich. Krylenko wollte nicht länger im Gericht auftreten, da er sah, wohin das führte. Er hatte gegen die Feinde außerhalb der Partei gekämpft, aber gegen die Feinde innerhalb der Partei kämpfen, nein, das wollte er nicht. Jetzt versuchte er, Wyschinski zu kompromittieren.

Dabei wurde Wyschinski gebraucht. Wyschinski hatte keine Verbindungen zur bolschewistischen Partei, folglich war er besonders geeignet für den Kampf gegen die Feinde innerhalb der Partei. Er kannte seinen Platz, zitterte bis jetzt noch vor Angst und war bereit, jeden Auftrag auszuführen.

Krylenko dagegen hielt sich für einen großen Herrn, er war Parteimitglied seit 1904, war der erste Oberbefehlshaber gewesen, der erste Vorsitzende des Obersten Militärgerichts, ein Mann von untadeliger Moral, ein Revolutionär, wie er im Buche stand. Obendrein war er Sportler, Bergsteiger. Ein alter Bolschewik, der irgendwo im Pamir in den Bergen herumkraxelte. Außerdem Schachspieler. Ahmte Lenin nach, der ebenfalls viel Zeit bei diesem Spiel vergeudet hatte.

Beim XVII. Parteitag war Krylenko weder ins Zentralkomitee noch in die Kommission für Parteikontrolle gewählt worden. Das war als erste Mahnung gemeint. Er war beleidigt gewesen. Hatte keine Konsequenzen gezogen. Heute war sein fünfzigster Geburtstag. Mochte er in der *Prawda* die Grußadresse seiner Bergsteigerfreunde lesen. Das Zentralkomitee hatte Besseres zu tun, als ihm zu gratulieren. Ebenfalls eine Verwarnung. Die letzte. Mal sehen, ob er daraus Konsequenzen ziehen oder auch weiterhin Wyschinski Knüppel zwischen die Beine werfen würde. Wenn Menschen sich nicht vertrugen, war das nur zu begrüßen: Dann wetteiferten sie darin, es IHM recht zu machen, wetteiferten in ihrer Treue zu IHM. Im Fall Krylenko – Wyschinski lagen die Dinge anders. Wyschinski war IHM treu, zwar aus Angst, aber treu. Krylenko war ihm überhaupt nicht treu. Er gehörte nicht der Opposition an, weder der trotzkistischen noch der bucharinschen. Aber er trat auch nicht gegen sie auf. Ein unzuverlässiger Mensch. Ein Fremdkörper. Auch dieser Mann würde im Feuer SEINER revolutionären Umgestaltungen untergehen.

IHN umgaben viele fremde Menschen, viele unzuverlässige Männer. Neunundzwanzig saßen hier mit ihm zusammen. Auf wen von ihnen konnte ER sich mehr oder weniger verlassen? Woroschilow, Shdanow, Kaganowitsch, Mechlis, Mikojan, Molotow. Wie viele waren das? Sechs von neunundzwanzig. Na schön, der Lump Wyschinski war der siebte. Sieben von neunundzwanzig, nicht einmal ein Viertel.

Wer war mehr oder minder neutral? Das war der »eiserne Bestand«, das waren die Mumien mit langer Parteizugehörigkeit: Krassikow, Stasowa, Kalinin, Litwinow, Petrowski ... Nein, Petrowski nicht, von dem war noch vieles zu erwarten. Petrowskis Sohn, Pjotr, war seinerzeit aus der Partei ausgeschlossen worden, er befand sich in der Verbannung, er hätte längst erschossen werden müssen. Warum hatte der Vater das zugelassen, ein Kandidat des Politbüros?!

Also insgesamt vier »Neutrale«, zusammen mit den Zuverlässigen waren es also elf.

Und die restlichen achtzehn? Entweder waren sie ausgesprochene Feinde wie Bucharin, Radek, Krylenko, Unschlicht oder unzuverlässig wie Akulow, Bubnow, Sulimow, Tschubar, Ljubtschenko, Tscherwjakow, Goloded, Ikramow, Chodshajew, Aitakow, Musabekow, Jerbanow, Rachimbajew, Petrowski.

Diese Rechnung sprach für sich. Sie spiegelte die Situation in der Partei, sie spiegelte die Situation im ZK und sogar im Politbüro. Auch im Politbüro gab es unzuverlässige Leute: Ordshonikidse, Rudsutak, Kossior und, wie sich jetzt erwies, auch Tschubar.

ER durfte nicht davon abhängig sein, ob ER die Mehrheit im Politbüro hatte oder nicht. Nicht die Partei war das Absolute, das Absolute war ER. ER durfte weder klar erkennbare noch potentielle Rivalen haben. Alles potentiell Gefährliche mußte ausgerottet werden. Kein einziger war berechtigt, die oberste Machtstellung zu beanspruchen. Damit das jedem Einwohner des Landes bewußt wurde, mußte er deutlich zu spüren bekommen, daß seine Existenz, seine Freiheit, seine Sicherheit bedroht waren. Ihm mußte bewußt werden: Seine Sicherheit war nur durch absoluten Gehorsam und unbedingte Unterordnung gewährleistet, der Terror mußte ununterbrochen herrschen, mußte zur normalen und gewohnten Regierungsmethode werden.

Erst die Hungersnot Anfang der dreißiger Jahre hatte dem Dorf gezeigt, WER der Herr im Lande war. Die Hungersnot hatte Millionen Menschenleben dahingerafft, aber sie hatte den Sieg gebracht.

SEIN Regiment würde ebenfalls Millionen Menschenleben kosten, aber ER würde dem Land zeigen, WER hier der Herr war, ER würde der ganzen Welt beweisen, WER der Herr in diesem Land war. Der erste Schritt war getan. Den Mord an Kirow hatte er mit erbarmungslosen Schlägen beantwortet und im Lande eine Atmosphäre der Einschüchterung und des Schreckens geschaffen. Der massivste Schlag war gegen Leningrad geführt worden. Als zweite Metropole würde diese Stadt nie mehr auferstehen. Im ganzen Land

lief eine öffentliche Überprüfung der Parteidokumente und eine vom NKWD durchgeführte, geheime, jedes Parteimitglieds. Ehemalige Teilnehmer aller möglichen Oppositionsgruppen, Angehörige fremder Klassen, zaristische Beamte und Offiziere, Geistliche, ehemalige Kulaken, alle antisowjetisch eingestellten Menschen wurden ausfindig gemacht, isoliert und, wenn erforderlich, liquidiert. Aber das hatte es, wenn auch in geringerem Maß, auch früher gegeben. Die Hauptsache stand noch bevor.
Sinowjew und Kamenew hatten ihre moralische Verantwortung für den Mord an Kirow eingestanden. Aber wie schlau eingestanden, wie zweideutig formuliert: »Infolge der objektiven Situation konnten die Aktivitäten der früheren oppositionellen Kräfte nur zu noch schlimmeren Verbrechen führen.« Politikaster! Dachten sich durch solche Tricks zu retten ... Aber in jenem Moment war nicht mehr aus ihnen herauszupressen gewesen. Den Prozeß aufzuschieben, war auch nicht möglich gewesen, der Mord an Kirow mußte unverzüglich genutzt werden. Sinowjews und Kamenews Geständnis erlaubte, sie zu isolieren. Aber Isolierung war nur eine halbe Maßnahme. Die Trotzkisten waren seit fünf Jahren isoliert und warteten trotzdem auf ihre Stunde. Die Geschichte bewies: Vom Gefängnis zum Thron war es nur ein Schritt. Damit es nicht dazu kam, mußte dazwischen ein Schafott errichtet werden.
Die Strafe für den Mord an Kirow durfte nicht moralischer, sondern mußte strafrechtlicher Natur sein. Sinowjew und Kamenew mußten für ihre Taten verurteilt werden.
Die bürgerlichen Zeitungen hatten den Januar-Prozeß nicht anerkannt, weil es eine geschlossene Gerichtsverhandlung gewesen war, und sich dabei auf die bekannte Äußerungen des Schwätzers Mirabeau berufen, der etwa gesagt hatte: Gebt mir einen beliebigen Richter – voreingenommen, habgierig, selbst meinen Feind, nur soll er öffentlich über mich zu Gericht sitzen.
Sehr gut! Um so besser! Sie sollten ihren offenen Prozeß, ihre öffentlichen Gerichtsverhandlungen kriegen. Sinowjew und Kamenew würden ihre Verbrechen vor aller Welt eingestehen. Sie würden gestehen, daß sie befohlen hatten, Kirow zu ermorden, daß sie den Mord an anderen Partei- und Regierungsführern geplant

hatten. Darum mußten sie nicht isoliert, sondern liquidiert werden. Und sie würden liquidiert werden.
Würden Sinowjew und Kamenew dieses Geständnis ablegen? Garantierte man ihnen ihr Leben, würden sie es tun. Solange sie lebten, hofften sie auf eine Machtstellung. Wenn sie ihr Leben einbüßten, verlören sie diese Hoffnung auf immer und ewig. Erwiesen sie sich als störrisch, würden sie die ganze Gewalt der Unterdrückungsmaßnahmen zu fühlen bekommen, die ganze Macht des Staates. Dann würden sie klein beigeben. Und über Geiseln verfügte man schließlich auch: ihre Familien, ihre Frauen und Kinder, da würden sie ebenfalls gefügig werden, diese liebenden Gatten und Väter.
Gerade sprach Faisulla Hodshajew – der Vorsitzende des Rates der Volkskommisare der usbekischen Sowjetrepublik, als deren Delegierter er in Personalunion zugleich einer der Vorsitzenden des Zentralexekutivkomitees der UdSSR war. Würde ein solcher Mann je sein Leben aufs Spiel setzen? Ein Schönling mit feinen Gesichtszügen, solche Schönlinge konnte man auf altpersischen Miniaturen sehen.
Er lebte in Pracht und Üppigkeit, sein Haus war voller Teppiche, überall teurer Kram, sicherlich hatte er auch Wertgegenstände versteckt. In Buchara und Samarkand horteten alle Juwelen.
Übrigens vertrug sich Faisulla nicht mit Ikramow – dem Sekretär des ZK von Usbekistan. Der erste war ein Aristokrat, der zweite ein Plebejer, obendrein ein unverschämter Plebejer. In der Plenarsitzung des Zentralkomitees und der Zentralkommission für Parteikontrolle im April 1929 hatte er SEINEN Einwurf verärgert beantwortet: »Genosse Stalin, lassen Sie mich nun schließlich zu Ende reden oder nicht?!« Ikramow war ein Freund von Bucharin, im Vorjahr hatte Bucharin seinen Urlaub in Usbekistan verbracht und bei Ikramow gewohnt. In Zukunft war Ikramows Platz also neben Bucharin, und Faisulla gehörte auch dorthin, dann würden sich Ikramow und Faisulla gegenseitig denunzieren und belasten. Alles auf Erden endete mit Verrat: Feindschaft wie Freundschaft.
Das ging Stalin durch den Kopf, während Hodshajew und die anderen Mitglieder der Kommission sprachen. Zugehört hatte Stalin

nur bei Bucharin und Radek, – das waren die Verfasser des Entwurfs, die anderen waren Schwätzer, die nichts weiter wollten, als daß ER sie reden hörte. Sie sprachen über die Rolle der örtlichen Sowjets und ähnlichen Unsinn, das interessierte ihn nicht im geringsten, und er hörte auch nicht zu.

Die wichtigsten Tendenzen der neuen Verfassung hatten Bucharin und Radek richtig formuliert.

Nach diesem Dokument würden die Zeitgenossen und die Nachkommen das sowjetische Staatswesen beurteilen, seine demokratischen Grundsätze, die großen Freiheiten seiner Bürger. Vor dem Hintergrund einer solchen Verfassung würde das Gerede über Terror und Gesetzlosigkeit als albernes Hirngespinst erscheinen.

Was das internationale Ansehen betraf, so versprach diese Verfassung einen gewaltigen Gewinn. Jawohl, es würde Gerichtsverfahren, es würde Prozesse geben, aber vor dem Hintergrund einer demokratischen Verfassung. Und darum würden diese Prozesse absolut gesetzlich und glaubwürdig wirken. Ferner unterschieden sich die Gegebenheiten dieser Verfassung sehr vorteilhaft von den Ereignissen in Nazi-Deutschland, und das war ein besonderer Gewinn. Hitler führte auch seine Revolution durch, seine nationale Revolution. Hitler hatte es verstanden, das deutsche Volk um sich zu scharen und offensichtlich für lange – er hatte einen starken Machtapparat aufgebaut. Aber er ging grob vor, mit echt deutscher Gradlinigkeit, mit echt preußischer Überheblichkeit. Er war Politiker, aber kein raffinierter Politiker, er beging viele Fehler, die ihm in den Augen der Weltöffentlichkeit sehr schadeten.

Barg die Verabschiedung eines solchen Grundgesetzes Gefahren in sich? Überhaupt keine, da die Macht in der Hand der Partei blieb, also in SEINER Hand. Und diese Macht war ein realer Faktor. Sie mußte nur noch verfassungsmäßig legalisiert werden. In der Verfassung mußte es klipp und klar heißen, daß die Kommunistische Partei die führende und richtunggebende Macht des Sowjetstaates war. Aber nicht nur die Partei, sondern auch die Gewerkschaften, der Komsomol und andere gesellschaftliche Organisationen würden ihre Kandidaten aufstellen und mit der Kommunistischen Partei einen Block bilden.

Nein, falsch. Einen Block der Kommunistischen Partei mit anderen Organisationen konnte und durfte es nicht geben, das hieße nämlich, diese Organisationen auf die gleiche Stufe wie die Partei zu stellen, aber jede Form von Gleichberechtigung, jede Parität war ausgeschlossen. Ein Block war nur mit dem Volk und nicht mit irgendeiner Organisation möglich.

»Der Block der Kommunisten mit den Parteilosen« – so lautete die richtige Formel.

Zweifellos würde die neue Verfassung den Straforganen eine größere Aktivität, schnelleres Reagieren und erhöhte Wachsamkeit abverlangen – die Gegner würden es nicht wagen, die neue Verfassung zu ihren Zwecken auszunutzen, solche Versuche würden im Keim erstickt werden.

Außer Zweifel stand, daß durch das neue Wahlsystem auch die Parteiorganisationen aktiver und wachsamer werden mußten. Tat nichts, sollten sie unter neuen Verhältnissen arbeiten, sich ein bißchen am Riemen reißen, sich regen bringt Segen. Jede Wahl sollte zu einer breit entfalteten politischen Kampagne gestaltet werden. Im Westen stimmten die Wähler für die eine oder andere bürgerliche Partei, bei uns würde die Wahlkampagne zur gewaltigen politischen Agitation für die Kommunistische Partei, für die Sowjetmacht werden, als Manifestation der Einheit von Partei und Volk, als Fest des ganzen Volkes empfunden werden.

Selbstverständlich würde die neue Verfassung als günstige politische Deckung für die künftige revolutionäre Umwälzung in der Personalpolitik dienen. Aber das würde nicht ausreichen. Die Siege und Errungenschaften mußten viel mehr popularisiert, der Enthusiasmus des Volkes mußte deutlicher gezeigt werden.

Zweifellos entsprang dieser Enthusiasmus der Oktoberrevolution. Jede Revolution weckt die Hoffnung auf eine bessere Zukunft, die Hoffnung auf eine bessere Zukunft weckt Enthusiasmus. Jetzt bestand die Aufgabe darin, dem Volk selbst seinen Enthusiasmus zu zeigen, und den Enthusiasmus des sowjetischen Volkes der ganzen Welt vorzuführen.

Darum mußte die Presse in Zukunft tagaus, tagein von den Errungenschaften berichten und nicht nur die Presse, sondern auch die Literatur, die Kunst, das Theater – alle Medien mußten darauf ausgerichtet werden, die Errungenschaften des Sowjetvolkes vorzu-

führen, mußten die Weiterentwicklung dieses Enthusiasmus, den Glauben an die gemeinsame Sache fördern.
Natürlich mußte auch über Mängel berichtet werden. Aber diese Mängel mußten als Ergebnis des Widerstandes feindlicher Elemente dargestellt werden. Und die feindlichen Elemente mußten vernichtet werden.
Stalin fuhr zusammen.
Sulimow hatte sich Wasser aus der Flasche eingegossen und das Glas auf den Teller fallen lassen.
Ungeschickter Tolpatsch! Konnte nicht mal ein Glas festhalten. Und nannte sich Vorsitzender des Rates der Volkskommissare der Russischen Föderation. Ein Premierminister sozusagen ... Ob's die Nachwirkung eines Rausches war? ... Er kam auch von dort – aus der Fünften Armee, ein Waffenbruder von Smirnow und Tuchatschewski, allerdings hatte er sich nicht der Opposition angeschlossen. Spielte den einfachen Mann, kehrte den Demokraten heraus. Da war er neulich wie ein gewöhnlicher Kunde ins Zentralkaufhaus gegangen, hatte sich überall umgesehen, in der Schlange gewartet, bis er dran war, und dann seine Beschwerden beim Geschäftsführer vorgebracht, wiederum wie ein normaler Kunde, und erst zum Abschluß hatte er erklärt, wer er war. Hatte das ganze Kaufhaus in Angst und Schrecken versetzt. Die Zeitungsleute hatten das begeistert ausposaunt. Ein neuer Harun al Raschid, den sie da entdeckt hatten.
Sowjetische Menschen brauchten keine Führer, die sich inkognito in die Menge einschmuggelten, um angeblich deren Nöte kennenzulernen ... Wahre sowjetische Führer kannten die Bedürfnisse des Volkes, ohne sich unter den Schlange Stehenden herumzutreiben. Alle diese neugebackenen Harun al Raschids schielten nach Originalität und ahmten den verstorbenen Kirow nach, wollten dem Volk ihren besonderen »demokratischen Führungsstil« vorgaukeln, und Schreiberlinge wie ein Michail Kolzow oder ein Soritsch schufen ihnen eine billige Popularität. Stalin hörte nicht mehr zu und hing erneut seinen Gedanken nach.
Jede Revolution fordert Opfer, ohne Opfer gab es keine Revolution. Die ganze Geschichte der Menschheit war ein einziger Opfergang: Alles erforderte Opfer: Kriege, Naturkatastrophen, Seu-

chen, Hungersnöte, Armut. Millionen kamen um. Die Menschheit vergaß schnell die Opfer, die sie gebracht hatte, denn letztlich endete alles mit dem Tod, jedes Leben mündete in den Tod, einerlei ob natürlich oder unnatürlich, früher oder später. Der Tod war unausweichlich, die Menschen hatten sich mit dieser Unausweichlichkeit abgefunden. In Erinnerung blieben nur die, die andere Menschen in den Tod geschickt hatten: Feldherren, Herrscher, große Volkstribune. Die Menschheit erinnerte sich an die Namen Alexanders des Großen, Julius Caesars, Napoleons, Suworows und Kutusows, Stepan Rasins und Pugatschows – wer kannte schon die Namen jener, die zu ihrer Zeit, um ihretwillen gestorben waren? Niemand.

Bloß rechtfertigen sollte man sich nie, auf gar keinen Fall. Nachdem Napoleon die Macht ergriffen hatte, hatte er Hunderte von Menschen mit Kanonen erschießen lassen. Wer erinnerte sich an sie? Millionen waren in den Napoleonischen Kriegen gefallen, niemand dachte an sie. Aber den Tod des Herzogs von Enghien hatte er zu rechtfertigen versucht, und diesen einzigen Tod hatte ihm die Geschichtsschreibung bis zum heutigen Tag nicht verziehen.

Ein wahrer Herrscher mußte feierliche Hymnen, Siegesmärsche hinterlassen und nicht Klagegesänge und wehleidiges Gejammer. Das Volk mußte Lieder singen, die Hoffnung und Optimismus verbreiteten und nicht Trauer, Sehnsucht und Unglauben. Es sollte laut und froh jubilieren, aus voller Kehle – die große Zeit mußte als ein großes Fest in die Geschichte eingehen. Darauf waren die Kulturschaffenden, die Lyriker, Komponisten, Stückeschreiber, Filmemacher und Theaterleute hinzuweisen. Jede Form von Pessimismus, Defaitismus, Unglauben, jede Dekadenzstimmung und Schwarzmalerei, einerlei ob offen oder verhüllt, mußte erbarmungslos im Keim erstickt werden. Das Siegesgeschrei mußte das Stöhnen der niedergeworfenen Feinde übertönen.

Endlich waren die Debatten beendet, der letzte Schwätzer fertig.

»Na also«, faßte Stalin zusammen, »ich denke, daß die Genossen sehr vernünftige Gedanken geäußert und wesentliche Vorschläge eingebracht haben. Ich hielte es für zweckmäßig, ein Redaktionskollegium zu wählen, das die Meinungen und Vorschläge berücksichtigt und in den Endentwurf der Verfassung einarbeitet, den wir

dann der gesamten sowjetischen Bevölkerung zur Diskussion vorlegen werden. Gibt es da irgendwelche Einwände?«
Es gab keine Einwände.
Genosse Stalin wurde zum Vorsitzenden des Redaktionskollegiums gewählt.

Von den einunddreißig Mitgliedern der Verfassungskommission der UdSSR wurden erschossen:
1937: Goloded, Jenukidse, Sulimow
1938: Aitakow, Bucharin, Jerbanow, Ikramow, Krylenko, Musabekow, Rachimbajew, Unschlicht, Hodshajew
1939: Akulow, Radek, Tschubar
1940: Bubnow.
Tscherwjakow und Ljubtschenko begingen Selbstmord.
Bevor Panas Ljubtschenko sich erschoß, erschoß er seine Frau, um ihr die Qualen und Folterungen zu ersparen.

12

Iwan Grigorjewitsch hatte keine Gelegenheit und suchte sie auch nicht, mit Ordshonikidse über Rjasanow zu sprechen. Ein Anlaß war nicht direkt vorhanden – Budjagin leitete nicht das Hüttenwesen im Volkskommissariat – und ein inoffizielles Gespräch führen? Wozu? Budjagin nahm sich Rjasanows Probleme nicht sehr zu Herzen. Ein tüchtiger Ingenieur, ein Fachmann von Rang, dazu besaß Rjasanow ausgesprochenes Organisationstalent, aber menschlich betrachtet – nein, da war er Budjagin wenig sympathisch, in Saschas Fall war er feige gewesen, er genoß Stalins Wohlwollen, kroch vor ihm, wußte jedoch nicht, wie sich Stalins Gunst ins Gegenteil verkehren konnte, jetzt würde er es sicherlich erfahren.

Selbst wenn Budjagin Ordshonikidse darauf angesprochen hätte, was hätte der ihm antworten können? Das Organisationsbüro hatte entschieden, Rjasanow ins Kusnezer Becken zu versetzen. Und die Untersuchung der außerplanmäßigen Bauvorhaben? Was konnte man da tun, Gesetz war Gesetz. Ordshonikidses Einstellung zu Rjasanow hatte sich vor allem nach Lominadses Selbstmord und nachdem Rjasanow die Moskauer Kommission eingesperrt hatte, verändert. An Lominadses Tod war Rjasanow zweifellos unschuldig, man wußte, wer schuld war. Aber Rjasanow hätte den in Ungnade gefallenen Lominadse taktvoller behandeln können, er hätte nicht so mit seinen technischen Fachkenntnissen und seiner Überlegenheit prahlen sollen.

Außerdem stand Budjagin nicht auf so vertrautem Fuß mit Ordshonikidse, daß er ein offenes Gespräch mit ihm hätte führen können. Im persönlichen Bereich hatte sie früher noch die gemeinsame Freundschaft zu Kirow verbunden. Jetzt war Kirow tot, und dessen Tod hatte sie einander sogar entfremdet. Budjagin hatte Ordshonikidse seinerzeit Beresins Warnung mitgeteilt. Gesetzt den

Fall, daß Ordshonikidse die Warnung nicht ernst genug genommen hatte, auch Budjagin hatte damals nicht begriffen, daß es um Kirows Leben ging. Aber warum ließ Ordshonikidse jetzt zu, daß die Industriefachleute, also seine Mannschaft, verfolgt wurden? Vorerst waren es noch keine Massenverhaftungen, aber alles deutete darauf hin, daß es so kommen würde: Ohne stichhaltige Gründe wurden mal hier mal dort Ingenieure und Werkleiter verhaftet. Es hieß, daß Ordshonikidse zwar in einzelnen Fällen energisch protestierte, aber der Einmischung des NKWD in die Belange der Industrie mußte mit aller Entschiedenheit ein Riegel vorgeschoben werden.
Das gestrige Plenum beispielsweise. Wie hatte Ordshonikidse zulassen können, daß Awel Jenukidse dermaßen gedemütigt und erniedrigt wurde? Sein bester Freund, den er von klein auf kannte, ein durch und durch redlicher Mann und überzeugter Kommunist. Ordshonikidse verstand doch, daß Stalin mit Jenukidse die Rechnung wegen der Broschüre beglich, in der dieser nichts als die Wahrheit geschrieben hatte.
Ordshonikidse hatte nicht die Stimme zur Verteidigung erhoben, er hätte doch aufstehen und Stalin vertraulich ansprechen können: »Koba! Du bist der Meinung, daß Awel dein Vertrauen nicht gerechtfertigt hat. Gut, setz ihn ab, schick ihn nach Tiflis, damit er seinen Lebensabend dort verbringen kann, schließlich hat er dreißig Jahre lang nach bestem Wissen und Gewissen unserer Partei gedient.« Wenn er Angst gehabt hatte, für Awel einzutreten, so hätte er doch wenigstens für die einfachen unschuldigen Menschen eintreten müssen, für das unglückliche Kreml-Personal, die Sekretärinnen, Putzfrauen, Portiers, Lagerarbeiter, Leute, die nur liquidiert wurden, um dem Fall Jenukidse den Anschein einer Verschwörung zu geben. »Wie übel, Koba, wie gemein ...« Nein, er hatte es nicht gesagt, nicht protestiert, keinen in Schutz genommen.
Als Botschafter hatte Budjagin viele Jahre im Ausland gelebt. In Wirtschaftsfragen konnte er es natürlich nicht mit solchen Kapazitäten wie Meshlauk, Manzew, Ruchimowitsch, Sokolnikow, Serebrowski, Lomow aufnehmen, ganz zu schweigen von Pjatakow, der praktisch die ganze Industrie des Landes leitete. Budjagin hatte dafür aber die größere internationale Erfahrung.
Rjasanow irrte, wenn er glaubte, daß Budjagin durch seinen langen

Auslandsaufenthalt die Beziehung zum eigenen Land verloren hätte. Umgekehrt: Rjasanow, der nur die Interessen und Sorgen seines Betriebs im Auge hatte und sich täglich, ja stündlich dem neuerdings im Lande eingeführten System anpaßte, hatte nach und nach verlernt, politisch zu denken, er besaß keine eigene Meinung mehr, sondern dachte so, wie es vorgeschrieben wurde, und wollte nicht sehen, was sich rings um ihn tat.

Budjagin, der drei Sprachen fließend beherrschte, verfügte über vielfältige Informationsquellen. Von Haus aus Techniker, war er über die zeitgenössische Wissenschaft auf dem laufenden. Ordshonikidse schätzte Budjagin, zu dessen Aufgabenbereich im Volkskommissariat die wissenschaftlichen Forschungsarbeiten gehörten, darunter auch die für die Rüstungsindustrie. Was Stalin womöglich mißfiel.

Ein letztes Beispiel dafür: Vor einem Monat, am 14. Juli, hatten Stalin, Molotow, Woroschilow und Ordshonikidse auf einem Versuchsgelände neue Artilleriewaffen besichtigt. Budjagin hatte man nicht mitgenommen, obwohl gerade er hätte dabeisein müssen. Er war nicht einmal informiert worden. Die Bemerkung, die Ordshonikidse im Nachhinein machte, besagte rein gar nichts: »Es war durchaus zufriedenstellend.«

Es war eine Ohrfeige. Diese Verunglimpfung schadete seinem Ansehen bei den Militärs. Die Parteileitung setzte sich über ihn hinweg, als wäre er nichts als ein gewöhnlicher Beamter im Ministerium, der für die Planung einer neuerlichen Aufrüstung der Armee natürlich nicht in Frage kam.

Wie hatte er sich zu verhalten, wie mußte er reagieren? Sich beschweren? Bei wem? Bei Stalin? Um aufs gröbste angefahren zu werden? Um seinen Abschied bitten? In der Partei war es aber nicht üblich, um seinen Abschied zu bitten. Das konnte als Ablehnung der Parteilinie verstanden werden, genau so würde Stalin das in aller Öffentlichkeit bezeichnen, und dann würde er, Budjagin, als Saboteur und Deserteur abgestempelt werden, der endlich »die Maske hatte fallen lassen« und sein »wahres Gesicht« zeigte. Vielleicht hatte Stalin ihn eben dazu provozieren wollen, als er ihn von der Fahrt zum Übungsgelände ausgeschlossen hatte?

Was also tun?

Heute, um zehn Uhr vormittags, mußte er Tuchatschewski und einige seiner Mitarbeiter empfangen – wie sollte er seine Abwesenheit auf dem Versuchsgelände erklären? »Ich war nicht geladen?« Nein, das verbot sich, es würde wie eine Klage und damit unwürdig klingen. »Ich war verhindert«, kurz und bündig. Übrigens würde Tuchatschewski das Thema bestimmt nicht anschneiden, er war ein wohlerzogener, gebildeter Mann.

Punkt zehn trafen die Militärs ein: Tuchatschewski, der stellvertretende Volkskommissar für Verteidigung, der für Rüstungsfragen zuständig war, Jakir, Oberbefehlshaber des Kiewer Wehrkreises, und Uborewitsch, Oberbefehlshaber des Belorussischen Wehrkreises. Budjagin schmunzelte in sich hinein: Tuchatschewski hatte Jakir und Uborewitsch, die anläßlich des ZK-Plenums in Moskau weilten, zur Hilfestellung mitgebracht, zu dritt wollte man das Volkskommissariat »melken«. Es würde vor allem um den im vorigen Jahr entwickelten neuen Panzer gehen.

Tuchatschewskis Trick belustigte Budjagin, er versuchte die trüben Gedanken, die immer wieder um das Versuchsgelände kreisten, zu verscheuchen. Uborewitsch und Jakir würden ebensowenig wie Tuchatschewski das Thema anschneiden, sie wußten sich zu benehmen.

Budjagin sah mit Vergnügen auf die drei verhältnismäßig jungen Männer, die ruhmreichen Feldherren des Bürgerkrieges, den Stolz und die Hoffnung der Armee.

Tuchatschewski – mittelgroß, stattlich, ein ausgesprochen schöner Mann von kräftiger Statur mit blauen Augen und ebenmäßigem, gutgeschnittenem Gesicht und in einer wie angegossen sitzenden Uniform, der typische Gardeoffizier und Aristokrat.

Jakir, ein gewaltiger, breitschultriger Haudegen mit lebhaften braunen Augen und aufgestülpter Nase, ein Mann von verwegener Kühnheit. In seinem schwarzen Haar zeigten sich die ersten grauen Strähnen, zu früh für einen 39jährigen.

Und schließlich Hieronym Uborewitsch, der Typ des Intellektuellen, mit Kneifer im feinen Gesicht.

Trotzdem kam Budjagin nicht von dem Gedanken los: Gestern hatten die drei beim ZK-Plenum für Jenukidses Ausschluß aus der Partei gestimmt. Vielleicht hatten sie Jeshows verlogenem Referat

Glauben geschenkt, vielleicht nichts von der Verhaftung des Kreml-Personals gewußt und dennoch, dennoch ... Sie hatten mitgestimmt! Nicht darum, weil sie Jeshow glaubten, sondern weil Stalin hinter Jeshow stand, und Stalin mußten sie glauben, sie waren verpflichtet, zu glauben, es war unmöglich, ihm nicht zu glauben. Und wenn es Krieg gab? Würden sie auch dann Stalins und Woroschilows stümperhaften Befehlen blind Folge leisten? Aber das hieße doch, den Krieg verlieren.

Nein! In militärischen Fragen würden sie nicht nachgeben, ebensowenig wie sie im Bürgerkrieg nachgegeben hatten, und auch jetzt gaben sie nicht nach, steuerten ihren Kurs, festigten die Armee, sorgten für die Rüstung, überwanden den Widerstand der obersten Stümper in der Führung.

Mit jedem von ihnen hatte Budjagin im Bürgerkrieg zu tun gehabt, namentlich mit Tuchatschewski. Der hatte als 25jähriger die erste Armee an der Ostfront geführt, hatte sich Murawjows Meuterei nicht angeschlossen, war von ihm verhaftet und wäre um ein Haar erschossen worden. Eine Gruppe Bolschewiki, unter ihnen Budjagin, hatten das Gefängnis gestürmt und Tuchatschewski und Feldmann befreit. Wareikis hatte die Gruppe geführt, aber Tuchatschewski bezeichnete Budjagin stets als seinen Retter.

Als Führer der V. Armee hatte sich Tuchatschewski an der Zerschlagung von Koltschaks und Denikins Truppen beteiligt. Übrigens hatte sich Budjagin gerade damals von Stalins wahrer Einstellung zu Tuchatschewski überzeugen können.

Budjonny hatte Tuchatschewskis Befehl nicht befolgt, eben darum war es Denikin gelungen, sich in Richtung Noworossisk abzusetzen und auf der Krim eine neue Front zu errichten. Budjonny hatte nur deshalb wagen können, Tuchatschewskis Befehl unberücksichtigt zu lassen, weil Stalin und Woroschilow hinter ihm standen.

Das gleiche hatte sich 1920 vor Warschau wiederholt. Gegen den ausdrücklichen Befehl des Oberkommandos hatte Stalin Budjonnys Armee bei Lwow aufgehalten und damit Pilsudski die Möglichkeit gegeben, Tuchatschewskis Armee in die Flanke zu fallen, was den Feldzug entschied. Die Schuld traf Stalin. Sogar Lenin hatte erklärt: »Wer marschiert schon über Lwow nach Warschau?« Aber nach Lenins Tod wälzten viele Historiker den Mißerfolg auf Tuchatschewski ab. Jegorow mit seiner Schrift *Lwow – Warschau* und Schaposchnikow mit *An der Weichsel* hatten das ihrige dazu beigetragen. Auch Budjonny war höchst aktiv und versuchte zu beweisen, daß er richtig gehandelt hatte.

Die Hetze gegen Tuchatschewski ging so weit, daß einer von Stalins Speichelleckern 1930 bei einer Sitzung im Haus der Roten Armee Tuchatschewski zuschrie: »Wegen 1920 gehörten Sie aufgehängt!« Und das dem Mann, der Koltschak und Denikin besiegt und die Kronstädter und die Antonow-Meuterei niedergeschlagen hatte. Den Höhepunkt dieser Hetze bildete eine Diskussion über den Polenfeldzug, die 1932 in der Militärakademie stattfand. Die Referate, in denen Tuchatschewski kompromittiert und Stalin über den grünen Klee gelobt wurde, waren durchweg von oben angeregt, tendenziös und wirkten auf alle Zuhörer beklemmend. So hatte es ein Diskussionsteilnehmer Budjagin erzählt. Tuchatschewski hatte an der Sitzung nicht teilgenommen.

Budjagin, der zu dieser Zeit im Ausland gewesen war, hatte diese Ereignisse mit größter Aufmerksamkeit verfolgt. Er sah in Tuchatschewski nicht nur den bedeutendsten Strategen in einem zukünftigen Krieg, sondern auch jemanden, der im Gegensatz zu Stalin verstand, daß es ein Krieg mit Deutschland sein würde. Obschon die Hetzkampagne gegen Tuchatschewski 1932 aufgehört hatte, dachte Budjagin mit Bitterkeit daran, daß Stalins, Woroschilows und Budjonnys Haltung gegenüber Tuchatschewski eine große Gefahr darstellte.

Vor langer Zeit im Bürgerkrieg hatte ihm Tuchatschewski die Geschichte seiner Familie erzählt. Der Vater, aus verarmtem Adel, hatte sich in eine Bäuerin verliebt und sie geheiratet. Erst als verheiratete Frau hatte die Mutter Lesen und Schreiben gelernt.

Als Kind hatte Tuchatschewski Violonunterricht erhalten. Damit nicht genug, er hatte selber Geigen gebaut. Budjagin war verblüfft gewesen. »Sie haben wirklich selber Geigen gebaut?« »Ja«, hatte Tuchatschewski lächelnd geantwortet und auf einem Blatt Papier die Einzelteile einer Geige skizziert.

Ob Tuchatschewski überzeugter Kommunist war? Er war im April 1918 der Partei beigetreten, als der Sieg der Bolschewiki noch ungewiß war. Jedenfalls hatte er die Bedeutung der Oktoberrevolution für Rußland erkannt und sein Leben mit der Revolution verknüpft. Er war ein wahrer Russe und obendrein der geborene Feldherr. Rußlands Machtstellung zu stärken hielt er für die wichtigste Aufgabe seines Lebens. Ein mächtiges Land brauchte aber auch eine mächtige Armee, doch gerade die Kampffähigkeit der Armee machte ihm Sorgen. Die Schußwaffen waren veraltet, es gab nur eine verschwindend geringe Anzahl von Flugzeugen, Panzern und Transportmitteln, die Nachrichtentechnik war nicht ausgebaut.

Wie Budjagin beherrschte auch Tuchatschewski mehrere Fremdsprachen. Beide verstanden nur zu gut, wie weit und auf welchen Gebieten die Sowjetunion hinter den anderen Staaten zurückgeblieben war.

1928 hatte Tuchatschewski einen Bericht über die Umrüstung der Armee eingereicht, den Stalin und Woroschilow schlichtweg vom Tisch gewischt hatten. Das Verhältnis zwischen ihnen spitzte sich dadurch noch mehr zu, so daß Tuchatschewski um Ablösung von seinem Posten als Chef des Stabes bat und zum Befehlshaber des Leningrader Wehrkreises ernannt wurde. Im Januar 1930 reichte er einen neuen Bericht ein, der ebenso wie der vorhergehende unbeachtet blieb und bei den Akten landete.

Stalin und Woroschilow sahen zurück, stützten sich auf die Erfahrungen aus Welt- und Bürgerkrieg, während Tuchatschewski, ein militärisches Genie, nach vorn schaute.

Aber ein Jahr später wurden Tuchatschewskis Berichte aus dem Panzerschrank geholt: Man hatte endlich begriffen, daß die Armee technisch umgerüstet werden mußte. Jene, die Tuchatschewskis Vorschläge verlacht und verworfen hatten, sahen sich nun widerstrebend gezwungen, gerade ihn mit der Durchführung dieses Programms zu beauftragen. Tuchatschewski wurde zum Stellvertretenden Volkskommissar für Verteidigung, Bereich Rüstung ernannt, und widmete sich energisch dieser Aufgabe. Budjagin half ihm nach Kräften. Sie zogen die bedeutendsten Wissenschaftler und Konstrukteure heran, die sie gemeinsam bestimmt hatten: Tupolew, Polikarpow, Iljuschin, Petljakow (Luftwaffe), Degtjarjow, Tokarew (Schußwaffen), Kotin, Saslawski, Morosow, Duchow

(Panzerkampfwagen), Langemak, Kleimenow (Raketengeschosse), Koroljow, Zander (Raketenflugkörper), Ostschepkow, Smirnow (Funkmeßtechnik), Kurtschewski (Artillerie). Auf dem Gebiet der Luftlandung leistete die Rote Armee Pionierarbeit. Mit Hilfe des Akademiemitglieds Joffe wurde die Funkelektronik eingeführt. Ferner ging es um die Entwicklung eines Panzers. Was war besser: Ein schneller Kampfwagen mit leichter Panzerung oder ein schwergepanzerter, der zwar größere Sicherheit bot, dafür jedoch an Wendigkeit und Geschwindigkeit zu wünschen übrig ließ. Tuchatschewski hatte sich energisch für die Entwicklung eines mittleren Panzers eingesetzt, der ausreichend sicher und zugleich geländegängig, manövrierfähig und für den Durchbruch von Verteidigungsstellungen geeignet war. Diesen Ansprüchen entsprach das neukonstruierte Modell.

»Ein ausgezeichneter Kampfwagen«, Uborewitsch betrachtete die technische Zeichnung, die auf dem Tisch ausgebreitet war, »er hat alle Prüfungen glänzend bestanden. Also höchste Zeit mit der Serienproduktion zu beginnen, die Männer auszubilden und ins Manöver zu schicken.«

Er sah erschöpft aus, die Augen hinter den Gläsern des Kneifers wirkten krank. Iwan Grigorjewitsch führte das ungesunde Aussehen auf das gestrige Plenum zurück. Offenbar sah Uborewitsch weiter als die anderen.

»Die Serienproduktion ist für '38 geplant«, erklärte Budjagin.

»Das ist ein großer Fehler, ein schwerwiegender Fehler!« Jakir schob den Stuhl laut zurück. »Leichte Panzer können wir immer noch bauen. Jetzt dagegen ist es das Wichtigste, einen mittleren Panzer zu entwickeln.«

»Zerbrich mir bloß nicht meine Möbel«, sagte Budjagin lächelnd.

»Da kann man lange diskutieren, jedes Modell hat seine Vorteile, aber es ist höchste Zeit, zu einer einheitlichen Lösung zu kommen«, sagte Tuchatschewski, »dieser Panzer ist meiner Ansicht nach ein Kampfwagen, der für lange Zeit alle Ansprüche erfüllt.«

Sie diskutierten über verschiedene Modelle sowohl leichter als auch schwerer Panzer. Hier schieden sich die Geister, aber was den mittleren Panzer betraf, war man sich einig: Die Serienproduktion durfte nicht aufgeschoben werden.

Budjagin versprach, das Problem bei der nächsten Sitzung im Volkskommissariat vorzutragen.
Keiner brachte die Rede auf die Besichtigung der neuen Artilleriewaffen durch die Parteiführung, obwohl Tuchatschewski sicherlich dabeigewesen war. Vielleicht hatte man aber auch ihn von der Besichtung ausgeschlossen? Woroschilows Erklärungen konnten Stalin durchaus zufriedenstellen.

13

Die Militärs waren gegangen, und Budjagin versank wieder in seinen trüben Gedanken ... Nie würde ihm Stalin das Gespräch im vorigen Jahr verzeihen, doch der Kurs der Stalinschen Politik würde die tragischsten Folgen haben, sowohl für die Sowjetunion wie auch für die kommunistische Weltbewegung. Iwan Grigorjewitsch war davon überzeugt. Aus Hitlers Machtergreifung hatte Stalin falsche Folgerungen gezogen, so wie auch seine ganze vorangegangene Politik grundverkehrt gewesen war. Alle Voraussagen hatten sich als falsch, seine Strategie als kurzsichtig, seine Taktik als ungeschickt erwiesen.

Der in den zwanziger Jahren in Deutschland beginnende Aufstieg des Faschismus hätte eine entscheidende Wende der ganzen Politik erfordert. Man hätte eine einheitliche Front der Arbeiterklasse bilden, sich mit den Sozialdemokratischen Parteien verbünden müssen, die angesichts der faschistischen Gefahr eine unverrückbare antifaschistische Position bezogen hatten.

Im Gegenteil, seit 1929, als Stalin seine Vorherrschaft in der Komintern gefestigt hatte, hatte sich die Unversöhnlichkeit den Sozialdemokraten gegenüber verstärkt.

Das 10. Plenum des Exekutivkomitees der Komintern hatte im Juli 1929 verkündet, daß die Sozialdemokratie der Erbfeind des revolutionären Proletariats sei, daß »der Sozial-Faschismus eine besondere Form des Faschismus« darstelle und daß die kommunistischen Parteien vor der Aufgabe stünden, »den Kampf gegen die Sozialdemokratie, namentlich gegen ihren ›linken‹ Flügel, als gefährlichsten Feind entschieden zu verstärken«, alle Verbindungen zu ihr müßten abgebrochen und ihr »sozial-faschistisches« Wesen entlarvt werden.

Diese hirnlose Extremisierung erleichterte Hitler die Machtergreifung.

1928 stimmten in Deutschland 810 000 Wähler für Hitler, am 14. September 1930, als die deutschen Kommunisten die Sozialdemokraten unter schweren Beschuß nahmen, gaben bereits 6 400 000 Wähler ihre Stimmen für die Nazis ab, also achtmal mehr als vor zwei Jahren.

Nun sollte man meinen, Hitlers überwältigender Erfolg hätte Stalin eigentlich dazu bringen müssen, die Politik der Komintern zu revidieren. Aber nach Stalins Ansicht zeugte die zunehmende Popularität der Nazis lediglich davon, daß die werktätigen Massen ihre parlamentarischen Illusionen verloren und unausbleiblich in das revolutionäre Lager einschwenken würden. Darum sah er es als die wichtigste Aufgabe an, die Sozialdemokratie zu zerschmettern.

Die Spaltungspolitik der Komintern untergrub die Einheit der deutschen Arbeiterbewegung und trug zur Stärkung der Nazis bei. Das Ergebnis von Stalins Politik war bekannt: Im Januar 1933 erhielten die Nazis 11,7 Millionen Stimmen, die Sozialdemokraten 7,2 Millionen Stimmen, die Kommunisten rund 6 Millionen Stimmen. Hätten die Kommunisten und die Sozialdemokraten damals eine antifaschistische Einheitsfront gebildet, wäre die Lage noch zu retten gewesen. Aber da das unterblieb, kamen die Nationalsozialisten an die Macht.

Budjagin konnte sich noch erinnern, mit welcher Angst er damals in London die Zeitungen aufgeschlagen hatte ... Überall Fotos von Hitler und seinen Gefolgsmännern, seiner SA. Hitler hält eine Rede, nimmt eine Parade ab, Hitler mit Göring, mit Goebbels, mit Ribbentrop, Hitler spricht zu Jugendlichen, zu Arbeitern. Und schließlich das Schlimmste: Der deutsche Reichspräsident, Generalfeldmarschall von Hindenburg, gratuliert Hitler mit einem Händedruck zur Reichskanzlerwürde. Hitler trägt Zivil, hält den Hut in der Hand und neigt mit einem feierlichen Lächeln den Kopf vor Hindenburg, der – in Uniform mit Stahlhelm und Säbel – voller Bitterkeit und Furcht auf den frischgebackenen Führer des deutschen Reiches sieht.

Diese fürchterliche Niederlage kaschierte das Präsidium des Exekutivkomitees der Komintern in seiner Resolution vom 1. April 1933 mit den kläglichen Worten:

»Die Errichtung einer eindeutig faschistischen Diktatur, die den Massen alle demokratischen Illusionen nimmt und sie vom Einfluß der Sozialdemokratie befreit, beschleunigt die Entwicklung Deutschlands zur Proletarischen Revolution.« Das war Stalins Dialektik! Die gleiche »Dialektik« hatte Stalin ermöglicht, auf dem XVII. Parteitag zu behaupten, daß der Sieg der Nationalsozialisten das »Ergebnis des Verrates der Sozialdemokratie an der Arbeiterklasse« sei und daß die »Sozialdemokratie dem Faschismus den Weg geebnet« hätte.

Der Sieg der Faschisten hatte sie nicht zur Vernunft gebracht, er hatte sie nicht einmal entmutigt.

Doch gar nicht so schlimm! Laut Manuilski, dem Leiter der Delegation der Kommunistischen Partei der Sowjetunion in der Komintern, »lehrt die ganze Erfahrung der Weltgeschichte, daß die reaktionärsten Regierungen am häufigsten die größten Revolutionen vorbereitet« haben. Folglich war der Faschismus die Vorstufe zur sozialistischen Revolution.

Beruhten diese und ähnliche Überlegungen auf Selbstbetrug? Manuilski, der Dogmatiker, konnte durchaus so reden und denken.

Stalin konnte wohl so reden, aber so denken konnte und durfte er nicht. Er kannte sich in der Politik aus. Er sah seine Niederlagen, obwohl er sie nie eingestand. Auf dem XVI. Parteitag hatte er die Sozialdemokraten nur als »Sozial-Faschisten« bezeichnet. »Findet man heute vielleicht viele Arbeiter, die der verlogenen Predigt der Sozial-Faschisten glauben?« – »Die Besten der Arbeiterklasse haben sich bereits von den Sozial-Faschisten abgewandt.« ... So hatte er geredet. Aber was dachte er in Wirklichkeit? Haßte er die Sozialdemokratie? Zweifellos. Erstens wegen der traditionellen Feindschaft zwischen den Bolschewiki und Menschewiki, die um den Einfluß auf die Arbeiterklasse kämpften. Zweitens, und das war das Ausschlaggebende, waren die deutschen Sozialdemokraten westlich ausgerichtet, und Stalin hatte England und Frankreich schon immer für die größten Feinde gehalten.

Die Nationalsozialisten dagegen wandten sich gegen das System von Versailles, das hieß gegen England und Frankreich, und hatten folglich seiner Meinung nach gemeinsame Interessen mit der Sowjetunion. Demnach war der Sieg der Nationalsozialisten in

Deutschland ein Sieg der antiwestlichen Kräfte zugunsten der Sowjetunion und der Sieg der Sozialdemokraten ein Sieg der westlich ausgerichteten Kräfte zu ungunsten der Sowjetunion.
Der Satz, den Stalin vor einem Jahr zu Budjagin gesagt hatte: »Wir sind an einem starken Deutschland interessiert: Als Gegengewicht zu England und Frankreich«, das war keine zufällige Phrase. Das war der Kern seiner politischen Linie. Alles andere war Geschwätz.
Aber was sollte er, Budjagin, tun? ... Sich ruhig ansehen, wie der Faschismus wuchs, sich entwickelte und festigte – der schlimmste Feind der Sowjetunion, der schlimmste Feind der ganzen zivilisierten Welt? Oder sollte er seine Stimme gegen diese Politik erheben?
Er kam wie immer zu später Stunde nach Hause. Lena und Wladlen schliefen schon, Aschchen Stepanowna arbeitete in ihrem Zimmer. Als Mitarbeiterin des ZK, die öffentliche Vorträge über außenpolitische Fragen zu halten hatte, bereitete sie sich immer sorgfältig auf ihre Referate vor und übersetzte, wie sie sich ausdrückte, das Parteichinesisch in eine menschliche, allgemein verständliche Sprache.
Iwan Grigorjewitsch setzte sich in einen Sessel neben ihren kleinen Schreibtisch.
»Möchtest du etwas essen?« fragte sie.
»Nein danke, ich war noch kurz in der Kantine.«
Sie sah mit angewidertem Blick auf die Notizen und Bücher auf ihrem Tisch und erklärte entschieden: »Ich muß mir eine andere Arbeit suchen.«
»Und zwar?«
»Ich würde gern in irgendeinem Museum arbeiten: einem historischen, archäologischen, vielleicht sogar im Revolutions-Museum, oder ich gehe ins Gesundheitswesen.«
»Aber Liebste, die Medizin hast du doch schon längst vergessen«, lachte er.
»Richtig, aber ich denke eher an eine administrative Arbeit, ich wäre zu allem bereit, bloß nicht das da.«
Sie sah wieder verdrossen auf die Tischplatte und nahm Stalins *Fragen des Leninismus* zur Hand.

»Da sieh nur, das ist die Ausgabe von diesem Jahr – die Auflage beträgt 2 111 000 Exemplare. Es dauert nicht lange, und wir haben nur noch dieses Buch, wie die Bibel. Und die Werke von Lenin erscheinen in einer Auflage von höchstens 100 000 Exemplaren. Es ist auch schon verboten, sich auf sie zu berufen: Man darf nur noch wiederholen, was Genosse Stalin zitiert hat, und noch besser, überhaupt nichts wiederholen, sondern nur den Genossen Stalin zitieren. Und bloß nicht auslegen. Er legt sich selber aus. Glaub mir, Iwan, das Arbeiten wird einem völlig unmöglich gemacht. Vor jedem Referat bin ich verpflichtet, der Abteilung für Agitation und Propaganda nicht etwa ein Konzept, sondern den vollen Wortlaut meines Vortrags vorzulegen, er wird von einem halbgebildeten, feigen Banausen geprüft, der jeden meiner Gedanken streicht und nur stehenläßt, was in den Zeitungen geschrieben wird und zwar mit genau denselben Worten. Und ich muß diesen Kohl dann wiederholen, die Ammenmärchen, all den Schmäh und Schwindel. Obendrein muß ich alles vom Blatt lesen. Wozu bin ich dann noch nötig? Ablesen kann's ja jeder andere auch. Ich darf nicht mal eine eigene Wertung der Tatsachen abgeben, dabei ist doch die internationale Lage mein Thema. Und die ändert sich täglich. Ich aber rede von Dingen, die bestenfalls einen Monat zurückliegen. Darüber, was sich gestern oder heute abgespielt hat, darf ich nur in der Form berichten: ›Wie Genosse Stalin richtig vorausgesehen hat‹, ›wie Genosse Stalin das genau vorausgesagt hat‹. Dabei hat er aber genau das Gegenteil dessen vorausgesehen und vorausgesagt, was eingetreten ist. Ich spreche aber zum Parteiaktiv, und Leute, die auch nur einigermaßen gebildet sind, betrachten mich entweder als dumme Gans, die nur nachbetet, was ohnehin sattsam bekannt ist, oder als zynische Lügnerin. Dabei bin ich schon fünfundzwanzig Jahre in der Partei.«

»Sechsundzwanzig Jahre«, präzisierte Iwan Grigorjewitsch, »vor fünfundzwanzig Jahren haben wir uns nämlich kennengelernt, gib dich also nicht für jünger aus, als du wirklich bist.«

Sie lachte.

»Ja, da hast du recht. Kannst du dich übrigens an Pawel Rodionow erinnern«, fuhr sie – nun wieder niedergeschlagen – fort, »er war damals auch in London, weißt du noch? Ich kam also kürzlich nach Kasan, halte meinen Vortrag, und wer sitzt in der ersten Reihe? Pawel! Sitzt da und lächelt mir zu, stell dir vor, wir haben uns doch all die Jahre nicht mehr gesehen. Ich bete also meinen Text runter und sehe, daß mein Pawel die Augen niederschlägt und mich nicht mehr ansieht. Er hat sich meinetwegen geschämt. Und nach dem Vortrag ist er nicht mal zu mir gekommen, er gab mir also zu verstehen, was er von mir hält. Damals habe ich im Hotel die ganze Nacht kein Auge zugetan. Weißt du, das brachte das Faß zum Überlaufen.«

An Rodionow konnte sich Iwan Grigorjewitsch gut erinnern, einst war er sogar eifersüchtig auf ihn gewesen. Pawel hatte ebenfalls Medizin studiert und Aschchen nach den Vorlesungen nach Hause gebracht und nicht etwa ab und zu, sondern täglich. Einmal hatte er die beiden zusammen gesehen, wie sie lachend die Straße entlanggingen. Damals war Aschchen einundzwanzig, hübsch und schlank. Aber nach einiger Zeit hatten er und Aschchen geheiratet, und das Nach-Hause-Bringen hatte ein Ende.

Sie kam aus begütertem armenischem Haus, die Familie lebte in Baku. Als junges Mädchen war sie Revolutionärin geworden und zu den Bolschewiki gestoßen. Darauf folgte der Bruch mit den Eltern, sie hatte sich völlig der Revolution verschrieben, ein furchtloses, kluges, gebildetes Mädchen, das drei Sprachen beherrschte und auch Iwan Grigorjewitsch dazu brachte, sich mit Fremdsprachen zu beschäftigen. Einen Tag sprachen sie Deutsch, am nächsten Französisch, am übernächsten Englisch.

Sie hatte mit Litwinow zusammengearbeitet, illegale Literatur nach Rußland geschmuggelt, im Bürgerkrieg mitgekämpft – als Leiterin der Politischen Abteilung einer Armee. Damals hatte Lena bei Iwan Grigorjewitschs Eltern in Motowilicha gewohnt. Aschchen war an Flecktyphus erkrankt, Budjagin hatte sie mit Müh und Not gerettet. Kurzum, der typische Lebenslauf einer bolschewistischen Untergrundkämpferin. Jetzt reiste sie mit ihren Vorträgen durchs Land. Aber wenn sie es nicht mehr aushielt und es ihr gegen den Strich ging, mußte sie sich tatsächlich nach einer anderen Arbeit umsehen.

»Vielleicht solltest du mit deinen Sprachkenntnissen zu Litwinow ins Außenministerium gehen?«

»Nein!« widersprach sie kategorisch. »Diese Politik mache ich nicht mit. Litwinow ist passiv, und ich sehe doch, wo ER hinsteuert.«
»Am 25. Juli wird der VII. Kongreß der Komintern eröffnet«, sagte er, »ich möchte mein Exposé nun doch abschicken.«
Sie dreht sich ihm brüsk zu, ihre Augen waren weit geöffnet.
»Das wird dich den Kopf kosten!«
»Aber wenn man sich auf diesen Standpunkt stellt, Aschchen ...«
Sie unterbrach ihn: »Alle stehen auf diesem Standpunkt. Und zu Recht. Wir haben den Moment verpaßt, mein Lieber. Ihr habt euch bloß den Kopf darüber zerbrochen, daß bloß der eine oder andere nicht an die Macht kommt: Trotzki, Sinowjew, Kamenew, Bucharin. Nur ER allein hat darüber nachgedacht, wie ER es anstellen muß, um selbst an die Macht zu gelangen. Und das hat er geschafft. Und jeden zu vernichten, der sich ihm in den Weg stellt. Diejenigen, die ihm im Wege gestanden haben, sind verloren, das weißt du. Übrigens ist Ter-Waganjan gestern verhaftet worden.«
Ter-Waganjan kam auch aus Baku, sie kannte seine Familie.
»Aber er ist doch Trotzkist«, sagte er.
»Ein ehemaliger Trotzkist! Vergiß das nicht, Iwan. Er hat sich schon 1928 von der Opposition losgesagt und ist wieder in die Partei aufgenommen worden. Er hat's aus innerer Überzeugung getan, das weiß ich genau. Aber das ist DEM egal, wenn IHM jemand auch nur einmal in den Weg getreten ist, wird er vernichtet. Du wirst sehen, er wird sie alle vernichten. Du warst nie bei einer Oppositionsgruppe und hast in dieser Hinsicht eine tadellos reine Weste. Steck deinen Kopf also nicht selbst in die Schlinge. Gegenwärtig kann man nichts gegen IHN machen. Man muß abwarten.«
»Worauf denn warten?«
»Auf das Debakel seiner Politik.«
»Aber dann ist es zu spät.«
»Nein! Wenn die alten rechtschaffenen Revolutionäre ihr Leben bewahren, wird es nicht zu spät sein, ihm die Macht zu entreißen. Es kommt bloß darauf an, daß ihr euer Leben bewahrt, eures und das der Kinder. Jawohl, das der Kinder, ich sehe nichts Straffälliges darin, daß die Leute sich über das Los ihrer Kinder Gedanken machen. Und sich besonnen verhalten.«

Er erhob sich.
»Offen gestanden habe ich etwas anderes von dir erwartet, Aschchen.«
Sie stand ebenfalls auf und sagte streng und entschieden: »Ich muß dich daran erinnern, Iwan, daß Wladlen neun Jahre alt ist, und Lena, wie du gestern erfahren hast, ein Kind erwartet. Überleg dir, was ich gesagt habe.«
Damit verließ sie ihr Zimmer.
Er hörte sie in seinem Arbeitszimmer hin und her gehen und das Sofa beziehen.
Er mußte lächeln. Das war Aschchens alte Gewohnheit: Wenn sie mit ihm unzufrieden war oder das Gespräch nicht fortsetzen wollte, richtete sie ihm das Bett im Arbeitszimmer.
Er ging zu ihr und legte ihr den Arm um die Schulter.
»Sei nicht böse!«
»Ich bin nicht böse. Aber ich erinnere dich noch einmal an deine Kinder und an dein zukünftiges Enkelkind. Du darfst sie nicht so unbesonnen opfern.«
Sie ließ ihn allein.
Aschchen hatte Angst, so wie viele jetzt Angst hatten. Aber durfte er Angst haben? Ja, es waren schwere Zeiten, aber er mußte seine Pflicht erfüllen, und das würde die anderen zwingen, ebenfalls ihre Pflicht zu tun. Jetzt, da die Stalinsche Strategie in der Komintern dieses unübersehbare, dieses in die Augen springende Fiasko erlitten hatte, da als Ergebnis dieser Strategie Hitler an die Macht gelangt war, war der Zeitpunkt gekommen, die Stimme zu erheben. Sonst würde Hitler so stark werden, daß Stalin gezwungen sein würde, ihm Zugeständnisse zu machen, und wer weiß, wie weit diese Zugeständnisse gehen würden.
Budjagin hoffte, daß sein Gespräch mit Stalin zu irgendeinem Ergebnis führen könnte. Er wußte, daß Stalin seinen Standpunkt verwarf, aber das hieß doch nicht, daß er Budjagins Worte nicht beherzigte. Er übernahm oft Ideen anderer Leute, die er später liquidierte, meistens liquidierte er sie zuerst, um später dann ihre Ideen als die seinen auszugeben. Am 2. Mai war mit Frankreich ein Beistandspakt unterzeichnet worden, am 16. Mai ein gleicher Vertrag mit der Tschechoslowakei. Nach außen hin richteten sich diese

Verträge gegen Hitler. War das nun Strategie oder Taktik? Jedenfalls mußte diese Entwicklung beibehalten und gefördert werden, das war der einzig richtige Weg.
Ob Stalin auf dem VII. Kongreß der Komintern die Politik der Einheitsfront verkünden, die Spaltung innerhalb der Arbeiterbewegung aufheben und damit die Pläne des Faschismus durchkreuzen würde? Vieles deutete darauf hin. Einen anderen Weg gab es nicht. Die ganze Propagandamaschine arbeitete gegen Hitler. Und doch stellte sich Budjagin die Frage: War das Strategie oder Taktik?
Nach der Begegnung mit Stalin im vorigen Jahr hatte Budjagin ein Exposé fürs ZK geschrieben. Das ganze Jahr über hatte er geschwankt, ob er es abschicken sollte oder nicht. Das Gespräch mit Stalin hatte gezeigt, daß das nichts fruchten würde. Aschchen war ebenfalls der Ansicht, daß er das Exposé nicht abschicken dürfe.
Aber der Beitritt der UdSSR zum Völkerbund im September vorigen Jahres, nachdem Deutschland und Japan ausgetreten waren, sowie die Unterzeichnung der Verträge mit Frankreich und der Tschechoslowakei brachten Budjagin zu dem Entschluß, sein Exposé nun doch abzuschicken. Auf dem VII. Kongreß mußte die Politik über die Schaffung einer Einheitsfront festgelegt werden.
Budjagin las sein Schreiben noch einmal durch. Er hatte bereits früher die Schärfe an einigen Stellen gemildert, die Stalin bestimmt zum Rasen gebracht hätten. Das Schreiben enthielt nichtsdestoweniger genug Spitzen, aber die Kritik richtete sich gegen die deutsche kommunistische Partei. Er erwähnte Manuilski, dessen mehrmals geäußerte Albernheiten allzu deutlich ins Auge sprangen. Daß die größte Gefahr gegenwärtig die deutsche Gefahr war, darauf wies er ebenfalls hin, obwohl er Stalins Reaktion ziemlich genau voraussah.

Professor Marassewitsch reagierte auf die neue Ehe seiner Tochter genauso gleichgültig wie auf ihre frühere Ehe: Die Kinder waren erwachsene Menschen, moderne Menschen, die die Zeit besser verstanden als er, ein alter Mann. Sollten sie sich ihr Leben einrichten, wie sie es für richtig hielten.
Wadim dagegen raste vor Wut. Das war ja noch schöner! Einen Ausländer heiraten?! Nach Paris fahren?! Von nun an würde er die Frage in den Fragebögen »Haben Sie Verwandte im Ausland?« mit einem klaren Ja beantworten müssen. Und nicht etwa irgendeine alte Tante, sondern seine leibliche Schwester, die aus freien Stükken geheiratet und auch weggefahren war. Und wen geheiratet? Einen antisowjetischen Journalisten! Denn er war durch und durch antisowjetisch eingestellt, dieser Charles.
Die Zeitung *Iswestija* hatte schon zwei Gegendarstellungen wegen seiner verleumderischen Berichterstattungen in der Pariser Presse gebracht. Man verwies ihn nur darum nicht des Landes, weil im Februar nächsten Jahres der französisch-sowjetische Vertrag vom französischen Parlament ratifiziert werden sollte. Jetzt fuhr Charles von sich aus weg, man konnte sich leicht vorstellen, wieviel Schmutz über die Sowjetunion Vikas sauberer Mann verbreiten würde. Ihr Mann und sein Schwager! Jawohl, sein, Wadim Marassewitschs Schwager, der Mann seiner einzigen Schwester würde in der Pariser Presse bösartige Hetzartikel gegen die Sowjetunion loslassen. Ogottogott!
Schon in der Schule hatte Wadim versucht, die Schwester umzuerziehen, war empört über ihren Lebenswandel gewesen. Sie hing in Restaurants herum und interessierte sich nur für Klamotten. Später hatte er sich damit abgefunden. Die Zeiten hatten sich geändert, die Schwester paßte in die neue Landschaft, großer Staat war mit ihr zwar nicht zu machen, aber eine Koexistenz war möglich.

Familienbande wurden durch Erfolge gefestigt, jeder mußte seinen Beitrag zum Wohlergehen der Familie leisten, Mühsal und Mißgunst hatten draußen zu bleiben. Damit behelligten sie einander nicht, das war eine stillschweigende Übereinkunft, ja, eine feste Bedingung, sie hatten zu viel Schweres durchgemacht. Aber jetzt hatte Vika sich nicht an diese Bedingung gehalten, hatte ihm einen Dolchstoß versetzt, die Zukunft verbaut und verdorben.

Dem Vater machte das natürlich nichts aus, er hatte seinen Weg gemacht, seine Titel und Auszeichnungen würde ihm niemand nehmen.

Aber was würde ihm, Wadim, nun blühen? Dabei hatte er so erfolgreich begonnen! Er wurde von allen Zeitschriften gern veröffentlicht, er galt als ein prinzipientreuer und unbestechlicher Kritiker, obendrein als sehr guter Redner, er sprach in allen Diskussionen ... Was würden Jermilow und Kirpotin, seine Gönner, jetzt sagen? Kirpotin hatte ihm immer soviel Vertrauen entgegengebracht. Beim Schriftstellerkongreß hatte er Kirpotin und Jermilow assistiert. Letzterer war Mitglied der Redaktionskommission, und in seinem Auftrag hatte Wadim sowohl Marschak, der das Referat über die Kinderbuchliteratur gehalten hatte, als auch Stawski, der über den Schriftstellernachwuchs, und Kusma Gorbunow, der zum Thema der Förderung angehender Literaten durch die Verlage gesprochen hatte, die Mitschrift ihrer Referate gebracht. Er war sogar bei Nikolai Bucharin und Karl Radek gewesen, und nicht etwa als Bote, sondern als Mitarbeiter der Redaktionskommission: Die Mitschrift durfte zwar verbessert, aber der Sinn der gehaltenen Rede nicht entstellt, das Gesagte nicht verändert werden. Wladimir Jermilow war mit Wadims Arbeit sehr zufrieden gewesen.

Jetzt würde das alles zusammenbrechen, jetzt würde er gezwungen sein, zu erklären, daß seine Schwester eine Restaurantmieze war, die sich irgendeinen Ausländer geangelt hatte und mit ihm ins Ausland gefahren war.

Er lief ächzend und stöhnend durch die Wohnung, als hätte er Zahnschmerzen. Verdammte Nutte, verfluchte Dirne, verwünschte Hure! Schließlich hielt es ihn nicht mehr, und er stürmte in Vikas Zimmer.

»Werde bloß nicht hysterisch«, sagte Vika ruhig, »Waschlappen! Was hast du damit zu tun? Du bist der Bruder. Na und wenn schon? Was hat das zu bedeuten? Nicht das Geringste. Ich bin kein kleines Mädchen mehr. Ich habe nicht die Familie verlassen, ich habe einen Mann verlassen, um einen anderen zu heiraten. Ich habe den Architekten verlassen, verstehst du?! Sollen sie ihn doch fragen, warum er seine Frau so schlecht behandelt hat, daß sie einen anderen vorzieht.«

»Du trägst nicht seinen, sondern unseren Namen«, schrie Wadim. »Warum bist du nicht mit ihm auf's Standesamt gegangen? Ganz einfach darum, weil er eine richtige Frau hat, du warst nicht seine Frau, sondern seine Geliebte. Damit du's weißt! Du hast bloß mit ihm geschlafen. Du bist eine Marassewitsch, verstehst du?«

»Was habe ich denn Ungesetzliches getan?« fragte Vika kaltblütig. »Ich bin mit Charles standesamtlich getraut, trage seinen Namen und habe die offizielle Erlaubnis, ins Ausland zu reisen. Wieso habe ich gegen das Gesetz gehandelt?«

»Du hast mehr verletzt als das Gesetz, du hast die elementarste Ethik verletzt, die Pflicht einer sowjetischen Bürgerin. Ausweisung ins Ausland ist eine Strafe, eine der höchsten Strafen. Du aber fährst aus freien Stücken weg. Eine Schmach und Schande!«

»Ach, ach, ach«, Vika lachte spöttisch, »was bist du doch für ein klassenbewußter, rechtgläubiger Sowjetbürger! Seit wann eigentlich? Du bist doch eine Memme und dienst diesem Pöbel bloß aus Feigheit. Alle verachten dich. Man nennt dich Schlächter, das habe ich selbst gehört, Schlächter und Speichellecker ... Mach dir also keine Sorgen, meinetwegen tun sie dir nichts. Und hör gefälligst auf, mir die Leviten zu lesen. Ich hab's satt! Mach die Tür von außen zu!«

Wadim ging und knallte die Tür hinter sich zu. Verdammtes Luder! Nutte! Kanaille! Hätte man sie wegen ihrer Beziehungen zu Ausländern eingesperrt, wäre es für ihn auch kein Zuckerschlekken, aber immerhin noch besser gewesen. In diesem Fall hätte er sich nur einmal herausreden müssen: Die Schwester ist im Gefängnis gelandet oder verbannt und zwar wegen diesem oder jenem. Und damit basta! So aber würde sich der saubere Mann und Schwager allwöchentlich in Erinnerung bringen.

Da Wadim ein begabter Redner war, hielt er häufig Vorträge und Vorlesungen, sprach in Versammlungen und Diskussionen, Redaktionssitzungen und Konferenzen künstlerischer Beiräte, aber er schrieb auch viel. Hunderte von Menschen hörten seine Reden, seine Beiträge lasen Tausende, ja Zehntausende.

Nach dem Ersten Schriftstellerkongreß, der dem Durcheinander und dem Gruppenunwesen ein Ende bereitete und die schrifstellerischen Kräfte zusammenfaßte, wandten sich die Literaten geschlossen dem Thema des sozialistischen Aufbaus zu, der Industrialisierung und Kollektivierung, der Umgestaltung des Landes. Die Literatur erlebte einen stürmischen Aufschwung, was Romane wie der von Katajew über Magnitostroi bewiesen, der von Ehrenburg über Kusnezkostroi, der von Iljin über das Stalingrader Traktorenwerk, der von Schaginjan über den Bau eines Wasserkraftwerks, *Das Werk im Urwald* von Leonow, *Peter I.* von Alexej Tolstoi.

Freilich waren die meisten vor dem Schriftstellerkongreß geschrieben worden, aber der Einfluß des Kongresses auf die Literatur mußte dialektisch gesehen werden. Der Kongreß war der Abschluß einer Entwicklung, die im Jahr 1932 mit dem Gespräch des Genossen Stalin mit den Schriftstellern, mit seinen Briefen an Demjan Bedny, Besymenski, Bill-Belozerkowski, begonnen hatte. Gerade die Gespräche des Genossen Stalin und seine Briefe hatten den parteifeindlichen bürgerlichen Tendenzen in der Literatur, allen möglichen literarischen Gruppierungen, den wohl eher soziologisch und formalistisch orientierten Schulen einen vernichtenden Schlag versetzt.

Genau damals, im Jahr 1932, hatte Genosse Stalin die sowjetische Literatur zur Literatur des sozialistsichen Realismus erklärt. Der Erste Schriftstellerkongreß war also der Abschluß, bestätigte endgültig diese vom Genossen Stalin initiierte Entwicklung. Der segensreichen Wirkung der Beiträge, Gespräche und Reden des Genossen Stalin hatte die Literatur zu Beginn der dreißiger Jahre ihren blühenden Auftrieb zu verdanken.

Auch beim Theater zeigten sich Fortschritte, davon zeugten die Stücke von Pogodin, Wischnewski, Kornejtschuk, Afinogenow, Romaschow, obschon Überreste der symbolistischen Ästhetik,

der futuristischen und konstruktivistischen Tendenzen bei Meyerhold und Tairow höchst bedenklich stimmten.
Die Worte »höchst bedenklich stimmen« war die Lieblingsfloskel des Kritikers Wadim Marassewitsch. Er benutzte sie bei der Besprechung von Werken, deren Ablehnung von oben er voraussah, und wenn es dann dazu kam, verriß auch er die Stücke mit berechnetem Eifer. Bei Werken, die nach Wadims Dafürhalten durchgehen würden, benutzte er ebenfalls die Floskel »höchst bedenklich stimmen«, wobei er die stilistischen und kompositionellen Mängel, das Schablonenhafte der Figuren aufs Korn nahm. Hatte das Werk Erfolg, so ging Wadims einschränkendes Lob, das ja freundschaftliche Kritik nicht ausschloß, im allgemeinen Jubelchor unter. Stieß das Werk aber im Nachhinein auf Mißfallen, was manchmal sogar bei Büchern und Bühnenstücken geschah, die früher selbst von den höchsten Stellen wohlwollend beurteilt und gebilligt worden waren, so war Wadim die rettende Floskel »höchst bedenklich stimmen« von großem Nutzen.
Wadims größtes Talent bestand darin, daß er es verstand, den von oben verordneten Standpunkt sehr geschickt mit eigenen Worten auszudrücken.
Im Gegensatz zu den Nachbetern und sturen Stümpern, die Wort für Wort wiederholten, was vorgeschrieben war, bediente sich Wadim einer erlesenen Sprache, benutzte überraschende Aussprüche längst verstorbener und daher ungefährlicher Autoren, ja sogar lateinische Zitate. Das erweckte den Anschein, daß er einen eigenen Standpunkt und ein unabhängiges Urteilsvermögen hatte, zudem immens belesen war. Er galt als loyal und zugleich fortschrittlich. Wegen des einen wurde er von der Obrigkeit geschätzt, wegen des anderen von den Literaten.
Außerdem war er ein schlichter, zugänglicher und geselliger Mensch. Ein Demokrat. Diesen Stil hatte sich Wadim bereits in der Schule angeeignet, als er sich dem ungehobelten Benehmen der damaligen Mitglieder des Kommunistischen Jugendverbandes, der Komsomolzen, anpassen wollte und sich bemühte, alle sichtbaren Anzeichen seiner intellektuellen Herkunft, seiner sozusagen bürgerlichen Erziehung abzulegen und zu verleugnen.
Diese sogenannte demokratische, betont nonchalante, ja ordinäre

Verhaltensweise half ihm jetzt beim Umgang mit den Banausen, vor denen er eine panische Furcht empfand und die er trotzdem von gleich zu gleich behandelte. Traf er einen von ihnen untr vier Augen, lobte er ihre miserablen Beiträge, was er jedoch nie in seinen Vorträgen tat. Öffentlich griff er die Banausen aber auch nie an. Wadim genoß ihr Vertrauen und wahrte zugleich seine Autorität als intellektuelle Kapazität. Der Partei war er nicht beigetreten. Er war ein parteiloser Bolschewik, das genügte. Heutzutage standen parteilose Bolschewiken in höherem Wert als die Bolschewiki, die der Partei angehörten. Früher war das anders gewesen, da hatte die Parteizugehörigkeit Vorteile gebracht, jetzt war es umgekehrt: Säuberungen, Überprüfung der Parteidokumente, alle befanden sich wie unter einer Glasglocke. Wäre er Parteimitglied gewesen, hätte er seiner Parteiorganisation beichten müssen, daß seine Schwester einen Ausländer geheiratet hatte und ins Ausland gegangen war. Als Parteiloser dagegen war er nicht verpflichtet, das irgend jemandem zu melden. Er war verpflichtet, es in seinen Fragebögen anzugeben, aber alle Fragebögen waren bereits ausgefüllt.

Außerhalb der Partei war er bei langem nicht so eingeschränkt.

Er unterhielt sich freundschaftlich mit den Banausen, hielt aber immer Maß, bei den Kerlen mußte man auf der Hut sein, die nahmen alles sehr genau, obendrein verstanden sie nicht jedes Wort, zumal ihr Wortschatz höchstens hundert, bestenfalls hundertfünfzig Wörter umfaßte.

In seinem Kreis war das etwas anderes, da verstand man alles, jede Anspielung, es waren die gleichen Zyniker wie er, ebenso angepaßt wie er. Sie fanden sich mit den Verhältnissen ab, übernahmen die Denkart und die Mentalität, die verlangt wurde, schrieben, was gefordert wurde, sagten in Versammlungen, was die Obrigkeit von ihnen erwartete. Auch untereinander sprachen sie so, wie es vorgeschrieben war, bejubelten, was zu bejubeln, tadelten, was zu tadeln war. Sie jubelten ohne Begeisterung, tadelten ohne Entrüstung. Mit Witzen und Ulkreden verbrämten, bemäntelten und rechtfertigten sie gleichsam ihre künftige Beteiligung an einem erbarmungslosen Verriß oder umgekehrt an einer maßlosen Lobhudelei.

Was tun? Das Stück Kuchen gab's nicht umsonst, man mußte es sich mit viel Schweiß verdienen.

Mit der Zeit beruhigte sich Wadim auch wegen Vika. Sie war seit einem halben Jahr weg, aber kein Mensch stellte irgendwelche Fragen. An den Moskauer Ständen wurden Pariser Zeitungen nicht verkauft, so daß Wadim nicht wußte, ob ihr Mann seine antisowjetischen Tiraden vom Stapel ließ oder nicht.
Vika schrieb nicht nach Hause, sie verstand immerhin, daß das nicht ratsam war. Innerhalb eines halben Jahres kamen zwei Briefe mit Moskauer Stempeln an, folglich hatte sie diese Briefe irgend jemandem mitgegeben. Die Briefe waren kurz: Ich lebe, bin gesund, das war auch alles, die Antwort bat sie durch eine gewisse Nelli Wladimirowa zu schicken und teilte auch deren Telefonnummer mit.
Wadim verbot dem Vater kategorisch, Vika zu antworten.
»Wer ist diese Nelli Wladimirowa?« fragte er theatralisch. »Wer garantiert uns, daß sie unseren Brief nicht zuerst zum NKWD bringt? Wer garantiert, daß der Brief, den wir gekriegt haben, nicht schon beim NKWD war? Das nennt man Korrespondenz mit dem Ausland, Verbindung zum Ausland. Weißt du denn nicht, womit das enden kann? Nenne mir doch jemanden, der einen Briefwechsel mit dem Ausland hat. Alle, die Verwandte im Ausland haben, verheimlichen das, und wir sollen das an die große Glocke hängen?«
»Aber hör mal, Wadim«, murmelte der alte Arzt, »das gibt's doch nicht, daß ich nicht mal mit der eigenen Tochter Briefe wechseln kann.«
»Doch, das gibt's. Sogar sie versteht das, sie schreibt nicht an uns, sondern gibt jemandem die Briefe mit, weil sie begreift, wie gefährlich das ist und was für Folgen das für uns haben kann. Darum schreibt sie illegal.
Aber alles Illegale kann bei uns eine Stunde später auffliegen.«
»Aber Wadim!«
»Papa, betrachte die Dinge doch mal nüchtern. Sie hat uns verlassen, und zwar für immer. Aus Frankreich kommt man hierher nicht zurück, jene, die weggefahren sind, werden nicht wieder aufgenommen. Sie hat sich dieses andere Leben gewünscht, ohne zu überlegen, vielmehr ohne überlegen zu wollen, was uns hier wegen ihrer Abreise erwartet! Du wirst jetzt im Fragebogen schreiben

müssen: ›Meine Tochter ist ins Ausland gegangen, sie lebt in Frankreich.‹ Natürlich, du bist eine Berühmtheit ... Aber niemand ist jetzt unantastbar, vergiß das nicht. Ich stehe an der ideologischen Front, ich mache ideologische Arbeit, und dabei werden Verwandte von Leuten, die ins Ausland abgewandert sind, nicht gebraucht, man bringt ihnen kein Vertrauen entgegen. Ich verstehe natürlich, daß du mich jetzt für egoistisch hältst, weil ich angeblich nur an mich, an meine Karriere denke. Nein! Ich denke nicht nur an mein Leben, an meine Zukunft. In diesem Fall interessiert mich vor allem der moralische, der ethische, der sittliche Aspekt: Sie hat überhaupt keine Rücksicht auf uns genommen, warum sollen wir da auf sie Rücksicht nehmen? Allein durch die Tatsache ihrer Auswanderung hat sie uns in Gefahr gebracht, warum sollen wir da einen Kratzfuß vor ihr machen? Sie riskiert überhaupt nichts, wir dagegen riskieren alles. Sie hat uns aus ihrem Leben gestrichen, ihr Brief ist eine reine Formalität, damit hat sie bloß den sogenannten verwandtschaftlichen Gefühlen Genüge getan ... Ach, mein lieber Papi, liebster Bruder, mon père, mon frère, echt französisch, die mögen so was, die Franzosen, das hat schon Leo Tolstoi festgestellt ... Erinnerst du dich, wie es in *Krieg und Frieden* heißt: O ma mère, ma pauvre mère ... Pure Heuchelei, so ist das, Vater, ich bestehe ganz kategorisch auf meiner Forderung.«
»Na schön, Wadim, wir wollen tun, was du für richtig hältst«, stimmte Professor Marassewitsch zu.

Trotzdem rief Professor Marassewitsch bei Nelli Wladimirowa an, fuhr zu ihr und gab ihr einen kleinen Brief für Vika mit: Er und Wadim seien gesund und munter, bei ihnen sei alles in Ordnung, er freue sich, daß es auch Vika gut gehe.
»Ich hätte nur eine Bitte an Sie«, sagte der alte Mann zu Nelli, »erzählen Sie meinem Sohn nicht, daß ich diesen Brief geschrieben habe. Er und seine Schwester verstehen sich nicht.«
»Ich kenne Ihren Sohn nicht«, erklärte Nelli.
»Aber Sie könnten ihn zufällig treffen, vielleicht kennenlernen, also bitte, sagen Sie ihm nichts.«
»Bitte sehr«, antwortete Nelli gleichgültig.

Professor Marassewitsch hatte nicht erwartet, daß Vika den Empfang seines Briefes bestätigen würde. »Liebster Papa, Deine Nachricht habe ich bekommen ...« Ihre Antwort geriet Wadim in die Hand.

»Kannst du mir erklären, was das zu bedeuten hat?«

Der Vater erklärte stockend, er hätte die Dame angerufen und sie nur gebeten, Grüße zu bestellen. Es sei doch lächerlich, aus einer solchen Lappalie ein Problem zu machen. Wadim habe damit nichts zu tun, einem alten Mann könnten doch die verschrobensten Einfälle kommen ...

»Mach was du willst ...«, antwortete Wadim frostig. »Aber wenn du den Briefwechsel fortsetzen willst, werden wir auseinanderziehen müssen.«

»Wie meinst du das?« fragte der Professor verständnislos.

»Sehr einfach. Wir werden die Wohnung gegen zwei kleinere tauschen müssen. Ich werde von dir getrennt wohnen.«

Der Vater war bestürzt. Die Wohnung aufgeben, die in ganz Moskau bekannt war? Nein, das konnte er sich nicht vorstellen. Ohne Vika war's natürlich nicht mehr das alte Heim, es kamen auch weniger Gäste. Sumbatow-Jushin war gestorben, gestorben war auch Lunatscharski, Jekaterina Hölzer war alt geworden, und Katschalow und Igumnow ebenfalls, aber letzterer rief von Zeit zu Zeit an. Gestern hatte auch Meyerhold angerufen, man gratulierte ihm zum Neuen Jahr und zu seinem Geburtstag. Manchmal schaute auch jemand herein oder bat ihn um einen ärztlichen Rat. Allerdings kamen jetzt weniger junge Schauspieler als früher, Wadim mochte sie nicht, aber auch den Professor hatten diese Besuche ermüdet. Die Gäste aus dem Ausland waren nicht mehr so zahlreich, neue Bekanntschaften machte der Professor nicht, aber wenn alte Freunde nach Moskau kamen, so besuchten sie ihn unbedingt.

Nein, er konnte sich nicht vorstellen, aus diesem Heim, aus diesem Haus wegzuziehen, er war allein, ohne Frau, ohne Tochter, und jetzt sollte er noch auf den Sohn verzichten. Das war zuviel.

»Das ist sehr grausam von dir«, murmelte er betrübt.

»Beurteile mich, wie du willst«, antwortete Wadim. »Aber ich sage dir folgendes: Behüt dich Gott davor, am eigenen Leib kennenzulernen, wie recht ich habe. Du hast altmodische Begriffe, und das ist gut so, aber die Zeiten haben sich geändert, verstehst du. Und das solltest du berücksichtigen.«

»Schön«, meinte der alte Professor einlenkend, die Drohung des Sohnes hatte ihn erschreckt, »ich werde Vika nicht mehr schreiben.«

Damit hatte das Gespräch ein Ende, jeder von den beiden ging auf sein Zimmer.

Morgens wurde Wadim vom Läuten des Telefons geweckt. Hol's der Teufel! So früh rief ihn doch sonst niemand an. Er hob ab und hörte eine unbekannte männliche Stimme, die sehr offiziell sagte: »Wadim Andrejewitsch Marassewitsch? Hier ist der NKWD, das Volkskommissariat für innere Angelegenheiten. Sie haben sich heute um 12 Uhr mittags bei Genossen Altmann zu melden, die Adresse ist Kusnezki-most 24. Im Büro für Passierscheine. Haben Sie verstanden?«

»Ja, ich habe verstanden«, antwortete Wadim heiser.

»Bringen Sie Ihren Paß mit, verstanden?«

»Ja, natürlich.«

Im Hörer ertönte das Freizeichen, Wadim legte auf.

So! Er hatte gewußt, daß es früher oder später so kommen mußte. Luder! Flittchen! Nutte! Sie war schon immer eine Nutte gewesen. War hier eine gewesen und würde es auch in Paris bleiben.

Warum hatte er nicht gesagt, daß er heute verhindert sei, daß er eine Sitzung habe, eine Konferenz, ja, daß er einfach nicht könne, heute ginge es eben nicht ... Und warum bestellte man ihn telefonisch? Hatte er sich irgend etwas zuschulden kommen lassen, so sollten sie ihn gefälligst schriftlich vorladen. Er war doch kein Hampelmann! Er war Mitglied des Schriftstellerverbandes und nicht der unbekannteste Kritiker im Lande. Das mußten die doch wissen. Sie würden sicherlich seine Kritiken gelesen haben, sie waren einfach verpflichtet dazu, bevor sie ihn vorluden.

Aber vielleicht luden sie ihn gerade deswegen nicht schriftlich vor. Sie wollten ihn warnen, daß der Briefwechsel mit Vika ihn und den Vater verdächtig machte und daß es deshalb geraten sei, ihn nicht fortzusetzen. Sie bestellten ihn inoffiziell und zwar mit den besten Absichten. Und die Tatsache, daß die Stimme so grob war, hatte

eigentlich auch nichts zu besagen, irgendein kleiner Beamter hatte ihn angerufen.
Was konnten sie ihm schon vorwerfen? Mit der Schwester hatte er schon lange gebrochen, vor ihrer Abreise nach Paris. Er war Komsomolze, Mitglied des Kommunistischen Jugendverbandes gewesen und sie ein Restaurantflittchen. In den letzten drei Jahren hatten sie nicht einmal mehr miteinander gesprochen. Und der Vater? Was konnte man von einem alten Mann verlangen, Familienvorurteile eben, sie war immerhin seine Tochter.
Ogottogott, und wenn sie ihn von dort nicht mehr wegließen? Aber nein: Bei der Verhaftung mußte ein Haftbefehl vorgelegt werden. Trotzdem jagte ihm diese Behörde Entsetzen ein. Die Angst, mit der er aufgewachsen war und die er mit seinem Beitritt zum Konsomol überwunden glaubte, ergriff ihn erneut, obwohl seine jetzige Position ihm doch sehr gefestigt schien. Als ein besonders orthodoxer Kritiker, als »kultivierter Knüppel« in der Hand der engstirnigen Ölgötzen vom Schlage eines Jermilow, brauchte er nichts zu befürchten. Er wurde von seinem Land gebraucht! Jawohl, gerade Leute wie er waren dem Staat nützlich, und dort, wohin man ihn bestellte, mußte man das verstehen.
Er stand vor dem Spiegel und band sich die Krawatte. Verdammt! Seine Hände zitterten. Der Knoten mißlang ihm immer wieder. Und bis zwölf blieb nicht mehr viel Zeit.
Wie hatte der Vater bloß diese Dummheit machen und irgendeine Nelli Wladimirowa anrufen können, die womöglich ein Spitzel, eine Lockente war. Dabei hatte er den Vater doch gewarnt, der sich trotz seiner hohen Position immer noch vor allem fürchtete. Seine hochgestellten Patienten wurden verhaftet, verbannt, und alle seine Kollegen, alle diese Professoren und Kapazitäten, zitterten vor Angst. Und seine, Wadims Kollegen? Diese Dichter und Denker gaben groß an, taten, als beherrschten sie die Geister und Gemüter der Menschen und bebten ebenfalls vor Angst. Sie fürchteten sogar den eigenen Schatten. Würde ihm etwas zustoßen, würden sie nach allen Seiten auseinanderstieben, kein einziger würde zu ihm stehen, im Gegenteil, sie würden sich entrüsten und einander indigniert fragen: Warum haben wir das nicht gleich gemerkt? Wie konnten wir so was übersehen? Ihr selbstbewußtes

Grinsen, ihre völlig unbegründete Selbstgefälligkeit kannte er nur zu gut. Aber vielleicht sollte er sich bei Jura Scharok Rat holen? Sie hatten sich allerdings schon lange nicht mehr gesehen. Aber sie waren doch Freunde, Freunde von Kind auf, hatten fast neun Jahre zusammen die Schulbank gedrückt und sich auch später noch getroffen ... Wie oft war Jura hier bei ihnen zu Hause gewesen, wie oft hatte er Jura Theaterkarten besorgt. Im Grunde genommen waren nur sie zwei von ihrer alten Clique übriggeblieben.
Jura konnte ihm helfen und war verpflichtet, ihm zu helfen. Er kannte ja nicht nur Wadim, sondern auch den Vater, ihr Zuhause, sollte Jura denen dort das alles erklären. Vielleicht ahnte dieser Altmann gar nicht, daß Wadim nicht nur der Sohn des berühmten Professors Marassewitsch war, des Beraters im Kreml-Krankenhaus, sondern auch selbst ein namhafter Kritiker. Und die Hauptsache, Jura konnte bestätigen, daß Wadim fest und zuverlässig den Standpunkt der Sowjetmacht teilte. Außerdem war Jura sicherlich mit Altmann bekannt.
Jawohl, er mußte Jura anrufen, sich mit ihm beraten, das Gespräch wie zufällig auf dieses Thema bringen, um seine Würde zu wahren und seine Aufregung und Besorgnis nicht zu verraten. Übrigens hatte Jura auch nicht weniger Grund als er, sich Sorgen zu machen. Zwischen ihm und Vika hatte es irgend etwas gegeben, ganz bestimmt, das war eine Tatsache. Als er einmal nach Hause gekommen war, hatte er Vikas Zimmer betreten und dort Jura angetroffen. Und an ihren Gesichtern hatte Wadim sofort alles verstanden. Auch davor, noch vor Saschas Verhaftung, hatten Jura und Vika bei einer gemeinsamen Sylvesterfeier im Flur von Ninas Wohnung geknutscht. Nina hatte damals sogar Krach geschlagen. Auch danach hatten sie sich noch getroffen. Freilich, später, als Mitarbeiter des NKWD, war Jura nicht mehr zu ihnen gekommen, aber vielleicht hatten sich die beiden irgendwo verabredet. Vika war eine Schlampe und Jura ein Schürzenjäger. Wie man's nahm, Jura mußte ihm helfen.
Er wählte Juras Nummer und hörte eine dumpfe, plebejische Stimme, die Stimme des Vaters, des Schneiders. Verflucht, er kannte nicht mal seinen Vor- und Vatersnamen, um ihn höflich ansprechen zu können.

»Er ist nicht da«, sagte die fremde dumpfe Stimme, »ich weiß nicht, wann er kommt.«
Und legte auf.
Tja ... Juras Dienstnummer kannte er nicht. Außerdem konnte er solche Dinge nicht am Telefon besprechen. Was also tun?
Was war dieser Altmann für einer? Jung oder alt? Ein Intellektueller oder ein Klotz? Eigentlich war Altmann ein Name, der eher auf einen Intellektuellen schließen ließ.
Nathan Altmann zum Beispiel war ein bekannter Künstler, der sich durch seine Lenin-Grafiken und seine nach der Natur modellierte Lenin-Büste einen Namen gemacht hatte. Er war auch Bühnenbildner, hatte die Bühnenbilder für Majakowskis *Mysterium Buffo* und für *Hadibuk* Im *Habima-Theater* sowie für Wsewolod Iwanows Stück *Panzerzug 14/69* entworfen. Seine Arbeiten wirkten jedoch schematisiert und abstrakt. Wadim hatte darüber geschrieben.
Ein anderer Namensvetter war Johann Altmann: ein Literaturwissenschaftler und Theaterkritiker, ein altes Parteimitglied, gegenwärtig Chefredakteur der Zeitung *Sowjetische Kunst*.Es war also nicht auszuschließen, daß auch dieser Altmann ein Intellektueller war.
Natürlich wäre es besser, wenn er ein Intellektueller war – man würde sich wenigstens mit ihm verständigen können. Mit einem Plebejer dagegen? Der saß in Stiefeln in seinem Büro, rauchte Machorka, dieses stinkende Kraut, stänkerte absichtlich das Zimmer voll und gab sich sehr proletarisch.
In den letzten Jahren hatte Wadim es gelernt, mit diesem Pöbel so zu reden, wie er es verdiente, er glaubte sogar, seine Furcht vor diesem Plebs verloren zu haben. Nein! Die Stimme des alten Scharok hatte ihn verwirrt, er fürchtete sie nach wie vor und zitterte vor ihnen.
Um so größeres Entsetzen empfand Wadim vor diesem geheimnisvollen unbekannten, mit großen Machtbefugnissen ausgestatteten Plebejer, der dort am Lubjanka-Platz im NKWD-Gebäude saß und ihn erwartete.

Dieser großmächtige Plebejer war ein rothaariger, krummrückiger Jude in Uniform, der eine lange Nase und einen kummervollen Blick hatte.

Als Wadim Altmann erblickte, atmete er erleichtert auf. Von seinen berühmten Namensvettern hatte dieser magere Uniformierte sicherlich keinen blauen Dunst, offenbar hatte er die Schulbank nicht länger als sechs, acht Jahre gedrückt. Aber wie ein Plebejer sah er nicht aus. Eingefallene Wangen, schmale Schultern. Gut möglich, daß er in seiner Kindheit auf einer Fiedel geübt hatte, jedenfalls schneuzte er sich bestimmt nicht mit zwei Fingern die Nase, sondern benutzte ein Taschentuch. Es war auch anzunehmen, daß er den Untersuchungshäftlingen nicht die Hände auf den Rücken drehte.

Wadim begann Hoffnung zu schöpfen, vielleicht war alles nicht so schlimm.

»Setzen Sie sich!«

Wadim nahm Platz. Altmann fischte ein Formular aus der Schublade, legte es vor sich hin, tunkte die Feder ins Tintenfaß.

»Ihr Zuname, Vorname, Vatersname? Ihr Geburtsjahr und Ihr Geburtsort? Wo und als was arbeiten Sie?«

Eine Vernehmung? Warum? Außerdem ging ihm Altmanns monotone Stimme auf die Nerven.

Die letzte Frage beantwortete Wadim folgendermaßen: »Ich bin Mitglied des Schriftstellerverbandes der Sowjetunion. Ich würde gern erfahren ...«

»Sie werden schon alles erfahren«, unterbrach ihn Altmann.

»Ihre Dienststelle?«

»Im Schriftstellerverband gibt es keine Dienststellen.«

Altmann starrte ihn an.

»Was machen Sie denn dort?«

»Ich bin Kritiker, Literatur- und Theaterkritiker.«

Altmann sah ihn erneut an.

»Ich bekomme Honorare für meine Beiträge«, präzisierte Wadim.

Altmann sah ihn immer noch nachdenklich an. Dann schrieb er »Kritiker« ins Formular.

Dieser kleine Erfolg gab Wadim Mut, und er fügte hinzu:

»Die Honorare sind natürlich nicht sehr hoch, die Arbeit eines

Kritikers ist in diesem Sinne nicht gerade dankbar, sogar ziemlich undankbar. Aber man lebt eben ... Ich wohne mit meinem Vater zusammen, mein Vater ist Professor Marassewitsch ...«
Wadim machte eine Pause in der Erwartung, daß Altmann bei der Nennung dieses prominenten Namens irgendwie reagieren würde, aber in Altmanns Gesicht zuckte kein Muskel, und Wadim fuhr fort: »Er leitet eine Klinik und ist Berater im Kreml-Krankenhaus.«
Wiederum blieb Altmanns gelangweiltes Gesicht völlig ausdruckslos. Er drehte die Seite um und fuhr mit dem Daumennagel über die Knickstelle. Die aufgeschlagene Seite war liniert und völlig unbeschrieben.
Während Altmann die saubere Seite ansah, fragte er: »Mit wem haben Sie konterrevolutionäre Gespräche geführt?«
Seine Stimme blieb gleichmäßig und genauso gelangweilt wie sein Gesicht.
Diese Frage hatte Wadim nicht erwartet. Erwartet hatte er ein Gespräch über Vika und sich darauf vorbereitet, sich seiner Meinung nach sogar eine logische und überzeugende Antwort zurechtgelegt. Und nun die Frage: »Mit wem haben Sie konterrevolutionäre Gespräche geführt?« Konterrevolutionäre Gespräche hatte er überhaupt nicht geführt, hatte er auch gar nicht führen können, denn er war ein sowjetischer Mensch, ein ehrlicher, sowjetischer Mensch. Diese Frage war nichts als eine Falle. Mochte Altmann sagen, weshalb er ihn hierherbestellt hatte. Er war bereit, zu antworten, aber er mußte schließlich wissen, worum es ging. Aber würde er widersprechen, würde er den sturen Kerl bloß verärgern, der Herr in diesem Zimmer war, zwischen diesen kahlen Wänden mit den zur Hälfte weißgestrichenen und vergitterten Fenstern.
»Ich verstehe nicht recht, ich begreife Ihre Frage nicht«, begann Wadim, »was für Gespräche meinen Sie überhaupt? Ich ...«
Altmann unterbrach ihn: »Sie verstehen meine Frage nur zu gut. Sie wissen ganz genau, was für Bekanntschaften ich meine. Ich rate Ihnen, ehrlich und offen zu sein. Vergessen Sie nicht, wo Sie sich befinden.«
»Aber ich weiß wirklich nicht«, murmelte Wadim, »ich habe mit

niemandem konterrevolutionäre Gespräche führen können. Das muß ein Mißverständnis sein.«

Altmann warf einen Blick auf das Protokollblatt.

»Sie sind doch Mitglied des Schriftstellerverbandes, richtig? Sie verkehren also mit Schriftstellern? Wollen Sie vielleicht behaupten, daß keiner von diesen Schriftstellern konterrevolutionäre Gespräche führt?«

Er stellte eine Frage nach der anderen, seine Stimme blieb monoton, als würde er nicht Fragen stellen, sondern Wadim eine Moralpredigt halten. »Wollen Sie mich davon überzeugen? Sie wollen mir beweisen, daß alle Schriftsteller der Sowjetmacht gegenüber absolut loyal sind? Das wollen Sie mir beweisen? Sie wollen die Verantwortung für alle Schriftsteller, für alle Intellektuellen übernehmen? Vielleicht bürden Sie sich damit ein bißchen zuviel auf?«

Wadim schwieg.

»Na?« fragte Altmann. »Sie wollen sich ausschweigen, wie?«

Wadim zuckte mit den Schultern.

»Aber mit mir hat niemand konterrevolutionäre Gespräche geführt.«

»Sie wollen uns also nicht helfen«, meinte Altmann unterschwellig drohend.

»Wieso denn nicht?« widersprach Wadim. »Jeder hat die Pflicht, dem NKWD zu helfen. Aber solche Gespräche gab es einfach nicht. Ich kann sie mir doch nicht aus den Fingern saugen.«

Obwohl die ganze Situation, dieses Zimmer und dieser Automat Altmann mit seiner monotonen Stimme Wadim Furcht einflößten, begann er sich innerlich ein wenig zu beruhigen: Verwundbar war er nur im Hinblick auf Vika, aber nach Vika wurde er ja nicht gefragt. Und was die konterrevolutionären Gespräche betraf, so mußte das auf einem Irrtum beruhen. Das war ein Mißverständnis.

Altmann schwieg, seinen Augen war nicht anzusehen, was er dachte oder fühlte. Dann drehte er das Formular um, sah nach, wie Wadim hieß und sagte:

»Wadim Andrejewitsch!«

Das war eindeutig beleidigend. Altmann verheimlichte nicht einmal, daß er seinen, Wadims Namen und Vatersnamen, nicht behalten, sich nicht mal die Mühe gemacht hatte, sich ihn einzuprägen, als habe das überhaupt keine Bedeutung.

»Wadim Andrejewitsch!«

Er sah Wadim zum ersten Mal richtig an, und Wadim überlief ein kalter Schauder, weil so viel Haß in den Augen des anderen stand, unerbittlich zusammengekniffene Augen, die ihn an einen Henker denken ließen.

»Aber ich ...«

»Was denn ›ich‹, ›ich‹«, Altmanns leise Stimme drohte zu explodieren, »ich wiederhole noch mal: Sie vergessen, wo Sie sich befinden. Wir haben Sie nicht bestellt, um uns von Ihnen erklären zu lassen, was wir zu wissen haben. Wir wissen das selber. Verstehen Sie das, oder ist das immer noch nicht klar?«

»Natürlich, natürlich«, bestätigte Wadim devot.

Altmann verstummte und fragte nun wieder mit gelangweilter Stimme: »Mit welchen Ausländern verkehren Sie?«

Endlich! Er arbeitete sich an Vika heran. Jetzt war alles klar!

Wadim mimte fassungsloses Erstaunen.

»Ich persönlich verkehre überhaupt nicht mit Ausländern.«

Altmann sah ihn wieder voll an, und Wadim erstarrte wiederum vor Angst.

»Vielleicht haben Sie überhaupt noch nie in Ihrem Leben einen Ausländer gesehen?«

»Aber nicht doch, natürlich habe ich welche gesehen.«

»Wo?«

»Ausländer verkehren manchmal im Hause meines Vaters. Mein Vater ist Medizinprofessor, eine sehr große Kapazität, er hat Weltruf, müssen Sie wissen ... Und natürlich besuchen ihn ausländische Gelehrte, das ist nur zu natürlich, und das geschieht auch auf ganz offizieller Ebene. Die leitenden Instanzen sind darüber informiert ... Ich kenne diese Leute kaum, ich bin nicht Mediziner, habe mich nicht an ihren Unterhaltungen beteiligt. Übrigens waren bei diesen Gesprächen immer Persönlichkeiten des öffentlichen Lebens anwesend. Aber ich kann mich an einige Namen erinnern. Vor einigen Jahren hat ein Professor Kramer von der Berliner Universität meinen Vater besucht sowie ein anderer Professor namens Rossolini, wenn ich mich recht erinnere. Außerdem ein Professor von der Columbia Universität, ich kann mich an seinen Namen nicht erinnern. Er wurde allgemein Sam Benjaminowitsch genannt.«

Altmann notierte etwas auf einem Blatt. War's möglich, daß er die Namen dieser Professoren aufschrieb? Sonderbar! Die Namen konnte man auch den Zeitungen entnehmen.

Wadim erwähnte auch Professor Igumnow und Anatolij Lunatscharski, die mit den Ausländern in ihr Haus kamen. Er nannte einen polnischen Professor, der mit Glinski gekommen war, einen bekannten Parteifunktionär, einen Freund und Mitkämpfer von Wladimir Iljitsch Lenin. Er führte noch weitere Namen an. Und verstummte dann.

Altmann schwieg ebenfalls eine Weile, bis er fragte: »Na, und worüber haben Sie sich mit diesen Ausländern unterhalten?«

»Ich für meine Person über gar nichts. Das waren die Bekannten meines Vaters.«

»Aber Sie haben auch am Tisch gesessen?«

»Manchmal schon.«

»Na und?«

»Ich verstehe nicht recht ...«

»Ich habe Sie etwas gefragt! Was haben Sie am Tisch getan? Haben Sie sich unterhalten?«

»Nein. Worüber sollte ich mit ihnen reden, das sind Gelehrte ...«

»Aha. Sie haben also über gar nichts gesprochen. Haben nur gegessen und getrunken. Und Ihre Ohren? Die haben Sie wohl mit Watte verstopft? Sie haben gegessen und getrunken und zugehört. Worüber haben die Besucher sich unterhalten?«

»Über verschiedene Dinge, in der Hauptsache über medizinische Fragen.«

»Und mit dem Dirigenten, den Sie vorhin nannten, auch über medizinische Fragen?«

Nun sagte Wadim einen Satz, der ihm sehr gelungen schien und nach dem er sich sogar etwas besser fühlte: »Jawohl, ebenfalls über medizinische Fragen. Er holte sich bei meinem Vater Rat wegen seiner Krankheiten.«

Altmann griff nach dem Protokoll und las die von Wadim genannten Namen noch einmal mit falschen Betonungen vor.
»Ist das alles?«
Seiner eintönigen Stimme war die Überzeugung anzuhören, daß das durchaus noch nicht alles war.
»Mir scheint schon.«
»Überlegen Sie ein bißchen.«
Wiederum klang in seiner Stimme die Erwartung mit, daß Wadim jenen einzigen Namen nennen würde, dessentwegen er ihn bestellt hatte.
Jetzt wußte Wadim Bescheid. Der Untersuchungsführer meinte Charles, Vikas Mann, den verfluchten Vicomte, den der Teufel holen sollte! Er hatte Vika besucht, aber Wadim hatte ihn fast nie gesehen, er hatte ihn sehr kühl begrüßt, als Vika ihm und dem Vater den neuen Verehrer vorgestellt hatte. Wadim war nicht mal zum Abendessen geblieben, hatte eine dringende Sitzung vorgeschützt, so daß Vika Charles nicht nur ohne sein Einverständnis, sondern sogar ohne seine Teilnahme eingeführt hatte. Es ging also nur um Charles, einzig und allein um Charles. Er mußte ihn nennen, aus freien Stücken, ruhig und gelassen und nicht etwa unter Zwang.
»Na ja«, erklärte Wadim, »da wäre noch der Mann meiner Schwester, sie leben in Paris ... Aber ich habe keinen Kontakt zu ihr.«
»Ist das alles?« fragte Altmann erneut.
»Ja, das ist alles, woran ich mich erinnern kann.«
Altmann zog das Protokoll zu sich heran und begann mit gleichmäßiger Kanzleischrift zu schreiben, wobei er ab und zu auf das Blatt blickte, auf dem er die von Wadim genannten Namen notiert hatte.
Wadim sah zu, wie er schrieb. Eine ruhige, langsame Arbeit, die durch keine Kraft mehr aufzuhalten war. Eine grauenhafte Unausweichlichkeit, die Wadim deprimierte.
Nachdem Altmann fertig war, hielt er ihm das Vernehmungsprotokoll hin.
»Lesen und unterschreiben Sie.«
Dabei sah er ihn wieder mit jenem haßerfüllten Blick an, als entscheide er, was besser sei: Wadim aufzuhängen oder ihm den Kopf

abzuschlagen. Vor Angst unter diesem Blick zitternd, las Wadim das Protokoll durch.

Die zwei vollen Seiten enthielten ohne Absätze und Umschweife die Antwort auf die Frage: »Mit welchen Ausländern haben Sie verkehrt, wo, wann, in wessen Beisein?«

Die von Wadim genannten Namen waren richtig geschrieben. Aber nun sah er, daß es sehr viele waren, sowohl russische als auch ausländische. Die ausländischen Namen gehörten jenen, die zu ihnen in die Wohnung am Arbat gekommen waren, die russischen jenen, die sie begleitet hatten. Das ergab ein absolut schiefes Bild, denn laut Protokoll sah es so aus, als besuchten nur Ausländer die Marassewitschs und Wadim täte nichts anderes, als sich mit ihnen zu unterhalten. Obendrein begann das Protokoll damit, daß Vika einen Franzosen geheiratet hatte (natürlich mit voller Namensnennung) und daß deshalb Ausländer zu ihnen ins Haus kamen.

Äußerlich entsprach der Text Wadims Aussagen, er konnte nichts dagegen einwenden, er hätte es auch gar nicht gewagt. Ihn deprimierte, ja zermalmte förmlich der Henkerblick, mit dem ihn der andere maß, die Monotonie seiner Stimme, die überraschenden Wutausbrüche und der Haß, der in seinen Augen stand. Wadim unterschrieb die beiden Seiten des Protokolls.

Altmann schob sie in eine Akte.

»Von Ihrer Vorladung und Ihren Aussagen darf niemand etwas erfahren. Verstanden?«

»Ja, natürlich«, antwortete Wadim eilig. Er war bereit, in alles einzuwilligen, wenn er nur schnellstens hier wegkam.

»Sie dürfen niemandem etwas erzählen, sonst erwarten Sie große Unannehmlichkeiten.«

»Aber wo denken Sie hin!«

»Sie sind offiziell gewarnt.«

»Verstanden.«

Altmann sah hoch und kniff wieder gehässig die Augen zusammen.

»Auf Ihre konterrevolutionären Gespräche komme ich noch zurück. Darüber werden wir uns eingehender unterhalten. Ich rufe Sie an.«

15

Warja hatte Vika natürlich nicht angerufen. Und Vika hatte sich auch nicht gemeldet. Zum Glück! Mit diesem Leben war's für immer vorbei. Nach der Sache mit dem Reißzeug ging Warja Soja aus dem Weg. Sie konnte sie nicht mehr ausstehen, hatte außerdem zu wenig Zeit.

Ljowotschka und Rina sah sie nur bei der Arbeit. Und kein Wort über Kostja. Ljowotschka hatte einmal versucht, eine Andeutung zu machen, aber Warja war ihm sofort über den Mund gefahren und zwar ziemlich heftig, damit er sich's merkte. Und er hatte es sich gemerkt. Rina sprach auch nie von Kostja, sie nahm sowieso alles auf die leichte Schulter.

Igor Wladimirowitsch gab sich nach wie vor wohlwollend, er war aufmerksam und zuvorkommend zu ihr, aber Warja fühlte, daß er nach ihrer Trennung von Kostja gewisse Hoffnungen hegte, die er hinter einer betonten Korrektheit verbarg. Nach der Gewerkschaftsversammlung und dem Abend im Restaurant *Kanatik* war er in ihrer Achtung stark gesunken, dennoch war er ein fähiger Chef und talentierter Architekt. Sie folgte immer mit Interesse seinen Ausführungen, ihr gefielen seine bautechnischen Lösungen, die überzeugende Logik seiner Beweisführungen. Zu Konferenzen, in denen Igor Wladimirowitsch seine Pläne und Vorschläge unterbreitete, nahm er nicht Ljowotschka oder Rina, sondern immer Warja mit.

Sie ging mit Vergnügen zu diesen Konferenzen, eine angenehme Atmosphäre, kultivierte, geistreiche Menschen, die bedeutendsten Kapazitäten auf ihrem Gebiet. Allmählich fand sie sich in den Problemen zurecht, die mit dem Hotelbau zusammenhingen. Sogar unter diesen Fachleuten spielte Igor Wladimirowitsch eine unübersehbare Rolle, und das versöhnte sie in gewissem Maße mit ihm. Wie alle anderen beherrschte ihn ebenfalls die allgemeine

Angst, er war kein Held, aber auch kein Lump, er war bestrebt, anständig zu bleiben, er liebte seine Arbeit, er war ein kreativer, wenn auch schwacher Mensch. Diese kreativen, talentierten Menschen waren offenbar oft schwach. Da genügte nur ein Blick in die Zeitung. Berühmte Schriftsteller, Schauspieler, Künstler setzten ihre Unterschrift unter die Forderung, Menschen zu liquidieren, deren Schuld noch gar nicht erwiesen war. Wie war es überhaupt möglich, daß diese Schriftsteller, Schauspieler und Künstler an so massenhaft auftretende Fälle von Spionage und Sabotage glaubten? Nicht einmal sie glaubte daran, und natürlich glaubten auch sie es nicht, aber sie hatten einfach Angst.

Warja fand Igor Wladimirowitschs Namen gottlob nicht in den Zeitungen, er hatte solche Forderungen nicht unterschrieben, und sein Verhalten in der Gewerkschaftsversammlung und im Restaurant war im Grunde genommen eine Kleinigkeit, obwohl es sie seinerzeit sehr peinlich berührt hatte.

Er hatte sie mehrmals von der Arbeit nach Hause begleitet, sie hatten den gleichen Weg ... Einmal waren sie aus irgendeinem Grund die Herzenstraße hinabgelaufen, im Kino gab es den Film *Einem Kind zuliebe*, in den sie gegangen waren.

Ein anderes Mal spazierten sie am Arbat entlang, er erzählte Warja irgend etwas und duzte sie wie zufällig. Er war verlegen, lachte auf und verwandelte alles in ein Spiel: »Wissen Sie was, bis zur nächsten Ecke wollen wir uns duzen und dann bis zur übernächsten wieder zum Sie übergehen. Wenn sich einer von uns beiden irrt, muß er auch auf dieser Strecke nur Sie sagen ...« Warja paßte das nicht, sie irrte sich schon nach wenigen Schritten und siezte ihn nachher die ganze Zeit. Das Spiel war aus.

Anderntags gingen sie über den Roten Platz, stiegen zur Moskwa hinab, setzten sich auf die Kaimauer, betrachteten die Passanten und versuchten ihre Schicksale zu erraten.

Als sie einmal an der Metrostation auf dem Arbatplatz vorbeikamen, kaufte er ihr drei Rosen. Sie ließ aus Versehen eine fallen, sie bückten sich gleichzeitig nach der Blume, stießen mit den Köpfen zusammen und mußten lachen.

Diese Spaziergänge wurden langsam gefährlich, er machte ihr deutlich den Hof, und das wollte Warja nicht. Sie richtete es so ein, daß Soja sich ihnen anschloß – Soja und sie wohnten in einem Haus, da war es nur zu natürlich, daß sie zusammen gingen. Igor Wladimirowitsch verbarg seine Unzufriedenheit, scherzte wie immer und lachte. Aber er war enttäuscht, und als er am nächsten Tag Soja neben Warja sah, sagte er: »Ich gehe nur bis zur Wosdwishenka-Straße mit.«

An der Ecke verabschiedete er sich von ihnen.

Ein anderes Mal verließ sie gleichzeitig mit Igor Wladimirowitsch das Büro, Soja war nicht dabei, aber Warja sagte: »Ich habe es eilig, Igor Wladimirowitsch, ich fahre mit der Straßenbahn.«

»Ich bringe Sie zur Haltestelle.«

Schweigend begleitete er sie zur Haltestelle, stand schweigend neben ihr, bis die Bahn kam und fragte dann plötzlich:

»Darf ich Sie gelegentlich anrufen?«

»Bitte«, sagte sie und stieg ein.

Er rief nicht an, statt dessen kam ein Blumenkorb.

»Ein neuer Verehrer?« fragte Nina.

»Schon möglich.«

Warja war sofort klar, daß Igor Wladimirowitsch die Blumen geschickt hatte. Schöne Blumen, aber sie wollte das nicht. Sie liebte ihn nicht und würde ihn nie lieben. Ihn lieben hieße, die bestehende Ordnung zu akzeptieren, so wie er sie akzeptierte.

Sie wartete auf Sascha ... In Sophia Alexandrownas letztem Brief hatte sie einen Zusatz gemacht: »Lieber Sascha, wir warten auf Dich.« Dann hatte sie die Worte »wir warten« durchgestrichen und darüber geschrieben: »Ich warte.«

Sophia Alexandrowna las lächelnd den Zusatz und sagte:

»Danke, Warja, Sascha wird sich sehr freuen.«

Es wäre natürlich dumm gewesen, die Blumen zurückzutragen, mit dem Korb durch ganz Moskau zu laufen, und sich auf der Arbeitsstelle mit ihm auseinanderzusetzen, wäre ebenfalls dumm gewesen. Warja beschloß, Igor Wladimirowitsch zu schreiben.

»Lieber Igor Wladimirowitsch. Danke für Ihr liebes Geschenk, die Blumen sind wunderbar. Aber in unserer ärmlichen Gemeinschaftswohnung hat der Korb großen Trubel und viel Klatsch ausgelöst. Und das wegen meines früheren Mannes. Um meinen Nachbarn in Zukunft diese Aufregung zu ersparen und auch keinen Anlaß zum Klatsch zu geben, möchte ich Sie bitten, mir keine Blumen mehr zu schicken. Mit bestem Gruß. Warja.«

Sie klebte den Umschlag zu, betrat am nächsten Tag Igor Wladimirowitschs Arbeitszimmer, legte den Brief auf seinen Schreibtisch und lächelte ihm zu.

»Lesen Sie das, und seien Sie mir bitte nicht böse.«

Damit verließ sie das Zimmer.

Nach einer Weile kam Igor Wladimirowitsch zu ihnen ins Zimmer und lächelte Warja ebenfalls zu, um ihr zu verstehen zu geben, daß er ihren Brief gelesen und verstanden hatte.

Tagsüber und abends war Warja beschäftigt, trotzdem fand sie immer ein Stündchen, um Sophia Alexandrowna zu besuchen und bei der Gelegenheit auch bei Michail Jurjewitsch vorbeizuschauen. Das waren die einzigen Menschen, die sie sehen wollte.

In letzter Zeit litt Sophia Alexandrowna an Herzbeschwerden. Sie klagte nie, aber Warja sah, wie schwer es ihr fiel, von einem Stuhl aufzustehen, wie sie nach Atem rang, daß sie Tabletten schluckte.

»Was kann ich für Sie tun, Sophia Alexandrowna?«

»Danke, es geht schon vorbei«, pflegte Sophia Alexandrowna zu antworten, »bis zu Saschas Heimkehr halte ich noch durch.«

»Hören Sie auf, Sophia Alexandrowna, so was dürfen Sie nicht sagen«, antwortete Warja ärgerlich. »Ich kann nicht mit ansehen, was für Schmerzen Sie haben. Machen Sie sich fertig, Sie müssen zum Arzt, ich gehe mit in die Poliklinik.«

»Du hast keine Zeit, du arbeitest und studierst. In der Poliklinik muß man aber den ganzen Tag warten, bis man drankommt, und davor noch einen Tag beim Bezirksarzt, der dir die Überweisung zum Facharzt für Herzkrankheiten ausschreibt.«

»Macht nichts, ich lasse mir zwei Tage Urlaub geben.«

Am nächsten Abend kam Warja wieder.

»Sophia Alexandrowna, wir gehen morgen hin, ich habe mir zwei Tage frei genommen.«

Sophia Alexandrowna ging sehr langsam, es dauerte eine Weile bis sie am Sobatschaja-Platz ankamen, wo sich die Bezirks-Poliklinik befand. Warja setzte Sophia Alexandrowna auf einen Stuhl. Es waren tatsächlich viele Patienten da, sie mußten lange warten.

Endlich war Sophia Alexandrowna dran. Sie betrat das Sprechzimmer, Warja folgte ihr.
»Wer sind Sie denn?« fragte der Arzt.
»Die Tochter«, antwortete Warja.
»Warten Sie solange draußen.«
Sophia Alexandrowna sagte: »Warte solange im Flur auf mich, Warja.«
Warja mußte etwa fünf Minuten warten, dann kam Sophia Alexandrowna heraus.
»Was hat Ihnen der Arzt gesagt?«
»Nichts weiter, er hat eine Karte ausgefüllt, mich gefragt, was mir fehlt. Ich habe gesagt, ich hätte Herzbeschwerden, und da hat er mir diesen Schein ausgestellt.«
Damit reichte sie Warja den Schein, auf dem das Wort »Kardiologe« unterstrichen war.
Die beiden gingen zur Aufnahme hinunter, auch dort drängten sich Patienten, aber es gab weder einen Stuhl noch eine Bank. Warja stellte sich an, brachte Sophia Alexandrowna dann fürsorglich ins Freie, das Erdgeschoß des Hauses lag so niedrig, daß sich Sophia Alexandrowna auf eine Fensterbank setzen konnte. Sie griff nach Warjas Hand.
»Was würde ich ohne dich tun, Warja?«
»Was sollen Sie denn ohne mich tun?«, Warja lächelte, »ich bin doch bei Ihnen.«
Damit lief sie zur Aufnahme zurück.
Wie Sophia Alexandrowna vorausgesagt hatte, kamen sie erst gegen abend nach Hause zurück. Dafür hatten sie aber den Termin für den Kardiologen.
»Wozu denn überhaupt hingehen, Warja? Der Arzt wird mir sagen, daß ich Nitroglyzerin einnehmen soll, und das nehme ich sowieso.«
»Nein, wir gehen unbedingt hin.«
Der Besuch beim Kardiologen brachte tatsächlich nichts. Er verordnete Herztropfen und für den Notfall Nitroglyzerin. Der Arzt schrieb sie nicht einmal krank, so daß Sophia Alexandrowna auch weiterhin in die Wäscherei am Subowski-Boulevard gehen mußte, wo sie nach wie vor in der Annahme arbeitete.

Bekümmert stellte sich Warja vor, wie die verärgerten Kunden, deren Wäsche ewig verwechselt wurde oder gar verlorenging, der armen Sophia Alexandrowna zusetzten, und Sophia Alexandrowna ihnen mit schwacher, kranker Stimme antwortete und natürlich gleich eine Tablette einnahm. Obendrein hatte der Leiter der Wäscherei neuerdings immer etwas auszusetzen, ihm war nämlich zugetragen worden, daß Sophia Alexandrownas Sohn verbannt war. Er wollte sie sogar entlassen, weil sie das bei ihrer Einstellung verschwiegen hatte, konnte es aber nicht: Es fand sich niemand, der die Arbeit für einen so geringen Lohn gemacht hätte. Und auch seine Nörgeleien beantwortete Sophia Alexandrowna mit der gleichen schwachen, kranken Stimme. Entsetzlich! Durfte man einen Patienten in diesem Zustand zur Arbeit schicken? War der Arzt blind?

Warja konnte Sophia Alexandrowna nicht mehr in der Wäscherei helfen, da sie selbst arbeiten ging, bemühte sich aber, ihr die Arbeit im Haushalt abzunehmen. Warja hatte das Gefühl, daß Sophia Alexandrownas Wohnung ihr eigentliches Zuhause war, weil man sich doch nur in den eigenen vier Wänden so wohl fühlen konnte. Erstaunlich war, daß sie nichts in dieser Wohnung an Kostja erinnerte, als hätte Kostja nie hier gewohnt. Hier wohnte Sophia Alexandrowna, hier war Sascha unsichtbar anwesend.

War Warja mit dem Haushalt bei Sophia Alexandrowna fertig, ging sie zu Michail Jurjewitsch hinüber. In dem mit Schränken und Regalen vollgestellten Zimmer, in denen sich Bücher, Alben und Mappen stapelten, herrschte dämmriges Licht. Beleuchtet war nur die Tischplatte voller Dosen und Gläser mit Pinseln, Federhaltern und Bleistiften, Tuben mit Farben und Klebstoff, Scheren, Rasierklingen – alles, was Michail Jurjewitsch für seine Buchbinderarbeit brauchte. Warja kauerte sich mit angezogenen Beinen in einen alten Sessel mit durchgesessenen Sitz und hoher Lehne.

Es roch nach Leim und Farbe. Michail Jurjewitsch wirkte gemütlich in seiner karierten Hausjacke, ein altmodischer Hagestolz mit Kneifer.

Über den Tisch gebeugt, war er gewöhnlich damit beschäftigt, die eingerissenen Seiten eines alten Folianten zu kleben.

Einmal entdeckte Warja einen kleinen Band mit Schriften von Stalin auf seinem Tisch und fragte erstaunt: »Lesen Sie das?«
»Ich muß es. Ich brauche es für die Arbeit.«
»Wo arbeiten Sie denn eigentlich?«
»Im ZVVW.«
»Wie bitte? ... Was ist denn das?« Warja lachte. »Das höre ich zum ersten Mal.«
»Das ZVVW ist die Zentralverwaltung für Volkswirtschaftsstatistik. Früher hieß die Verwaltung richtiger ZVS, nämlich Zentralverwaltung für Statistik. Ich bin nämlich Statistiker, Warja. Haben Sie schon einmal etwas von einer solchen Wissenschaft gehört?«
»Das ist sicherlich eine sehr langweilige Wissenschaft«, sagte Warja, »immer nur Zahlen und Zahlen.«
»Aber wieso denn. Hinter den Zahlen steht das Leben.«
»Wenn ich die vielen Zahlen in den Zeitungen sehe, schlage ich sie gleich wieder zu. Ich finde das furchtbar langweilig. Dazu ist alles erstunken und erlogen.«
»Nein, die Zahlen lügen nicht immer«, sagte Michail Jurjewitsch, »manchmal sagen sie auch die Wahrheit. Hier nur ein Beispiel.«
Michail Jurjewitsch schlug eine markierte Seite in Stalins Buch auf.
»Das ist das Referat des Genossen Stalin auf dem XVII. Parteitag. Genosse Stalin vergleicht das Jahr 1933 mit dem Jahr 1929, und daraus ergibt sich, daß der Bestand an Pferden sich verringert hat«. Er hob den Finger und wiederholte: »Er hat sich von 34 Millionen bis auf 17 Millionen verringert, der Bestand an Rindvieh von 68 Millionen auf 38 Millionen, der Bestand an Schafen und Ziegen von 147 Millionen auf 50 Millionen, an Schweinen von 21 Millionen auf 12 Millionen. Insgesamt haben wir in diesen Jahren 153 Millionen Vieh verloren, also mehr als die Hälfte.«
»Wie ist das passiert, eine Seuche? Ein Massensterben?« fragte Warja spöttisch.
»Das ist eine komplizierte Frage. Genosse Stalin erklärt diese Erscheinung vor allem damit, daß die Kulaken, also die Großbauern, während der Kollektivierung das Vieh geschlachtet und auch die anderen angeblich überredet haben, es zu tun.«
»Die Kulaken?« wiederholte Warja ebenso spöttisch. »Wieviel Kulaken gab es eigentlich?«

»In diesem Referat sagt Genosse Stalin, daß die Kulaken rund fünf Prozent der Landbevölkerung ausmachten.«

»Und diese fünf Prozent sollen die Hälfte des Viehbestands in unserem Land geschlachtet haben? Und Sie glauben daran?«

»Warja, ich habe ja nicht gesagt, daß ich das glaube, ich habe Ihnen nur die Worte des Genossen Stalin vorgelesen.«

»Ihr Genosse Stalin lügt!« rief Warja empört. »In unserer Wohnung leben die Kowrows, die in der Fabrik *Rote Rose* arbeiten. Sie kommen vom Dorf, und zu ihnen kommen auch oft welche vom Dorf, von denen ich hundertmal gehört habe: Kollektiviert wurde mit Gewalt, innerhalb weniger Tage, und zwar im Januar, und da hieß es bloß ›Schnell‹. ›Schnell!‹. Ums Vieh konnte sich keiner kümmern, es blieb im Freien stehen. In Wahrheit ist es einfach eingegangen. Die Losung war: ›Mehr Prozente!‹ Die Prozente haben sie gekriegt, bloß das Vieh ist krepiert ... Den Kolchosbauern war's egal, man hatte ihr Vieh requiriert und sie in die Kolchose gezwungen. Es war nun nicht mehr ihr Vieh, ihnen war's egal, was damit geschah. Und da sind all die Kühe, Schafe, Schweine und Pferde draufgegangen. Bloß das hat IHR Genosse Stalin verschwiegen. Betrug, wohin man sieht, überall Betrug!«

Michail Jurjewitsch sah Warja an und sagte dann: »Warja, ich möchte, daß Sie mich richtig verstehen. Ich teile Ihre Empörung, aber berücksichtigen Sie die Zeit, in der wir leben. Ihre Entrüstung so zu äußern, ist nicht ungefährlich. Es gibt ringsum sehr viele üble Zeitgenossen, Sie sollten vorsichtiger sein.«

»Aber mit Ihnen kann ich doch offen reden?«

Michail Jurjewitsch antwortete nicht gleich und auch nicht sehr überzeugend: »Mit mir schon ... Aber ich hoffe, daß unser Gespräch unter uns bleibt.«

»Aber natürlich. Ich kann mir nicht vorstellen, daß Sie mir kein Vertrauen schenken, Michail Jurjewitsch. Sie glauben mir doch?«

»Aber ja, Warja, selbstverständlich glaube ich Ihnen, Sie sind ein wunderbares, ehrliches Mädchen.«

»Mädchen ist gut«, erwiderte Warja spöttisch, »ich war schon verheiratet.«

»Das spielt überhaupt keine Rolle. Für mich sind Sie ein Mädchen, Warja ... Und ich mache mir Ihretwegen Sorgen, Sie sind sehr offen und schutzlos. Auf Schritt und Tritt lauern Gefahren auf Sie. Wegen eines unvorsichtig geäußerten Wortes können Sie ins Unglück geraten, sich für's ganze Leben unglücklich machen. Versprechen Sie mir, mit niemandem außer mir über dieses Thema zu sprechen.«

»Ich verspreche es Ihnen.«

»Kann ich mich darauf verlassen?«

»Absolut.«

»Berücksichtigen Sie, daß Sie nur in diesem Fall mit meinem Vertrauen rechnen können.«

»Natürlich, Michail Jurjewitsch.«

»Dann sage ich Ihnen noch mehr. Der Viehbestand hat sich um das Doppelte verringert, und die Erträge aus der Viehhaltung um das Zwölffache ... Jawohl! 1929 betrug der Fleischertrag 5,8 Millionen Tonnen, 1932 nur noch 458 000 Tonnen. Nicht anders sieht es mit Milch, Butter, Wolle und Eiern aus. Darum sind die Läden leer. Und das in Moskau! Schauen Sie aber einmal, was sich in der Provinz tut. Wir haben 17 Millionen Pferde verloren, die Hälfte des gesamten Zugviehs. Und womit soll man pflügen? Nun stellen Sie sich einmal vor, Warja, welche Menge Dung die Landwirtschaft nach der Einbuße von 153 Millionen Stück Vieh verloren hat. Dabei ist das doch organischer Dünger! Und wo ist der Kunstdünger? Daher also die Landwirtschaftskrise.«

Warja schwieg und überlegte. Michail Jurjewitsch war zweifellos ein guter Mensch, aber jetzt wirkten alle wie über einen Leisten geschlagen ... Wie vorsichtig er sich ausdrückte ... Landwirtschaftskrise. Sie lächelte spöttisch.

»Was ist denn, Warja?« fragte Michail Jurjewitsch.

»Da sagen Sie ›Landwirtschaftskrise‹, ›Dünger‹, ›Ertrag‹. Entschuldigen Sie, Michail Jurjewitsch, aber das alles sind doch nur Worthülsen, denn Sie wissen ja, daß ganze Dörfer verhungern. Das haben mir die Kowrows erzählt. Außerdem habe ich das auch mit eigenen Augen gesehen, und zwar hier in Moskau, am Brjansker Bahnhof.«

»Jetzt heißt er Kiewer Bahnhof.«

»Schön, meinetwegen kann er auch Kiewer Bahnhof heißen, was macht das für einen Unterschied? Ich erinnere mich noch sehr gut daran, wie dort die Menschen lagen, Männer, Frauen, Kinder, lebendige und tote durcheinander. Sie waren aus der Ukraine vor dem Hunger geflohen, und die Miliz ließ sie nicht in die Stadt hinein, damit sie ›dem schönen Moskau keinen Abbruch taten‹. Nachts wurden die Leichen weggekarrt, um Platz für die Neuankömmlinge zu schaffen, damit sie wenigstens ein Dach über dem Kopf hatten, wenn sie vor Hunger starben, und nicht auf der Straße lagen, damit man ihre Leichen nicht in ganz Moskau einsammeln mußte, sondern nur auf den Bahnhöfen ... Und wir sind an ihnen vorbeigegangen, haben uns in den Zug gesetzt und sind zu unseren Freunden und Freundinnen auf die Datschas gefahren. Und auch die anderen sind gleichgültig vorbeigegangen. Dabei hielten sich bestimmt alle für sehr moralisch und anständig.«

»Aber Warja! Was konnten wir denn schon ausrichten?« fragte Michail Jurjewitsch bewegt.

»Was? Eine sonderbare Frage! Ich habe irgendwo gelesen: Während einer Hungersnot vor der Revolution, ich weiß nicht mehr, in welchem Jahr das war ...«

»Eine Hungersnot gab es Anfang der 90er Jahre«, sagte Michail Jurjewitsch.

»Also während jener Hungersnot spendeten die Menschen Geld, richteten Volksküchen ein, ich habe sogar irgendwo ein Foto gesehen: Leo Tolstoi gibt Essen an hungernde Kinder aus ... Außerdem kann ich mich noch an folgendes erinnern: Ich war damals noch ein kleines Kind: Meine Schwester Nina und Sascha Pankratow, aber auch Maxim Kostin und die anderen aus ihrer Klasse gingen mit Büchsen herum, um Geld für die Hungernden im Wolgagebiet zu sammeln. Damals wurde nicht verheimlicht, daß dort eine Hungersnot ausgebrochen war, und die Leute halfen, wo sie konnten.«

»Damals hat Lenin noch gelebt«, sagte Michail Jurjewitsch.

»Eben«, hakte Warja ein, »aber jetzt heißt es nur noch: ›Wir danken dem Genossen Stalin für unser glückliches Leben.‹ Herzlichen Dank für das Recht, nicht auf der Straße, sondern auf dem Bahnhof krepieren zu dürfen. Wie viele Schafe und Schweine krepiert sind, das sagt der Genosse Stalin offen, aber hat er vielleicht gesagt, wie viele Menschen gestorben sind?«

»Das steht nicht in seiner Rede«, gab Michail Jurjewitsch zu.

»Na, sehen Sie«, erklärte Warja triumphierend, »von den Schweinen redet er, sagt aber keinen Ton von den Menschen. Die Schweine kann man den Kulaken in die Schuhe schieben. Diese Konterrevolutionäre haben das Vieh geschlachtet, aber die Menschen – dafür kann man sie ja nicht verantwortlich machen – die Menschen muß er auf seine Kappe nehmen. Sie sind Statistiker, Michail Jurjewitsch, wie viele Menschen sind bei uns in der Zeit der Kollektivierung umgekommen?«

»Schwer zu sagen ... Offizielle Angaben gibt es nicht darüber und wird es auch nie geben. Die Toten hat man nicht gezählt. Die Hungergebiete wurden einfach von den übrigen Regionen des Landes isoliert. Reagiert wurde nur auf eine Weise, wie beispielsweise in der *Istwestja* vom 12. März 1933 zu lesen ist: »35 leitende Mitarbeiter des Volkskommissariats für Landwirtschaft der UdSSR wurden zusammen mit dem stellvertretenden Volkskommissar Konar auf Beschluß der Leitung der GPU ohne Gerichtsverhandlung wegen Anstiftung zur Sabotage und der daraus resultierenden Hungersnot im Lande erschossen.«

»Da hat er immerhin einen Sündenbock gefunden«, lächelte Warja spöttisch, »wenn es nicht die Kulaken waren, war es der Konar. Aber wieviel Menschen sind insgesamt umgekommen? Ihr Statistiker müßtet es doch eigentlich ausrechnen können? Sie haben doch selbst gesagt, daß die Statistik eine Wissenschaft ist.«

»Jawohl«, bestätigte Michail Jurjewitsch, »die Statistik ist eine Wissenschaft. Und sie ermöglicht, daß man ziemlich genau ausrechnen kann, was die offiziellen Stellen verheimlichen.«

»Und das Ergebnis?«

»Tja, sehen Sie ... Anfang 1933 betrug die Bevölkerungszahl im Lande 165,7 Millionen. Aber beim XVII. Parteitag, also im Januar 1934, nannte Genosse Stalin die Zahl von 168 Millionen für das Ende des Jahres 1933. Diese Zahl haben wir Statistiker dem Genossen Stalin nicht geliefert, uns hat sie sogar Furcht eingeflößt, weil uns klar war: 1933 von einem Bevölkerungszuwachs von 2,3 Millionen Menschen zu sprechen, hieß die Unwahrheit sagen. Im Gegenteil, 1933 war die Bevölkerungszahl wegen der Hungersnot, einer hohen Sterblichkeitsrate in der Bevölkerung, vor allem der

Kindersterblichkeit, gesunken. Selbst in den Städten, wo die Ernährungslage viel besser war, lag die Todesrate weit höher als die Geburtenrate.«

Vor der Tür ertönte die Stimme der Nachbarin Galja: »Michail Jurjewitsch, Ihr Teewasser kocht.«

Warja stand auf.

»Ich kümmere mich um den Teekessel. Soll ich Ihnen Tee machen?

»Nein danke, offen gestanden habe ich den Teekessel völlig vergessen ... Aber vielleicht möchten Sie eine Tasse Tee?«

»Ich habe bei Sophia Alexandrowna schon Tee getrunken.«

Warja ging in die Küche, kam zurück und setzte sich wieder in den Sessel.

»Also«, begann Michail Jurjewitsch, »wie kam denn der Genosse Stalin auf die Zahl 168 Millionen? Das will ich Ihnen erklären. Bekanntlich stieg die Bevölkerungszahl in der zweiten Hälfte der zwanziger Jahre, nachdem die NÖP, die Neue Ökonomische Politik, den Lebensstandard gehoben hatte, etwa um 3 Millionen jährlich. Diese Zahl hat Genosse Stalin automatisch auf den Anfang der dreißiger Jahre übertragen. Er hat sehr einfach gerechnet: Die letzte Volkszählung war 1926, als die Bevölkerungszahl 147 Millionen betrug. Seitdem sind sieben Jahre vergangen. Multipliziert man sieben mit drei, erhält man 21 Millionen. 147 plus 21 ergibt 168 Millionen. Das ist die Statistik des Genossen Stalin. So etwas hat er auch später noch behauptet. Erst vor kurzem, in diesem Jahr, hat er von dem jährlichen Bevölkerungszuwachs ›um ein ganzes Finnland‹ gesprochen. Daß es sich in Wirklichkeit anders verhält, wird von allen schweigend eingestanden. Anfang 1937 wird eine neue Volkszählung durchgeführt, und ebenso wie die Regierung erwartet die Statistik die Zahl von 170 Millionen. Schön, lassen wir das mal gelten. Dann ergibt sich folgendes: Ich wiederhole – 1926 betrug die Bevölkerungszahl in unserem Land 147 Millionen. Die normale Zuwachsrate beträgt 3 Millionen. Folglich muß die Bevölkerung im Jahr 1937 177 Millionen erreichen. Unsere Führung aber erwartet maximal 170 Millionen. Wo bleiben da sieben Millionen Menschen, wohin sind sie verschwunden? Warja, ich bin ein erfahrener Statistiker, und ich sage Ihnen, daß die Volkszählung 1937 nicht mal 170 Millionen ergibt. Nach meiner

Berechnung werden es höchstens 164 Millionen sein. Folglich machen die direkten und indirekten Verluste mindestens 13 Millionen Menschen aus – das sind Verhungerte, die Opfer der Entkulakisierung und die Verluste durch den Geburtenrückgang.«

»Dreizehn Millionen Menschen? Das ist ja fürchterlich!« meinte Warja nachdenklich. »Wieviel Menschen hat Rußland während des Weltkrieges verloren?«

»Anderthalb Millionen ... Insgesamt sind im Weltkrieg 10 Millionen Menschen umgekommen.«

»In allen Ländern?«

»Jawohl.«

»10 Millionen in allen Ländern ... Und das nennt man Blutbad, ich habe es selbst gelesen ... Dabei hatte Rußland allein in der Zeit der Kollektivierung 13 Millionen Menschenleben zu beklagen. Anderthalb Millionen im Weltkrieg und 13 infolge der Kollektivierung ... Für jene anderthalb Millionen hat man den Zaren vom Thron gestoßen, und bei den 13 Millionen schreit man: ›Wir danken dem Genossen Stalin für unser glückliches Leben!‹ Aber trotzdem bleibt unverständlich, warum sie gestorben sind. Na schön, das große Viehsterben. Aber, es wurde doch Getreide gesät und geerntet, es gab doch Brot.«

»Nein, es gab kein Brot«, sagte Michail Jurjewitsch düster, »im selben Referat behauptet der Genosse Stalin, daß wir 1933 89,8 Millionen Tonnen Getreide geerntet haben. Aber das ist eine Lüge. Wir haben nur 68,4 Millionen Tonnen geerntet, also 21 Millionen Tonnen weniger als der Genosse Stalin behauptet und sehr viel weniger als in den Jahren 27 bis 29, als es noch keine Kolchose gab. Außerdem ist die Stadtbevölkerung bis 1933 um 12 Millionen Menschen gestiegen. Die Stadtbevölkerung produziert nicht, sie muß aber ernährt werden. Und sie wurde auch ernährt. In den Jahren 1927 bis 29, und das waren gute Erntejahre, sind 2,5 Millionen Tonnen Getreide ins Ausland exportiert worden und in den Jahren 1930 und 32, wo wir Mißernten hatten, fast 12 Millionen Tonnen. Solche Exportzahlen hat unser Land früher nicht gekannt.«

»Die Menschen verhungerten, und das Korn wurde ins Ausland exportiert?«

»Ja, man brauchte Valuta für den Einkauf von westlicher Technologie. Die sogenannte Industrialisierung!«

»Das Korn wurde den Bauern einfach weggenommen«, sagte Warja, »man hat mir erzählt, daß das die Miliz, das Militär und die GPU getan haben. Wenn Bauern ihr Korn nicht ablieferten, wurden sie vor Gericht gestellt und wegen Sabotage abgeurteilt, ihr Hab und Gut wurde beschlagnahmt, und sie selbst wurden deportiert.«

Beide schwiegen.

»Ja«, sagte Michail Jurjewitsch schließlich, »vor der Kollektivierung wurde mehr Getreide erzeugt und im Schnitt wurden 10 Millionen Tonnen jährlich eingelagert, während der Kollektivierung weniger Getreide erzeugt und 22 bis 25 Millionen Tonnen jährlich eingelagert. Den Bauern wurde alles weggenommen, und sie wurden buchstäblich dem Hungertod preisgegeben ... In dieser Hinsicht haben Sie recht, Warja ... Und die sogenannte Entkulakisierung? Entkulakisiert wurden ja nicht nur die sogenannten Kulaken, die Großbauern, sondern auch die Mittelbauern und sogar arme Bauern, die mit dem albernen Wort ›Unterkulaken‹ bezeichnet wurden. Nach ganz vorsichtigen Berechnungen von mir sind bei uns mindestens 10 Millionen Menschen entkulakisiert worden. Ich wiederhole, das ist das Minimum. Die überwiegende Mehrheit davon wurde in den Norden deportiert und auch nach Sibirien. Und viele von ihnen sind natürlich umgekommen.«

»Das ist ungeheuerlich«, sagte Warja, »und all das wird dem Volk verheimlicht.«

»Tja, was wollen Sie denn«, Michail Jurjewitsch lächelte und griff wieder nach seinem Klebstoff.

»Könnte man denn die Industrialisierung nicht ohne solche Opfer durchführen?«

»Ich denke schon. 1922 war das Land nach dem Weltkrieg und nach dem Bürgerkrieg vollkommen zerrüttet und verarmt. Die Betriebe standen leer, sie waren alle ausgeplündert worden. Aber innerhalb von fünf Jahren, nämlich von 1922 bis 1927, wurde alles wiederaufgebaut. Industrie und Landwirtschaft erhoben sich ebenso aus den Ruinen, wie das Verkehrswesen, und zwar ohne Menschenopfer, ohne Massensterben, ohne Hungersnöte, Deportationen und Erschießungen. Folglich kann man die Industrie ohne Exzesse und Repressalien entwickeln. Eben das war auch die Tendenz der Neuen Ökonomischen Politik. Jetzt dagegen haben sich die Umstände verändert. Das sind Fragen der hohen Politik«, er warf Warja einen Blick zu, »aber die Zahlen, die ich Ihnen genannt habe, bleiben bitte unter uns. Ich rechne damit, daß Sie sie nicht benutzen.«

»Warum denn nicht? Das sind doch Zahlen, die der Genosse Stalin genannt hat.«

»Der Genosse Stalin hat in seinem Bericht nur über die Verringerung des Viehbestandes gesprochen. Über den Rückgang der Bevölkerungszahlen hat er nichts gesagt. Das sind nur meine gewissermaßen privaten Berechnungen. Ich bitte Sie, diese Dinge nicht zu wiederholen. Vergessen Sie sie.«

»Keine Sorge, Michail Jurjewitsch, ich werde niemandem etwas von Ihren Berechnungen erzählen. Ich habe sie vergessen! Ein für allemal! Ich werde nur davon reden, was Genosse Stalin gesagt hat, nämlich von der Verringerung des Viehbestandes.«

»Darüber sollten Sie besser auch nicht reden.«

»Wieso denn nicht? Das hat doch Stalin selber gesagt.«

»Was Stalin sagen darf, darf ein einfacher Sterblicher noch lange nicht sagen. Stalin hat die Zahlen genannt, um die Mängel zu bekämpfen. Aber dasselbe aus Ihrem Munde würde so klingen, als weideten Sie sich an diesen Dingen. Außerdem hat Stalin über die großen Errungenschaften auf anderen Gebieten gesprochen, Sie dagegen werden dieses Thema nicht weiter ausführen, so wie ich das einschätze, und dann wird man Ihnen zweifellos Einseitigkeit vorwerfen.«

»Aber Genosse Stalin, hat der vielleicht nicht einseitig gesprochen?«

»Was meinen Sie damit?«

»Er hat über die Kühe und Pferde gesprochen, aber nicht über die Menschen! Dreizehn Millionen Menschen mehr oder weniger, was spielt das schon für eine Rolle! Krepiert und fertig!«

Michail Jurjewitsch legte sein Werkzeug zusammen, band die Mappe zu, aus der er die Zeitung geholt hatte, und sah Warja ernst und besorgt ins Gesicht.

»Warja, ich bedaure sehr, daß ich dieses Gespräch mit Ihnen geführt habe. Ich fürchte, daß es sowohl für Sie als auch für mich traurig enden kann. Aber ich bin ein alter Mann, ob ich früher oder später sterbe, hat keine Bedeutung. Sie aber sind jung, Sie haben noch alles vor sich. Wir leben in einer schweren, düsteren, ja grausamen Zeit, an der großen Wende in der Geschichte Rußlands. Was tun? Wir suchen uns Tag, Monat und Jahr unserer Geburt nicht aus. Wir sind verpflichtet, zu berücksichtigen, in was für einer Zeit wir leben. Das heißt nicht, daß wir uns anpassen sollen, Gemeinheiten begehen, lügen und verraten sollen, aber es heißt doch, daß wir vorsichtig sein müssen und nicht Dinge sagen, die für uns und unsere Nächsten zum Verhängnis werden könnten. Ist Sascha denn ein schlechter Mensch? Ist er vielleicht kein sowjetischer Mensch? Aber was ist ihm passiert? Wegen irgendeinem Witz in der Wandzeitung, wegen dem Streit mit einem Dozenten und zwar einem, der lächerlicherweise grade Buchhaltung unterrichtet, ist er ins Gefängnis gekommen und deportiert worden. Sind diese Wandzeitung und dieser lächerliche Dozent es wert, daß man so behandelt wird, wie es Sascha widerfahren ist? Dessen Zukunft dadurch verbaut ist? Nein, das sind sie nicht ... Er hätte sich diese Wandzeitung sparen, den Streit mit dem Dozenten für Buchhaltung verkneifen können und wäre dabei ein ehrlicher und anständiger Mensch geblieben. Und nun überlegen Sie selbst, was Sie tun. Wenn Sie diese Themen weiterentwickeln wollen, wird Ihr Leben ebenso zerstört werden wie das von Sascha. Mehr noch: Jetzt kriegt man für solche Sachen nicht mehr drei Jahre Deportation, jetzt gibt es viel strengere Straffristen und ein anderes Strafmaß. Also, Warja, ich möchte Sie bitten, vorsichtig zu sein.«

Warja schwieg. Ja, Michail Jurjewitsch hatte recht, er hatte Angst – seinetwegen, ihretwegen, alle waren von Angst beherrscht. Aber dann sollte man nicht große Reden schwingen über Anstand und Moral, denn es war unanständig und unmoralisch, Angst davor zu haben, die Wahrheit zu sagen.

Sie wollte nicht diskutieren, aber ihren Einwand zurückhalten mochte sie auch nicht: »Michail Jurjewitsch, Sie haben selber gesagt, daß wir die Prinzipien von Anstand und Moral nicht verletzen dürfen. Aber wenn neben uns Menschen verhungern und wir

ihnen nicht helfen, sondern schweigen und so tun, als ob nichts geschehen wäre, ist das vielleicht moralisch, ist das anständig?«
Michail Jurjewitsch nahm den Kneifer ab und putzte die Gläser mit einem Lederläppchen. Seine Augen hatten einen verlegenen, leicht hilflosen Ausdruck, wie das bei allen Kurzsichtigen der Fall ist, wenn sie die Brille abnehmen. Er tat Warja plötzlich leid.
»Michail Jurjewitsch«, sagte sie, »ich wollte Sie wirklich nicht kränken. Sollte ich es trotzdem getan haben, bitte ich Sie tausendmal um Entschuldigung. Mir liegt einfach sehr viel daran, Klarheit zu gewinnen. Die Konsequenz ist also offenbar die: Man soll nichts Böses tun, darf aber auch nichts Gutes tun. Das heißt, etwas Gutes kann man dann tun, wenn man sich rückversichert hat, wenn man sich selbst nicht damit schadet.«
Michail Jurjewitsch sah sie an.
»Nein, da haben Sie mich falsch verstanden. Gott sei Dank ist das menschliche Bedürfnis, Gutes zu tun, nicht auszurotten, und man soll es tun, und zwar ohne Rückversicherung. Ich bitte Sie um etwas anderes: Nicht zu schwatzen. Hände weg von der Politik, Warja, möglichst weit weg. Sie sehen doch, wie das ausgeht. Menschen, die die Revolution vollbracht, die den Staat regiert haben, werden jetzt vor Gericht gestellt und als Mörder, Terroristen und Spione erschossen. Halten Sie sich von der Politik fern, Warja. Sie lieben Ihre Arbeit, Ihr Studium, beschäftigen Sie sich damit. Alles andere ist nichts für Sie.«

16

Stalin wanderte in seinem Arbeitszimmer auf und ab. Jagoda und Jeshow saßen einander am Konferenztisch gegenüber. Jeshow hatte einen großen Block vor sich liegen, Jagoda hatte keinen Block, er machte sich nie Notizen, sondern prägte sich alles so ein. Stalin ging schweigend hin und her und warf ab und zu einen Blick auf Jagodas säuerliches Gesicht, der sichtlich verstimmt war über Joshows Anwesenheit. Warum eigentlich? Jeshow war jetzt ZK-Sekretär und leitete die gesamte Verwaltung, darunter auch den NKWD, das Volkskommissariat für Inneres. Außerdem war er der Vorsitzende der Kommission für Parteikontrolle und mußte über den Parteiauftrag, den Jagoda erhielt, informiert sein. Damit nicht genug, Jeshow sollte auch die Ausführung dieses Auftrages kontrollieren.

Jagoda war es gewohnt, daß ER mit ihm unter vier Augen sprach. Jagoda wollte SEIN Helfer sein. Aber ER brauchte keine Helfer, er brauchte Vollstrecker. SEINE Anordnungen waren Anordnungen der Partei, und die waren in Anwesenheit des Sekretärs des ZK der Partei Jeshow zu geben.

»Seit neun Jahren bejammern Sinowjew und Kamenew ihre Sünden«, sagte Stalin endlich, »streuen sich Asche auf's Haupt, bitten um Vergebung. Sie haben die moralische Verantwortung für den Mord an dem Genossen Kirow übernommen und sind deswegen gemaßregelt worden. Warum haben sie die Verantwortung übernommen? Wieso eigentlich? Um ihr Leben zu schonen. Auf diese Weise wollen sie sich vor der wahren Verantwortung drücken. Sie haben an sich gedacht. An die Partei haben sie nie gedacht, nur immer an sich, an die Stunde, da sie, revanchelüstern wie sie sind, den Vergeltungsschlag führen würden. Nein! Sie sollen wirklich büßen, zur Sühne bereit sein und der Partei endlich konkret und effektiv helfen.«

Er verstummte und setzte seine Wanderung fort. Dann begann er wieder zu reden: »Bei der augenblicklichen internationalen Situation müssen sich alle proletarischen Kräfte nicht nur im Inland sondern auch im Ausland zusammenschließen. Wer hindert sie daran? Die Sozialisten, die Sozialdemokraten? Die haben schon immer gestört und uns behindert, und sie tun es auch jetzt. Aber die sozialistische Führung verbündet sich zusehends mit den Faschisten und verwandelt sozialdemokratische in sozialfaschistische Parteien. In dieser Situation ist die Abkehr der wirklich klassenbewußten Arbeiter von den Sozialisten unausbleiblich. Sie werden sich auf uns zubewegen müssen. Aber wer steht ihnen im Weg? Im Weg stehen ihnen Trotzki, die Trotzkisten und der Trotzkismus. Diese Rolle hat der Trotzkismus im Laufe der ganzen Geschichte der russischen Arbeiterbewegung gespielt, und jetzt will er diese Rolle auf internationaler Ebene weiterspielen. Trotzki zimmert die Vierte Internationale zusammen, sammelt Kräfte um sich, die unserer Partei, unserem Land, der Kommunistischen Weltbewegung feindlich gesonnen sind. Er verleumdet uns, bewirft uns mit Schmutz, macht uns die linksorientierten sozialistischen Arbeiter ebenso abspenstig wie die Intellektuellen, die Volksbefreiungsbewegungen in den Kolonien. Wer profitiert davon? Der englische und der französische Imperialismus, der deutsche Faschismus, der japanische Militarismus. Der Zusammenschluß des internationalen Proletariats würde ihnen einen Strich durch die Rechnung, ihre feindseligen Pläne zunichte machen, wohingegen die Entzweiung und Zersplitterung des internationalen Proletariats diese Pläne begünstigt. Wir wissen nur zu gut, für wen Trotzki arbeitet. Er hat sein Leben lang gegen die bolschewistische Partei gekämpft und kämpft auch jetzt gegen sie. Und die Partei hat während ihrer ganzen Geschichte gegen Trotzki gekämpft und wird auch jetzt gegen ihn kämpfen.

Sollen Sinowjew und Kamenew der Partei in diesem Kampf helfen und nicht nur mit Worten, sondern mit Taten beweisen, daß sie treu zur Partei stehen.«

Stalin schwieg und ging erneut im Zimmer auf und ab. Jagoda und Jeshow schwiegen ebenfalls.

»Wer hat letztendlich von Kirows Tod profitiert? Wem hat der

Mord genützt? Trotzki und denen, die mit Trotzki sympathisierten. Warum hat ihnen der Mord genützt, warum profitiert Trotzki davon? Aus zwei Gründen: Erstens um der Welt zu zeigen, wie labil die innere Lage der Sowjetunion ist, und die japanischen Militaristen, die deutschen Faschisten, die englischen und französischen Imperialisten anzuspornen. Zweitens um die innere Konterrevolution in der UdSSR zum Terror zu verleiten, ihr den Terror als einzige Möglichkeit des Kampfes gegen die Sowjetmacht annehmbar zu machen. Durch den Mord an Kirow entfesselte Trotzki den individuellen Terror in der Sowjetunion. Eben darum müssen wir Trotzki vor der ganzen Welt als Anstifter des Terrors in der UdSSR entlarven, als Anstifter des Mordes an Kirow, als einen, der in der UdSSR Gruppen organisiert, die Terroranschläge gegen die Partei- und Regierungsführer vorbereiten. Er ist ein Verbündeter des Faschismus, Militarismus und Imperialismus. Sollen also Sinowjew und Kamenew sowie ihre Anhänger ...«

An dieser Stelle machte Stalin eine Pause und wiederholte eindringlich: »... und ihre Anhänger Trotzki als Anstifter des Mordes an Kirow entlarven, als Organisator und Inspirator des Terrors gegen die Sowjetmacht, gegen die Führer der Sowjetmacht. Viel wird ja nicht von ihnen verlangt: Sie sollen nur zugeben, daß Trotzki befohlen hat, Kirow zu ermorden, befohlen hat, Terroranschläge gegen die Führer der Partei und der Regierung vorzubereiten. Wem er das befohlen hat? Ihren Organisationen, der vereinigten Organisation der Trotzkisten und Sinowjew-Anhänger, die wir meinetwegen als ›Vereinigtes Zentrum‹ bezeichnen können ... Eine gute Bezeichnung. In Leningrad gab es das ›Leningrader Zentrum‹, und das wird nun das ›Vereinigte Zentrum‹ sein, ein Zentrum, das die Trotzkisten und die Sinowjew-Anhänger vereinigt und das Trotzki untersteht.«

Jeshow machte eine Notiz auf seinen Block. Stalin sah ihn schräg an, blickte dann wieder weg und fuhr fort: »Um aber Sinowjews und Kamenews Aussagen Gewicht und Überzeugungskraft zu verleihen, werden wir auch einige Trotzkisten neben sie auf die Anklagebank setzen müssen. Je mehr Trotzkisten, desto besser. Und noch besser, wenn sie außerdem bedeutend und prominent sind. Ich vermute, daß es nicht schwierig sein dürfte, solche Trotzkisten zu finden. In den Gefängnissen und Lagern haben wir ja genug. Sie sitzen bereits lange, bestimmt langweilen sie sich schon. Die Einbeziehung der alten, zum Kern gehörenden Trotzkisten in einen solchen Gerichtsprozeß wird die Lage von Sinowjew und Kamenew sogar erleichtern: Dadurch wird bewiesen, daß nicht sie allein die Mörder von Kirow sind und nicht sie allein die Verantwortung für diesen Mord trifft, sondern daß sie lediglich Mitglieder einer Organisation sind, die auf Befehl ihres Führers Trotzki zum individuellen Terror übergegangen ist. Sie haben den Befehl ihres Führers befolgt und mit Kirow angefangen. Sollen sie alles auf Trotzki schieben, sollen sie Trotzki verfluchen, Trotzki ist der ärgste Feind unseres Staates – das ist allen längst und bestens bekannt. Im Januarprozeß haben sie die moralische Verantwortung für den Mord an Kirow zugegeben. Aber sie sind doch Marxisten: besteht ein Unterschied zwischen moralischer und faktischer Verantwortung? Gibt es einen Unterschied zwischen moralischer und faktischer Anstiftung? Ich sehe keinen Unterschied.«

Wiederum ging er schweigend im Zimmer hin und her und fuhr dann fort: »Natürlich wird es mit den zum alten Kern gehörenden Trotzkisten schwieriger sein. Die haben mehr Rückgrat. Und sie haben auch nicht die vielen und langjährigen Bußübungen hinter sich, sie haben sich nicht reuig und zerknirscht auf die Knie geworfen und nicht ihre Fehler eingestanden wie Sinowjew und Kamenew. Obendrein sitzen sie schon viele Jahre in den Gefängnissen und Lagern – damit werden sie sich rechtfertigen, Gefängnis und Lager als Alibi benutzen und damit ihre Unschuld beweisen wollen. Aber das wird ihnen nicht gelingen. Gefängnis und Lager sind kein Alibi. Die Erfahrung der revolutionären und übrigens auch der konterrevolutionären Bewegung beweist, daß man sich auch während eines Gefängnisaufenthaltes durchaus an der revolutionären oder umgekehrt der konterrevolutionären Arbeit beteiligen und Direktiven an seine Anhänger ausgeben kann, daß man mit den Führern in brieflichem Kontakt stehen kann.«

Ein kaum sichtbarer Schatten überzog Jagodas Gesicht, aber Stalin entging auch das nicht ... Aha, Jagoda gefiel das nicht, Jagoda war nicht einverstanden: Was konnte es für einen Vergleich zwischen den ehemaligen Gefängnissen der Zarenzeit und denen von heute

geben, aus denen keine Maus ungesehen herauskam, dachte er sicherlich. Ich kenne meine Behörden und stehe für sie ein ... Aber der Genosse Stalin, der kennt sie eben nicht und lebt in alten Vorstellungen.
Den Blick auf Jagoda gerichtet, wiederholte Stalin mit Nachdruck: »Jawohl, auch innerhalb des Gefängnisses kann man einen Briefwechsel führen. Das ist genauso möglich, wie nach draußen zu schreiben. Dort sitzen erfahrene Konspirateure ein, ich denke nur an Smirnow oder an Mratschkowski. Übrigens kann ich mir vorstellen, daß Mratschkowski die Haft bestimmt schon satt hat. Er ist ein nur wenig gebildeter Mann, aber sehr tatendurstig und hält sich für einen großen Militärstrategen.«
Jeshow schrieb alles sorgfältig auf seinen Block.
»Wenn Sie im großen und ganzen ein paar hundert Trotzkisten aus den Gefängnissen und Lagern herbringen«, resümierte Stalin, »so werden Sie etwa zwanzig, dreißig Personen finden, die die Aussichtslosigkeit ihres Kampfes gegen die Partei einsehen und erkennen werden, in welchen Sumpf Trotzki sie gezogen hat, und zweifellos werden sie durch ein ehrliches und offenes Geständnis aus diesem Sumpf herauskommen wollen. Natürlich ist das keine einfache Aufgabe. Aber die Aufgaben des NKWD waren noch nie einfach. Der Kampf mit dem Feind ist eine schwere, aber ehrenvolle Arbeit. Bei der Bewältigung dieser Aufgabe muß den Tschekisten bewußt sein, daß sie eine verantwortungsvollen Auftrag der Partei erfüllen.«
Er blieb vor Jagoda stehen und sagte langsam und nachdrücklich: »Die Partei verfügt über unwiderlegbare Beweise, daß Trotzki eine wüste, subversive Kampagne gegen die Sowjetunion anführt. Unseren Ermittlungsorganen bleibt nur eins übrig: Die Mitglieder des ›Vereinigten Zentrums‹ zu zwingen, ihre Teilnahme an terroristischen Aktivitäten zu gestehen, insbesondere an der Ermordung des Genossen Kirow.« Er machte eine Pause, ohne seinen düsteren Blick von Jagoda zu wenden. »Sie müssen gestehen, denn was ich eben sagte, entspricht den Tatsachen. Sollten sie sich weigern, diese Tatsachen zuzugeben, haben sie mit den schlimmsten Folgen zu rechnen.«

Jagoda und Jeshow verließen das Arbeitszimmer.
Stalin blieb allein.
Daß Jagoda Jeshows Anwesenheit nicht paßte, war keineswegs ein Zufall. Hinter dieser Verärgerung stand viel mehr als einfache Rivalität. Er hatte begriffen, daß ER ihn nicht für einen Helfer hielt, hatte begriffen, daß ER nicht Helfer, sondern Vollstrecker brauchte, hatte begriffen, daß er alle seine Taten selbst verantworten mußte und keiner bereit war, diese Verantwortung mit ihm zu teilen.
Es war nicht das erste Mal, daß Jagoda so demonstrativ wie heute seine Unzufriedenheit gezeigt hatte. Er verheimlichte nicht seine Sympathie und sein Mitgefühl für Medwed und Saporoshez. Er hatte die beiden in einem Spezialwagen wegbringen lassen. Und zuvor hatte er sie kommen lassen und mit ihnen gesprochen. Warum hatte er sie bestellt, worüber mit ihnen gesprochen?
Er hatte sie sicherlich getröstet: Geduldet euch, meine Lieben, es wird schon alles ins Lot kommen, es hat sich nun mal so ergeben und nicht durch unsere Schuld. ER hat darauf bestanden, aber wir lassen euch nicht im Stich. Sie waren mit ihrer Bestrafung nicht einverstanden, waren der Ansicht, daß es keine Gründe für eine solche Bestrafung gab. Sie wollten nicht das Geringste für die Partei opfern. Sie protestierten, äußerten ihr Mißfallen, wollten den Fall Kirow verschleiern.
Warum wurde Medweds Frau erlaubt, zu ihrem Mann zu fahren und wieder zurückzukommen? Warum diese Demonstration vor aller Augen?
Schanin, der Chef der Transportabteilung des NKWD, hatte Saporoshez zwei Plattenalben mit alten russischen Liedern geschickt. Warum? Um einen Freund, der ins Unglück geraten war, zu trösten? Konnte Saporoshez nicht ohne diese Schallplatten auskommen?
Sogar Pauker, der Chef von SEINER, Stalins Leibwache, ein Feigling und Poseur, seines Zeichens Friseur aus Budapest, hatte es gewagt und sich nicht gefürchtet, Saporoshez einen Radioempfänger zu schicken. Sie hatten Mitleid mit ihm, zeigten ihm ihr Mitgefühl. Ach, da ist unser armer Wanja für nichts und wieder nichts reingeschlittert ... Bei ihrer Arbeit durfte es keinen Platz für Mit-

leid geben. Saporoshez wäre sehr gut ohne Schallplatten und ohne Radio ausgekommen. Es ging ihm dort in der Ferne wunderbar. Und Medweds Frau hätte auch bei ihrem Mann wohnen können und nicht hin- und herzureisen brauchen.

Nichts als eine Demonstration: Wir Mitarbeiter des NKWD wissen alles und lassen unsere Leute nicht im Stich.

Er verstand natürlich ihre »menschlichen« Gefühle, aber sie hätten ihre Gefühle gut und gern unterdrücken können und nicht allen die Unschuld von Saporoshez unter die Nase zu reiben brauchen, um so den Fall Kirow in Zweifel zu ziehen.

Gerade das wollten sie IHM zeigen, wollten ihm zeigen, daß sie stark waren und einander unterstützten, einerlei, wo sie sich befanden. Sie waren keine kleine Jungen, keine Kinder und mußten verstehen, daß ER sich nicht mit Spielereien befaßte. Verstanden sie denn nicht, was ER mit Medwed und Saporoshez hätte machen können, die ein Mitglied des Politbüros nicht geschützt hatten?

Er hätte sie erschießen lassen sollen.

Sie waren lediglich versetzt worden und zwar in leitende Stellungen, buchstäblich in ein Sanatorium, der eine für zwei, der andere für drei Jahre. Und wie konnten sie nur glauben, daß sie SEINE Helfer seien, daß ER sie fürchten müsse, daß ER in ihrer Hand sei. Aber nun zeigten sie ihre Kraft, Unabhängigkeit und Unzufriedenheit. Das war der Keim einer Verschwörung, einer neuen Verschwörung, der »Tschekisten-Verschwörung«.

Jagoda und der Apparat des NKWD erfüllten SEINEN Willen. Vorerst. Und nur vorläufig. Und darum mußten Jagoda und sein Apparat ausgewechselt werden. Jagoda hatte die Säuberung gegen die Feinde innerhalb der Partei geführt und sein Apparat ebenfalls. Aber nur gegen jene, die offiziell in irgendwelchen Fraktionen gewesen waren: die Trotzkisten, die Sinowjew-Anhänger und andere, vielleicht auch die rechten Abweichler. Mehr als das würden sie jedoch nicht tun, in der bevorstehenden revolutionären Umgestaltung der Kaderpolitik waren sie keine Helfer, im Grunde genommen waren die ausschlaggebenden Mitarbeiter des NKWD noch die alten Tschekisten, also Parteifunktionäre, die sich »ideologisch« verpflichtet fühlten und ihren Kampf gegen die Feinde als »ideologischen Kampf« auffaßten.

Wenn sie gegen die Feinde innerhalb der Partei kämpften, bildeten sie sich ein, Politiker zu sein, und betrachteten ihre Arbeit als politische Arbeit, wobei sie vergaßen, daß sie nicht mehr die GPU, die Politische Hauptverwaltung, waren, sondern einfach die Hauptverwaltung für Staatssicherheit. Sie hatten für die Sicherheit des Staates, der Partei und der Parteiführung zu sorgen. Sie waren nichts weiter als Vollstrecker und Bewacher.

Selbst wenn sie SEINE Politik weiterhin durchführten, würden sie sich immer weniger für Vollstrecker und Bewacher, sondern für Helfer halten und je länger das dauerte, desto mehr würden sie das zeigen wollen.

Aber jetzt war es noch zu früh, sie auszuwechseln. Sollten sie erst Sinowjew und Kamenew endgültig vernichten – das würden sie tun, dazu waren sie ja schon bereit gewesen, und das stand auch in ihren Kräften, mit Trotzkisten und Sinowjew-Anhängern beschäftigten sie sich schon lange, sie kannten diese Leute und würden den Prozeß vorbereiten.

Den Prozeß selbst sollte Wyschinski durchführen, der bestimmt damit fertig werden würde. Inzwischen müßte Jeshow, der als Sekretär des ZK auch dem NKWD vorstand, sich in die Materie einarbeiten und gleich nach dem Prozeß Jagoda ablösen und seine eigenen Leute mitbringen, die Jagodas Apparat ersetzen würden.

Ob sie Widerstand leisten könnten? Sehr zweifelhaft. Der Schlag würde überraschend geführt werden. Außerdem gab es ein Gegengewicht: die Armee.

Ein provisorisches Gegengewicht, aber vorerst doch ein Gegengewicht.

Die Armee war schon immer unzuverlässig gewesen. Jede Armee war unzuverlässig, wenn die Wachsamkeit auch nur für einen Augenblick nachließ, wenn man die Zügel auch nur ein wenig lockerte. Alle Palastrevolutionen wurden von der Armee oder richtiger gesagt, von der Führung der Armee gemacht. Nur die Oktoberrevolution hatte sich nicht auf die Armeeführung gestützt, sondern im Gegenteil auf die Soldaten, die die Waffen hatten.

Auf die Spitze der Armee war nie Verlaß gewesen. Die jetzige Armeeführung war noch unzuverlässiger als die im NKWD. Dort gab es viele heimliche Anhänger von Trotzki, viele hatten mit ihm gearbeitet, als er noch Volkskommissar der Kriegsmarine gewesen war, für viele war er ein Teil ihrer »heldenhaften Vergangenheit«. Sie hielten sich für die Heroen des Bürgerkriegs und wollten die Rolle und Bedeutung des Genossen Stalin im Bürgerkrieg nicht anerkennen, sie haßten ihn glühend.

Bis heute drehte sich ihm der Magen um, wenn ER an diesen Lumpen, diesen Halunken Schmidt dachte. Auf dem XV. Parteitag hatte Schmidt die Opposition unterstützt. Als ER, Stalin, nach der Diskussion den Kreml verlassen hatte, war Schmidt auf IHN zugekommen, aufgetakelt wie ein Papagei, in einem schwarzen Tscherkessen-Überwurf mit Silbergürtel, schräg aufgesetzter hoher Pelzmütze, und hatte IHN wie zum Spaß, gewissermaßen kameradschaftlich-freundlich mit gepfefferten Kasernenhof-Flüchen überschüttet. Damals hatten das alle als derben Soldatenscherz empfunden, völlig unpolitisch, als habe der alte Haudegen, Parteimitglied seit 1915, der schon im Weltkrieg mit vier Georgskreuzen und im Bürgerkrieg mit zwei Orden des Roten Banners dekoriert worden war, sich bloß einen Spaß machen wollen. Aber Stalin hatte das durchaus nicht als Scherz empfunden und selbst wenn es einer gewesen war, so war er in jedem Fall kennzeichnend für die Einstellung all dieser unverschämtüberheblichen »Bürgerkriegs-Heroen« zu IHM, Stalin.

Jetzt führte Schmidt eine Panzerbrigade unter Jakir. Er war mit Jakir und Primakow, einem ehemaligen Kosakenkommandeur befreundet, und außerdem war Turowski, ständiger Chef des Stabes bei Primakow, ein Verwandter von Schmidt: Ihre Frauen waren Schwestern. Und diese Clique hatte Jakir, Tuchatschewskis treuester und engster Kumpan, unter seine Fittiche genommen.

Noch hielten sie still, und wenn sie SEINE Rolle im Bürgerkrieg anerkannten, so nur gezwungenermaßen, jedes Wort mußte aus ihnen herausgepreßt werden. Auf diesen Kader stützte sich Tuchatschewski – ein potentieller Bonaparte, ein zaristischer Offizier, der sich nur aus Ehrgeiz der Revolution angeschlossen hatte.

Tuchatschewski und seine Männer würden ihre Niederlage 1920 vor Warschau nie vergessen, die sie damals dem Genossen Stalin

hatten zuschreiben wollen. Sogar Lenin hatte ihnen mit seinen boshaften Worten die Stange gehalten: »Wer marschiert schon über Lwow nach Warschau?«
Aber Lenin war schon immer viel zu vertrauensselig gewesen und hatte Tuchatschewski für einen ehrlichen, der Revolution ergebenen Militär gehalten. Davon hatte ihn Valerian Kuibyschew überzeugt, und den wiederum hatte sein Bruder, ehemals Tuchatschewskis Schulfreund und jetziger Korpskommandeur, zu dieser Überzeugung gebracht.
Natürlich hatte auch Trotzki Tuchatschewski unterstützt, in der Hoffnung, mit dessen Hilfe bis nach Berlin vorstoßen zu können: Die ganze Sache war nichts als ein Glückspiel gewesen, ein leichtsinniges, gefährliches Abenteuer, das die schlimmsten Folgen für die Sowjetmacht hätten haben können. Aus Warschau wäre ein neuer Julius Caesar, ein neuer Bonaparte gekommen. Eine solche Chance hätte man Tuchatschewski nicht geben dürfen, und ER hatte sie ihm nicht gegeben. Und damit hatte ER die Sowjetmacht und den sowjetischen Staat geschützt.
Was immer Tuchatschewski in seiner Schrift *Der Marsch zur Weichsel* behaupten mochte, recht hatte ER, und die Geschichtsschreibung würde das bestätigen.
Auf Tarnung bedacht lag Tuchatschewski vorläufig im Hinterhalt, konzentrierte sich angeblich auf die Militärwissenschaft, verfaßte militärische Abhandlungen. Er hatte sich nie irgendwelchen Oppositionen angeschlossen, dieser Möchtegern war seinen eigenen Weg gegangen, hatte nie auf jemanden gesetzt, sich nur auf sich selbst verlassen, ein unabhängiger Berufssoldat, der politische Intrigen und Kontroversen ablehnte und durchaus fähig war, gegebenenfalls die Ordnung im Land wiederherzustellen und notfalls die Ideale der Revolution vor der Diktatur zu retten, das hieß, die Sowjetmacht vor IHM, Stalin zu retten – das war sein Endziel, das war seine Hauptaufgabe! Er sah sich selbst als Diktator.
Auch die politischen Organe in der Armee waren nicht vertrauenswürdig, in ihnen gab es noch mehr Trotzkisten als im Kommandeurskader. Die Armee war nach wie vor eine Bauernarmee, und nach der Kollektivierung und der Entkulakisierung war auf die Mannschaften ebenfalls kein Verlaß. Gegenwärtig waren auch die

Arbeiter zu drei Vierteln Kinder ehemaliger Kulaken und Kulakenhelfer.
Mit Tuchatschewski allein war es noch nicht getan. Alle potentiell gefährlichen Kräfte in der Armee mußten vernichtet werden. Allen voran ... Tuchatschewski, Jakir, Uborewitsch.
Nun ja, das waren bekannte Namen. Heute. Aber wer würde sich morgen an sie erinnern? An der Spitze des Oktoberumsturzes hatte das militärische Revolutionskomitee des *Petrograder* Sowjets gestanden: Trotzki, Dybenko, Krylenko, Raskolnikoff, Antonow-Owsejenko, Smilga, Bubnow, Dzierżynski, Podwoiski, Swerdlow, Miljutin ... Wer erinnerte sich noch an sie? Swerdlow und Dzierżynski waren gestorben, Trotzki, der ärgste Feind, war im Ausland, Smilga im Gefängnis, und die übrigen wären dort auch am besten aufgehoben.
Tuchatschewski, Jakir und Uborewitsch würden auch in Vergessenheit geraten oder als Spione und Verräter in Erinnerung bleiben. Ein Kleeblatt von Gesinnungsgenossen, nach ihnen würde eine ganze Reihe von Anhängern zur Rechenschaft gezogen werden, fast der ganze Kommandeurskader. Die Armee würde das aushalten. In drei, vier Jahren würde ein neuer Kommandeurskader nachwachsen. Für den Krieg brauchte man nicht unbedingt hochgebildete Militärs, und schon gar nicht Militärs aus der zaristischen Schule.
Wer hatte denn die Armeen, Divisionen und Brigaden im Bürgerkrieg geführt? Frunse, Budjonny, Woroschilow, Parchomenko, Laso, Kikwidse, Stschors, Kotowski. Und wer war der erste Oberbefehlshaber Krylenko gewesen? Ein Fähnrich. Und der Volkskommissar der Kriegsmarine, Trotzki? Ein Journalist.
Wer waren Napoleons Marschälle gewesen? Bäcker und Fleischer. Der Krieg war einfach. ER hatte den ganzen Bürgerkrieg an der Front verbracht, ohne je zuvor in der Armee gedient zu haben.
Der Personalwechsel würde der Armee überhaupt keinen Schaden zufügen. Die niedrigen Chargen würden zu mittleren, die mittleren zu höheren, die höheren zu ganz hohen aufsteigen. Alles würden sie IHM und nur IHM verdanken. Das war dann SEINE Armee. Zusammen mit den liquidierten Kommandeuren würden sich auch alle Mythen des Bürgerkriegs in Nichts auflösen, eine neue Ge-

schichte des Bürgerkriegs würde geschrieben werden, die einzig wahre Geschichte des Bürgerkriegs, in der SEINE Rolle wahrheitsgetreu und gerecht dargestellt sein würde.

Mit der Armee mußte schlagartig reiner Tisch gemacht werden. Vorerst mußte man sich auf Schmidt, Primakow und Putna beschränken. Divisionskommandeur Putna war ein enger Freund von Tuchatschewski seit vorrevolutionären Zeiten, sie hatten zusammen bei der Leibgarde, im Semjonow-Regiment, gestanden. 1923 war er zur Trotzki-Opposition gestoßen, von der er sich später formell getrennt hatte. Aber bei Lichte besehen war er dabeigeblieben. Schmidt, Primakow und Putna ließen sich mit dem bevorstehenden Sinowjew-Kamenew-Prozeß in Verbindung bringen, wenn die Aussagen der Angeklagten sie belasten würden. Das mußte natürlich Tuchatschewskis Argwohn wecken, aber Gesetz war Gesetz, Aussagen mußten eben überprüft werden.

Vorerst mußten sie sich in Sicherheit wiegen können, er würde sie also in nächster Zeit aufmerksam und rücksichtsvoll behandeln.

Äußerlich betrachtet wirkte die Armee gegenwärtig unter der Führung von Woroschilow wie aus einem Guß. Tuchatschewski als sein Stellvertreter befaßte sich mit der Umrüstung der Armee, arbeitete als bester Militärtheoretiker des Landes an der Planung des künftigen Krieges, entwickelte eine neue Militärdoktrin, beschäftigte sich mit der Theorie der »tiefgestaffelten Operation« im Gegensatz zur »Sackgasse des Stellungskrieges«, wie er das nannte.

Jawohl, der Bürgerkrieg war kein Stellungskrieg gewesen, und das war nur zu natürlich, das ganze Land war eine einzige Front, neue Fronten entstanden fast täglich – es war ein Bewegungskrieg gewesen.

Aber war es gerechtfertigt, die Erfahrungen des Bürgerkrieges auf den Krieg zwischen mehreren Staaten auszudehnen? Jeder Staat befestigte seine Grenzen. Gerade deshalb war der Weltkrieg ein Stellungskrieg gewesen. Und der künftige Krieg würde auch ein Stellungskrieg sein. Die Franzosen hatten ja nicht zufällig an ihrer Grenze mit Deutschland die Maginot-Linie gebaut, die fast 400 km lang war, und sie befestigten sie weiter.

Waren die französischen Militärtheoretiker vielleicht dümmer als Tuchatschewski? Verstand General Weygand weniger als Tuchat-

schewski? Jener General Weygand, der Tuchatschewski vor Warschau eine Niederlage beigebracht und in die Flucht geschlagen hatte. Weygand ließ die Maginot-Linie bauen und rüstete zum Stellungskrieg, während Tuchatschewski den Stellungskrieg ablehnte und behauptete, daß der Krieg gleich am Anfang mit einem tiefen Durchbruch ins Hinterland des Gegners beginnen würde. Wozu benötigte Tuchatschewski eine solche Theorie? Um im gegebenen Moment größere Stoßverbände unter seinem Kommando zusammenzuziehen und sie in die Richtung marschieren zu lassen, die er, Tuchatschewski, bestimmen würde. Das war der Krieg, den Tuchatschewski vorbereitete. In allen seinen Vorlesungen, Manöverkritiken und am Sandkasten behauptete Tuchatschewski, daß Deutschland der potentielle Gegner sei. Nichts als Worte. Tuchatschewski haßte Deutschland, es war ein persönlicher Haß. Er war in Gefangenschaft gewesen, hatte fünf Fluchtversuche unternommen, von denen erst der fünfte geglückt war. Als ehemaliger zaristischer Offizier haßte er Deutschland, weil die Deutschen die Russen im letzten Krieg geschlagen hatten ... Und als alter zaristischer Offizier sah er in Frankreich den natürlichen Gegner Deutschlands und den natürlichen Verbündeten Rußlands. Er konnte und wollte nicht begreifen, daß Deutschlands Niederlage im Weltkrieg die Situation von Grund auf verändert hatte. Für Deutschland waren die Hauptgegner jene Länder, die den Versailler Vertrag diktiert hatten, nämlich Frankreich und England.
Was auch immer Hitler in seinem Buch *Mein Kampf* geschrieben hatte, was immer er sagte, und verkündete, das war alles nur Bluff ... Mit seinen an den Osten gerichteten Drohungen wollte Hitler bloß die Wachsamkeit der Franzosen und Engländer einschläfern. Deutschlands potentieller Verbündeter war weder Frankreich noch England, sondern die Sowjetunion. Die potentiellen Gegner der Sowjetunion waren Frankreich und England, Frankreich wegen seiner Einflußsphären in Europa, England wegen seiner Einflußsphären in den Kolonien in Asien und Afrika. Durch seine Position stieß Tuchatschewski Deutschland in die Arme von Frankreich und England und förderte, objektiv gesehen, einen militärischen Zusammenschluß dieser drei Länder gegen die Sowjetunion. Tuchatschewski provozierte einen Krieg und rüstete

eine Armee für sich, die er im gegebenen Moment für einen militärischen Umsturz einsetzen würde. Nach dem Umsturz würde er manövrieren können.
War ein militärischer Umsturz durchzuführen? Zweifellos. Die Armee hinter sich, würde er sich auf die getreuen Heerführer wie Uborewitsch, Jakir, Below und andere stützen, demagogisch die Unzufriedenheit der Bauern ausnützen, die Unzufriedenheit des seine Auswechslung befürchtenden Apparat, demagogisch die Verteidigung der Revolution gegen die »Stalin-Diktatur« verkünden und konnte so nicht nur einen Umsturz herbeiführen, sondern auch die Zügel in der Hand behalten, indem er alle SEINE Gefolgsmänner vernichtete. Vor einem Blutvergießen würde Tuchatschewski nicht zurückschrecken – die Niederwerfung des Kronstädter- und des Antonow-Aufstandes hatten das zur Genüge bewiesen.
Sollten sie sich getrost in solchen Hoffnungen wiegen, er würde Tuchatschewski zum ersten Stellvertreter des Volkskommissars für Verteidigung ernennen – als Vertrauensbeweis, um ihn glauben zu machen, daß Genosse Stalin nichts von seinen Plänen ahnte.
Aber der Monolith der Armee mußte zerschmettert, die Armee von der Politik, vom Volk getrennt und damit in größere Abhängigkeit von der Staatsführung gebracht werden. Die Armee hatte ein Werkzeug der Staatsmacht zu sein. Die Revolution hatte sie als politischen Machtfaktor geschaffen, im Bürgerkrieg war das eine Notwendigkeit gewesen, um die politische Macht zu behalten. Jetzt war das nicht mehr nötig, jetzt war das gefährlich und schädlich: War nämlich die Armee eine politische Kraft, so erhob sie Anspruch auf die politische Macht, auf jeden Fall aber auf eine Rolle im Kampf um die politische Macht. In der Armee mußten deutlich abgegrenzte Differenzierungen vorgenommen, also Dienstgrade eingeführt werden, wie in der zaristischen Armee, ja in allen Armeen der Welt. Die Einführung der Dienstgrade würde den Kommandeurkader von den Mannschaften trennen, und der Kommandeurkader würde wiederum in viele Ränge gegliedert sein, was die ehrgeizigen Bestrebungen der Offiziere nicht auf die Lage im Lande und in der Partei, sondern auf die eigene Position innerhalb der Armee lenken würde.

Die Höchstgestellten: Woroschilow, Budjonny, Blücher, Jegorow, Tuchatschewski erhielten den Rang eines Marschalls, die nächstfolgenden den Rang eines Generals. Nein, die Einführung des Generalsrangs war etwas verfrüht: Mit dem General verband sich der Gedanke an den zaristischen General. Das Wort Marschall stammte aus der Französischen Revolution, dabei dachte man an Napoleon, im zaristischen Rußland hatte es diesen Rang nie gegeben, es gab wohl den Feldmarschall, aber nicht den Marschall. Statt General müßte man sich zunächst mit dem Rang eines Armeekommandeurs, Korpskommandeurs, Divisionskommandeurs und Brigadekommandeurs behelfen. In den Rängen darunter konnte man schon die gleichen Bezeichnungen einführen wie in der zaristischen Armee: Oberst, Oberstleutnant, Major, Hauptmann und Oberleutnant. Mochten sich Jegorow und Tuchatschewski darüber Gedanken machen. Sie kannten sich da bestens aus.
Die Gehälter mußten ebenfalls je nach Rang gestaffelt werden, ergänzt durch ein System von Vergünstigungen: Gehaltszuschläge je nach Dienstalter, hohe Pensionen, für die höheren Offiziere mußten Wohnhäuser, Klubs und ähnliches gebaut werden – das würde die Armee noch mehr vom Volk trennen, das Volk hatte die Herren Offiziere nie gemocht. Zur Unterscheidung konnte man sogar eine neue Uniform für die Kommandeure einführen. Einschränkungen für die Kosaken waren abzuschaffen, die Uniform der Kosakenverbände wieder einzuführen.
Namentlich die Kosaken waren mit der Kollektivierung unzufrieden, sie waren an ihr Ständesystem gewöhnt, und nun hatte man sie in einfache Kolchosbauern verwandelt. Darum mußte die traditionelle Uniform der Donkosaken, der Kubankosaken und der anderen Kosaken wieder eingeführt werden. Mochten sie nur ihre Biesen und Mützen tragen, sollten sie ruhig ihrem Affen Zucker geben, das würde das Volk noch mehr spalten. Die Armee mußte sehen, daß ER sie liebte und sich für sie einsetzte und ihr absolut vertraute, vor allem auch den Kommandeuren. Zu diesem Zweck konnte man sogar die politischen Organe reorganisieren – man konnte den Kommandeuren den Anschein einer größeren Selbständigkeit geben.

Diese Maßnahmen würden die Armee für den Zeitraum neutralisieren, in dem der Wechsel im Apparat des NKWD vor sich ginge. Später, auf den neuen Apparat des NKWD gestützt, mußte blitzartig der Schlag gegen die Militärs geführt werden, gegen Tuchatschewski und seine Clique, gegen die sogenannten Heroen des Bürgerkriegs, die überzeugt waren, daß ihre ehemaligen Kriegsverdienste sie von der Pflicht befreiten, der Parteileitung treu zu dienen. Jetzt brauchte keiner mehr diese »Heroen«.
Natürlich war die Romantik des Bürgerkrieges ein gutes Kapital. Ein Kapital, das man für die Erziehung der Jugend in Filmen und Büchern, brauchte.
Tschapajew war ein guter Film, es hieß, daß sogar die Kinder Tschapajew spielten.
Sollten möglichst viele Filme über die Helden des Bürgerkriegs gedreht werden, aber nicht über die lebenden, sondern über die gefallenen oder gestorbenen: Stschors beispielsweise, Kotowski, Parchomenko, Laso, Kikwidse. Nur über die! Keinen einzigen Film und kein Buch über die Lebenden. Es war ja noch nicht klar, was mit den Lebenden geschehen würde! Eigentlich war Serafimowitsch ein guter Schriftsteller, *Der eiserne Strom* ein populäres Buch, aber die Hauptfigur war eine real existierende Person: der damalige Kommandeur der Taman-Division, Kowtjucha, ein ehemaliger Stabskapitän der zaristischen Armee, eine in jeder Hinsicht zweifelhafte Persönlichkeit.
Die Hauptaufgabe war jetzt, den Umstand von Kirows Ermordung auszunutzen. Für den Anfang der öffentliche Trotzkistenprozeß gegen Sinowjew und Konsorten, ein großer Prozeß, in den möglichst viele verwickelt werden sollten. Und alle mußten erschossen werden.
Dieser Gerichtsprozeß wäre der Anfang der Vernichtung aller Feinde, der aktiven, der abwartenden und der potentiellen, er würde andere Prozesse nach sich ziehen: öffentliche und geheime, er wäre der Anfang der Umwälzung in der Personalpolitik.
Kirow, Kirow, Kirow! Dieses Opfer durfte das Volk nicht vergessen, dieses Opfer mußte das Volk immer vor Augen haben und seinen Tod rächen und nochmals rächen. Dem Volk mußte die Liebe zu Kirow eingeimpft werden, ins Herz und ins Bewußtsein,

das Volk durfte Kirow keinen Augenblick vergessen. Man mußte Bücher über Kirow veröffentlichen, Filme über Kirow drehen, Städte und Dörfer nach ihm nennen, Fabriken und Betriebe, Museen und Theater. Alles mußte dem Volk Kirow in Erinnerung bringen, er mußte zur Reliquie werden, zum ewigen Schmerz des Volkes, zu einer immer blutenden und nie verheilenden Wunde. In dieser Wunde mußte immer wieder gewühlt werden, sie mußte dem Volk wieder in Erinnerung bringen, daß es Feinde gab, die vernichtet werden mußten.

Alle Kampfgenossen von Kirow, die unter seiner Leitung in Leningrad gearbeitet hatten, wurden liquidiert.
Die Mitglieder des Büros des Leningrader Gebietsparteikomitees, die in Personalunion Mitglieder oder Kandidaten des ZK der KPdSU waren: Tschudow, Kodazki, Alexejew, Smorodin, Posern, Ugarow, Struppe wurden zwischen 1937 und 1939 erschossen.
Erschossen wurden auch die meisten Mitglieder des Leningrader Gebiets- und Stadtparteikomitees sowie der Kommission für Parteikontrolle.
Innerhalb von fünf Jahren, 1933 bis 1938, schrumpfte die Leningrader Parteiorganisation um die Hälfte.
Auf dem XVII. Parteitag, bei dem Kirow die Delegation der Leningrader Parteiorganisation anführte, zählte man insgesamt 154 Delegierte, einschließlich Stalin, Andrejew und Schkirjatow. Auf dem XVIII. Parteitag 1939 waren von den 154 nur noch drei Delegierte anwesend: I. W. Stalin, A. A. Andrejew und M. F. Schkirjatow.

17

Es wurde Herbst. Dieser Herbst 1935 war der zweite während Saschas Verbannung. Der Kuhstall war gebaut, und Sascha war wieder arbeitslos. Der Strom würde mit Schlammeis gehen, und er, ohnehin einsam, würde nun wieder völlig von der Welt abgeschnitten leben müssen. Der Herbstregen setzte ein. Das Dorf schien völlig ausgestorben, sogar die Hunde hielten sich versteckt. Sascha las noch einmal die alten Zeitungen, die alten Zeitschriften, er kannte sie mittlerweile schon auswendig.

Sida war im Sommer 1935 in den Ferien zu ihrer Tochter gefahren, kam aber am 1. September nicht zurück, die Schule bekam eine andere Lehrerin. Folglich war sie für immer weggefahren und auf ebenso sonderbare Weise aus seinem Leben verschwunden, wie sie aufgetaucht war. Erst im Winter bekam Sascha einen Brief von ihr.

»Leb wohl, Sascha. Hab Dank für alles, was Du mir gegeben hast. Ich wünsche Dir Glück und Freiheit. Denk an mich ...«

Ein Brief ohne Absender, der Stempel auf dem Umschlag war so undeutlich, daß Sascha ihn nicht entziffern konnte. Sie war verschwunden.

Warum? Wegen seines Tagebuches? Aber er hatte doch damals ehrlich bereut, sie um Verzeihung gebeten, sich mit der Befürchtung gerechtfertigt, daß er andere Leute ins Unglück stürzen könnte, sie hatte nicht widersprochen, war auch nicht gekränkt gewesen, ihre Beziehung hatte sich scheinbar wieder eingerenkt und trotzdem war offenbar eine Wunde zurückgeblieben. Und dann noch Warja. Sascha hatte oft an sie gedacht, und Sida mußte das gefühlt haben, obwohl sie es sich nicht anmerken ließ und keine Eifersucht zeigte. Vielleicht gab es noch einen anderen Grund: Sie sah, daß die Deportierten von der Angara weggebracht wurden, das würde auch Sascha passieren können. Vielleicht hatte sie das nicht erleben wollen, war deshalb selbst weggefahren und nicht zurückgekehrt. Was wahrscheinlich vernünftig war.

Den Brief an Stalin schickte Sascha nicht ab.
In den Zeitungen stand vieles, was Hoffnung gab: Neue Namen, neue Volkshelden: Der Kohlenhauer Stachanow, der Lokführer Kriwonos, der Fräser Gudow, der Schmied Busygin, der Arbeiter in der Schuhfabrik Smetanin, die Weberinnen Jewdokija und Maria Winogradow, die Kolchosbäuerinnen Maria Demtschenko und Maria Gnatenko, die Traktorfahrerinnen Angelina und Kawardak – Menschen, die Wegbereiter des heldenhaften Arbeitseinsatzes der Massen waren. Die erste Strecke der Moskauer Metro war eingeweiht, neue Fabriken waren in Betrieb genommen worden.
Konnte ein geknechtetes terrorisiertes Volk solche Taten vollbringen? Nein, das Volk war nicht geknechtet und terrorisiert, das Volk stand hinter der Partei, stand hinter Stalin, vertraute ihm, glaubte an ihn, und Stalin war eins mit dem Volk, er traf sich mit Hüttenarbeitern, Kolchosbestbauern, Kommandeuren der Roten Armee, Absolventen der Militärakademien, mit Kolchosbäuerinnen, Kohlenhauern, Mähdrescherfahrern und Baumwollanbauern. Andererseits – wenn sogar die Köpfe von Lenins Mitarbeitern rollten, was war dann sein, Saschas, Kopf wert?
Früher bedeutete das Wort »Kommunist« Zugehörigkeit zu einer großen Bruderschaft von Gesinnungsgenossen, jetzt klang es gefährlicher als das Wort »Weißgardist«. Ein Weißgardist lebte ungetarnt, ein Kommunist dagegen war durch sein Parteibuch getarnt, darum mußte man ihm gegenüber besonders wachsam sein – diese Schlußfolgerung ergab sich jedenfalls aus der Zeitungslektüre.
Dabei war er einmal so naiv gewesen, daß er glaubte, die Politik zu verstehen, als Komsomolze hatte er davon geträumt, an der Kommunistischen Universität und anschließend am »Institut der Roten Professur« zu studieren, um sich beruflich der Parteiarbeit widmen zu können. Aber dann hatte er sich doch für den Ingenieurberuf entschieden – das Land brauchte Fachleute, er hatte sich schon als Industriekapitän, als führenden Kopf in der Wirtschaft, also wieder als Politiker gesehen. Aber was für ein Politiker war er denn? Und was war eigentlich ein Politiker? Politik war gar nicht das, was er sich früher einmal darunter vorgestellt hatte: etwas Einfaches, Geradliniges, Ehrliches, von einer Idee Bestimmtes,

ohne Intrigen und Betrug. Er war ein naiver Dummkopf gewesen und darum war er auch hier. Wäre er wirklich ein Politiker gewesen, geschickt und gewandt, hätte er bestimmt daran gedacht, daß in einer Wandzeitung zum 1. Mai der Name des Genossen Stalin auf gar keinen Fall fehlen durfte, daß man die Fotos von den besten Studenten nicht durch Reimereien verunglimpfte, daß es nicht ratsam war, sich mit dem Dozenten für Buchhaltung anzulegen, zumal sich der hinter dem Marxismus-Leninismus verschanzte. Und wenn man dich schon in die Parteiversammlung zerrt, so hast du gefälligst zu bereuen und deine Fehler einzugestehen. Und nachdem dann Solz seine Wiederaufnahme an der Hochschule veranlaßt hatte, hätte er es nicht mit Baulin und Losgatschow verderben dürfen. Ein echter Politiker wußte, was ratsam war und was nicht, was erlaubt und was verboten war.
Jura Scharok hatte tunlichst vermieden, Lastträger zu werden, und in einer hellen, warmen Werkhalle gearbeitet, während Sascha sich in Schnee und Regen mit den Fässern abgeschunden hatte. Scharok hatte Jura studiert und arbeitete jetzt »dort«. Innerlich war er gegen die Revolution, absolut antisowjetisch eingestellt, aber er war trotzdem beim NKWD. Sascha dagegen befand sich in Haft. Jura war ein durchtriebener Bursche, Sascha dagegen ein naiver Tor. Er hätte angenehm leben und fest an die Idee glauben können, wie es Millionen andere taten; er hätte sich von jeder Politik fernhalten und seinen Studien, seiner Arbeit nachgehen sollen, wiederum wie Millionen Menschen, die an den Kommunismus glaubten und sich nicht in die Politik einmischten. Politik war nichts für ihn, Politiker waren ehrgeizig, strebten Machtstellungen an, setzten Himmel und Hölle in Bewegung, um ihre Macht zu behaupten, was unweigerlich zu Politikastertum, zu Intrigen, Lügen, Verrat und Vernichtung der Gegner führte. Der letzte Prozeß bewies es.
Gegen seine eigentlichen Interessen hatte sich Sascha für ein technisches Studium entschieden, statt Sozialwissenschaften oder Geschichte zu studieren. Dabei hatte er sich seit jeher für Geschichte interessiert und kannte sich aus, aber konnte sich denn ein Historiker aktiv am sozialistischen Aufbau beteiligen? Was bedeutete schon ein altes Dokument, das ein Historiker entdeckte und das ihm zu Ruhm verhalf im Vergleich zu einem Ziegelstein, den ein

Maurer ins Fundament eines Hochofens setzte? Das Dokument war die Vergangenheit, der Hochofen die Zukunft – das waren seine Überlegungen, denn er war überzeugt, daß die materiellen Werte ausschlaggebend seien – sowohl für die Menschheit wie auch insbesondere für Rußland, das aus einem rückständigen in ein fortschrittliches Land, aus einem Agrar- in einen mächtigen proletarischen Industriestaat verwandelt werden sollte, das Bollwerk der künftigen Weltrevolution. Durfte man sich da mit Ausgrabungen in Archiven befassen?

Selbstverständlich konnte die Menschheit nicht ohne geistige Güter existieren, die der Erziehung des Volkes dienten. Sascha interessierte sich nicht nur für Geschichte, sondern auch für Literatur, er las russisch und französisch, las viel, prägte sich mühelos Gedichte ein, und ihm, der selbst als Kind nie geweint hatte, konnten bei einer besonders gelungenen Passage die Tränen in die Augen steigen.

Michail Jurjewitsch, sein Wohnungsnachbar in Moskau, hatte ihn einmal gefragt: »Sascha, warum schreiben Sie nicht?«

»Warum sollte ich?«

»Wenn man schreibt, gewöhnt man sich daran, seine Gedanken stilistisch einwandfrei zu formulieren. Schreiben zu können ist eines der wesentlichen Merkmale des Intellektuellen. In den humanistischen Gymnasien lehrte man diese Kunst, ohne Schriftsteller ausbilden zu wollen. Denken Sie nur an das Gymnasium in Zarskoje Sselo. Hätte es dort die von Hand geschriebenen Journale, die Literaturzirkel, die Stegreifdichtung und Stegreifepigramme nicht gegeben, – all das, was wir heute im Literaturzirkel lernen und schreiben, wer weiß, ob wir dann einen Puschkin hätten. Das Schreiben, und wenn man auch nur für sich schreibt, fördert die Beobachtungsgabe, die Vorstellungskraft und bildet den Menschen. Mir scheint, daß Sie einen großen Fehler begehen.«

Sascha mußte oft an Michail Jurjewitsch denken. Als Kind hatte er viele Stunden in dessen neben der Küche gelegenem Zimmer verbracht. Michail Jurjewitsch hatte ihm mal das eine, mal das andere Buch zum Lesen gegeben, sowohl schöngeistige Literatur als auch Geschichtsbücher, die Sascha besonders interessierten.

Als Sascha verhaftet wurde, war Michail Jurjewitsch aus seinem

Zimmer in den Flur gekommen, um Abschied zu nehmen und ihm Geld anzubieten. Ein durch und durch anständiger, ein großartiger Mensch, unerschütterlich in seinen Ansichten und Überzeugungen. Das Gymnasium in Zarskoje Sselo, Sascha lächelte spöttisch, hier in der Verbannung an der Angara klang das besonders aktuell. An der Angara machte er nicht einmal Notizen, geschweige denn Tagebucheintragungen. Die Adressen der Mutter, des Vaters, von Onkel Mark, der Tanten hatte er im Gedächtnis, das reichte. Er hatte nicht mal einen Notizblock. Sie konnten täglich eine Haussuchung machen, dann würde er genau erklären müssen, wer jeder einzelne war, die Erwähnung in seinen Notizen konnte den Betreffenden die Freiheit kosten.

Bloß nicht umkommen in dieser Maschinerie. Bloß freigelassen werden, wenn seine Frist verbüßt war. Er war doch absolut unschuldig.

Natürlich konnten sie ihm ohne jede Beschuldigung den Beschluß der Sonderkommission über eine Straffristverlängerung vorlegen, und da war keine Berufung möglich. Und wenn sie ihn doch freiließen?

Selbstverständlich würden sie ihn nicht einfach freilassen, sondern die Einschränkung machen, daß es ihm verboten sein würde, in zwanzig oder dreißig größeren Städten zu leben. Und mit einem bestimmten Vermerk im Paß, um ihn bei der ersten Gelegenheit wieder einzulochen. Und wenn er irgendwo eine Anstellung suchte, dann mußte er einen Fragebogen ausfüllen, die Vorstrafe war nicht zu verheimlichen, und dann war die Frage, ob man ihn überhaupt einstellte.

Er konnte als Kraftfahrer arbeiten, aber in jeder Garage, in jedem Kraftfahrzeugpark gab es den sogenannten Kaderbevollmächtigten, also einen Beamten, der für das Personal zuständig war und jeden überprüfte; da ließ sich die Vorstrafe auch nicht verheimlichen.

Folglich durfte er sich in keinem Amt, in keinem Betrieb sehen lassen. Er mußte etwas finden, wo keine Fragebogen ausgefüllt werden mußten, um nicht in ihr Blickfeld zu geraten.

Aber was gab es da? Einen freien Beruf ergreifen? Welchen? Zeichnen konnte er nicht, singen auch nicht. Er hatte auch nie versucht, Schauspieler zu werden, obendrein mußte man an jeder Bühne ebenfalls einen Fragebogen ausfüllen. Schade, daß er bei Fedja nicht Zieharmonikaspielen gelernt hatte, er hätte auf Tanzböden, bei Hochzeiten spielen, und sich irgendwie durchschlagen können ... Aber jetzt war's zu spät, Fedja mußte bald wegfahren. Also war ein freier Beruf der einzige Ausweg. Und ein Pseudonym – das war die Hauptsache. Nur mit einem Pseudonym konnte er sich vor ihrem »alles sehenden Auge«, vor ihren »alles hörenden Ohren« verbergen. Aber Pseudonyme hatten nur Schriftsteller, nur Dichter. Dafür brauchte man Talent, und Talent hatte er nicht. Michail Jurjewitsch hatte ihm geraten, zu schreiben, in der Schule hatten sie auch einen Literaturzirkel gehabt. Die Schüler sagten ihre Verse auf, trugen ihre Erzählungen vor. Sascha ging nicht hin, fand es komisch, hilfloses Geschreibsel vorzulesen, wenn es einen Puschkin und einen Tolstoi, einen Balzac und einen Shakespeare gab.

Den Unterricht im Zirkel für Geschichtswissenschaft dagegen hatte er besucht. Geleitet wurde der Zirkel vom Geschichtslehrer Alexej Iwanowitsch Strashew, einem ausgezeichneten Pädagogen und hervorragenden Erzähler. Im Zirkel bekam jeder ein bestimmtes Thema zugewiesen. Sascha hatte sich die Geschichte der Französischen Revolution ausgesucht. Alexej Iwanowitsch lobte seine Aufsätze. Einmal hatte er ihn sogar zu sich nach Hause eingeladen und mit ihm lange über Saschas Aufsatz gesprochen: »Saint-Just. Der Versuch eines politischen und psychologischen Portraits«.

Aber dann hatte sich Sascha doch für das Studium an der Hochschule für Verkehrswesen entschieden, wenn auch sein Interesse an Geschichte damit nicht erloschen war, er las, was immer ihm in die Finger geriet, und sammelte Bücher über die Französische Revolution. Wenn sich ihm die Gelegenheit bot, kaufte er eins dieser Bücher.

Jetzt konnte ihm das zugute kommen. Wie gut, daß er die Mutter schon im Winter gebeten hatte, ihm diese Bücher zu schicken. Sie lagen nun auf seinem Tisch. Bücher von Jaurès, aus dem Französischen übersetzt, Lefèbre und Cardel auf Französisch, Beiträge von Marx, Engels und Lenin, die sich auf die Französische Revolution bezogen, Bücher von Lukin und Tarlé ...

Im Grunde genommen hatte er jetzt einiges Material. Geschichtswissenschaftliche Aufsätze veröffentlichte man natürlich nicht unter einem Pseudonym. Aber er könnte diesen Stoff belletristisch abhandeln, könnte doch Skizzen oder Erzählungen über Robespierre, Saint-Just, Danton, Marat, über Marats Ermordung durch Charlotte Corday schreiben, über die Hinrichtung von Ludwig XVI. und Marie Antoinette, über den Kampf der Jakobiner gegen die Girondisten, über die Eroberung der Bastille, über Rouget de Lisle, den Dichter der Marseillaise, über Mirabeau, Lafayette ... Über das tragische Schicksal des Utopisten Babeuf. Wie viele Namen, wie viele Ereignisse, wieviel revolutionäre Romantik.
Sascha hatte noch Altajews Buch über die Hussitenkriege *Unter dem Banner des Bundschuhs* gut in Erinnerung, das er als kleiner Junge begeistert gelesen hatte, ebenso begeistert wie Altajews andere Bücher »Der Sklavenbefreier« über Lincoln, »Der schwarze Tod«, und »Unter dem Joch der Inquisition« ... All das waren historische Erzählungen für Kinder, die Beschreibung von Volksbewegungen und Revolutionen.
Als junger Mann hatte er diese Bücher noch einmal zur Hand genommen und erkannt, daß die Erzählungen von Altajew oberflächlich, naiv und sentimental, aber für Kinder durch die Fabel interessant waren. Und dann hatte er erfahren, daß Altajew das Pseudonym der Schriftstellerin Margarita Wladimirowna Janstschikowa war. Sie hatte ihr ganzes Leben unter diesem Pseudonym gelebt und historische Ereignisse zu spannenden Kinderbüchern verarbeitet.
Vielleicht würde auch ihm Ähnliches gelingen. Er kannte sich in Geschichte aus, verstand es, historische Quellen zu nutzen; Alexej Iwanowitsch hatte ihm das beigebracht.
Er hatte einfach keinen anderen Ausweg.
Seine erste Erzählung schrieb Sascha über Saint-Just. Er wußte nicht, ob sie ihm gelingen würde, aber er schrieb drauf los. Würde man bei einer neuen Verhaftung und einer Durchsuchung dieses Manuskript bei ihm finden, könnte er sagen: Ich schreibe Skizzen und Erzählungen für Kinder und Jugendliche. Natürlich würden sie sarkastisch lächeln – noch ein Schriftsteller –, aber das war ja

kein Verbrechen. Jeder war berechtigt, Erzählungen zu schreiben. Zumal es keine antisowjetischen Erzählungen, sondern im Gegenteil Skizzen über die Revolution waren, die Marx, Engels und Lenin sehr hoch bewertet hatten. Lenin hatte sie sogar die Große Revolution genannt.
Die Hauptsache war, möglichst viel zu schreiben.
Die größten Unkosten hatte er jetzt durch den Petroleumverbrauch. Er schrieb bis tief in die Nacht hinein, und wenn er am frühen Morgen aufstand, lief er sogleich zum Tisch – auf diesen Seiten war seine Zukunft, seine Freiheit. Er schrieb und schrieb. Schrieb jede Seite, jedes Kapitel mehrmals um und schließlich auch die ganze Erzählung. Die endgültige Version schrieb er in zwei Ausfertigungen ab, da er kein Blaupapier zur Verfügung hatte: ein Exemplar für sich, das andere für die Mutter, denn wer weiß, was ihm zustieß, wenigstens die Erzählungen würden dann erhalten bleiben. Sascha beeilte sich, um die Erzählungen mit der ersten Winterpost an seine Mutter abzuschicken. Aber als er das Exemplar für die Mutter abschrieb, mißfiel ihm wieder das eine oder andere, er arbeitete alles noch einmal um.
Die Arbeit schien kein Ende nehmen zu wollen.
Seine ersten Erzählungen über die Französische Revolution schickte Sascha erst im Winter 1936 an die Mutter.
»Ich habe viel freie Zeit, darum diese Schreibversuche. Aber zeige sie niemandem.«

Er litt nach wie vor unter seiner Einsamkeit, hatte aber auch keine Lust mehr, zu Lidia Grigorjewna zu gehen. Es gab nichts als ewige Diskussionen.
Sascha besuchte jetzt nur noch Fedja.
In dessen engem Laden war es richtig gemütlich. Es roch nach Drogerieartikeln und Lebensmitteln, und dieser Geruch unterschied sich angenehm von den bis zum Überdruß bekannten Dorfgerüchen. Der Ladentisch war eine überbreite abgehobelte Bohle, von der Decke hing die Waage herab, die wie ein Tragejoch aussah, an den Wänden standen Regale, die mit Tabak, Streichhölzern, gepreßten Teeziegeln, Töpfen, Nähgarn gefüllt waren. Man sah Kupferkessel mit Schrot- und Bleistücken, Blechbüchsen enthiel-

ten Zinkhütchen und Pulver, auf dem nächsten Brett standen Zukkerhüte in blauem Papier, gleich daneben lagen Ballen mit Bauerntuch, Kattun und Englischleder, an in die Wand geschlagenen Nägeln hing billiger Schmuck, Glasperlenketten, Ohrringe, Anhänger.

Jeder Nagel, jeder Ring kostete Geld – Fedja mußte auf alles achten, für alles haften, für jedes Stück Rechenschaft ablegen. Und alles mußte verkauft werden, bevor es verdarb, verfaulte oder herabgesetzt und zum Ladenhüter wurde. Kam der Revisor, mußte ihm der Schlund mit Speis und Trank gefüllt, mit Schnaps vollgegossen werden, und für die Rückfahrt bekam er noch etwas eingepackt. Fedjas Eifer wirkte ebenfalls gemütlich, wie er so herumwirtschaftete. Sich selbst konnte Sascha nicht hinter einem Ladentisch vorstellen, aber als kleiner Junge hatte er das Gewühl auf dem Markt am Smolensky-Platz geliebt. Anfang der zwanziger Jahre waren Lebensmittel in Moskau so knapp gewesen, daß die Mutter mit ihm im Sommer zum Großvater in ein kleines Städtchen bei Tschernigow gefahren war. Dort war Sascha ebenfalls gern in das bunte, malerische Treiben des ukrainischen Markts eingetaucht, dessen Getümmel einen eigenen Reiz hatte.

Fedja freute sich über Saschas Kommen, Zeit für eine Unterhaltung hatte er mehr als genug, Waren wurden jetzt nicht mehr angeliefert. Sobald die mit Schlitten befahrbare Winterstraße benutzt werden könnte, würde der neue Verkäufer in Mosgowa eintreffen und Fedja nach Krasnojarsk zum Lehrgang fahren. Am 1. Januar 1936 sollte er mit der Ausbildung beginnen und zwei Jahre später Vorsitzender des Bezirkskonsumgenossenschafts-Verbandes werden, und würden die oben Gefallen an ihm finden, durfte er damit rechnen, in den Krasnojarsker Konsumgenossenschaftsverband der Region aufzusteigen.

»Jetzt hat man die Bezeichnung Kreis abgeschafft. Wußtest du das? Jetzt heißt es nur noch Gebiet oder Region. Gebiet heißt es, wenn dort nur Russen wohnen, und Region, wenn außer den Russen dort auch andere Nationen siedeln: Tungusen, die jetzt Ewenken heißen, Hakassen, Dolganen, Nenzen. Es wird alles bestens! Was habe ich hier verloren? Für mich gibt's hier keine Zukunft. Wen sehe ich schon hier in Mosgowa? Keinen Menschen. Es gibt auch keinen Handel mehr. Was soll ich hier anfangen? Herumsitzen? Die Eichhörnchen sind weg, es gibt also auch keine Jagd, und kein Mensch hat Geld. Die Eltern werden bald sterben, Maria hat geheiratet ... Die Larissa? Was soll ich mit ihr, der Geschiedenen? In Krasnojarsk suche ich mir eine Städtische, kein Dorfmädchen, eine Gebildete, damit ich mich mit ihr zeigen kann und mich nicht genieren muß.«

So malte sich Fedja seine glänzende Zukunft aus, völlig unbefangen, obwohl er einen Menschen vor sich hatte, der in der Verbannung bleiben mußte und nicht wußte, was ihn nach der Deportation erwartete. Fedja war felsenfest von der Gerechtigkeit der Weltordnung überzeugt. So war es eben: Die einen steigen auf, die anderen gehen unter, andere blieben dort, wo sie waren, jeder mußte sich mit dem begnügen, was ihm bestimmt war. Würde sich jeder vordrängeln und hohe Posten beanspruchen, gäbe es nur Unordnung. Ordnung herrschte dann, wenn die Obrigkeit selbst jedem den ihm gebührenden Platz zuwies.

Bei Fedja verblüffte noch etwas anderes. Sascha hatte früher Komsomolaktivisten vom Dorf erlebt, die ganz andere Menschen gewesen waren: Keiner von ihnen dachte an seine Karriere, an persönliche Vorteile, sie dachten lediglich an die gemeinsame Sache, die Interessen der Partei waren für sie nicht nur die wichtigsten, sondern auch die einzigen Interessen gewesen. Für Fedja dagegen waren nur die eigenen Interessen ausschlaggebend, und das hielt er aufrichtig für selbstverständlich. Woher kam eine solche Gesinnung? War das Leben in dieser entlegenen Gegend, sein Mangel an Bildung der Grund? Oder war das das Merkmal eines neuen Typs von Aktivisten, das Sascha bereits an Losgatschow und an Scharok entdeckt hatte? Damals hatte er die beiden für Ausnahmen gehalten, dabei war diese Haltung inzwischen weit verbreitet. Ein neuer sozialer Typus entstand. Aber Fedja war der einzige Mensch, mit dem er hier verkehren konnte, und Sascha nahm ihn so, wie er war. Gewöhnlich saßen sie im hinteren Lagerraum und tranken. Manchmal griff Fedja zur Zieharmonika und sang irgendwelche Lieder.

Wenn die Türglocke ging, lief Fedja kurz in den Laden hinaus und schwatzte nicht lange mit dem Kunden, weil er Saschas Gesellschaft vorzog. Blieb er länger weg, so hieß das, daß Iwan Parfjonowitsch, der Kolchosvorsitzende, gekommen war. Aber Iwan Parfjonowitsch hatte es gewöhnlich eilig, ein mürrischer Mann, der den Kopf voller Sorgen hatte. Sascha beachtete er überhaupt nicht, tat ihm aber auch nichts Böses – Sascha war Luft für ihn. Für ihn existierte nur der Kolchos. Er mußte den Ackerbau wieder hochbringen, dabei war auf den Schlägen wieder Jungwald nachgewachsen, also mußte er wieder roden, hatte aber keine Männer dafür, weil die in die Städte davongelaufen waren. Er mußte den Kolchosbauern etwas für ihre Arbeit geben, bloß was geben, wenn er nichts hatte? Sascha sah die Vergeblichkeit seiner Bemühungen und bedauerte ihn, obwohl er natürlich nicht vergaß, daß Iwan Parfjonowitsch ihm übel mitgespielt hatte, und er verhielt sich dem Vorsitzenden gegenüber entsprechend vorsichtig. Aber Fedja hatte eine gute Meinung von Iwan Parfjonowitsch.

»Ein vernünftiger Mann«, sagte Fedja, »er hat dir doch auch Arbeit gegeben.«

Fedja erklärte endlich, daß er abends mit Sascha zum Fischfang fahren wolle.

»Die Algen sind auf Grund gegangen, das Wasser ist durchsichtiger geworden, und der Fisch schwimmt noch oben. Heute gibt's eine stille, dunkle Nacht, hoffentlich kommen die Sterne nicht durch. Schlaf dich nachmittags aus, damit du nachts im Boot nicht döst. Sobald die Sonne sinkt, komm rüber, du kannst mir helfen, das Boot fertigzumachen. Setz aber eine Schirmmütze auf.«

Sascha legte sich nicht hin, er schlief nie am Tag und kam nachmittags wieder zu Fedja. Zu zweit trugen sie ein Kohlenbecken ins Boot, ferner Holzklötze, die aus harzigen Fichtenstubben zugehauen waren, dann einen Fischspeer, eine Harpune mit acht Zinken, die auf einem etwa anderthalb bis zwei Meter langen Stiel saß, an dessen Ende eine lange, feste Leine mit einem Schwimmer gezurrt war – für den Fall, wie Fedja erklärte, daß ein sehr großer kräftiger Fisch, ein Wels etwa, mit dem Speer flüchtete.

»Wenn so ein kapitaler Bursche in die Tiefe abzieht, dann reißt er dich um, und du fliegst aus dem Boot. Ein Lachs zum Beispiel, so einer kann gut und gern seine fünfzig Kilo wiegen, versuch mal, den festzuhalten.«

Fedja befestigte das Kohlenbecken am Bug, schüttete Holzklötze hinein und setzte sie in Brand. Der Widerschein des Feuers glitt rotschimmernd über das dunkle Wasser.

»Du setzt dich in den Stern«, sagte Fedja, »ich nehme erst mal ein bißchen den Speer, dann bist du dran. Rudere aber ganz vorsichtig, scheuch den Fisch nicht auf, und immer am Ufer entlang. Sobald ich zustoße, mußt du das Boot im Gleichgewicht halten.«

Behutsam das Ruder bewegend, steuerte Sascha am Ufer entlang. Das Holz brannte nun in hellen Flammen, der Lichtschein fiel aufs Wasser. Fedja stand mit dem Speer vorn an der rechten Bootswand und starrte auf den hellen Fleck, der sich mit dem Boot langsam voranschob.

Dann stieß er auf einmal kräftig zu. Das Wasser trübte sich. Sascha drückte das Ruderblatt ans Boot, damit es nicht mit der Strömung abtrieb. Fedja stemmte sich auf den Speer – offenbar hatte er einen großen Fisch getroffen, er zog ihn heraus und schleuderte ihn auf die Bodenplanken: Es war tatsächlich ein kapitaler Lachs.

Sascha ruderte weiter. Sie waren in einen Schwarm geraten. Fedja führte die Harpune sicher und ohne danebenzutreffen. Der Boden des Bootes füllte sich mit Fischen: dicke Aalrutten, Hechte, Lachse, alle groß, aber keine fünfzig Kilo schwer, wie Fedja versprochen hatte. Entdeckte Fedja Äschen, harpunierte er nur die großen, die kleineren ließ er unbeachtet.

»Stell du dich jetzt hierhin!« sagte Fedja nach einer Weile.

Er reichte Sascha den Speer, warf frische Holzklötze nach, setzte sich in den Stern und brachte das Boot wieder auf Kurs parallel zum Ufer.

Sascha griff nach dem Speer, stellte sich an Fedjas Platz, von Jagdfieber gepackt. Er versuchte sich zu beherrschen, denn mit zitternden Händen traf man keinen Fisch.

Das Boot bewegte sich langsam und lautlos vorwärts, der Lichtschein fiel aufs Wasser, und Sascha sah deutlich den Grund: Sand, Steine, Algen, Muscheln und Blätter ... Aber kein Fisch. Mit der linken Hand zog Sascha die Mütze tiefer in die Stirn, Fedja hatte recht gehabt, ohne Schirm kam man hier nicht aus. Plötzlich schob sich der Lichtkreis über einen langen Fischkörper. Der Lachs bewegte sich nicht, als sei er verwirrt und verstünde nicht, was da auf ihn zukam. Er spielte nur sacht mit den Flossen. Sascha riß sich zusammen. Auf einmal durchzuckte ihn der Gedanke: Wenn ich ihn kriege, schicke ich den Brief ab. Sogleich stieß er kraftvoll mit dem Speer zu. Die Zinken gruben sich knirschend in den Rücken des Lachses. Das Wasser trübte sich, der Harpunenstiel erbebte in Saschas Händen, er stemmte sich darauf und preßte den Fisch auf den Grund.

»Hol ihn raus«, sagte Fedja halblaut.

Sascha zog die Harpune aus dem Wasser, auf ihren Zinken zitterte noch der gewaltige Lachs. Sascha schleuderte ihn auf die Bootsplanken und riß die Harpune heraus.

»Gut gemacht, du kannst es«, sagte Fedja.

Sascha war nicht abergläubisch. Nicht der Entschluß, den er im Boot gefaßt hatte, bestärkte ihn in seinem Vorhaben. Der Strom würde wenn nicht heute, so morgen Schlammeis führen, das morgige Postboot wäre dann das letzte. Wenn er den Brief nicht abschickte, so mußte er bis zum Winter warten, ginge der Brief aber mit dem Postboot ab, käme er schon bald in Moskau an und, wer weiß, landete vielleicht tatsächlich auf Stalins Schreibtisch.

Sascha schrieb den Brief sorgfältig ab, klebte den Umschlag zu – »Moskau, Kreml, An den Genossen Stalin«, und frankierte ihn. Am nächsten Tag legte das Postboot an. Der Postbote sah das Wort »Eingeschrieben« auf dem Umschlag und sagte: »Die Quittung kommt aber erst im Winter« (die Quittungen wurden in Keshma ausgestellt), damit warf er den Brief in den Sack und legte sich in die Riemen.

So schwamm Saschas Brief den Angarastrom abwärts nach Moskau, in den Kreml, zum Genossen Stalin.

18

Im Dezember 1935 traf die erste Winterpost ein. Am selben Tag wurde Lidia Grigorjewna Swjaguro nach Krasnojarsk abtransportiert. Aus Keshma war ein Schlitten gekommen, Sascha legte ihre beiden, mit Stricken zugeschnürten alten Koffer hinein, kehrte zurück und hob den in ein warmes, graues Wolltuch gehüllten Tarassik auf den Arm.

»Mit seinem dreieckigen Hute und grauen Waffenrock«, zitierte Sascha scherzend die Zeile des Gedichts, das er Tarassik seinerzeit vorgetragen hatte.

Tarassik murmelte etwas vor sich hin.

»Was sagst du, Tarassik?«

»Die Toten stehen nicht wieder auf. Ich habe gesehen, wie Mama und Papa gestorben sind, und sie fahren auch nicht auf einem Schiff. Hast alles zusammengeflunkert.«

Er sah Sascha vorwurfsvoll an.

Larissa stand auf der Vortreppe und heulte wie ein Schloßhund.

»Hören Sie sofort auf, Larissa«, rief Lidia Grigorjewna hart. »Sie machen Tarassik angst.«

Larissa schluchzte nur noch vor sich hin, sie schneuzte sich und wischte die Tränen mit dem Zipfel des Schultertuchs ab.

Lidia Grigorjewna gab Sascha die Hand.

»Leben Sie wohl, Sascha, und dank für alles, was Sie für mich getan haben.«

»Was habe ich denn für Sie getan?« lachte Sascha.

»Doch, doch, also haben Sie Dank.«

»Vielleicht schreiben Sie, wenn Sie angekommen sind?«

Sie lächelte spöttisch, auf ihrem unschönenGesicht wirkte das Lächeln wie eine Grimasse.

»Dazu werde ich wohl kaum kommen. Jetzt geht das Theater erst los.«

Der Fuhrmann zog die Zügel an. Mit knirschenden Kufen setzte sich der Schlitten langsam in Bewegung, der Fuhrmann ging nebenher, dann schwang er sich auf den Schlittenrand und zog die Zügel straffer. Nun fiel das Pferd in einen leichten Trab. Sascha sah ihnen nach, während sich der Schlitten entfernte und schließlich im Wald verschwand.
Lidia Grigorjewna drehte sich kein einziges Mal um. Auch Tarassik sah nicht zurück.
Jetzt war Sascha mutterseelenallein in Mosgowa.
Später, im August, als der Prozeß gegen das sogenannte VEREINIGTE TROTZKISTISCH-SINOWJEWSCHE ZENTRUM stattfand, als man über Menschen zu Gericht saß, die bereits ihre Gefängnishaft verbüßten, und nicht nur seit einem Jahr wie Sinowjew und Kamenew, sondern seit vielen Jahren wie Iwan Nikititsch Smirnow und Martschkowski, ahnte Sascha, daß Lidia Grigorjewna in Zusammenhang mit diesem Prozeß nach Moskau gebracht worden war. Aber in den Presseberichten tauchte ihr Name nicht auf, und was ihr und ihrem Tarassik widerfuhr, sollte Sascha nie erfahren.
Nach Lidia Grigorjewnas Abtransport kehrte er nach Hause zurück und sortierte seine Post – einen ganzen Packen Briefe und Zeitungen, die bereits im Sommer und im Herbst aus Moskau abgeschickt worden waren.
Die Mutter schrieb, daß sie sein Prüfungsbuch und den Führerschein gefunden hatte und für ihn bis zu seiner Rückkehr aufbewahren würde. Die Bücher, um die er gebeten hatte, seien abgeschickt. Saschas Überlegung, daß seine Bitte, nach den Papieren zu suchen, die Mutter beruhigen würde, hatte sich als richtig erwiesen – das merkte er ihrem Brief deutlich an. Warja schrieb, daß sie ein Studium an der Abendfakultät der Hochschule für Bauwesen begonnen habe.
Wie alltäglich und karg diese Mitteilungen der Mutter und Warjas Zusätze auch immer waren, so vermittelten sie ihm doch das tröstliche Gefühl, daß das Leben weiterging, daß seine Papiere auf ihn warteten; als Fahrer würde er arbeiten können, denn aus seinem Prüfungsbuch ging hervor, daß er das Hochschulstudium praktisch abgeschlossen hatte. Natürlich war das nur Papier, und wenn

man ihn nicht entließ, konnte er nichts damit anfangen. Trotzdem waren es offizielle Dokumente, sie hatten Gewicht und wiesen immerhin einen Weg in die Zukunft. Vielleicht waren sie auch im Lager nützlich, er würde nicht zu den Holzfällern kommen, sondern bekäme eine Arbeit zugeteilt, die in sein Fach fiel. Eine Antwort auf seinen Brief an Stalin war nicht dabei – vor März, April rechnete Sascha auch nicht damit.

Er ließ sich wieder einen Bart stehen – warum und für wen sollte er sich hier rasieren?Trotz der Fröste lief er Ski, versuchte sogar zu jagen, obwohl er nichts erlegte. Immerhin eine Beschäftigung.

Einmal traf er ganz unverhofft eine Gruppe Skiläufer in Stoffhelmen der Roten Armee. Sascha gab die Spur frei: Er war allein, sie waren zu fünft. Sie machten auch Halt.

»Guten Tag, Vater!«

Der Bart war wohl der Grund, weshalb sie ihn so nannten.

»Guten Tag.« Sascha sah sich die Rotarmisten interessiert an, denn er hatte hier noch nie welche gesehen. Kräftige, rotwangige junge Männer mit rauhreifbedeckten Wimpern und Augenbrauen, in Wollpullovern, wattierten Hosen, Wattejacken mit Pelzkragen, gefütterten Stoffhelmen und Kopfschützern darunter. Jeder zog einen kleinen Schlitten hinter sich her.

»Was ist das hier für ein Dorf?« fragte der erste Rotarmist.

»Mosgowa.«

»Stimmt also. Wie weit ist's bis Keshma?«

»Zwölf Kilometer.«

»Richtig«, bestätigte der Skiläufer, »das haut etwa hin.«

»Wo kommt Ihr denn her?« fragte Sascha.

»Aus Nishneangarsk, schon mal was vom Skimarathon Baikal-Barentssee gehört?«

»Nein.«

»Du mußt Zeitungen lesen, Vater. Kannst du überhaupt lesen?«

»Jawohl«, antwortete Sascha lächelnd.

»Also wenn du lesen kannst, mußt du die Nase in die Zeitung stecken.«

»Schon, werde ich tun. Was habt ihr denn da auf den Schlitten?«

»Schlafsäcke und was wir sonst für den Marsch brauchen. Wir haben immerhin viertausend Kilometer zu schaffen.«

Sascha schüttelte den Kopf.
»Das ist aber viel.«
Die Skiläufer standen auf die Stöcke gestützt da und ruhten sich aus.
»Seid ihr schon lange unterwegs?«
»Schon einen Monat. Das Baikalgebirge hat uns einen Strich durch die Rechnung gemacht. Kennst du das Gebirge?«
»Ja.«
Der Skiläufer schnalzte mit der Zunge.
»Eine harte Nuß! Steilhänge, undurchdringliches Buschwerk, ein mörderischer Wind, und dazu noch diese Fröste. Na, das weißt du ja selbst. Als es die Gebirgsausläufer runterging, mußten wir die Skier tragen. Und dann, als wir es geschafft hatten, begann die Taiga, keine Spur, wir mußten durch den hohen Schnee.«
»Da habt ihr euch ja schön abrackern müssen«, sagte Sascha mitfühlend.
»Das kann man wohl sagen! Und das Schlimmste: Wir halten den Zeitplan nicht ein, kommen mit Verspätung an. In Keshma werden wir schon seit fünf Tagen erwartet. Dort machen wir Station.«
»Und wohin geht's von dort?«
»Von Keshma laufen wir zur Tunguska«, antwortete der Skiläufer bereitwillig, offenbar war Sascha der erste, den sie unterwegs trafen.
Er straffte die Schultern.
»Na schön, Vater, wir haben uns hier festgequatscht.«
Damit drehte er sich zu den anderen um.
»Na, laufen wir weiter?«
»Ja.«
»Wir reißen die zwölf Kilometer runter, dann können wir richtig baden, uns ausruhen und ausschlafen.« Er hob den Skistock und zeigte auf seine Gruppe.
»Sieh sie dir an, Vater! Das ist ein historischer Augenblick. Hast mit deinen eigenen Augen das große Nordmarathon gesehen. Weißt du, was ein Marathon ist?«
»Ja, das weiß ich«, antwortete Sascha, erneut lächelnd.
»Scheinst Bildung zu haben, Vater. Bist wohl Jäger, wie?«

»Ja, ich bin Jäger. Aber wie soll ich mich an euch erinnern, wie heißt ihr?«
Der erste stippte sich mit dem Pelzfäustling gegen die Brust.
»Ich heiße Jewgeni Jegorow. Und die anderen«, damit wies er auf seine Gefährten, »Iwan Popow, Andrej Kulikow, Konstantin Brashnikow und Alexander Schewtschenko. Wirst du dir das merken?«
»Bestimmt.«
»Na also, erzähle es deinen Kindern und Enkelkindern, daß du die Helden des großen Nordamarathons gesehen hast. Na, mach's gut, Vater!«
Damit liefen sie weiter nach Keshma, mit dem ruhigen, sicheren geübten Gang erfahrener Skiläufer. Sascha sah ihnen neidisch und bedrückt nach: Junge, kräftige, fröhliche und vor allem freie Menschen, die vom Baikalsee zur Barentssee liefen. Noch vor wenigen Jahren hatte man eine negative Einstellung zu jeder Rekordmacherei gehabt. Sport war nicht für den einzelnen und nicht für Einzelleistungen da, sondern für die Massen, für deren körperliche Ertüchtigung. Trotzdem war es gut, wenn Menschen so wie die fünf ihre Kräfte prüften, ihre Möglichkeiten, ihren Willen und Charakter auf die Probe stellten. Und was für ein Glück für sie, daß sie nichts von Verbannung und Unfreiheit ahnten.
Erst im Sommer las er in der Maiausgabe einer Zeitung, daß die fünf Skiläufer nach 151 Tagen Marathonlauf am 30. April 1936 um 18.00 Uhr in Murmansk, ihrem Ziel, eingetroffen waren.
Damals, als er ihnen begegnet war, hatte Sascha auf eine Antwort auf seinen Brief an Stalin gewartet.
Der Februar, der März und der April gingen vorüber, ohne daß eine Antwort gekommen wäre.
Es fror noch, auf den Feldern lag Schnee, aber man sah schon Fuchs- und Hasenspuren, immer häufiger flogen Vögel von Baum zu Baum, die Sonne wärmte, an den Steilhängen zeigten sich die ersten schneefreien Stellen. Wenige Wochen später rauschten die an den Ufern noch vereisten Wildbäche bergab, die Quellen erwachten zu neuem Leben. Die letzten Schneestürme wurden von fast sommerlich warmen Tagen abgelöst, die

Schneereste schmolzen in der Sonne und gaben das vorjährige vergilbte Gras und das welke Laub frei.
Endlich begann der Eisgang auf der Angara ... An den engeren Stellen, zwischen den Inseln, an den Biegungen und Sandbänken türmten sich die Schollen zu gewaltigen Dämmen auf, die dann unter dem Druck des Wassers, das sich weiter oben gestaut hatte, zerbarsten und schnell und tosend wie ein Wasserfall stromabwärts rasten. Die riesigen Schollen schlugen gegen die Ufer, rissen das Erdreich mit, fegten kleinere Inseln weg, entwurzelten und trugen hohe Bäume mitsamt den Steinen davon, die sie von den Steilufern fegten.
Das Eis war vorüber, die Angara war in ihr Bett zurückgekehrt, die rauhreifumsponnenen Lärchen schlugen aus, beim Morgenrot flogen die Auerhähne geräuschvoll von den Bäumen auf die Erde und balzten.
Früher hatte Sascha den Frühling geliebt; es hatte ihn beflügelt, daß die Welt in neuer Freude und Hoffnung erglänzte. Hier an der Angara bedeutete der Frühling für ihn Einsamkeit, Sehnsucht und düstere Vorahnungen. Wieder gab es bis zum Juni keine Post, die das einzige war, was ihn mit der Außenwelt verband.
Im Winter war er auf Skiern in den Wald gelaufen. Im Frühling gab es nichts zu tun. Die Zeitungen, Bücher und Briefe waren mehrmals gelesen, er hatte auch niemanden, mit dem er ein Wort wechseln konnte. Sogar Fedja war weg.
An warmen sonnigen Tagen ging Sascha ans Ufer der Angara. Die Männer teerten die Fischerboote, die kieloben am Strand lagen, die Frauen hängten die Netze an Pflöcken auf. Sascha setzte sich auf einen angeschwemmten Baumstamm, saß stundenlang da und sah auf den Strom hinaus. Er blickte zum anderen Ufer, hinter dem das Land seiner Sehnsucht lag.
Ein Bauer mit Hakennase trat zu ihm, es war Stepan Timofewitsch, mit dem Sascha am Kuhstall gebaut hatte.
»Was sitzt du denn da, Junge?«
»Ich sitze eben da, was soll ich denn sonst tun.«
»Na, dann komm und hilf uns beim Teeren der Boote.«
Am Ufer lagen zwei große überdachte Lastboote. Sascha stand auf und half, sie auf die Seite zu kippen. Anschließend wurden sie ge-

trocknet, kalfatert, geteert und in der Sonne liegengelassen. Nach dem Hochwasser wurden sie Iwan Parjonowitsch abgeliefert, bereits flott auf dem Wasser liegend. Die Boote wurden ebenfalls auf Anordnung aus der Bezirksstadt hergerichtet, um das Heu für das Vieh von den Inseln herüberzubringen.

Wie im Vorjahr rechnete der Kolchosvorsitzende Saschas Arbeitseinheiten dessen Wirt an. Als Sascha im Sommer auf den Inseln mähte, machte er es ebenso. Dafür brauchte Sascha dem Wirt keine Miete zu zahlen und bekam dazu noch gutes Essen.

Aber die Arbeit rettete ihn nicht vor seinem Heimweh, an dem er jetzt immer häufiger litt. Es blieb noch etwa ein halbes Jahr bis zum 19. Januar, dem Datum, an dem seine Verbannungsfrist ablief. Würden sie ihm eine weitere Strafzeit verpassen? Oder ihn in ein Lager abschieben? Sein Brief hatte Stalin nicht erreicht, es war töricht gewesen, irgendwelche Hoffnungen daran zu knüpfen. Der Brief war entweder abgeheftet oder im Papierkorb gelandet ... Er hatte nichts mehr vom Leben zu erwarten! Und wenn er hier, wo er nichts verloren hatte, strafangesiedelt werden sollte, was sollte er tun? Irgendeins der Dorfmädchen heiraten, das weder lesen noch schreiben konnte und ewig Lärchenharz kaute, weil das angeblich gut für die Zähne war und vor Skorbut schützte? Sascha hatte es auch versucht, um weniger zu rauchen, sich aber nicht daran gewöhnen können, eine süßliche Masse, die an den Zähnen klebte. Alles hier ärgerte ihn, war ihm zuwider, machte ihn krank. Solowejtschik hatte richtig gehandelt: Er war geflohen. War sein Fluchtversuch gelungen, so war er frei, war er mißlungen, so saß er. Na und? Die anderen waren nicht geflohen und saßen trotzdem. Solowejtschik hatte wenigstens die Chance gehabt, freizukommen.

19

Scharok war der einzige Vernehmungsführer, der obwohl kein Abteilungsleiter zur Besprechung bei Moltschanow bestellt wurde. Am Konferenztisch saßen die Abteilungs- und Unterabteilungsleiter, ihre Stellvertreter und Gehilfen, etwa dreißig oder sogar fünfzig Personen. Scharok zählte sie nicht, er sah bloß, daß er hier der einzige mit einem Balken am Kragenspiegel war, die anderen hatten zwei, auch drei, manche sogar die Kommissarsterne.

Moltschanow, ein dunkelblonder Mann mit einfachem, angenehmem Gesicht, mittelgroß, stämmig, hatte trotz seiner äußerlichen Trockenheit ein Gefühl für Humor, lächelte besonders gern über Djakow und dessen umständliche Tricks und Rechtsverdrehungen.

»Na, quassel nicht, komm schon zur Sache«, pflegte er spöttisch zu sagen, wenn Djakow Bericht erstattete.

Aber heute gab sich Moltschanow streng. Er verkündete in der angespannten Stille, daß eine trotzkistisch-sinowjewsche Verschwörung aufgedeckt worden sei, die Trotzki persönlich aus dem Ausland lenke und die im Inland Sinowjew, Kamenew, Bakajew, Jewdokimow und andere Sinowjew-Anhänger sowie die prominenten Trotzkisten Smirnow und Mratschkowski leiteten. Smirnow und Mratschkowski befänden sich zwar schon lange in Gefängnishaft, aber sie agierten selbst von dort aus.

Moltschanow führte weiter aus, daß die Sinowjew-Anhänger und die Trotzkisten sich zu einem »Vereinigten Zentrum« zusammengeschlossen hätten, das im ganzen Land terroristische Gruppen gebildet habe, deren Ziel es sei, Stalin und andere Mitglieder des Politbüros zu ermorden, die Macht zu ergreifen. Kirow hätten sie bereits auf dem Gewissen.

Sinowjew und Kamenew hätten zwar im Januar-Prozeß das Geständnis abgelegt, sie übernähmen die moralische Verantwortung

für den Mord an Kirow, aber das sei nichts weiter als eine Finte, um der strafrechtlichen Verantwortung zu entgehen, die Existenz des »Vereinigten Zentrums« zu verheimlichen, ihre terroristische Organisation zu tarnen, die terroristischen Gruppen zu verbergen und Zeit zu gewinnen.
Moltschanow machte eine Pause und ergänzte vielsagend: »Das Politbüro und der Genosse Stalin halten diese Beschuldigungen für bewiesen. Es gibt und kann überhaupt keine Zweifel an ihrer Richtigkeit geben. Wir haben allein die Aufgabe, das Geständnis der Angeklagten zu erwirken. Berücksichtigen Sie, daß Genosse Stalin und der Sekretär des ZK, Genosse Jeshow, diese Untersuchung persönlich überwachen. Habe ich mich verständlich ausgedrückt?«
Er machte wieder eine Pause und sagte sehr bestimmt: »Wir sind mit einem außergewöhnlich wichtigen Auftrag betraut worden, es ist unsere Pflicht und Schuldigkeit, ihn gut zu erfüllen. Wir haben das Vertrauen des Zentralkomitees und des Genossen Stalin persönlich zu rechtfertigen und zu beweisen, daß wir Tschekisten der Partei und ihren höchsten Interessen restlos ergeben sind. Gibt es Fragen?«
Alle schwiegen.
»Schön«, sagte Moltschanow, »dann bitte ich um Aufmerksamkeit. Auf Befehl des Genossen Jagoda haben alle Anwesenden ihre laufenden Verfahren an andere Untersuchungsführer abzugeben und sich zu meiner Verfügung zu halten.«
Abschließend verlas er die Zusammensetzung der einzelnen Untersuchungsgruppen, in einer davon war auch Scharoks Name aufgeführt.

In der Besprechung bei Moltschanow hatte niemand Fragen gestellt, obwohl sich jedem – wie Scharok nur zu gut verstand – Fragen aufgedrängt hatten.
War es überhaupt möglich, daß der NKWD mit seinem gigantischen Agentennetz, mit seinem allumfassenden System von Spitzeln, die jeden ehemaligen Oppositionellen, einerlei, wo er sich aufhielt, beobachteten, nichts vom Vorhandensein zahlreicher terroristischer Gruppen wußte, die, wie Moltschanow behauptet hatte, über die ganze Sowjetunion verstreut waren? Wie hatte so

etwas geschehen können? Wie hatte der NKWD eine solche Organisation übersehen können? Zumal diese Organisation nach Moltschanows Worten bereits seit mehreren Jahren existierte. Und sie, die Mitarbeiter des NKWD, hatten sie verschlafen! Da hätte man sie doch alle durch die Bank vor Gericht stellen müssen, aber ihnen wurde nicht der geringste Vorwurf gemacht. Die Unterabteilung, in der er unter Leitung von Wutkowski arbeitete, beschäftigte sich doch gerade mit Trotzkisten, Sinowjew-Anhängern, Rechtsextremisten, aber von einer Verschwörung, von irgendwelchen terroristischen Gruppen hatten sie nicht die leiseste Ahnung gehabt.

Bei der Sitzung in Moltschanows Arbeitszimmer sah Scharok hin und wieder zu Wutkowski hinüber, der wie die anderen schweigend dasaß und mit finsterem, verschlossenem Gesicht zuhörte, aber Scharok entging nicht, daß Wutkowski von Moltschanows Worten ebenso erschüttert war wie die anderen, vielleicht sogar mehr als die anderen, denn diese Dinge gingen doch gerade seine Abteilung an, die sich mit diesen Menschen zu beschäftigen hatte. Folglich hatten er und seine Mitarbeiter das Vorhandensein dieser Verschwörung übersehen.

O nein, sie hatten nichts übersehen, das verstand Scharok nur zu gut. Und die anderen verstanden das auch. Terroristische Gruppen existierten natürlich nicht, und eine weitverzweigte Verschwörung gab es nicht und konnte es nicht geben. Alle, die Moltschanow genannt hatte, saßen in Gefängnissen, die einen seit kurzem, nämlich seit Kirows Ermordung, die anderen schon lange. Man hatte diese Verschwörung schaffen müssen, um Sinowjew und Kamenew, Smirnow und Mratschkowski sowie die anderen ehemaligen Gegner Stalins erschießen zu können.

Die Aufgabe der Untersuchung, also auch seine, Scharoks, Aufgabe, lief darauf hinaus, die benötigten Aussagen von den Angeklagten zu erpressen. Aber sie würden diese Aussagen nicht machen. Was immer man sagte, Sinowjew und Kamenew waren keine kleinen Jungen. Es wäre tatsächlich gar nicht schlecht, sie zu erschießen. Sie selbst hatten ja genug Menschen umgebracht. Obendrein waren sie Juden. Obwohl die Trotzkisten in der Mehrzahl keine Juden waren: Smirnow, Mratschkowski, Pjata-

kow, Muralow – aber das alles waren harte Brocken, von denen Geständnisse nicht zu erwarten waren.
Dieses Verfahren war die Fortsetzung des Leningrader Prozesses. Am 1. Dezember 1934 war der entscheidende Knoten geknüpft worden, es würde lange dauern, bis er endgültig gelöst war. Und was würde das Ende sein? Womit hatte der Fall Kirow für Saporoshez geendet?
Er, Scharok, hätte damals in die Kirchenabteilung überwechseln sollen. Aber auch das hätte ihm nicht geholfen, denn in die Untersuchungsgruppen waren Mitarbeiter aus allen möglichen Abteilungen eingesetzt worden, darunter auch aus der V. Unterabteilung – sie wollten mit einer großen Anzahl von Beamten losschlagen.
Wie Wutkowski seinen Mitarbeitern erklärte, gab es folgenden Plan: Mehrere hundert ehemalige Oppositionelle wurden aus Gefängnissen, Lagern und Verbannungsorten nach Moskau gebracht. Selbst wenn nur ein Zehntel dieser Leute die Existenz einer terroristischen, trotzkistisch-sinowjewschen Organisation eingestand, ergab das zwanzig bis dreißig Aussagen, unter deren Last die Hauptangeklagten zusammenbrechen würden. Aber für eine solche Detonation brauchte man einen »Detonator«. Für diese Rolle waren drei Personen vorgesehen: Valentin Olberg, Isaac Reingold und Richard Pikel.
Scharok hatte noch nie etwas von Olberg gehört, der in Berlin gelebt hatte, dann in der Türkei und in der Tschechoslowakei. Nach seiner Übersiedlung in die UdSSR hatte er an der Pädagogischen Hochschule der Stadt Gorki unterrichtet. Moltschanow und Wutkowski hatten Olbergs Bedeutung für den Gerichtsprozeß sogleich erkannt: Er war erst vor kurzem aus dem Ausland zurückgekehrt, war mit Sedow, Trotzkis Sohn, bekannt und würde die Aussage unterschreiben, daß er in Trotzkis Auftrag von Sedow in die UdSSR gesandt worden war, um einen Mordanschlag gegen Stalin vorzubereiten. Zudem war an der Pädagogischen Hochschule in Gorki Lenins »Vermächtnis« in Umlauf. Diese Studenten bildeten also die Gruppe, die den Mord an Stalin plante.
Olberg war ein »leichter Fall«, aber mit ihm arbeitete bereits eine andere Gruppe, nicht Scharok.

Auch Richard Pikel, der ehemalige Leiter von Sinowjews Sekretariat, wurde Scharok nicht zugewiesen. Pikel hatte sich für kurze Zeit der Opposition angeschlossen, jedoch bald mit ihr gebrochen, war aber in der Kartei erfaßt. Scharok las seine Akte. Pikel hatte im Bürgerkrieg gekämpft, sich in der zweiten Hälfte der zwanziger Jahre aus dem politischen Leben zurückgezogen, mit Literatur beschäftigt und an einem Theater gearbeitet. Die Akte enthielt auch eine Charakterbeschreibung: Weich, umgänglich, kontaktfreudig, ein guter Kartenspieler. Es gab auch einige Agentenmeldungen, die nicht in die Akte aufgenommen worden waren: Pikel hatte mit den hochgestellten Tschekisten Gai und Schanin Karten gespielt. Gai war Leiter der Sonderabteilung, Schanin Leiter der Transportabteilung. Pikel hatte sie öfters auf ihren Datschas besucht und war natürlich nicht ohne ihre Unterstützung ins Ausland gereist. Scharok war im vornherein klar, daß man ihm Pikel nicht zuweisen würde, mit dem würden sich die Leute befassen, die mit ihm befreundet waren. So geschah es auch: Pikel wurde von Gais Leuten vernommen.

Die Untersuchungsgruppe, zu der Scharok gehörte, bekam Isaac Reingold, den schwierigsten von den dreien.

Reingold hatte vor langer Zeit kurzfristig der Opposition angehört, war aber ebenso wie Pikel in der Kartei vermerkt: ein prominenter Wirtschaftsführer, ehemals Leiter der Hauptverwaltung baumwollverarbeitende Industrie. Im Januar des vergangenen Jahres war sein Stellvertreter Faiwilowitsch im Zusammenhang mit dem Mord an Kirow verhaftet worden. Reingold wurde sofort abgesetzt und aus der Partei ausgeschlossen. Wie die *Prawda* vom 11. Januar 1935 schrieb: »Reingold hatte acht Jahre lang ein freundschaftliches Verhältnis und stand in enger Verbindung mit L. J. Faiwilowitsch, dem niederträchtigen Auswurf der trotzkistisch-sinowjewschen Opposition.«

Ein Plan auf weite Sicht. Reingold war mit Sokolnikow verwandt und war auf dessen Datscha Kamenew begegnet. Offenbar hatte man deshalb beschlossen, ihn als »Detonator« zu benutzen: Ein ehemaliger Oppositioneller, mit Sokolnikow verwandt, mit dem angeklagten Kamenew bekannt, wegen seiner Verbindung zu Faiwilowitsch, einem der Mörder von Kirow, aus der Partei ausge-

schlossen und verhaftet. Nach den gleichen Agentenmeldungen ein charakterfester, willensstarker, selbstbewußter Mann. Kein leichter Fall.
Scharoks Vermutung wurde vom Leiter der Unterabteilung Alexander Fjodorowitsch Wutkowski bestätigt, einem vorsichtigen, ausgeglichenen Polen, der nach Scharoks Ansicht einer der klügsten Köpfe in der Verwaltung der Staatssicherheit, ja vielleicht sogar im ganzen Volkskommissariat war.
Wutkowski klappte die Akte zu, stützte die Ellbogen auf die Schreibtischplatte und das Kinn auf die Fäuste und sah Scharok mit seinen klugen, lebhaften Augen an.
»Weder de jure noch de facto.«
Scharok kannte Wutkowskis Vorliebe für umschreibende, allegorische Redewendungen und verstand auch die leisesten seiner Andeutungen. Weder de jure noch de facto bedeutete, daß Reingold offensichtlich keine formellen Aussagen machen und sich auf keine Gespräche einlassen würde.
»Ja, so wird es sicher sein«, bestätigte Scharok ehrerbietig.
»Na, dann werden Sie eben sein Schutzengel«, schloß Wutkowski die kurze Aussprache.
Die Anordnung war klar: Wenn Reingold sich nicht »knacken« lassen würde, würde ihn ein anderer, also nicht Scharok, »in die Mangel« nehmen. Scharoks Aufgabe war, Reingold für sich einzunehmen, sein Vertrauen zu gewinnen und diese Rolle weiterzuspielen, wenn es dem anderen nicht gelingen sollte, ihn zu »knakken«.
Scharok paßte das durchaus. »Knacken« war eine schmutzige Arbeit!
Mochten sie andere Leute machen.

Scharoks Vermutung und Wutkowskis Vorhersage sollten sich als richtig erweisen.
Der Wächter führte einen großgewachsenen, stattlichen Vierziger mit gutgeschnittenem, energischem Gesicht ins Arbeitszimmer, der einen in der Zelle zwar zerknitterten, aber vorzüglich gearbeiteten, modischen Anzug trug – der typische Moskauer Intellektuelle mit herrschaftlichen Allüren; von dieser Sorte hatten mehr als

genug am Arbat, auch in seinem Haus gewohnt. Scharok waren diese Leute verhaßt: Ihre intellektuelle Arroganz, ihr Parteidünkel war ihnen ins Gesicht geschrieben. Solchen Schweinehunden sollte man nicht Zucker in den Hintern blasen, sondern die Kehle durchschneiden.

Scharok empfing Reingold nach dem längst erprobten Ritual der ersten Vernehmung: Er leuchtete ihm mit der Tischlampe ins Gesicht, schwenkte dann den Lampenschirm nach unten, befahl ihm trocken, Platz zu nehmen, vertiefte sich in seine Papiere, als studiere er Reingolds Akte, ein alter Trick, um sich inzwischen noch einmal die Vernehmungsmethode zu überlegen. Es gab zwei Methoden, die Scharok spaßeshalber bei sich deduktiv und induktiv nannte. Bei der ersten legte man dem Untersuchungsgefangenen gleich zu Beginn den Hauptanklagepunkt vor und ging dann erst zu den Details über. Die zweite Methode sah dagegen vor, mit den Details, mit Namen, Begegnungen, Daten, Ungenauigkeiten, Unstimmigkeiten in früheren Aussagen zu beginnen, scheinbar unwichtige, zweitrangige Dinge aufzuzählen, den Gefangenen zu irritieren und dann erst die eigentliche Beschuldigung vorzubringen. Wenn er kein Geständnis ablegte, konnte man dann die Anklage aus seinen Einzelaussagen aufbauen. Scharok entschied sich für die zweite Methode, denn Reingold würde überhaupt nicht antworten, wenn er ihm gleich terroristische Aktivitäten vorwerfen würde.

Scharok legte die Papiere beiseite, griff nach einem Vernehmungsformular und stellte mit ruhiger Stimme die vorgesehenen Fragen nach den Personalien.

Reingold antwortete ebenso ruhig und selbstsicher, wobei er Scharok ungeniert musterte. Ja, der bereitete sich offensichtlich aufs Gefecht vor. Scharok las in Reingolds Blick weder Aufregung noch Unterwürfigkeit. Er studierte seinen Gegner, dessen Stimme fest war, einen schönen Klang hatte, die Stimme eines Mannes, der gewohnt war, Befehle zu erteilen, Reden und Vorträge zu halten.

Scharok ärgerte sich über diese selbstbewußte Stimme. Es wäre für ihn ein Leichtes zu veranlassen, daß dieser gepflegte Hundesohn nicht mehr imstande war, auch nur ein Wort aus sich herauszupressen. Aber dafür war es noch zu früh.

Neben anderen, im Vernehmungsprotokoll angeführten Fragen hatte Scharok die Frage nach Reingolds Teilnahme an der Opposition gestellt. Reingold hatte geantwortet, daß er während der parteiinternen Diskussion vor dem XV. Parteitag die Ansichten der Opposition geteilt, sie jedoch schon sehr bald revidiert und dann mit der Opposition gebrochen habe. Und später nie mehr mit der Opposition in Verbindung getreten sei. Scharok schrieb nur: »Hatte sich der trotzkistisch-sinowjewschen Oppostion angeschlossen.«

Scharok legte den Federhalter aus der Hand und sagte: »Berichten Sie eingehender über Ihre oppositionelle Tätigkeit.«

»Was für eine Tätigkeit denn? Ich habe an der Diskussion teilgenommen und für die Thesen der Opposition gestimmt. Später habe ich mit der Opposition gebrochen und hatte nichts mehr mit ihr zu tun.«

»Als Sie für die Opposition gestimmt haben, haben Sie sich doch mit anderen Oppositionellen getroffen. Mit wem?«

»Genosse Scharok«, antwortete Reingold eindringlich, »das ist schon fast zehn Jahre her. Mein Fall ist von der Parteiorganisation geprüft worden, ich habe damals eine volle und erschöpfende Erklärung abgegeben. Sie können sich diese Papiere ansehen. Ich habe nichts dazu zu ergänzen.«

»Isaac Isajewitsch«, sagte Scharok ärgerlich, »Sie irren sich, wenn Sie glauben, daß Sie Ihre Lage dadurch verbessern, wenn Sie sich mit dem Untersuchungsführer anlegen. Sie sollten mit dem Untersuchungsführer zusammenarbeiten, und zwar in Ihrem eigenen Interesse.«

»Meine Interessen kenne ich selber«, parierte Reingold, »und werde sie selbst wahrnehmen. Mit diesen Tricks«, er wies mit dem Kopf auf das Vernehmungsprotokoll, »werden Sie mich nicht fangen. Einfaltspinsel sollten Sie sich woanders suchen ... Sie werden überhaupt kein einziges Wort von mir hören, bevor Sie mir nicht die Anklage vorlegen. Berücksichtigen Sie, daß ich die Gesetze genausogut kenne wie Sie.«

Er sah Scharok spöttisch an, offenbar hielt er ihn für einen kleinen Beamten, der nicht verstand, wen er vor sich hatte.

»Isaac Isajewitsch«, sagte Scharok so sanft wie nur möglich, »ich unterhalte mich mit Ihnen, weil ich einiges klarstellen möchte. Sie aber verlangen von mir, daß ich Ihnen die Anklage vorlege. Wollen Sie angeklagt werden?«

»Für eine angenehme Unterhaltung hätten Sie mich einfach hierherbestellen können. Ich bin aber verhaftet. Folglich werde ich aus irgendeinem Grund angeklagt. Wessen beschuldigt man mich?«

Für Scharok war nun alles klar. Hier mußten die äußersten Mittel angewandt werden. Aber er wollte noch einen Versuch unternehmen. Er seufzte, blätterte in den Papieren auf dem Tisch und sah Reingold mitfühlend an.

»Na schön, Isaac Isajewitsch, bitte vergessen Sie nicht, daß ich versucht habe, mich mit Ihnen zu verständigen, mit Ihnen einig zu werden und eine gemeinsame Sprache zu finden. Sie werden das einmal verstehen und würdigen können«, er warf Reingold einen vielsagenden Blick zu, »na ja, Sie werden das zu schätzen wissen.« Er machte wieder eine Pause.

Reingold saß in der gelösten Haltung eines Mannes vor ihm, der sich seiner Kraft bewußt war.

»Wann haben Sie Kamenew zum letzten Mal getroffen?« fragte Scharok.

Reingold beantwortete die Frage mit einem spöttischen Lächeln und sagte: »Genosse Untersuchungsführer, legen Sie mir die Anklage vor!«

Scharok runzelte die Stirn. Er schwieg eine Weile und ließ Zeit vergehen. Wie entschieden auch immer Reingold eingestellt war, die Ungewißheit quälte dennoch jeden.

Nach einer Weile sagte Scharok: »Bürger Reingold! Ich hoffe, Sie haben sich gemerkt, was ich Ihnen vorhin gesagt habe. Jetzt will ich Ihrer Forderung nachkommen. Also, wir verfügen über absolut zuverlässige Informationen, daß Sie sich mit Bürger Lew Borissowitsch Kamenew getroffen haben.«

Er machte wieder eine Pause.

Reingold schwieg.

»Stimmt das oder nicht?«

»Ist das die Anklage?« antwortete Reingold mit einer Frage.

»Ja.«

»Ich habe mich mit Kamenew getroffen«, Reingold zuckte die Achseln.
»Was soll kriminell daran sein?«
»Kriminell daran ist, daß Kamenew einer der Leiter einer terroristischen Organisation ist und auch Sie in die Organisation hineingezogen hat.«
Reingold richtete sich auf seinem Stuhl auf und sah Scharok zum ersten Mal sehr aufmerksam an.
»Stimmt das oder nicht?«
Reingold sah Scharok immer noch an.
»Stimmt das oder nicht?« Scharok hob die Stimme.
»Meinen Sie das im Ernst?« fragte Reingold schließlich.
»Natürlich. Wir verfügen über absolut zuverlässige und unumstößliche Angaben.«
»Na schön«, antwortete Reingold kaltblütig, »dann verurteilen Sie mich aufgrund dieser Angaben.«
»Wenn man Sie vor Gericht stellt, werden Sie erschossen.«
»Bitte sehr.«
»Tut es Ihnen nicht um Ihr Leben leid?«
»Das schon. Aber eingestehen, was ich nicht getan habe, werde ich nie. Davon kann überhaupt keine Rede sein. Geben Sie sich gefälligst keine Mühe.«
»Stellen Sie sich vor, was Ihre Familie erwartet, wenn Sie als Spion oder Terrorist erschossen werden?«
»Machen Sie mir nicht angst«, Reingold lächelte spöttisch, »Sie können mich erschießen, meine Familie erschießen, einen weiteren Balken auf Ihrem Kragenspiegel werden Sie sich mit meinem Fall nicht verdienen.«
Scharok erhob sich und zupfte seine Militärbluse zurecht.
Er drückte auf die Klingel.
»Na, das tut mir sehr leid. Sie haben selbst über Ihr Schicksal entschieden.«
Der Wärter erschien auf der Schwelle.
»Führen Sie ihn ab!«
»Einen Moment«, Reingold wies auf das Protokoll, »warum sind meine Aussagen nicht protokolliert worden?«
»Sie haben keine Aussagen gemacht«, antwortete Scharok.

»Aber ich habe Ihre Anklage zurückgewiesen.«
»Ich habe Ihnen keine schriftliche Anklage vorgelegt. Unsere freundschaftlichen Gespräche werden nicht protokolliert. Und merken Sie sich, Isaac Isajewitsch, ich habe mich freundschaftlich mit Ihnen unterhalten. Sie dagegen haben feindselig mit mir gesprochen.«
Er drehte sich dem Wächter zu.
»Führen Sie den Mann ab!«

Moltschanow koordinierte die Arbeit aller Untersuchungsgruppen. Jeden zweiten Tag rief er die Untersuchungsführer zusammen, jeder erstattete Meldung über seine Vernehmungen, so daß Scharok über den Gesamtverlauf der Untersuchung gut informiert war.
Olberg hatte sogleich die erforderlichen Aussagen gemacht und gestanden, daß er auf Trotzkis Weisung von dessen Sohn Sedow mit dem Auftrag, Stalin zu ermorden, nach Moskau geschickt worden sei. Dozenten und Studenten der Pädagogischen Hochschule in Gorki, die einen Anschlag gegen Stalin während der Demonstration auf dem Roten Platz geplant hätten, waren bereits verhaftet und nach Moskau gebracht worden.
Pikel hatte vorerst noch nicht wie erwünscht ausgesagt, aber durch Moltschanows sarkastisches Lächeln und den kurzen Satz: »Gai und Schanin werden damit schon klarkommen«, begriff Scharok, daß mit Pikel auch alles in Ordnung sein würde. In der Tat waren, wie Scharok später erfuhr, Gai, der Leiter der Sonderabteilung, und Schanin, der Leiter der Transportabteilung einfach zu Pikel in die Zelle gegangen, hatten ihn mit dem Vornamen angesprochen, worauf er sie ebenfalls beim Vornamen nannte, und ihn überredet, Aussagen gegen Sinowjew zu machen; man versprach ihm dafür ein Leben in Freiheit. Unabhängig vom Gerichtsurteil würde er als Chef eines Bauvorhabens in ein Randgebiet versetzt werden, andernfalls als ehemaliger Chef von Sinowjews Sekretariat bestimmt zu Tode kommen.
Letzten Endes gab Pikel sein Einverständnis, aber unter den Bedingungen, daß er nur gegen Sinowjew aussagen würde, weil er die anderen Untersuchungsgefangenen zu wenig oder gar nicht

kannte, und Jagoda vor allem alle Versprechungen von Gai und Schanin persönlich bestätigen müßte. Jagoda empfing Pikel und bekräftigte Gais und Schanins Versprechungen.
Das und vieles andere erfuhr Scharok nach und nach später in den Besprechungen bei Moltschanow, wo die Aussagen der Beschuldigten miteinander verglichen wurden, damit keine Unstimmigkeiten entstanden: Das Szenarium war in groben Zügen entworfen, mit fortschreitender Untersuchung und der Ansammlung der »Geständnisse« wurde es präzisiert, ergänzt und weiterentwickelt. Scharok wußte nun, daß es mit Olberg bereits geklappt hatte und mit Pikel auch bald klappen würde. Nur mit seinem Untersuchungsgefangenen Reingold klappte es nicht.
Nach einer der Besprechungen hielt Moltschanow Wutkowski und Scharok zurück und äußerte sein Mißfallen. Olberg wurde von der Auslandsabteilung bearbeitet, und zwar mit Erfolg. Gai verarztete Pikel und würde ebenfalls zum Ziel kommen, und nur Reingold, der einzige der »Detonatoren«, der seiner, Moltschanows, geheimpolitischer Abteilung anvertraut worden war, wollte kein Geständnis ablegen.
Scharok war sogleich auf der Hut, überlegte fieberhaft, wie er sich verhalten, was für eine Taktik er wählen sollte. Würde Moltschanow Unzufriedenheit über sein Vernehmungsverfahren äußern, müßte er sich auf Wutkowski berufen, und das hieße, den hereinzulegen; aber was wäre, wenn Wutkowski behaupten würde, er hätte Scharok überhaupt nicht solche Anweisungen gegeben? In diesem Fall würde Scharok nicht nur als schlechter Untersuchungsführer, sondern auch als übler Ränkeschmied dastehen.
Scharoks Befürchtung erwies sich als unbegründet. Wutkowski antwortete an seiner Stelle: »Bei Reingold würde in diesem Stadium der Untersuchung, ich meine damit das Anfangsstadium der Untersuchung, auch die äußerste Vernehmungsstufe nichts nützen. Er ist aggressiv. Wir müssen also kombinieren. Sollen sich Mironows Leute mit ihm befassen. Sie leiten das Verfahren gegen Sinowjew und Kamenew, und auf Kamenew wollen wir bei Reingold doch hinaus. Wenn sie es schaffen – um so besser, wenn nicht, geht der Fall Reingold an uns zurück, dann können wir immer noch weitersehen.«

Bravo, hätte Scharok Wutkowski am liebsten zugerufen. Am besten wäre, Reingold überhaupt loszuwerden.
»Na ja«, bemerkte Moltschanow nicht ohne Sarkasmus, »Sinowjew und Kamenew sind bei Mironow, Smirnow und Mratschkowski bei Gai. Die Transportabteilung ist praktisch ausgeschieden.«
Scharok wußte, weshalb die Transportabteilung ausgeschieden war. Kaganowitsch war zum Volkskommissar für Verkehrswesen ernannt worden, und vom ersten Tag begann er auf seine Weise Ordnung zu schaffen und für Disziplin zu sorgen – unaufhörlich wurden Eisenbahner erschossen, die Transportabteilung schaffte es kaum, die Erschießungen rechtlich abzuwickeln. Natürlich war die Vorbereitung des Gerichtsprozesses gegenwärtig die wichtigste Aufgabe, die den Einsatz aller Kräfte erforderte, aber Jagoda fürchtete Auseinandersetzungen mit Kaganowitsch.
»Wer bleibt dann für uns übrig?« fragte Moltschanow.
»Die schwierigsten Fälle«, sagte Wutkowski, »wir müssen mehrere Hundert Trotzkisten aus verschiedenen Gefängnissen und Lagern durchsieben, alles Leute, die kein einziges Mal auch nur ein Anzeichen von Reue gezeigt haben.«
Er sah Moltschanow vielsagend an.
Der Blick besagte ganz deutlich, daß Sinowjew und Kamenew nun schon seit zehn Jahren bereuten und mit jedem Jahr immer größere und schwerer wiegende Sünden. Sie waren nun schon auf diese Bahn geraten und würde nicht mehr von ihr abkommen – bis zum bitteren Ende. Sie hatten die moralische Verantwortung für den Mord an Kirow übernommen und würden auch die strafrechtliche Verantwortung übernehmen. Daran zweifelte niemand mehr, das war die eiserne Logik der Dinge. Aber die eingefleischten Trotzkisten waren unversöhnlich und wurden von Jahr zu Jahr verbissener, sie waren durch die Gefängnis- und Lagerhaft abgehärtet und nicht zu zerbrechen ... Unter diesen Leuten mußten sie mindestens zwanzig, dreißig aussuchen, sie zu dem Geständnis zwingen, daß sie Terroristen und Spione waren, alles Leute, die sich sogar öffentlich als Bolschewiken und Lenin-Anhänger bezeichneten, Leute, die weder bereuten, noch ihre Ansichten verheimlichten, Stalin ganz offen verunglimpften und ihn des Verrats an der Revo-

lution bezichtigten. Bei ihnen war nichts auszurichten, sie fürchteten nicht den Tod, es waren Fanatiker.

»Wie gesagt«, schloß Wutkowski, »ich sehe keinen anderen Ausweg im Fall Reingold.«

»Arbeiten Sie weiter!« warf Moltschanow trübe hin.

Im Frühjahr 1936 nahm Stalin an dem Treffen mit Aktivisten des Flachs- und Hanfanbaus teil, traf eine Delegation der georgischen sozialistischen Sowjetrepublik anläßlich des fünfzehnjährigen Bestehens der Sowjetmacht in Georgien und besuchte die Konferenz der Ehefrauen des Ingenieurtechnischen Kaders. Er empfing im Kreml Kunstschaffende aus Kasachstan, besichtigte den neuen Personenwagen »SIS-101« im Kreml, sprach mit Leitern des Kolomensker Werks über die Serienfertigung von Lokomotiven mit Dampfkondensation und führte den Vorsitz in einer Sitzung der Kommission, die den Entwurf der neuen Verfassung der UdSSR ausarbeitete. Selbstverständlich war er auch bei der Parade und dem Galaempfang anläßlich der Maifeiertage anwesend.
Die Maidemonstration hinterließ einen guten Eindruck auf ihn. Die Demonstranten trugen Tausende, vielleicht sogar Zehntausende SEINER mit Frühlingsblumen bekränzten Bildnisse, skandierten pausenlos SEINEN Namen, und auf den Plakaten und Spruchbändern waren zu den Epitheta »Der Große«, »Der Geniale«, »Der Weise«, die neuen hinzugekommenen »Unser Teurer«, »Unser Geliebter«, »Der Teuerste«, »Der Geliebteste«, »Der Allermenschlichste«. Zur Angst, die die erste Voraussetzung für die Unerschütterlichkeit der Macht ist, war nun als zweite Voraussetzung die Liebe hinzugekommen.
Ausschlaggebend waren jedoch andere Ereignisse. Erstens die Veröffentlichung der »Anmerkungen Stalins, Shdanows und Kirows zu den Konzepten des Lehrbuchs *Geschichte der UdSSR* und des Lehrbuchs *Neuere Geschichte*« in der *Prawda* und zweitens der X. Kongreß des Kommunistischen Jugendverbandes, des Komsomol.
Die im Sommer 1934 verfaßten »Anmerkungen« wurden erst im Januar 1936 veröffentlicht. Damit war endlich die Ausarbeitung

der Richtlinien und der von der Parteiführung benötigten Einstellung zur Geschichte des russischen und des sowjetischen Staates abgeschlossen.
Das alles lag nun ausschließlich in SEINER Hand. Die Geschichtsschreibung war der Kern der Ideologie, das Mittel der ideologischen Erziehung des Volkes, denn die breiten Volksmassen wurden nicht mit abstrakten Dogmen und Begriffen erzogen, sondern anhand konkreter, historischer Fakten, durch das Wirken historischer Persönlichkeiten. Solche Geschichtsschreibung wirkte lebendig, eine solche Ideologie war anschaulich und verständlich, sie prägte sich ein und ging dem Volk in Fleisch und Blut über. Damit war Pokrowskis historische Schule endlich zerschlagen, Pokrowski als Pseudowissenschaftler, Pseudohistoriker entlarvt, seine Auslegungen als antimarxistisch, antileninistisch und antiwissenschaftlich überführt. Jetzt war ER der eigentliche Historiker der Partei.
Das zweite Ereignis war die X. Konferenz des Kommunistischen Jugendverbandes. Er hatte sich an dieser Tagung beteiligt, einiges am Text des Programms und der Statuten des Verbandes präzisiert.
Der Kongreß hatte einen zwiespältigen Eindruck bei IHM hinterlassen. Die Atmosphäre war durch die Jugendlichen natürlich wie immer lebhaft ... Selbstverständlich hatte der Komsomol gewisse Leistungen zu verzeichnen, hatte tausende Komsomolzen zu den Schwerpunktbauvorhaben des zweiten Fünfjahresplanes mobilisiert. Und dennoch beschlichen ihn bestimmte Zweifel.
ER hatte dem Kongreß mehrere Tage lang beigewohnt und den Delegierten aufmerksam zugehört. Er hatte dabei erwogen, ob man den Komsomol in seiner gegenwärtigen Form als Schlagkraft gegen den alten Parteiapparat benützen könne. Und er war zu der Folgerung gelangt, daß das nicht möglich war. Zweifellos war die heutige Jugend nicht mit der Jugend vom Anfang der zwanziger Jahre zu vergleichen, die in vielen Punkten Trotzki anhing. Die heutige Jugend war gegen Trotzki eingestellt. Für die heutige Jugend war Trotzki ein Feind. Für die heutige Jugend war ER, der Genosse Stalin, der einzige Führer. Aber die Jugend war eins und der Apparat des Jugendverbandes Komsomol etwas anderes. Der

Komsomolapparat war in den örtlichen Organisationen völlig mit dem Parteiapparat verwachsen, und das waren nicht mehr SEINE Leute, das waren die Leute der Sekretäre des jeweiligen Gebietsparteikomitees. Die Erfahrung des Leningrader Komsomol hatte das nur zu gut bewiesen. Wem war der Leningrader Komsomol gefolgt? Sinowjew! Wer waren diese Kotolynows und Konsorten? Und wer waren die jetzigen Komsomolführer? Kossarew, Miltschakow, Gorschenin? ... Alle durch die Bank Mitglieder des Jugendverbandes seit 1918, Mitglieder der Partei seit 1919, Teilnehmer des Bürgerkriegs, alle empfanden sich als alte Bolschewiki, alle gehörten sie zur »Kaste«. Mit diesen Leuten konnte man die alten Parteikader nicht ersetzen. Sie gehörten selbst zum »alten Kader«, würdige Nachfolger von Schatzkin, Chitarow, Tschaplin und Lominadse. Und sie suchten sich genau solche Leute aus: Lukjanow, Tschemodanow, Saltanow.
In dieser Form und unter einer solchen Führung war der Komsomol keine Kraft, die den alten Parteiapparat würde ablösen können. Bei der Ablösung der alten Parteikader in den örtlichen Organisationen mußte man sie alle auswechseln, auch die örtliche Leitung des Komsomol. Ob Kossarew sie opfern würde? Kaum. Das waren alles seine Leute, er wählte sie seit 1927 aus, alles eine Clique. Alle mußten also ausgewechselt werden.
Aber erst später.
Im Augenblick war der bevorstehende Gerichtsprozeß gegen Sinowjew und Kamenew, der Gerichtsprozeß gegen das »Vereinigte Zentrum« die Hauptsache. Der Prozeß mußte in diesem Jahr stattfinden, koste es, was es wolle, in diesem Jahr, damit er anschließend blitzschnell die nächsten Schläge führen konnte. Bevor sie Kräfte sammeln, bevor sie zu sich kommen konnten.

Nachdem Stalin seinem Sekretär Poskrebyschew befohlen hatte, ihm keine Anrufe durchzustellen, prüfte er in seinem Arbeitszimmer die von Jagoda vorgelegte Liste von Sinowjew-Anhängern und Trotzkisten, die ausgewählt worden waren, als Angeklagte im bevorstehenden Prozeß zu fungieren.
Mit den Sinowjew-Anhängern lagen die Dinge einfach: Sinowjew, Kamenew, Bakajew und Jewdokimow, das waren die Hauptperso-

nen, die bloß noch zu endgültigen Aussagen gepreßt werden mußten.
Komplizierter war es mit den Trotzkisten. Sokolnikow, Serebrjakow, Pjatakow, Radek, Preobrashenski waren in Freiheit, verhielten sich äußerlich loyal, bei denen eilte es nicht so. Von denen, die im Gefängnis und in der Deportation waren, waren Smirnow und Smilga die wichtigsten. Alles standhafte Leute. Aber wie an Smilga heranzukommen war, war vorerst noch unklar. Bei Smirnow verhielt es sich anders. Er war der ehemalige Vorsitzende des sibirischen Revolutionskomitees, hatte Koltschak besiegt, er war ein enger Freund von Trotzki gewesen ... Mratschkowski, Smirnows Busenfreund, hatte mit ihm in Sibirien Seite an Seite gekämpft.
Mratschkowski war im Krieg mehrmals verwundet worden, hatte eine Quetschung erlitten, war ein Neurastheniker und Hysteriker, immer leicht gereizt und aufbrausend. Er war im Gefängnis geboren und großgeworden, die Eltern waren Revolutionäre gewesen, sogar der Großvater hatte beim Südrussischen Arbeiterverband mitgewirkt. Obwohl in diesem Milieu aufgewachsen, war er nicht gerade gebildet und nicht sehr widerstandsfähig. Trotzki hatte er sich Smirnows wegen angeschlossen, obendrein war er als Militär davon ausgegangen, daß Trotzki ihn im Falle eines Sieges zu seinem Woroschilow machen würde. Wie alle beschränkten Menschen und halbgebildeten Militärs hielt er sich für einen großen Kriegsstrategen, war eitel und ruhmsüchtig.
Er hatte sich mit ihm 1932 unterhalten und versucht, ihn zu überreden, mit Smirnow zu brechen. Mratschkowski hatte nicht auf ihn gehört, aber an seinen Augen hatte er erkannt, daß Mratschkowski schwankte, daß er es satt hatte, ewig im Schatten zu stehen und unbekannt zu bleiben, denn die Zeit verging ... Man mußte ihm die Daumenschrauben ansetzen, dann würde er nachgeben. Und würde er erst nachgeben, so würde er Smirnow mitreißen und alles über ihn aussagen, was verlangt wurde.
Auch Golzman paßte als Figur in diese Liste. Vor der Revolution war er in der Emigration gewesen, zuerst in England, anschließend in Frankreich. Während des Bürgerkriegs hatte er in der 5. Armee an der Ostfront gestanden, die von Tuchatschewski geführt wurde. Iwan Nikitisch Smirnow war Mitglied des Revolutionären

Militärrats gewesen, und seitdem waren Golzman und Smirnow dicke Freunde. Vorübergehend hatte sich Golzman der Opposition angeschlossen, war dann aber abgesprungen. Nach dem Bürgerkrieg hatte er in der Komintern gearbeitet und war anschließend im Ausland als Diplomat tätig gewesen. Seit 1933 hatte er bis zum heutigen Tag verantwortliche Posten im Volkskommissariat für das Äußere und fuhr immer noch häufig ins Ausland. Was hinderte ihn daran, sich dort mit Trotzki zu treffen? Eine passende Figur!

Dreitzer war der ehemalige Chef von Trotzkis persönlicher Bewachung, nach Jagodas Worten jedoch ein zuverlässiger Zeuge.

Dann Ter-Waganian. Weich, feinfühlig, ein Theoretiker, früher einmal Chefredakteur der Zeitschrift *Unter dem Banner des Marxismus*, ein naiver Idealist. Den mußte man bloß zu nehmen wissen.

Stalin lächelte spöttisch. Ter-Waganian war ein erklärter Feind von Wyschinski. Sogar ER wunderte sich, daß ein so weichherziger, zartfühlender Mann so unversöhnlich hassen konnte. Wyschinski war natürlich ein Lump. Aber gab es etwa sonst keine Lumpen? Ter-Waganians ganzer Haß hatte sich auf Wyschinski konzentriert. Und das seit vorrevolutionären Zeiten in Baku. Ter-Waganian war Bolschewik, Wyschinski Menschewik gewesen. 1915 hatten sich ihre Wege in Moskau gekreuzt, Ter-Waganian war nach wir vor Bolschewik, Wyschinski Menschewik geblieben. 1920 hatte Ter-Waganian Wyschinskis Festnahme gefordert, und da war Wyschinski zu IHM gestürzt und hatte um Hilfe gefleht. Wyschinski hatte das nicht vergessen. 1929 oder 1930, als Ter-Waganian die Idee einer Betriebs-Hochschule gehabt hatte, war Wyschinski, damals im Volkskommissariat für Bildungswesen tätig, entschieden dagegen gewesen, obwohl die Idee für die damalige Zeit gar nicht so übel gewesen war. Mochten sich diese beiden »Freunde« nun beim Prozeß treffen. Obschon sich Ter-Waganian vorübergehend für die Opposition entschieden hatte, war er IHM, Stalin, zu vielem verpflichtet. Aus Bijsk, seinem ersten Deportationsort, hatte man ihn nach Kasan gebracht, wo er im Volkskommissariat für Bildungswesen der Tatarischen Republik arbeiten und in der Lokalzeitung veröffentlichen durfte. Nach einem an

IHM persönlich gerichteten Gesuch war Ter-Waganian vorzeitig freigelassen, nach Moskau zurückgeholt und wieder in die Partei aufgenommen worden.

1933 war Ter-Waganian zum zweiten Mal zu fünf Jahren Verbannung verurteilt worden, aber bereits nach einem Jahr Deportation in Semi-Palatinsk, wiederum auf sein Gesuch hin, vorzeitig freigekommen. Er war nach Moskau zurückgekehrt und wieder in die Partei aufgenommen worden.

Nun, und jetzt mußte er die Gnadenbeweise abarbeiten. Bei der 5. Armee war er schließlich Smirnows Kampfgefährte gewesen, hatte sich seinerzeit der Opposition angeschlossen, aber die Partei hatte ihm zweimal verziehen. Jetzt war es an ihm, der Partei zu helfen, selbst wenn sein persönlicher Feind Wyschinski über ihn zu Gericht sitzen würde: Die Interessen der Partei standen weit über den persönlichen Antipathien.

Stalin hakte die Namen Golzman, Dreitzer, Ter-Waganian ab. Ferner zwei Dutzend andere Namen in der Liste: Die würde man dann noch besonders beachten. Er kennzeichnete sie, weil er diese Männer kannte, die einen mehr, die anderen weniger, aber er kannte sie, hatte sie irgendwann einmal getroffen. Alles in allem nur Menschen, und Menschen waren schwach. Wenn man sie unter Druck setzte, so würden sie aussagen, was verlangt wurde.

Der Mensch war schwach, stark wurde er nur, wenn er sich einer schwachen Macht gegenüber sah. Darin lag das Verhängis der bürgerlichen Demokratie. Allein schon das Prinzip der Austauschbarkeit der obersten Staatsgewalt verurteilte sie zur Kurzlebigkeit. IHM paßte so etwas keineswegs.

Lenin hatte die Gunst der Stunde wahrgenommen, die die Geschichte dem tatsächlichen Führer zur Machtergreifung gewährt. Aber wahrgenommen hatte er die Stunde als großer Revolutionär westlicher Provenienz, dem die Geschichte die Möglichkeit der Selbstverwirklichung im Osten bot. Er hatte die Schwäche der damaligen Regierung erkannt, hatte diese Schwäche genutzt, ohne sich jedoch über deren Ursachen im klaren zu sein. Die Ursache für die Schwäche der damaligen Regierung lag darin, daß das russische Volk, obwohl in seltenen Fällen zu spontanen, ungezügelten Revolten imstande, gewohnt war, regiert und gelenkt zu werden.

Kerenskis Macht war schwach gewesen, sie hatte sich von der Illusion einer parlamentarischen Republik genährt und mußte stürzen. Eine parlamentarische Republik war in Rußland unmöglich. Der Bauer mit seinem gesunden Menschenverstand wollte ja selbst, daß die Regierung ihn an der Kandare hielt.

Lenin wußte, daß Diktatur Alleinherrschaft voraussetzt, verstand aber nicht, daß Alleinherrschaft allgemeine Sinnesgleichheit erfordert. Das ganze russische Volk hing einem einheitlichen Glauben an, es kannte weder Religionskriege noch ernst zu nehmende religiöse Bewegungen wie der Westen. Fast tausend Jahre hielt es an der von der Staatsmacht verordneten Religion fest. Jetzt bekam das Volk einen neuen Glauben, und dieser Glaube mußte einheitlich, aus einem Guß sein, sonst würde das Volk kein Vertrauen zu diesem Glauben haben.

Die Zarenherrschaft hatte keinen Wechsel geduldet. Ihre Schwäche lag in ihrer selbstherrlichen Sturheit, ihr Bürokratismus machte ihre Erbarmungslosigkeit zunichte, die Furcht vor der Meinung der Weltöffentlichkeit schwächte ihren Despotismus, der Anschein von Rechtsprechung gab ihren Gegnern einen gewissen Freiraum, die Revolutionäre fühlten sich stark, und ein Gegner, der sich stark fühlt, stellt immer eine Gefahr für die Staatsmacht dar. Vor der höchsten Gewalt hat jeder sich wehrlos zu fühlen.

Eben das mußte der bevorstehende Gerichtsprozeß allen vor Augen führen, auch jenen, die als nächste vor Gericht gestellt werden sollten. Die bevorstehende Verhandlung war der Ausgangspunkt für die künftigen Prozesse.

Konnte man das als Terror bezeichnen?

Stalin trat an einen Schrank, nahm einen Band Engels heraus und schlug eine gekennzeichnete Seite auf. Es war ein Brief von Engels an Marx vom 4. September 1870.

»La terreur, das sind größtenteils nutzlose Grausamkeiten, begangen von Leuten, die selbst Angst haben, zu ihrer Selbstberuhigung.«

Hier war alles falsch, vom ersten bis zum letzten Wort.

Terror bestand durchaus nicht aus unnützen, sinnlosen Grausamkeiten. Jawohl, Terror war grausam, aber er verfolgte immer einen bestimmten Sinn, ein bestimmtes Ziel und wurde durchaus nicht immer von furchtsamen Machthabern ausgeübt. Ganz im Gegenteil, furchtsame Leute konnten sich nicht für Terror entscheiden, sondern gaben dem Feind nach. Der Terror hatte die Ziele der Französischen Revolution verwirklicht, die von ihr ausgelösten historischen Prozesse trotz des nachfolgenden Thermidors unumkehrbar gemacht. Die Nichtanwendung des Terrors hatte dagegen zum Sturz der Pariser Kommune geführt. Engels Worte, ein Jahr vor der Herrschaft der Pariser Kommune geschrieben, hatten ihr einen schlechten Dienst erwiesen.

Aus einem anderen Schrank zog Stalin einen Band Plechanows heraus und schlug eine ebenfalls mit einem Lesezeichen gekennzeichnete Seite auf.

»Was ist Terror?« schrieb Plechanow. »Ein System von Aktionen, die darauf abzielen, den politischen Feind einzuschüchtern, ihn in Angst und Schrecken zu versetzen.«

Diese Definition war richtiger als die von Engels, weil sie die politische Rolle des Terrors berücksichtigte, war aber auch noch nicht erschöpfend. Sie beschränkte das Objekt des Terrors auf den Feind. Plechanow hatte das lateinische Wort terror – Furcht, Entsetzen – zu einseitig ausgelegt.

In Wirklichkeit war der Terror nicht nur ein Mittel zur Unterdrückung anderer politischer Gesinnungen, sondern vor allem ein Mittel, Gesinnungsgleichheit durchzusetzen, die aus der für alle gleichen Furcht entstand. Nur so konnte ein Volk in seinem eigenen Interesse regiert werden. Volksherrschaften hatte es nie gegeben, gab es nicht und würde es nie geben. Ein herrschendes Volk konnte es nicht geben, nur ein beherrschtes Volk. Die größte Furcht erweckten geheime Repressalien gegenüber den Massen, diese Repressalien mußten zur wesentlichsten Methode des Terrors werden und waren es auch geworden.

Gegenwärtig war es wichtig, die Öffentlichkeit auf die Prozesse vorzubereiten, wichtig, daß die Hauptangeklagten ihre Verbrechen gestanden, gerade sie, die im ganzen Land bekannt waren. Je bekannter ihre Namen, desto stärker würde das Volk an die Rechtmäßigkeit der Kaderrevolution glauben, an die Richtigkeit der massiven Ablösungen, an die Richtigkeit dessen, was man Terror nannte.

Die Erfahrung des Gerichtsprozesses gegen die sogenannte »Industriepartei« bestätigte das. Das Wort »Schädling« war zum festen Begriff geworden, der einen eingefleischten Feind bezeichnete, nun würden die Wörter »Trotzkist«, »Sinowjew-Anhänger«, »Bucharin-Anhänger« ebenfalls zu einem solchen Begriff werden.

Diese Schauprozesse waren schwierig, sie hatten auch ihre negativen Seiten, aber ihre positiven Ergebnisse waren wichtiger und überwogen. Die Bedeutung und das Ausmaß dieser Schauprozesse mußten gesteigert und vergrößert werden, sowohl was die Namen als auch was die Verbrechen betraf. Der Mord an Kirow mußte bis zum Ende ausgenutzt werden: Das war eine Karte, die immer stach, die einen sicheren Gewinn versprach. Kirow mußte zum ewig ungesühnten Opfer werden, seine Ermordung zur Grundlage aller bevorstehenden Prozesse, die Angeklagten zu seinen Mördern, verschworenen Feinden der Partei und des Volkes. Die bevorstehenden Schauprozesse sollten so grandios werden, daß sie in der ganzen Welt Widerhall fanden. Alles andere und spätere würde sich hinter den Kulissen abspielen. Der erste Prozeß war der wichtigste: Würde er gelingen, würden auch die übrigen ein Erfolg werden.

Er würde das erste Glied einer langen Kette sein: Trotzkisten, Bucharin-Anhänger, überhebliche Parteifunktionäre und ehrgeizige junge Parteibürokraten, heuchlerische Delegierte des XVII. Parteitags, Mitglieder des ZK und des Politbüros, die nur davon träumten, IHN zu stürzen und zu zertreten, ihre Freunde und Kreaturen in den Gebiets- und Bezirksparteikomitees, in den Republiken und den Volkskommissariaten.

Laut der 1922 durchgeführten Zählung hatte die Partei 400 000 Mitglieder, von denen etwa elf Prozent bis zum Jahr 1917 der Partei beigetreten waren, mehr als 44 000. Diese Zahlen hatte er sich genau eingeprägt ... Inzwischen waren fast fünfzehn Jahre vergangen, viele dieser Leute waren gestorben, viele als Trotzkisten, Sinowjew- und Bucharin-Anhänger aus der Partei ausgeschlossen worden. Wie viele waren also übrig? 20 000, höchstens 30 000. Ein lächerliches Häufchen! Dabei bildeten sie sich ein, noch immer die Lage im Griff zu haben ... 20 000 in einer zwei Millionen Mitglieder starken Partei!

Ein Prozent! Die Partei würde sich ohne sie behelfen.
Er würde eine Lawine auslösen, die Zehn-, ja Hunderttausende unzuverlässiger Menschen wegfegen und den Weg jenen Leuten öffnen würde, die IHM und nur IHM treu ergeben waren, Leute, für die ER und nur ER denken würde. Diese Kaderrevolution würde eine neue, wahrhaft sozialistische Gesellschaftsordnung erzeugen, die gegen jeden Anschlag auf diese Ordnung gefeit war. Diese Kaderrevolution würde permanent ablaufen, sie würde den Apparat gefügig machen, das Volk in Angst und Schrecken halten.
Die Kaderrevolution hatte auch einen anderen, nicht weniger wichtigen Aspekt. Der Terror impfte dem Volk nicht nur widerspruchslosen Gehorsam ein, sondern ließ ihn gleichzeitig den Opfern gegenüber teilnahmslos werden, ein Menschenleben gering einschätzen, vernichtete in ihm die bürgerlichen Werte von Moral und Sittlichkeit. War das erst erreicht, würde sich das Volk widerstandslos unterwerfen. Die Kollektivierung und die Entkulakisierung hatten das glänzend bewiesen. Dem Bauer war der Boden, das Vieh, das landwirtschaftliche Gerät genommen worden – der Bauer hatte sich unterworfen. Die Hungersnot Anfang der dreißiger Jahre hatte Millionen Menschen dahingerafft – die Menschen starben, ohne aufzumucken.
Jetzt mußte der Apparat unterworfen werden, und das war das Schwierigste. Unterworfen werden mußten die alten Kader, die Budjagins, und unterwerfen konnte man sie nur, wenn man sie liquidierte. Der Prozeß gegen Sinowjew-Kamenew würde den Anfang machen.
Noch stellte sich niemand die Ausmaße der bevorstehenden Kaderrevolution vor. Nur ER allein kannte sie. Aber SEINE Epoche durfte nicht als Epoche des Terrors in die Geschichte eingehen. SEINE Regierung mußte als Epoche der größten Errungenschaften des sowjetischen Volkes in die Geschichte eingehen, die SEINER Führung zu verdanken waren. Als starker, strenger, gerechter und humaner Herrscher mußte ER im Gedächtnis des Volkes weiterleben. Jawohl, er war den Volksfeinden gegenüber erbarmungslos gewesen, aber dem Volk gegenüber war er die Großmut selbst. Nach Neros Tod wurden dessen Standbilder alle zerstört. Mit SEINEN Denkmälern würde das nie geschehen.

Was die Organe der Staatssicherheit betraf, so mußte das Prinzip der Macht auch auf sie ausgedehnt werden: Man mußte sie fürchten, aber auch lieben. Das Wort »Tschekist« mußte verklärt, mit einer Aura revolutionärer Erbarmungslosigkeit, bolschewistischer Unversöhnlichkeit, parteitreuer Prinzipienfestigkeit, Redlichkeit und Uneigennützigkeit umgeben werden. Um so schlechter würden die Feinde dastehen: Die trotzkistischen, sinowjewschen, bucharinschen und all die anderen Verbrecher. Die Verkörperung tschekistischer Heldenhaftigkeit sollte jedoch nur mit einem einzigen Namen verknüpft werden: mit dem von Dzierżynski. Dzierżynski war tot und somit harmlos.

Scharok war völlig zerschlagen, er schlief nachts nur noch wenige Stunden ... Allnächtliche Vernehmungen, tägliche Berichterstattung bei seinem Chef, jeden zweiten Tag Besprechungen bei Moltschanow. Die Untersuchungshäftlinge waren ausgefuchste Trotzkisten, die man aus Gefängnissen und Lagern herbeigeschafft hatte. Sie machten keine Aussagen und fürchteten nichts: weder Folterungen noch Stockhiebe, noch die Drohung, erschossen zu werden. Sie haßten Stalin, haßten die Organe der Staatssicherheit, bissen auf keinen Köder an und glaubten den Untersuchungsführern kein einziges Wort. Dank langjähriger Lagererfahrung antworteten sie so, daß man sie nicht festnageln konnte, und von einer Beschuldigung der eigenen Person oder eines anderen konnte überhaupt keine Rede sein. Sie waren Trotzki restlos ergeben und Aussagen von ihnen zu erpressen, daß Trotzki ein Terrorist, Mörder und Spion sei, war ein Ding der Unmöglichkeit.

Durch diese vertrackte Arbeit begannen sich Scharoks Haare zu lichten.

Die Mutter starrte eines Morgens seinen Hinterkopf an und rief entgeistert: »Söhnchen, dir gehen ja schon die Haare aus!«

Er schnauzte sie als Antwort nur an.

Die Mutter preßte gekränkt die Lippen zusammen, nicht einmal die Wahrheit durfte man sagen, und das dem eigenen Sohn, das Herz drehte sich ihr im Leibe herum, wenn sie ihn ansah, er war so bleich, es fehlte nicht viel und er würde auf der Nase liegen.

In diesen drei Wochen unaufhörlicher nächtlicher Vernehmungen hatte sich Scharok sehr verändert. Bei Leuten, die man grob, flegelhaft, unverschämt behandeln konnte, verhielt er sich auch grob, flegelhaft und unverschämt. Aber die Dreckarbeit überließ er anderen, die Hände wollte er sich nicht schmutzig machen.

Als Junge hatte er sich nie geprügelt – er hatte immer Angst vor

Schlägen gehabt, was wäre, wenn der andere zurückschlug? Diese Angst konnte er auch jetzt nicht überwinden. In seiner Gegenwart wurde der Häftling zu Boden geworfen, mit Gummiknüppeln geschlagen, dann beugte sich Scharok zu ihm hinunter, riß seinen Kopf hin und her, verlangte ein Geständnis.
Jetzt dagegen schleuderte auch er den Häftling zu Boden, gab ihm Fußtritte, schlug mit dem Gummiknüppel auf ihn ein.
In Weißglut hatte ihn Lidia Grigorjewna Swjaguro gebracht, die aus der sibirischen Verbannung hierher überstellt worden war, altes Parteimitglied, bereits 1927 aus der Partei ausgeschlossen, eine Dezistin, Anhängerin von Sapronow. Das waren die schlimmsten und unversöhnlichsten Fanatiker, alle durch die Bank ausgekochte Schweinehunde.
Sie hatte sich sogar geweigert, mit ihm zu reden.
»Wo ist mein Sohn Taras?«
Taras? In der Akte stand nichts von einem Taras. Und in der alten Akte, die aus dem Archiv geholt worden war, war in der Rubrik »Familienstand« eindeutig »kinderlos« vermerkt.
»Sie haben keine Kinder.«
»Woher wollen Sie das wissen?«
»Hier ist Ihre Akte. Das Verhör von 1927.«
»Damals hatte ich keine Kinder, jetzt habe ich einen Jungen.«
»Wie alt ist denn der Sohn?«
»Sieben.«
Scharok starrte sie verblüfft an. Ein Sohn. Von sieben Jahren. Wer konnte sich mit dieser häßlichen Alten mit den vorstehenden Zähnen eingelassen haben? Bitte sehr, sogar das gab es. Übrigens war jede Frau in der Verbannung eine Frau, egal, sogar wenn sie hundert Jahre alt war.
Diese war seit 1927 in Gefängnissen und Lagern gewesen und hatte sich eines Tages schwängern lassen. In ihrem Alter aber immerhin recht sonderbar.
»Da haben Sie sich aber ziemlich spät ein Kindchen angeschafft.«
»Das ist mein Problem.«
»Selbstverständlich«, Scharok lachte müde, »immerhin haben Sie's geschafft ... Also wo ist er denn, Ihr Sohn?«

»Das frage ich Sie. Ich wurde von der Angara nach Krasnojarsk gebracht und in das Verwaltungsgebäude geführt. Tarassik mußte unten bleiben, im Vorraum. Ich habe ihn nie wieder gesehen. Ich wurde in den Hof geführt, in ein Auto gesetzt, dann in den Zug und hierher zu Ihnen gebracht, ins Lubjanka-Gefängnis. Unterwegs bin ich in den Hungerstreik getreten, und ich hungere noch immer. Ich verlange, daß man mir sagt, wo mein Sohn sich befindet und was man mit ihm vorhat.«

Scharok sah sie interessiert an. Aha, jetzt sah er eine Chance.

Solche Leute wie sie bangten in der Regel nicht um das Leben ihrer Familienmitglieder. Der Politik zuliebe waren sie bereit, alles und jedes zu opfern. Aber diese alte Frau lebte, wie sich jetzt erwies, nicht nur für die Politik, sie lebte für ihren Sohn.

»Sie begehen einen großen Fehler, wenn Sie hungern«, sagte Scharok, »hören Sie auf zu hungern, denn wenn Sie sterben, dann bleibt Ihr Sohn als Waise zurück.«

Er zog das Tintenfaß und den Notizblock zu sich heran.

»Geben Sie den Zunamen, den Vornamen und den Vatersnamen des Kindes genau an.«

»Mein Zuname ist Swjaguro und mein Sohn heißt Taras Grigorjewitsch.«

»Wo sind seine Papiere? Geburtsschein?«

»Er hat keine Papiere und auch keinen Geburtsschein.«

»Warum nicht?«

»Was spielt das für eine Rolle?«

»Lidia Grigorjewna«, sagte Scharok weich, »ich bin gern bereit, Ihnen zu helfen. Wenn die Behörden die Eltern verhaften, so sind sie verpflichtet, für die minderjährigen Kinder zu sorgen. Für Ihr Kind ist wahrscheinlich auch schon gesorgt. Wenn sich die Dinge so verhalten, muß man die Dokumente richtig ausstellen, damit Sie ihn später finden können. Wenn er selbst den Vorraum verlassen hat, müssen wir mit der Nachforschung beginnen. Und dazu brauchen wir eine Personenbeschreibung.«

»Ein ganz gewöhnlicher kleiner Junge, sieben Jahre alt, flachsblond, blaue Augen, kann das R nicht sprechen, er trägt ein weißes Hemd und braune Hosen. Sein Mantel ist aus blauem Tuch, wattiert, darüber hat er ein warmes graues Wolltuch, Filzstiefel ...

Papiere hat er nicht, er hat überhaupt keine, er ist mein Adoptivsohn, ich habe ihn in Sibirien aufgelesen, seine Eltern sind umgekommen. Er kennt nur seinen Vornamen Tarassik und mich hält er für seine Mutter.«

Alles klar, eine alte Jungfer, die jetzt an ihrem Taras hing, war rein verrückt nach ihm und würde ihm zuliebe alles tun, was man von ihr verlangte.

»Ist die Adoption in vorschriftsmäßiger Form durchgeführt worden, also rechtskräftig?« erkundigte sich Scharok.

»Da stellen Sie eine sonderbare Frage. Wie konnte ich die Adoption rechtskräftig durchführen? Ich habe doch keinen Paß, in den man ihn eintragen könnte. Aber Alfjorow, Ihr Bevollmächtigter in dem Bezirk, in den ich verbannt war, weiß Bescheid, ich habe ihm ein offizielles Schreiben geschickt.«

»Tja«, sagte Scharok nachdenklich, »ein sehr komplizierter Fall. Sie haben überhaupt kein offizielles Recht auf dieses Kind. Es ist nicht Ihr Sohn. Und wir sind auch gar nicht verpflichtet, Ihnen Informationen über ihn zu liefern.«

»Er ist mein Sohn«, sagte Swjaguro, »ich habe ihn erzogen. Er hält mich für seine Mutter.«

»Jaja, natürlich«, bestätigte Scharok, »rein menschlich verstehe ich Sie schon. Sie hängen an dem Kind, und das Kind hängt an Ihnen. Aber wir sind nicht berechtigt, den gesetzlichen Aspekt unberücksichtigt zu lassen – weder ich noch ein anderer. Im Land gibt es Tausende von Häftlingen, und wir können in diesem Fall nur von gesetzmäßigen Verwandten und Verwandtschaften sprechen. Sie müssen uns verstehen! Da kann ja jeder kommen und irgendein Kind als seinen Sohn oder seine Tochter ausgeben! Der Junge ist ein Waisenkind, ich denke, daß er in ein Waisenhaus kommt. Damit ist die Sache erledigt.«

»Solange Sie mir nicht mitteilen, wo er sich aufhält und was mit ihm geschieht, beende ich den Hungerstreik nicht.«

»Sie bringen sich selbst in eine dumme Lage. Ihr Hungerstreik bleibt absolut unbeachtet. Was ist das für ein Hungerstreik in einer Gemeinschaftszelle? Sie verzichten auf Ihre Portion, aber Sie werden von den anderen Häftlingen ernährt. Wir schreiben nicht mehr 1927. Damals war ein Hungerstreik noch etwas Besonderes, jetzt nicht mehr. Wir pfeifen auf Ihren Hungerstreik, begreifen Sie das denn nicht?«

»Ganz wie es Ihnen beliebt«, sagte sie schroff. »Bevor ich keine genaue Information bekomme, wo mein Sohn sich aufhält, hungere ich weiter und lasse mich auf keine Gespräche mit Ihnen ein.«

»Na schön, ich bringe in Erfahrung und teile Ihnen mit, daß er im Waisenhaus Soundso lebt, und was ist dann?«

»Dann weiß ich, wo er sich befindet. Vorerst genügt mir das. Sie können mich erschießen. Aber solange ich lebe, habe ich das Recht zu wissen, was mit meinem Sohn ist.«

»Sie haben überhaupt keine Rechte, das habe ich Ihnen bereits erklärt. Egal, wo immer Sie hinschreiben, Sie können nicht behaupten, daß er Ihr Sohn ist, er ist nicht Ihr Sohn, nicht einmal Ihr Adoptivsohn, einfach ein fremdes Kind. Niemand wird deshalb Ihre Beschwerde beachten.«

Er schwieg und betrachtete Lidia Grigorjewna. Hol's der Teufel, wie häßlich diese Frau war! Aber ein bekannter Name: Swjaguro! Ein Name, der im Lehrbuch für Parteigeschichte stand. Jetzt freilich nicht mehr. Wenn er eine solche Beschuldigte knacken würde, so würde das den Mißerfolg mit Reingold wettmachen.

Scharok lehnte sich auf seinem Stuhl zurück.

»Lidia Grigorjewna! Sie sind eine kluge Frau und erfahrene Politikerin. Sie verstehen doch nur zu gut, wie nutzlos, ja absolut aussichtslos Ihr Anspruch ist. Ich bin nicht verpflichtet, ein Waisenkind, das Sie zufällig getroffen haben, ausfindig zu machen. Verhungern wird das Kind nicht, man wird es in ein Waisenhaus einweisen, aber natürlich nicht unter dem Namen Swjaguro, auf den hat er keinen Anspruch. Man wird den Jungen unter einem Namen einweisen, den Sie nie erfahren werden, und Sie werden auch nie erfahren, in welchem Waisenhaus er gelandet ist. Sie verstehen das alles genausogut wie ich, aber offensichtlich ist Ihre Liebe zu dem Jungen stärker als diese Einsicht. Das ist nur allzu menschlich, und ich bin voller Mitgefühl für Sie: Alles, was wir hier tun, wird vergehen, in Vergessenheit geraten, dieses Arbeitszimmer«, er wies mit der Hand auf die Wände und auf den Tisch, »diese Papiere, wir beide, aber das Kind wird bleiben – es hat das Leben vor sich. Und Sie müssen für dieses Kind leben. Ich verstehe, Ideen, Ansichten, all das ist sehr wichtig und bedeutend, aber ein Kind ist wichtiger. Ich will offen mit Ihnen reden. Wir werden nicht nur in Erfahrung bringen, wo sich Ihr Sohn aufhält, sondern werden Ihnen auch helfen, zu ihm zurückzukehren. Aber auch Sie müssen uns helfen.«

Sie saß immer noch mit gesenktem Kopf da und sah zur Seite.

Scharok fuhr fort: »Wenn Sie in dieser Eigenschaft, in der Sie jetzt vor mir sitzen, auch weiterhin in Haft bleiben, können Sie Ihrem Adoptivsohn überhaupt nicht nützen. Verzeihung, wie war noch sein Name?«

Sie gab keine Antwort, saß mit gesenktem Kopf da und mied nach wie vor seinen Blick.

Scharok deutete ihr Schweigen auf seine Art: Wahrscheinlich versuchte sie zu erraten, was er ihr vorschlagen würde, stellte sich auf Abwehr, vielleicht aber auf Entgegenkommen ein.

»Wenn sich an Ihrer Einstellung uns gegenüber nichts ändert«, sagte er dann, »müssen Sie sich darauf gefaßt machen, daß Ihnen Gefängnisse, Lager, Verbannung bevorsteht. Sie sehen doch, was sich tut. Die Partei verstärkt den Kampf gegen parteifeindliche, gegen antisowjetische Elemente ...«

Er hob absichtlich das Wort »antisowjetisch« hervor, denn sie entrüsteten sich immer und protestierten, wenn man sie als antisowjetisch bezeichnete. Aber die Swjaguro hüllte sich nach wie vor in Schweigen.

»Den Kampf gegen parteifeindliche und antisowjetische Elemente wird die Partei bis zum Ende durchführen«, erklärte Scharok, »die Sache der Opposition ist verloren. Volk und Partei haben sie verworfen, sie hat überhaupt keine Chance. Sind Sie eine Gefahr für die Partei, für das Volk? Nein! Wir brauchen bloß einen Finger krumm zu machen, und es gibt Sie nicht mehr. Kehren Sie zur Partei, zum Volk zurück. Helfen Sie, den Sozialismus aufzubauen, denn deshalb haben Sie sich doch an der Revolution beteiligt.«

Scharok machte eine Pause und wartete, ob eine Reaktion kam. Aber Lidia Swjaguro schwieg nach wie vor und saß mit gesenktem Kopf da, blickte an Scharok vorbei, als fessele irgend etwas am Boden ihre Aufmerksamkeit.

»Ich weiß, was Sie mir antworten wollen: Als ich geboren wurde, waren Sie schon bei der Partei, und ich hätte Ihnen keine Vorhaltungen zu machen. Aber nicht ich mache Ihnen Vorhaltungen, die Partei, das Volk macht Ihnen Vorhaltungen, ja, sogar Ihr Sohn, den Sie seinem Schicksal überlassen.«

Er hielt wieder inne, aber diese verteufelte Swjaguro schwieg und saß immer noch in der gleichen Haltung da.

Andererseits flößte ihr Schweigen Scharok gewisse Hoffnungen ein: Sie hörte zu und widersprach nicht.

»Helfen Sie uns, Trotzki politisch unschädlich zu machen. Er hat imAusland eine antisowjetische Kampagne entfesselt, spaltet die Arbeiterklasse, versorgt die bürgerlichen Massenmedien mit Material gegen uns, leitet vom Ausland aus die Aktivitäten terroristischer und sabotierender Gruppen auf dem Territorium der Sowjetunion. Er hat sich dabei des »Vereinigten Zentrums« in Moskau bedient, zu dem einerseits Sinowjew, Kamenew und andere Sinowjew-Anhänger gehören und andererseits die ehemaligen, bekannten Trotzkisten Smirnow und Mratschkowski. Auf Befehl dieses Zentrums wurde Kirow ermordet und Terroraktionen gegen den Genossen Stalin und andere Mitglieder des Politbüros vorbereitet. Sie haben nichts davon gewußt? Jetzt erfahren Sie es von mir. Helfen Sie uns, den letzten Schlag gegen Trotzki und den Trotzkismus zu führen. Wir werden darin von vielen ehemaligen Sinowjew-Anhängern, Trotzkisten und Dezisten unterstützt. Helfen auch Sie uns. Wir haben durchaus nicht vor, Sie vor Gericht zu stellen. Wir wollen lediglich, daß Sie bezeugen, daß eine solche terroristische Organisation existiert hat, daß Terroraktionen angeordnet wurden. Welche, wo, wie und von wem – das werden Sie selbst entscheiden. Das ist eine rein technische Frage. Wichtig ist, daß Sie bestätigen: Trotzki hat die Verschwörung vom Ausland aus mit Hilfe von Sinowjew, Kamenew, Smirnow, Mratschkowski und noch einigen Personen geführt ... Wir wollen Sie nicht vor Gericht stellen, wir wollen den letzten Schlag gegen Trotzki führen. Alle ehrlichen Menschen helfen uns, helfen also auch Sie uns. Sie begehen damit überhaupt keinen Verrat. Einer falschen Linie abschwören, auf einen nutzlosen Kampf verzichten – dessen braucht man sich nicht zu schämen. Dafür retten Sie Ihr Leben und retten auch

das Leben Ihres Adoptivsohns. Sie wissen doch, wie es leider in unseren Waisenhäusern aussieht.«
Ihr Schweigen begann Scharok zu ärgern, er hob die Stimme: »Lidia Grigorjewna! Ich habe Ihnen alles erklärt, und zwar recht deutlich. Sie müssen sich jetzt entscheiden. Ich bestehe nicht auf einer sofortigen Antwort. Ich lasse Ihnen Zeit. Überlegen Sie alles reiflich, ich lasse Sie morgen wieder kommen.«
Sie fragte, ohne den Kopf zu heben: »Was wird mit Taras?«
»Sobald ich eine positive Antwort von Ihnen bekomme, werde ich sofort die notwendigen Maßnahmen ergreifen. Damit nicht genug, wir werden ihn nach Moskau bringen lassen, Ihnen Tarassik zeigen, die Adoption rechtmäßig durchführen und ihn in das beste Moskauer Waisenhaus einweisen. Wenn Sie es wünschen, können wir ihn auch zu Ihren Verwandten schicken, Sie haben ja«, er blätterte in den Akten, »Sie haben in Jaroslawl einen Neffen, wenn ich nicht irre, bitte sehr, wir können Ihren Taras zu ihm schicken.«
»Klar«, sagte sie halblaut, »und wenn ich mich weigere, bei dieser Komödie mitzumachen, werde ich von Taras nichts erfahren, und Sie werden nichts für ihn tun.«
»Nicht das geringste«, bestätigte Scharok, »wir können Ihnen nur ausnahmsweise helfen, und zwar dann, wenn Sie uns unterstützen.«
Er sah sie ruhig an, scheinbar sogar teilnahmsvoll, aber innerlich triumphierte er: Schon vor der Revolution hatte sie im Zuchthaus gesessen, wurde schon seit acht Jahren durch alle möglichen Gefängnisse, Lager und Verbannungsorte geschleift, und eine solche Person würde er jetzt zu Boden drücken. Er hatte ihren schwachen Punkt, ihre Achillesferse entdeckt. Sie selbst hatte von ihrem Taras angefangen.
Dabei hatte der Bezirksbevollmächtigte Alfjorow nichts von diesem Taras geschrieben, hatte die Swjaguro als unversöhnliche Dezistin charakterisiert, aber daß sie einen Jungen erzog, das hatte er nicht geschrieben. Er hatte es gewußt, die Swjaguro hatte es ihm ja mitgeteilt, und doch hatte er nichts von dem Jungen erwähnt, obwohl er natürlich die Bedeutung einer solchen Tatsache für die Untersuchung verstand. Warum? Na schön, darüber

würde man sich Klarheit verschaffen müssen, das hatte aber noch Zeit. Jedenfalls saß diese Alte jetzt in der Klemme.

»Lassen Sie sich bei anderen Leuten auch auf einen ähnlichen Kuhhandel ein?«

»Wir treffen unsere Vereinbarungen, in Einzelfällen natürlich. In der Regel müssen überhaupt keine Vereinbarungen getroffen werden.«

»Sie erpressen die Menschen mit ihren Kindern.«

»Lidia Grigorjewna!« sagte Scharok scharf. »Ich habe keine Zeit, mit Ihnen zu diskutieren. Ich habe Ihnen einen einfachen, direkten und schmerzlosen Ausweg aus Ihrer Lage vorgeschlagen. Einen Ausweg, der günstig für Sie und für uns ist. Sie verstehen doch, daß wir die verlangten Aussagen von Ihnen bekommen werden. Wir haben dafür hinreichende Mittel. Ich möchte solche Mittel vermeiden. Jegliche Opposition in unserem Land wird ein für allemal vernichtet, denjenigen, die das verstehen und die uns unterstützen, werden wir das Leben erhalten. Wer sich widersetzt, wird vernichtet. Ich gebe mich mit Ihnen nur deshalb so lange ab, weil ich mich in Ihre Lage versetzen kann. Wenn Sie wollen, nehmen Sie meine Bedingungen an, wenn Sie nicht wollen, garantiere ich nicht für Ihr Leben und auch nicht für die Zukunft Ihres Adoptivsohns.«

Sie hob den Kopf und sah ihn an. Einen solchen flammenden Haß hatte Scharok in den Augen eines anderen Menschen noch nie gesehen. Er erschrak sogar, ihm wurde ganz anders. Man stelle sich vor, was dieses Aas, diese Kanaille dann tat: Sie spuckte ihm ins Gesicht! Das geschah im Bruchteil einer Sekunde. Scharok prallte zurück, der Speichel traf seine Brust. Du Drecksau! Er stand auf, wischte die Militärbluse mit dem Taschentuch ab, trat an sie heran, hob ihren Kopf. Sie starrte ihm verächtlich ins Gesicht, er hieb mit der Faust auf diese niederträchtige Visage ein, erst von rechts, dann von links. Ihr Kopf zuckte zwischen den Schlägen hin und her wie der eines Hampelmanns, dieser Ausbund von Häßlichkeit mit den vorstehenden Zähnen war keine Frau, war ein widerwärtiger Affe! Er schlug von rechts und von links auf sie ein und hielt sie auf dem Stuhl fest. Aber dieses Luder schwieg, kein Ton, kein Stöhnen, sie machte nicht mal die Augen zu, sondern starrte ihn voller Haß an.

Schließlich sank sie vom Stuhl ... Scharok ließ die Wächter kommen, die sie in die Zelle schleppten.
Seit dieser Nacht, seit der Vernehmung von Lidia Swjaguro, war Scharok die Scheu los und hatte keine Angst mehr, die Untersuchungshäftlinge zu schlagen. Er schlug sie mit den Fäusten ins Gesicht, trat sie mit den Stiefeln, drosch mit dem Gummiknüppel auf sie ein. Beim Schlagen geriet er in immer größere Raserei, lernte aber auch mit der Zeit, sich zu beherrschen. Sobald der Häftling sich ergab, hörte er auf zu schlagen, kehrte an seinen Schreibtisch zurück, steckte sich eine Zigarette an, saß einige Minuten wortlos da und ruhte sich aus: Schlagen war keine leichte Arbeit. Dann setzte er die Vernehmung fort. Die Aussagen notierte er mit gekränkter Miene, als hätte nicht er geschlagen, sondern als wäre er geschlagen worden, als sei der Verhaftete selbst daran schuld, daß Scharok gezwungen war, eine so unangenehme Arbeit zu machen. Aber nur unbedeutende Häftlinge machten die benötigten Aussagen, nicht mal die zweite, sondern die dritte Garnitur. Die ernst zu nehmenden Verhafteten machten keine Aussagen, so daß Scharok sich wesentlicher Ergebnisse nicht rühmen konnte.
Bei einer von Moltschanows Besprechungen stellte sich heraus, daß außer Olberg neuerdings auch Pikel die erforderlichen Aussagen machte, während Reingold, der dritte »Detonator«, nicht aussagen wollte. Seit drei Wochen befand er sich in Tschertoks Hand, aber was immer der mit ihm anstellte – Reingold bequemte sich zu keiner Aussage. Jetzt sollten Wutkowski und Scharok ihren Reserveplan »Schutzengel« verwirklichen.
Reingold wurde also wieder Scharok zugeteilt.
Drei Wochen lang hatte Tschertok, der schlimmste aller Untersuchungsführer in der Verwaltung, ein Sadist und Henker, Reingold im »Fließbandverfahren« verarztet, hatte ihm 48 Stunden hintereinander Schlaf und Essen vorenthalten, hatte ihn halb totgeprügelt, in seiner Gegenwart den Haftbefehl gegen Reingolds Frau und Kinder unterschrieben und trotzdem nichts erreichen können.
Der Reingold, den Scharok jetzt zu sehen bekam, war nicht mehr der, der bei der ersten Vernehmung vor ihm gesessen hatte. Der einst elegante Anzug war zerdrückt, schmutzig, zerrissen und hing schlotternd an ihm herab. In diesen Wochen hatte Reingold min-

destens fünfzehn Kilo abgenommen (das konnte Scharok auf den ersten Blick schätzen), ihm war ein Bart gewachsen, seine Augen glänzten fiebrig wie bei jemandem, der viele Tage und Nächte nicht geschlafen und nicht gegessen hat, der gedemütigt, geschlagen, gefoltert worden ist. Und doch blickte Reingold genau so unversöhnlich und gehässig drein wie vorher.
Aber Scharok wußte genau: Dieser Haß, diese Unversöhnlichkeit richtete sich gegen den, der ihn gefoltert und gequält hatte, also vor allem gegen Tschertok. Darin bestand der Sinn des ganzen »Manövers«: abwechselnd heiß und kalt, kalt und heiß, wie in einer Ausnüchterungsanstalt. Auf diesem »Manöver« hatten Wutkowski und Scharok bestanden, jetzt trugen sie die Verantwortung für die erfolgreiche Verwirklichung des ausgetüftelten Verfahrens. Darum bedachten sie alles sehr genau und hatten ein starkes Mittel in petto.
Scharok bot Reingold einen Stuhl an.
»Seinerzeit hatte ich gehofft, Isaac Isajewitsch, Ihr Untersuchungsführer zu bleiben, und hatte geglaubt, mit Ihnen eine gemeinsame Sprache finden zu können. Aber das war leider nicht der Fall, und nicht ich war schuld daran, Isaac Isajewitsch, schuld daran waren Sie. Hatten Sie es bei Tschertok vielleicht besser? Das glaube ich kaum. Wir kennen ihn hier sehr gut.«
Scharok sagte die Wahrheit. Tschertok war als Sadist und Lump bekannt. Scharok bedauerte sehr, daß sein und Tschertoks Name einen ähnlichen Klang hatten – manchmal wurden sie sogar verwechselt.
»Also hören Sie zu, Isaac Isajewitsch«, fuhr Scharok fort, »ich habe eine traurige Pflicht zu erfüllen.«
Damit sah er Reingold mit einem mitfühlenden und zugleich abwesenden Blick an, etwa so, wie man einen Toten betrachtet. Er hielt ihm den Beschluß der Sonderkommission am Volkskommissariat für Inneres hin, die Reingold wegen seiner Teilnahme an einer trotzkistisch-sinowjewschen Verschwörung zum Tod durch Erschießen und die Mitglieder seiner Familie zur Deportation nach Sibirien verurteilte. Der Beschluß war mit einem großen runden Stempel des NKWD versehen.
Reingold las das Papier durch, legte es auf den Tisch und fragte:

»Muß ich das unterschreiben?«
»Natürlich.«
Reingolds Blick irrte über den Tisch, er suchte den Federhalter. Scharok staunte über seine Charakterstärke. Vielleicht aber war es bloß Apathie, der Wunsch, nach all dem, was Tschertok mit ihm angestellt hatte, zu sterben?
Wortlos beobachtete er, wie Reingolds Augen nach dem Federhalter suchten und ihn nicht fanden.
»Ich könnte Ihnen einen guten Rat geben, aber Sie hören ja nicht auf meine Ratschläge«, sagte Scharok.
Reingold sah ihn fragend an.
Scharok blickte verstohlen zur Tür – ein alter Trick, der darauf abzielte, dem Häftling zu suggerieren, daß eine besonders vertrauliche Mitteilung folgen würde.
»Schreiben Sie an Genossen Jeshow, schreiben Sie, was Sie wollen, bestehen Sie auf einer Überprüfung Ihres Falles, aber die Hauptsache ist, daß Sie darum bitten, den Vollzug des Urteils aufzuschieben. Finden Sie stichhaltige Gründe dafür ... Daß Sie durch die plötzliche Verhaftung überrumpelt waren, daß Tschertoks Vernehmungen Sie völlig um den gesunden Menschenverstand gebracht haben, na, und so weiter. Kurz und gut, daß Sie Ihre Lage noch einmal überdenken wollen und dazu Zeit brauchen. Versuchen Sie es. Ich verspreche Ihnen, daß Ihre Eingabe spätestens in zwei Tagen auf dem Tisch des Genossen Jeshow liegen wird. Und ich vermute, daß Genosse Jeshow anordnen wird, Ihren Fall zu überprüfen. Ich werde dafür sorgen, daß man Ihnen Papier und Tinte in die Zelle bringt, so daß Sie bis morgen früh Ihr Gesuch geschrieben haben können. Sind Sie einverstanden?«
Reingold schwieg.
»Na schön«, sagte Scharok kühl, »Sie haben das letzte Mal auch nicht auf meine Ratschläge gehört und haben nun das Ergebnis.« Er wies auf das gefälschte Urteil der Sonderkommission. »Auch jetzt wollen Sie nicht auf mich hören. Schade, aber das wird Ihnen das Leben kosten.«
»Gut«, erklärte Reingold, »ich werde die Eingabe schreiben.«
Am nächsten Morgen ging Scharok selbst zu Reingold in die Zelle. Das Schreiben an den ZK-Sekretär Jeshow war fertig. Es war ein

langer, verworrener Brief geworden. Reingold schwor, daß er dem Zentralkomitee und dem Genossen Stalin persönlich treu ergeben sei, beschwor seine Unschuld, verfluchte die kurze Zeit, als er, noch ein blutjunger Kommunist, die Anschauungen der Opposition geteilt hatte, aber er habe schon seit langem und absolut aufrichtig mit ihr gebrochen. Zwar habe er tatsächlich Sokolnikow auf seiner Datscha besucht, habe dort auch einmal Kamenew gesehen, aber keinerlei verbrecherische Abmachungen mit ihm getroffen. Er flehe um eine Überprüfung seines Falles, er fürchte den Tod nicht und sei bereit zu sterben, doch nicht als Feind der Partei, sondern als ihr treuer Sohn.

Scharok nahm den Brief mit, vergaß auch die Tinte und den Federhalter nicht und versprach, daß die Antwort nicht auf sich warten lassen würde.

Er war zufrieden. Vorerst lief alles nach Plan, und selbst wenn das Manöver mißlingen sollte, enthielt Reingolds Brief vieles, was man früher nicht aus ihm hatte herausprügeln können: die Verurteilung seiner früheren Ansichten, das Geständnis seiner direkten, engen Verbindung zu Sokolnikow und der Bekanntschaft mit Kamenew. Allein das war schon etwas für den Anfang.

In der Nacht ließ Scharok Reingold kommen.

Scharok strahlte Zufriedenheit, ja Freude aus.

»Ich gratuliere, Isaac Isajewitsch, Genosse Jeshow hat Ihren Brief gelesen.«

Er beobachtete Reingolds Reaktion. Aber der war ruhig und unerschütterlich. Er verstand es, sich zu beherrschen.

»Also«, fuhr Scharok fort, »die Leitung des Volkskommissariats hat dem ZK-Sekretär, dem Genossen Jeshow, Ihren Brief vorgetragen. Genosse Jeshow hat sich bereit erklärt, die Aufhebung des Urteils anzuordnen.«

Nach wie vor ließ er keinen Blick von Reingold, aber in dessen Gesicht zuckte kein Muskel.

»Genosse Jeshow ist bereit, die Aufhebung des Urteils zu verfügen«, wiederholte Scharok, »aber unter einer Bedingung: Sie müssen den Untersuchungsbehörden helfen, die trotzkistisch-sinowjewsche Bande zu zerschlagen. In welcher Form Sie es tun, ist eine rein technische Frage, darüber werden wir uns noch verstän-

digen, aber Sie müssen uns helfen. Das ist die Bedingung des Genossen Jeshow. Wenn Sie diese Bedingung akzeptieren, wird das Urteil aufgehoben, akzeptieren Sie die Bedingung nicht, so wird das Urteil sofort vollstreckt.«
Reingold schwieg, überlegte und sagte dann mit unerwartet fester Stimme: »Gut. Ich bin einverstanden. Aber ich habe auch eine unerläßliche Bedingung: Genosse Jeshow oder ein anderes Mitglied des Politbüros muß mir im Namen des Zentralkomitees bestätigen, daß mich keine Schuld trifft, daß jedoch die höheren Interessen der Partei von mir die Aussagen erfordern, die Sie von mir haben wollen.«
Scharok lehnte sich weit zurück und sah Reingold mit gespieltem Erstaunen an.
»Sie halten sich für berechtigt, dem Zentralkomitee der Partei Bedingungen zu stellen?«
»Ja.«
»Fürchten Sie nicht, daß man Ihre Gegenbedingungen de facto als Weigerung auffassen wird, die Forderung des Zentralkomitees zu erfüllen?«
»Nein, das fürchte ich nicht.«
»Verstehen Sie überhaupt, was Sie da verlangen? Sie möchten, daß das ZK sich auf einen Handel mit Ihnen einläßt?«
»Nein,«, widersprach Reingold schroff, »die Forderung des Genossen Jeshow höre ich nicht vom Genossen Jeshow persönlich sondern von Ihnen. Und Sie sind nicht Sekretär des ZK, sind kein Vertreter des ZK, Sie sind Untersuchungsführer. Ihre Worte sind für mich keine Garantie. Sie können mich erschießen lassen, können mich wieder dem Henker Tschertok ausliefern – bitte sehr. Aber eine andere Antwort bekommen Sie nicht.«
Scharok war klar, daß Reingold nicht nachgeben würde. Ein charakterfester Mann! Aber ein gewisser Erfolg war doch zu verzeichnen: Reingold war mit einigen Bedingungen einverstanden, und das war die Hauptsache. Das andere würde sich finden.
»Ich werde Ihre Bitte den Vorgesetzten vortragen«, sagte Scharok trocken, »das letzte Mal haben Sie mir nicht geglaubt, und die Folge war, daß Sie zu Tschertok kamen, jetzt wollen Sie mir wieder nicht glauben, und ich weiß nicht, womit das diesmal enden

wird. Aber ich wiederhole: Ich werde Ihre Bitte der Leitung des Volkskommissariats mitteilen.«

Damit schickte er Reingold in die Zelle zurück und ging zu Wutkowski, um ihm Bericht zu erstatten.

»Ach ja«, sagte Wutkowski, »man kann ihn verstehen. Aber ich glaube, er wird sich mit einer Bestätigung von Moltschanow zufrieden geben. Obendrein sind sie alte Bekannte.«

Aber Reingold war nicht damit zufrieden, obwohl er und Moltschanow tatsächlich alte Bekannte waren, und der sich über Tschertoks Verhalten entrüstet zeigte und versprach, ihn zu bestrafen. Reingold beharrte auf seiner Forderung: Einer der höchsten Vertreter des ZK solle ihm erklären, daß er, Reingold, absolut unschuldig sei und daß die höheren Interessen der Partei in der Tat seine Mitarbeit erforderten, um die Untersuchungsbehörde bei der Entlarvung der »trotzkistisch-sinowjewschen Verschwörung« zu unterstützen.

Scharok war überzeugt, daß Reingolds Forderung erfüllt werden würde. Er war eine wichtige Figur im bevorstehenden Prozeß: ein namhafter Wirtschaftsführer und alter Kommunist, ein Bekannter von Kamenew. Die Aussagen eines solchen Mannes würden in Verbindung mit den Aussagen von Trotzkis Kurier und Abgesandten Olberg und Sinowjews Sekretär Pikel im Prozeß eine solide Ausgangsbasis für die Anklage darstellen.

Aber Scharok irrte sich. Jagoda dachte nicht daran, sich an Jeshow zu wenden. Er befahl, Reingold als Todeskandidaten zu behandeln und Schritt für Schritt Aussagen von ihm zu erpressen, bis er endgültig bereit sei, die erforderlichen Aussagen zu machen. Und nicht damit zu warten, spätestens in drei Tagen sollte Reingold sich ergeben.

Jagoda wollte keine Hilfe von Jeshow in Anspruch nehmen, denn das hätte bedeutet, daß sein Apparat nicht imstande war, selbständig mit diesem Fall fertig zu werden. Im Apparat des NKWD munkelte man von einem heimlichen Kampf zwischen Jeshow und Jagoda, von Jagodas Eifersucht auf Jeshow. Aber für Scharok war das ein schwacher Trost: Die Herren prügelten sich, und die Untergebenen hatten es auszubaden.

Was hatte Scharok im Fall Reingold vorzuweisen? Olbergs und

Pikels Aussagen, daß Reingold ebenfalls Teilnehmer der Verschwörung war. Sollte man eine Gegenüberstellung vornehmen? Aber Olberg hatte Reingold und Reingold Olberg nie im Leben gesehen. Reingold würde diesen mit Fragen überschütten: Wo und wann sie sich getroffen hätten, er würde von Olberg verlangen, den Ort ihrer angeblichen Begegnung zu beschreiben und so fort. Er würde Olberg nur verunsichern. Was Pikel betraf, so war es lediglich eine Grußbekanntschaft, und wie sich Pikel verhalten würde, war völlig ungewiß. Er hatte zwar gegen Sinowjew ausgesagt, aber bei der Gegenüberstellung mit Sinowjew war er so eingeschüchtert und verwirrt gewesen, daß er keine Silbe hatte herausbringen können. Man hatte ihn, der kein einziges Wort zu sagen vermochte, wieder abführen müssen. Ob sich das jetzt wiederholen würde? Auf eine Gegenüberstellung mußte man vorerst verzichten und nur im äußersten Fall auf sie zurückgreifen. Was blieb noch? Der Brief an Jeshow – der war wichtig, denn Reingold bezichtigte sich in diesem Brief, sich der Opposition angeschlossen zu haben, bereute dies, schwor, der Partei treu zu sein, und war unter bestimmten Bedingungen bereit, die Untersuchungsbehörden zu unterstützen, denn er fürchtete natürlich, erschossen zu werden, auch wenn er so tat, als ob er keine Angst hätte. Er fürchtete auch, wieder in Tschertoks Fänge zu geraten, obwohl er das Gegenteil behauptete.
Darüber grübelte Scharok, als er in seinem Zimmer über Reingolds dünner Akte saß, die er in eine mit Aussagen gefüllte, dicke Akte zu verwandeln hatte. Es war seine letzte Chance. Er war das Schlußlicht bei dieser Untersuchung – kein einziges Geständnis. Djakow, der Aasknochen, wies ihm absichtlich die ausgekochtesten,die abgebrühtesten Leute zu. Scharok saß am Tisch und versuchte, sich zu konzentrieren – vergeblich! Es war eine chaotische Nacht, in allen Arbeitszimmern liefen die Vernehmungen, Lärm, das Schreien der Gefolterten, Stiefelgetrampel, das Heulen einer Frau. Obendrein war die Kantine geschlossen, einigen Untersuchungsführern waren die Zigaretten ausgegangen, sie schnorrten bei den anderen, schnorrten auch bei Scharok, der jedem abgab. Aber als er sah, daß nur noch sechs Zigaretten in seiner Packung waren und er bis morgen früh damit auskommen mußte, ver-

steckte er die Packung im Schreibtisch und antwortete jedem, der um eine Zigarette bat: »Ich habe keine mehr, ich sage doch, meine sind auch alle!«
Trotzdem ging die Tür immer wieder auf, jeder fühlte sich bemüßigt, ihn zu fragen ... Scharok wimmelte die lästigen Kollegen ab: »Nein, ich sage doch, ich habe keine mehr, hab' selber nichts zu rauchen!«
Als die Tür sich wieder einmal öffnete, sagte er, ohne den Kopf zu heben: »Geht doch zur Hölle, ihr Arschlöcher! Ich habe keine Zigaretten!«
Die Tür blieb geöffnet, er drehte sich um und erstarrte vor Schreck. In der Tür stand ein kleiner Mann – Scharok erkannte ihn sofort. Es war der Sekretär des Zentralkomitees der Partei, Nikolai Iwanowitsch Jeshow.
Scharok sprang auf und zupfte seine Militärbluse zurecht.
»Genosse Sekretär des Zentralkomitees. Untersuchungsführer Scharok erstattet Meldung. Entschuldigen Sie meine Grobheit. Ich habe einen schwierigen Fall, und die Kollegen kommen andauernd und bitten um Zigaretten. Ich habe fast alle weggegeben und habe selbst nur noch sechs Stück, dabei muß ich bis morgen früh arbeiten ...«
Während Scharok Meldung erstattete, trat Jeshow ins Zimmer, ihm folgten Agranow, Moltschanow und Wutkowski. Die Vorgesetzten machten öfters nächtliche Rundgänge, aber Jeshow erschien zum ersten Mal in Scharoks Arbeitszimmer.
Obwohl klein, war er gutgebaut, wendig, mit hartem, soldatischem Gesicht und blauen, erbarmungslosen Augen.
»Was für einen Fall haben Sie in Arbeit?«
»Den Fall Isaac Reingold.«
»Ein ernst zu nehmender nützlicher Mann, ein wichtiger Fall. Wie kommen Sie mit ihm voran?«
Scharok schätzte die Situation blitzschnell ein. Jetzt entschied sich sein Schicksal, seine Zukunft bei dieser Behörde. Er erwartete, daß Moltschanow oder Wutkowski statt seiner Bericht erstatten würden, denn er konnte doch nicht über ihre Köpfe hinweg berichten, daß Reingold ein gefälschtes Todesurteil vorgelegt und ihm geraten worden war, an Jeshow zu schreiben, und daß Jagoda verboten

hatte, Reingolds Brief an Jeshow weiterzuleiten. Aber Moltschanow und Wutkowski schwiegen. Sie hielten sich bedeckt. Sollte Jeshow von der Sache Wind bekommen, würden sie alles auf ihn, Scharok, abwälzen, er führte die Untersuchung und war für den Fall Reingold verantwortlich.

Das plötzliche Gefühl, das sich in Scharok geregt hatte, als Jeshow sein Zimmer betrat, daß sich in dieser Stunde sein Schicksal entschied, dieses Gefühl wurde immer stärker. Einmal hatte diese Stunde kommen müssen.

Scharok berichtete mit ruhiger Stimme: »Der Fall Reingold geht sehr langsam voran. Reingold hat auf der Datscha Sokolnikows, der sein Verwandter ist, Kamenew kennengelernt. Mein wiederholter Versuch, Reingold zu Aussagen über seine Verbindung zu Kamenew zu bewegen, blieb erfolglos. Ebenso erfolglos waren die von dem Genossen Tschertok durchgeführten dreiwöchigen Vernehmungen. Reingold ist mir wieder zugewiesen worden. Im Bewußtsein der Bedeutung dieses Mittäters habe ich zum äußersten Mittel gegriffen: Ich riet ihm, uns bei der Entlarvung der trotzkistisch-sinowjewschen Verschwörung behilflich zu sein, und warnte ihn, daß er im Fall einer Weigerung mit seiner Erschießung rechnen müsse. Deshalb mußte ich einen Beschluß der Sonderkommission über seine Erschießung schreiben und ihm vorlegen. Reingold willigte unter der Bedingung ein, daß Sie, Genosse Sekretär des Zentralkomitees, persönlich bestätigen würden, daß seine Teilnahme an der Entlarvung der Verschwörung den höchsten Interessen der Partei diene. Ich konnte mich nur nicht entschließen, mich damit an Sie zu wenden, Genosse Sekretär des Zentralkomitees.«

Jeshow sah Scharok unverwandt mit seinen kalten, erbarmungslosen Augen an. Dann wanderte sein Blick zu Agranow, Moltschanow und Wutkowski. Die schwiegen, offensichtlich verblüfft über Scharoks unerwartete und offene Mitteilung.

»Schicken Sie Reingold sofort zu mir«, befahl Jeshow und verließ das Zimmer. Agranow, Moltschanow und Wutkowski folgten ihm.

Scharok blieb allein.

Er setzte sich und holte tief Luft.

Als er Jeshow Bericht erstattet hatte, hatte er keine Furcht gehabt. In jenem Augenblick hatte er keinen anderen Ausweg. Er hatte lediglich sorgfältig nach den Worten gesucht, um niemanden mit hineinzuziehen. Hätte sich Jeshow nach Details erkundigt, wäre er verpflichtet gewesen, diese zu nennen, und dann hätte er womöglich Wutkowski und Moltschanow, vielleicht sogar auch Jagoda erwähnen müssen.

Jeshow hatte keine Fragen gestellt, und Scharok hatte keine Namen nennen müssen. Aber diese Fragen wurden jetzt bestimmt gestellt, nämlich in Jeshows Arbeitszimmer. Unweit von Jagodas Arbeitszimmer hatte inoffiziell Jeshow auch ein Zimmer, das niemand betrat. Alle wußten, daß dieser Raum nur für Jeshow bestimmt war, und dort stellte Jeshow jetzt seine Fragen an Moltschanow und Agranow, und die wälzten natürlich alles auf Scharok ab, um ihre Haut zu retten ... Wer weiß, was Jeshow oder was Jagoda mit ihm machen würden, wenn Jeshow weg war. Sie könnten ihn gut und gern in eine Zelle sperren, und zwar als Häftling.

Die Tür öffnete sich, auf der Schwelle stand Jagodas Adjutant. Das bedeutete, daß der Volkskommissar persönlich ihn zu sich bestellte.

Scharok erhob sich.

Der Adjutant trat auf ihn zu und legte etwas auf den Tisch.

»Vom Genossen Jeshow für Sie.«

Und ging sofort wieder.

Auf der Schreibtischplatte lag eine Schachtel Zigaretten *Herzegowina Flor.*

Nachdem Wadim von Altman zurückgekehrt war und sich alles noch einmal überlegt hatte, hatte ihn das Entsetzen gepackt. Er hatte gut zwei Dutzend Namen von Leuten genannt, die bei ihnen zu Hause verkehrten, und konnte natürlich nicht behaupten, daß ausschließlich über medizinische Fragen gesprochen worden war. Das klang absolut unglaubwürdig. Altman hatte unumwunden erklärt: »Konterrevolutionäre Gespräche.« Folglich war etwas durchgesickert ... Nur was? Er hatte tatsächlich keine Ahnung. Früher, vor etwa zwei, drei Jahren, hatten junge, begabte Theaterleute sie häufig besucht, auch prominente Schauspieler, aber über Politik war nie gesprochen worden, auch politische Witze wurden nie erzählt. Was hatte das zu bedeuten? Was wollte man von ihm? Vor einem neuen Gespräch mit Altman hatte er panische Angst. Was heckte dieser Henker gegen ihn aus? Er spann ein Netz, hatte von einer Sache angefangen, dachte dabei an eine zweite, sprang zur dritten, versuchte ihn in eine Falle zu locken, ließ ihn im Ungewissen ...

Um sich zu wehren, aus dieser Klemme herauszukommen, mußte er genau wissen, was eigentlich los war, was man von ihm wollte. In dieser Ungewißheit weiterzuleben war unmöglich.

Er mußte unaufhörlich daran denken, die Angst saß ihm in Nakken und ließ ihn nicht los, weder am Tage, noch in der Nacht. Er mußte mit Jura sprechen. Immerhin ein Freund noch aus der Kindheit, mochte der ihm sagen und erklären, was man von ihm verlangte. Er würde ihn weder um Hilfe noch um Schutz bitten. Wadim konnte sich selbst schützen. Sein ganzes Leben lag wie auf der flachen Hand vor allen ausgebreitet, ein ehrlicher, sowjetischer Mensch, ein zuverlässiger Helfer der Partei im Kampf für eine wahrhaft linientreue Kunst, ein Mensch, der dem Genossen Stalin restlos ergeben war.

Er hatte sich allerdings verpflichtet, niemanden etwas von dem Gespräch zu erzählen, aber bei Jura war das doch etwas anderes: Er arbeitete dort. Wadim mußte Jura unverzüglich sprechen, bevor man ihn zum zweiten Mal bestellte. Es war schwierig, Jura zu Hause anzutreffen, aber er mußte ihn um jeden Preis abfangen.
Jura war zu Hause, er hob selbst den Hörer ab und rief angenehm überrascht: »Wadim, du? Lebst du noch?«
»Ich schon, aber von dir hört man ja überhaupt nichts mehr. Ich bin immer da. Ich habe dich angerufen, aber nie angetroffen.«
»Viel Arbeit.«
»Wir müßten uns mal sehen.«
»Ja natürlich, das finde ich auch. Wir müssen uns mal ausführlich unterhalten. Aber wann?«
»Meinetwegen heute.«
Jura lachte.
»Da sieht man gleich, daß du im freien Beruf bist. Mein Bester, ich bin jeden Abend beschäftigt, ich habe nur den Sonntag. Aber auch an diesem Sonntag muß ich arbeiten. Laß uns mal den nächsten Sonntag ins Auge fassen.«
»Jura, das ist unmöglich. Ich muß dich ganz dringend sprechen.«
»Guck mal an, da haben wir uns ein Jahr nicht gesehen, und auf einmal ist es so dringend.«
»Wirklich, Jura! Ich muß dich sofort sehen.«
»Was ist denn passiert?«
»Nichts besonderes. Aber ich brauche deinen Rat.«
»Den kann ich dir auch am Telefon geben.«
»Das ist kein Telefonthema«, sagte Wadim verzweifelt.
Der Boden wankte unter seinen Füßen. Wenn er Jura nicht vor der nächsten Vorladung traf, war alles verloren. Altman konnte jeden Tag anrufen.
»Jura! Mit dir spricht ein alter Freund. Versteh mich doch! Wenn es nicht so wichtig für mich wäre, würde ich dich nicht behelligen. Wenn du willst, komme ich zu dir, ja?«
»Ich muß bald weg. Die Mutter hat das Essen schon aufgesetzt.«
»Jura, wir können doch bei mir essen. Fenja hat einen Kalbsbraten mit Pilzen gemacht und Bouillon mit Piroggen.« Er flehte förmlich.

Scharok schwieg ein Weilchen und sagte dann: »Na schön, ich rufe in zehn Minuten zurück. Dann sage ich dir, ob ich kommen kann oder nicht.«
Zehn Minuten später rief er an: »Du hast mich überredet, ich komme gleich. Aber ich bleibe nicht lange, wir müssen ganz schnell essen.«
Scharok freute sich über das Wiedersehen und schlug Wadim lächelnd auf die Schulter.
»Du wirst ja immer dicker, Wadim. Kalbsbraten, Piroggen, solltest mehr auf deine Figur achten.«
»Dazu komme ich nicht, mein Lieber, keine Zeit.«
»Klar, nimmst ja alle aufs Korn, verreißt jeden ... Na, was ist denn los bei dir?«
Sie gingen ins Eßzimmer. Fenja, die Köchin, brachte die Suppenterrine, füllte die Bouillon in die Teller und stellte eine Platte mit Piroggen auf den Tisch.
Wadim wartete, bis sie das Zimmer verlassen hatte.
»Nichts besonderes. Ich bemühe dich wahrscheinlich ganz umsonst. Aber weißt du, ich kenne mich in solchen Dingen nicht aus, war nie in einer solchen Situation. Obwohl ich weiß, daß die ganze Sache belanglos ist und nichts gegen mich vorliegt, fühle ich mich doch sehr unbehaglich.«
Scharok lachte.
»Als Jurastudenten hat man uns seinerzeit beigebracht, die erste Seite des ausgearbeiteten Redetextes wegzulassen und gleich mit der zweiten zu beginnen.«
»Jura«, sagte Wadim, »man hat mich zur Lubjanka bestellt ...«
Scharoks Gesicht war sofort angespannt, verdüsterte sich zwar nicht, er zog nicht die Augenbrauen zusammen, sah nicht abweisend aus, nein, sein Gesicht wurde nur angespannt, er preßte die Lippen zu einem Strich zusammen, sein Blick wurde hart.
»Mich hat irgendein Altman zu sich bestellt, keine Ahnung, was er für einen Dienstgrad hat, ich verstehe zuwenig davon, ein fürchterlicher Typ, ledern, trocken, absolut herzlos, ich habe den Kopf verloren und offenbar Dummheiten geredet. Ich hatte nur einen Wunsch – möglichst schnell da weg.«
Seine Stimme zitterte, war's möglich, daß Jura kein Mitgefühl

hatte? Scharoks Gesicht blieb angespannt, er schwieg und sah an Wadim vorbei in die Luft.

Fenja stand auf der Schwelle.

»Soll ich den Kalbsbraten bringen?«

»Ja doch«, knurrte Wadim und wartete, bis sich die Tür wieder schloß. »Eigentlich ist nichts Besonderes vorgefallen. Er hat mich nach bekannten Ausländern gefragt. Ich habe alle genannt, die ich kenne, er hat die Namen aufgeschrieben, ich habe das Protokoll unterschrieben und dann hat er mich gehen lassen. Aber er hat gesagt, daß er mich wieder bestellen würde. Ich verstehe aber nicht, wozu. Was will er von mir? Mit Ausländern hatte ich nie zu tun, habe mich auf keine Gespräche mit ihnen eingelassen, du kennst mich ja ... Na, und daß Vika nach Frankreich gefahren ist, was habe ich damit zu tun?«

Jetzt zeigte sich Scharok plötzlich interessiert.

»Sie ist nach Frankreich? Wieso?«

»Sie hat geheiratet und ist weggefahren.«

»Wen hat sie denn geheiratet?«

»Irgendeinen Korrespondenten.«

»Ach so«, murmelte Scharok, »einen Sowjetfeind.«

»Ist er ein Sowjetfeind? Weißt du das?«

»Alle Korrespondenten sind Sowjetfeinde, außer denen der kommunistischen Zeitungen. Aber auch ihnen sollte man nicht unbedingt trauen.«

Sie wandten sich dem Kalbsbraten zu.

»Was ist nun eigentlich der Kern der Sache?« erkundigte sich Scharok.

»Ich verstehe nicht, weshalb man mich vor den Kadi schleppt. Wofür? Wegen der Ausländer, die meinen Vater besuchen? Aber sie kommen doch nie ohne offizielle Begleitung. Was also noch? Er hat mich gefragt: Mit wem haben Sie konterrevolutionäre, antisowjetische Gespräche geführt? Was für Gespräche? Ich habe mit niemandem solche Gespräche führen können. Ich bin ein ehrlicher Sowjetmensch.«

»Den Sowjetmenschen, der noch nie etwas Sowjetfeindliches gesagt hätte, gibt es nicht«, sagte Jura.

Na, das sind ja nette Reden, dachte Wadim.

»In diesem Fall bin ich eine Ausnahme«, antwortete er, »ich führe nie solche Gespräche. Und die Aussicht, mich noch einmal mit diesem Altman unterhalten zu müssen, reizt mich nicht im geringsten. Ich könnte mich ja an die Leitung des Schriftstellerverbandes wenden, an Alexej Maximowitsch Gorki. Aber ich war so dumm, Altman zu versprechen, niemandem von diesem Gespräch zu erzählen.«
Scharok beugte sich über den Tisch, so daß sich ihre Köpfe fast berührten.
»Hast du das unterschrieben?«
»Ja.«
»Warum hast du es mir dann erzählt?«
»Aber du arbeitest doch dort«, antwortete Wadim beklommen, denn er begriff, daß er wieder einen Fehler gemacht hatte.
Scharok schob brüsk den Teller zurück.
»Verstehst du überhaupt, in welche Lage du mich bringst?«
»Jura ...«
»Jura, Jura ...«
Ebenso wie Altman wiederholte er gereizt Wadims Worte.
»Was denn Jura?! Man hat dir Vertrauen entgegengebracht, du hast dich verpflichtet zu schweigen und diese Verpflichtung nicht eingehalten. Ich arbeite dort, sagst du ... Weißt du, was ich dort mache?! Vielleicht bin ich Türsteher!«
Er verstummte wieder und sagte dann nachdenklich: »Ich arbeite bei dieser Behörde, und du hast mir ein Dienstgeheimnis verraten. Ich bin verpflichtet, das meinen Vorgesetzten zu melden.«
Wadim sah ihn fassungslos an.
»Ja, ja«, fuhr Scharok verärgert fort, »ich habe die dienstliche Pflicht, das zu tun. Du hast es mir erzählt, wo ist die Gewähr, daß du es sonst keinem ausplauderst? Und dann wirst du noch hinzufügen: Ich habe einen Bekannten, der dort arbeitet, ich habe ihm alles erzählt, und er wird mich nicht im Stich lassen.«
»Jura, wie kannst du so reden?«
»Warum denn nicht? Da du mich in eine so zweideutige Lage bringst, muß ich schließlich die Konsequenzen ziehen!«
»Jura, so glaub mir doch ...«
»Ich habe meine Pflicht zu tun«, erklärte Scharok, »der besondere

Status unserer Behörde verpflichtet jeden Mitarbeiter, seinen Vorgesetzten alles zu melden, was diese Behörde betrifft.«

Er stand auf und sah auf die Uhr.

»Ich habe es eilig.«

»Jura, du wirst das doch nicht machen?«

Wadim sah ihn beschwörend an.

Scharok fragte düster, ohne Wadim anzusehen: »Versprichst du mir, niemandem von unserem Gespräch zu erzählen? Übrigens, eine absolut unnütze Frage. Du hast es doch Altman auch versprochen.«

Wadim preßte die Hände an die Brust.

»Ich schwöre es dir ... Kein Wort werde ich jemals darüber verlieren. Außer dir habe ich niemanden etwas davon erzählt, so glaub mir doch. Du bist der einzige, dem ich das erzählt habe. Ich habe nämlich geglaubt ...«

Scharok unterbrach ihn: »Du hast bereits gesagt, was du glaubtest. Wiederhole dich also nicht. Ich will dir einen freundschaftlichen Rat geben: Verheddere dich nicht noch mehr, sprich zu keinem Menschen von diesen Dingen – weder von der Vernehmung noch von dem Gespräch mit mir. Hör auf zu quatschen und lebe so wie bisher. Sonst erraten die anderen, daß irgend etwas vorgefallen ist und dann bist zu gezwungen, mit diesen Dingen herauszurücken.«

»Wer soll das erraten, und wer sollte mich dazu zwingen?« rief Wadim erstaunt.

»Wer so was zu erraten hat, der wird es eben erraten«, antwortete Scharok eindringlich. »Man hat dich nicht einfach so dorthin bestellt. Einfach so wird bei uns nichts getan, umsonst behelligen wir niemanden. Wir schießen nicht mit Kanonen auf Spatzen. Man hat dich bestellt, vernommen, ein Protokoll aufgesetzt, dir die Schweigepflicht auferlegt, also gibt es Gründe dafür, und zwar schwerwiegende. Hast du vielleicht eine Ahnung, wer diese Leute in Wirklichkeit sind, von denen du umgeben bist? Du glaubst, das sind Lappalien. Nein, das sind keine Lappalien! Ich verstehe sehr gut, du hast keine sowjetfeindlichen Gespräche geführt und dein Vater auch nicht. Aber du triffst dich doch nicht nur zu Hause mit allerhand Leuten. Du hast mit vielen Leuten zu

tun. Wadim, du hast einen ausgedehnten Bekanntenkreis, und ich weiß das sehr gut. Krame mal ein bißchen in deinem Gedächtnis.«
Er sah Wadim aufmerksam an und fügte vielsagend hinzu: »Ein politischer Witz, man erzählt oder hört ihn, und schon hat man gegen einen Paragraphen verstoßen.«
Er zog seinen Mantel an und knöpfte ihn zu.
»Na, mach's gut.«
Trotz allem ein schwacher Hoffnungsschimmer.
Als Wadim abends den Arbat zum Smolenski-Platz hinabging und an Juras Haus vorbeikam, warf er einen Blick durch den Torbogen in den Hof, wo sich der Aufgang der Scharoks befand und dachte wieder mit Dankbarkeit an ihn, ein wahrer Freund, dieser Jura, hatte ihn nicht im Stich gelassen, hatte ihm einen Wink gegeben, durchblicken lassen, daß es um einen Witz ging. Gütiger Gott, wegen einer solchen Lappalie, wegen eines Witzes zugrunde zu gehen!
Er kramte in seinem Gedächtnis, um sich an die in letzter Zeit gehörten Scherze und Witze zu erinnern. Alles nicht der Rede wert. Obendrein wurden politische Witze nur unter vier Augen erzählt, und auch nur im Vorübergehen. »Kennst du den?« Von allen, an die er sich erinnern konnte, war wohl nur der Witz über Radek und Stalin als strafbar anzusehen. Von wem hatte er ihn gehört? Von Elsbein, dem Literaturwissenschaftler. Richtig, von ihm. Wadim hatte mit seinem älteren Freund und Gönner Jerschilow im Restaurant des Schriftstellerclubs gegessen. Elsbein war in der Tür erschienen, hatte den Blick durchs Restaurant schweifen lassen und war dann an ihren Tisch getreten. Er humpelte, ging deshalb immer etwas seitwärts, weil er die eine Schulter vorschob. Jerschilow hatte ihm einen Stuhl zurechtgerückt. Wadim hatte noch das Gesicht verzogen, er mochte den Kerl nicht. Ein gekünsteltes Lächeln, unsteter Blick.
»Kennen Sie den letzten Witz?« hatte Elsbein gefragt. »Stalin bestellt Radek und sagt zu ihm: Hör mal Radek, du erfindest so gern Witze, es heißt, daß du auch über mich Witze reißt. Verkneif dir das in Zukunft. Du darfst nicht vergessen, daß ich der Führer bin! Radek antwortet: Du, der Führer? Diesen Witz habe ich noch niemandem erzählt.«

Jerschilow hatte gelächelt. Wadim ebenfalls. Elsbein war aufgestanden und weitergegangen.
Wadim hatte dem Vorfall keine Bedeutung beigemessen. Freilich drehte sich der Witz um den Genossen Stalin, aber Radek war ein prominenter Parteiführer, zwar ein ehemaliger Oppositionspolitiker, ein reuiger Trotzkist, doch eine Berühmtheit. Abgesehen von allem anderen, berühmt auch wegen seiner Witze, die gleichsam legalen Charakter hatten, weil Radek im öffentlichen Leben stand. In der Vergangenheit Leiter der Komintern, war er gegenwärtig ein führender Journalist und Publizist, dessen Beiträge regelmäßig in der *Prawda* und in der *Istwestija* erschienen, und zwar richtungsweisende Beiträge. Auf dem ersten Schriftstellerkongreß hatte er das Hauptreferat gehalten über »Die zeitgenössische Weltliteratur und die Aufgaben der proletarischen Kunst«.
Allerdings hatte Jerschilow beim Zuhören ziemlich säuerlich gelächelt, seine Augen waren ernst geblieben. Aber er, Wadim, hatte den Witz, soweit er sich erinnern konnte, niemandem weitererzählt.
Doch, er hatte ihn weitererzählt ... Dem Friseur Sergej Alexejewitsch, der hier im Salon am Arbat, Ecke Kalininstraße arbeitete und den Wadim schon als kleiner Junge gekannt hatte. Er war seit Jahren der Friseur seines Vaters, hatte ihn schon vor der Revolution bedient und bediente ihn auch jetzt noch; wenn der Vater krank war, kam Sergej Alexejewitsch zu ihnen nach Hause, rasierte ihn und schnitt ihm das Haar. Seine verstorbene Mutter hatte den kleinen Wadim zu Sergej Alexejewitsch gebracht, der ein solider, stattlicher Mann war, immer freundlich und zuvorkommend, mit einem sehr sorgfältig gestutzten, schönen Bart. Er hatte ein Brettchen auf die Stuhllehnen des Friseursessels gelegt und gesagt: »Na, junger Mann ...« und den kleinen Wadim auf das Brett gesetzt, ihm die Haare geschnitten, mit ihm gescherzt ... Später war Wadim schon allein zu Sergej Alexejewitsch gegangen, die Mutter war gestorben, er kam als Halbwüchsiger und später auch als Erwachsener zu ihm. Und jetzt sprach nicht mehr Sergej Alexejewitsch in jovialem Ton mit ihm, sondern er, Wadim, sprach herablassend mit dem Friseur. Sergej Alexejewitsch las wohl kaum die Zeitungen und Zeitschriften, in denen Wadims Beiträge erschie-

nen, aber von seinen Erfolgen hatte er gewiß von Fenja gehört, die auf Empfehlung von Sergej Alexejewitsch vor etwa zehn Jahren zu ihnen gekommen war. Sie stammten wohl aus einem Dorf, oder er hatte sie als entfernte Verwandte bei ihnen untergebracht.
Aus alter Freundschaft erzählte Wadim ihm verschiedene politische Neuigkeiten, kommentierte die Nachrichten in den Zeitungen. Im Grund genommen gab er seinem Affen Zucker, denn er wollte sich als bedeutende Persönlichkeit vor dem Friseur aufspielen, als jemand, der zu den höchsten Kreisen Zutritt hatte.
Sergej Alexejewitsch zog beim Zuhören vielsagend die Brauen hoch, nickte zu Wadims Worten und faßte alles immer scherzhaft mit dem Satz zusammen: »Jaja, ohne Lew Davidowitsch Trotzki ist's auch diesmal nicht gegangen.« Nachdem sich Sergej Alexejewitsch den Witz über Radek angehört hatte, hatte er höflich gelächelt und wieder seine übliche Floskel losgelassen: »Jaja, ohne Lew Davidowitsch Trotzki ist's auch diesmal nicht gegangen.« Als habe Trotzki Radek inspiriert, Stalin so zu antworten.
War's möglich, daß Sergej Alexejewitsch ihn denunziert hatte? Ein ihm nahestehender Mensch, fast schon zur Familie gehörend, er kannte den Vater mindestens seit zwanzig Jahren, auch die verstorbene Mutter und auch ihn, Wadim, kannte er wortwörtlich von klein auf. Und Fenja war schließlich seine Verwandte. Vielleicht aber war er ein ausgefuchster Spitzel, er hatte ja eine sehr günstige Stelle. Er bediente Hunderte von Menschen, und jeder Kunde freute sich über einen kleinen Schwatz.
Seine üblichen Worte über Trotzki, die stets von einem zweideutigen Lächeln begleitet wurden, sagte er gewiß nicht nur zu Wadim, sondern auch zu den anderen Kunden, die er damit womöglich zu einem Gespräch über Trotzki provozieren wollte. Wadim erinnerte sich plötzlich an Fenjas Erzählung, wie sie sich im Dorf vor der Kornrequirierung gerettet hatten.
»Wir waren sieben Geschwister, die Eltern hatten also sieben Mäuler zu stopfen, aber womit?« erzählte Fenja. »Das Korn wurde uns weggenommen, sie steckten die Nase in jeden Winkel und in jede Ecke. Da hatte die Mutter eine gute Idee. Sie füllte die Matratzen mit Korn statt mit Stroh, wir schliefen darauf, es war hart, und das Korn piekte. Aber dafür hatten wir immer Brot, al-

lerdings mußte es heimlich gebacken werden, damit die Nachbarn nicht merkten, daß wir nicht alles abgeliefert hatten.«

Fenja kam aus einer Kulakenfamilie, das war klar, ihre Eltern waren enteignet worden. Einmal hatte ihr Vater sie in der Stadt besucht, hatte in der Küche gesessen, sich mit unterwürfig-lauerndem Blick umgesehen, einer, den man enteignet hatte. Und Fenja war die Verwandte von Sergej Alexejewitsch. Wie hatte er, Wadim, das früher nicht berücksichtigt und diesem Umstand keine Bedeutung beigemessen? Ein Freund der Familie! Ein nahestehender Mensch! Ja, schließlich war er für alle, die am Arbat wohnten, ein nahestehender Mensch. Und schrieb über alle Kunden seine »Informationen« und höchstwahrscheinlich auch über ihn, Wadim.

Wenn Wadim jetzt in den Schriftstellerverband kam und Elsbein oder Jerschilow traf, musterte er aufmerksam ihre Gesichter, in der Hoffnung, daß sie sich irgendwie verraten würden: durch ein verlegenes Lächeln oder einen Blick. Nein, sie benahmen sich wie immer. Aber irgend jemand mußte ihn doch denunziert haben.

Elsbein? Er wußte, daß Elsbein fast täglich in Kamenews Haus verkehrt hatte, im Verlag »Academia« mitarbeitete. Kamenew war verhaftet worden, Elsbein hatte man nicht angerührt. Natürlich sonderbar. Andererseits hatte Elsbein selbst den Witz erzählt, und er würde sich doch nicht selbst denunzieren.

Jerschilow? Jerschilow hatte ein ganz anderes Format, kleine Denunziationen waren nichts für ihn. Bei ihm ging es um wichtige Denunziationen, jeder seiner kritischen Beiträge war eine politische Denunziation, jeder seiner entlarvenden Artikel im Grunde genommen bereits ein Gerichtsurteil. Mit solchen Lappalien, solchen Kleinigkeiten würde er sich nicht abgeben.

Wenn es also um diesen Witz ging, dann war der einzige, der ihn angezeigt haben konnte, allein Sergej Alexejewitsch.

Auf diese Weise war er, Wadim Marassewitsch, ein Verbreiter sowjetfeindlicher Anekdoten, er verbreitete sie, wo immer es ihm einfiel, sogar beim Friseur. Seine Schwester war nach Paris gefahren, hatte einen sowjetfeindlichen Korrespondenten geheiratet, und er, Wadim, beschäftigte sich hier mit antisowjetischer Propaganda.

Aber das stimmte doch nicht! Absolut falsch! Er war doch kein Sowjetfeind! Natürlich war es dumm, Sergej Alexejewitsch einen solchen Witz zu erzählen, zumal der Friseur ihn wohl kaum verstanden hatte. Aber es war doch kein Witz über Stalin, sondern einer über Radek, und allein schon dessen Name war ein Symbol und eine Gewähr dafür, daß es mit legalen Dingen zuging, ein Anzeichen von Gedankenfreiheit, aber eine parteiorientierte, offiziell zulässige, wenn auch nicht öffentlich legalisierte, aber immerhin unter der Hand erlaubte Gedankenfreiheit.

Wie sehr sich Wadim auch immer trösten und sich selber beruhigen mochte, er begriff, daß es schlimm, sehr schlimm um ihn stand. Altman würde diesen Witz ganz anders auffassen: Er hatte sowjetfeindliche Witze verbreitet, damit nicht genug, Witze über den Genossen Stalin. Und wo? Beim Friseur! Wem haben Sie diesen Witz noch erzählt? Niemandem. Aha. Niemandem? Aber wie wollen Sie das beweisen? Und warum sollen wir Ihnen das glauben?

In was für eine fürchterliche Klemme war er nur geraten. Er würde nicht leugnen können, leugnen war töricht, er würde seine Lage nur verschlimmern.

Aber wenn er gestehen würde, daß er Sergej Alexejewitsch den Witz erzählt hatte, mußte er auch sagen, von wem er ihn gehört hatte. Er mußte Elsbein nennen und auch, wer dabei gewesen war. Und das war Jerschilow. Würde er sich herauswinden und das verheimlichen wollen, würden sie ihn ganz bestimmt einlochen.

War's möglich, daß sie ihn einlochten? Dann war alles vorbei, sein Leben verpfuscht. Warum sollte er zugrunde gehen, er war doch erst 25! Und weswegen? Wegen Radek, der solche Witze ausdachte, wegen Elsbein, der sie erzählte? Radek hatte es gut, von dem lief alles ab, wie von einem Entenflügel. Radek würde einfach behaupten: Das wird mir alles zugeschrieben, in Wirklichkeit aber bin ich gar nicht der Urheber. In der Tat wurde ihm vieles in die Schuhe geschoben. Und Elsbein, dieser Hundesohn, dieser Provokateur, erzählte solche Witze, und obendrein in Gegenwart dritter Personen, in Anwesenheit von Jerschilow. Aber Jerschilow war auch gut! Parteimitglied und damit nicht genug, Mitglied des Parteikomitees, warum war er Elsbein nicht ins Wort gefallen? Sein

Widerspruch wäre ein Signal für Wadim gewesen, auch er hätte Einspruch erhoben und würde Sergej Alexejewitsch den Witz nicht erzählt haben. Also waren sie beide schuld, sowohl Elsbein als auch Jerschilow. Er hatte nicht vor, diese beiden zu schonen. Jawohl! Elsbein hatte diesen Witz erzählt, aber in Anwesenheit eines Mitglieds des Parteikomitees, Jerschilow, und der hatte billigend gelächelt, und darum hatte er, Wadim, geglaubt, dieser Witz sei durchaus nicht strafbar und hatte ihn, allerdings etwas fahrlässig, dem Friseur weitererzählt.

Aber warum eigentlich fahrlässig? Im Gegenteil, er hatte ihn absichtlich erzählt, weil er das wahre politische Gesicht von Sergej Alexejewitsch kennenlernen wollte. Allein schon aus dem Grund, weil Sergej Alexejewitsch alle Ereignisse mit einem Satz kommentierte: »Ohne Lew Davidowitsch ist es auch diesmal nicht gegangen«. Das hieß, daß er jedesmal Trotzki, dessen Vor- und Vatersname das war, erwähnte. Warum eigentlich? Wollte er damit ein Gespräch über Trotzki provozieren? Wollte er ihn reinwaschen? Wollte er damit hervorheben, daß bei uns Trotzki alles in die Schuhe geschoben wurde? Daß Trotzki grundlos alle unsere Mißerfolge angehängt wurden? Hatte eine Fabrik das Plansoll nicht erfüllt, wer war schuld daran? Natürlich Lew Davidowitsch. Die Komponisten schrieben schlechte Musik, wer war schuld? Natürlich Lew Davidowitsch. In irgendeinem sibirischen Gebiet verdarb das eingebrachte Getreide. Wer war schuld? Natürlich Lew Davidowitsch. Schließlich und endlich war das Wadim verdächtig erschienen, und mit seinem Witz hatte er bloß die Reaktion des Friseurs prüfen wollen. Hätte Sergej Alexejewitsch diesen vertraulichen Witz mit irgendeiner sowjetfeindlichen Bemerkung quittiert, so hätte Wadim natürlich gewußt, was zu tun war. Aber eine solche Reaktion war nicht erfolgt, und darum hatte Wadim auch nichts unternommen.

Welche dieser Varianten war die bessere? In beiden Fällen legte er alle drei hinein: Elsbein, Jerschilow und den Friseur. Aber Elsbein war schuld: Man erzählt eben nicht solche Witze. Jerschilow war auch schuld: Er hatte nicht als Parteimitglied reagiert. Nun, und Sergej Alexejewitsch, der war ein Spitzel, dem würde sowieso nichts passieren. Für ihn, Wadim, waren beide Varianten günstig.

Welche vorzuziehen war, würde er dann bei der Vernehmung in der Ljubjanka entscheiden.
Trotzdem war Wadim sehr nervös, seine Gedankengänge verhedderten sich, er fürchtete ein neues Gespräch mit Altman, fürchtete den schwermütigen Blick, der sich plötzlich in den eines Henkers verwandelte, sein unerbitterlich monotones Reden, das von unerwarteten Wutausbrüchen und hysterischen Schreien unterbrochen wurde. Furchtbar!
Andererseits belastete und quälte ihn die Ungewißheit, in der er sich befand und die ihm keine Ruhe ließ. Wenn Altman ihn doch möglichst bald bestellen, anhören, seine Worte notieren und ihn beruhigen würde, er hatte doch ehrlich seine Pflicht und Schuldigkeit getan. Natürlich konnte Altman eine Akte daraus machen, aber Jerschilow würde sich herauswinden – er war prominent, ihm würde man nichts tun. Na und was Elsbein betraf, um den war's nicht schade, hol ihn der Teufel, mochte er sich herausreden, wie er wollte, mochte er gestehen, wer ihm diese Gemeinheit erzählt hatte, und erklären, warum er damit im ganzen Restaurant hausieren ging.
Ja, wenn er ihn nur möglichst bald vorladen würde. Wadim saß zu Hause und erwartete den Anruf, wenn er wegging, befahl er Fenja, zu fragen, wer angerufen hatte und den Namen aufzuschreiben. Fenja schrieb nie etwas auf. Rasend vor Wut hämmerte Wadim mit der Faust auf den Tisch, obwohl er nur zu gut verstand, daß der NKWD Vorladungen nicht über Hausangestellte übermittelte.
»Ich habe dir doch laut und deutlich erklärt, daß du notieren sollst, wer angerufen hat. Ich habe dir sogar speziell Papier und Bleistift neben das Telefon gelegt. Fällt es dir denn so schwer, deine Krakel hinzumalen?«
Aber Fenja bequemte sich nicht dazu, »ihre Krakel hinzumalen« und auch am nächsten Tag sagte sie lediglich, es habe irgendein Mann angerufen, aber nicht gesagt, wer er sei.
»Hast du ihn gefragt?«
»Ja, ich habe ihn gefragt, aber er hat aufgelegt.«
Oder sie sagte: »Den Namen hat er nicht genannt, bloß gefragt, wann Sie kommen.«
»Und was hast du geantwortet?«

»Na, was schon? Ich hab' gesagt, er kommt abends nach Hause.«
»Ich habe dir doch gesagt: Ich komme um sieben Uhr wieder zurück.«
»Ich hab' ja gesagt, um sieben.«
»Das willst du gesagt haben?! Keinen Ton hast du davon gesagt!«
»Doch, ich habe es gesagt.«
Aber warum rief Altman nicht an? Hol ihn der Teufel! Vielleicht war er in Urlaub, vielleicht hatte er aber den Fall abgeschlossen. Womöglich hatte Jura Altman gesagt: »Ich kenne Wadim Marassewitsch. Der ist absolut sauber. Unser Mann!«
Unser Mann! Das war ein gutes Wort. Er hatte sich schon immer gewünscht, daß die dort ihn für ihren Mann hielten. Das hatte er sich in der Schule gewünscht und auch an der Universität – nicht etwa »unser Genosse«, sondern »unser Mann«. Unser Mann klang viel besser als Genosse, viel zuverlässiger.
Sicherlich hatte Jura gesagt: Unser Mann, und Altman hatte das blöde Protokoll vernichtet. Natürlich wäre es nicht schlecht, Jura anzurufen und das zu erfahren, es irgendwie herauszufinden. Aber er genierte sich, obendrein würde der ihm auch nichts sagen, es reichte vollauf, daß er angedeutet hatte, es ginge um einen Witz, im Grunde genommen war er ja nicht einmal dazu berechtigt. Er hatte sich wie ein Ehrenmann verhalten, also gehörte es sich nicht, ihn weiter zu belästigen und um noch mehr zu bitten, das wäre undiplomatisch.
Es verging ein Monat, dann noch einer, das Leben lief wieder im gewohnten Gleis, und Wadim begann ruhiger über die Sache nachzudenken. Gesetzt den Fall, daß Altman in Urlaub gewesen war, so mußte er längst wieder zurück sein. Drei Monate Urlaub gab es nicht. Vielleicht hatte man ihn gefeuert, um so besser. Also saß jetzt ein Klügerer an seiner Stelle und hatte gleich gemerkt, daß Wadims Fall konstruiert war und hatte ihn ad acta gelegt. Und sicherlich hatte Jura ihm etwas Positives gesagt, etwa: Laß ihn in Ruhe, ein zuverlässiger Mann, der gehört absolut zu uns.
Wadim beruhigte sich endgültig. In den Zeitungen und Zeitschriften lösten seine Beiträge einander wieder ab, auf der Rednertribüne stehend geißelte und verriß er erneut einen nach dem anderen.

Man war mit ihm zufrieden. Sogar Wladimir Wladimirowitsch Jermilow sagte einmal: »Sehr gut, Ihre Linie gefällt mir!«

23

Nach dem Gespräch mit Jeshow war Reingold wie ausgewechselt. Jetzt entlarvte er nicht nur die trotzkistisch-sinowjewschen Verschwörer, unterschrieb nicht nur alles, was Scharok verlangte, sondern ergänzte von sich aus das eine oder andere und machte seine Aussagen pointierter und überzeugender.

Was Jeshow ihm versprochen und worüber sie sich geinigt hatten, darüber konnte Scharok lediglich Mutmaßungen anstellen. Reingolds Leben war nicht mehr in Gefahr, ihm war seine Schuldlosigkeit bestätigt, der Wille der Partei verkündet worden – das war eindeutig, aber in wessen Namen? Jeshows Name hatte Gewicht, aber hatte Reingold sich damit begnügt? Womöglich war ihm ein noch höherer Wille übermittelt worden, so daß er sich als Teilnehmer eines großen Partei- und Staatsaktes fühlen konnte? Reingold zeigte erneut die Allüren, die Scharok schon immer verhaßt gewesen waren: der intellektuelle Dünkel, die selbstbewußt-herrische Art. Er ersetzte Scharoks Wendungen im Protokoll durch geschliffenere Formulierungen, sagte: »Schreiben Sie das um« oder: »Wollen wir das nicht besser so ausdrücken?«

Und als er einmal Scharoks Niederschrift las, verzog er das Gesicht: »Schlecht, das machen wir anders«, und verfaßte, ohne Scharoks Einverständnis abzuwarten, einen neuen Text.

Für das Verfahren war das zweifellos nützlich, aber Scharok ärgerte sich und zog die Zügel an. Mit steinernem Gesichtsausdruck hörte er Reingold zu, zeigte mit keiner Regung, daß er den Eifer des anderen schätzte. Zugleich aber gab er Reingold zu verstehen, daß er die Entscheidung in der Hand hatte, während Reingold lediglich Vorschläge unterbreiten durfte. Als kluger Mann hatte Reingold diese Distanz gefühlt und anerkannt: Er wollte keinen Konflikt mit dem Untersuchungsführer heraufbeschwören, zumal Scharok fast alles annahm und nur das ablehnte, was nicht ins allgemeine Konzept paßte, das Reingold im Gegensatz zu Scharok nicht kannte. Er war Untersuchungsgefangener, während Scharok Untersuchungsführer war, er befand sich in Haft, Scharok dagegen in Freiheit, im Fall eines erfolgreichen Abschlusses des Verfahrens würde Scharok einen Orden bekommen, was Reingold bekommen würde, war noch ungewiß, obwohl Scharok den Eindruck hatte, daß Reingold fest an das Versprechen glaubte, das Jeshow ihm gegeben hatte.

Im großen und ganzen herrschte gegenseitiges Verständnis, der Plan war geglückt. Scharoks Aktien waren mächtig gestiegen: Sein Untersuchungshäftling Reingold machte die am weitest gehenden, überzeugendsten und interessantesten Aussagen. Olberg konnte nur bezeugen, was sich im Ausland abgespielt hatte, und unterschrieb alles, was verlangt wurde, hatte jedoch keine Phantasie, die Untersuchungsführer mußten sich für ihn den Kopf zerbrechen. Da sie aber kaum Auslandserfahrung hatten, fiel ihnen nichts Glaubwürdiges ein, nur, daß Olberg von Sedow auf Trotzkis Weisung hin in die UdSSR geschickt worden war, um mit Hilfe von Studenten der Pädagogischen Hochschule in Gorki während der Maidemonstration in Moskau einen Anschlag auf Stalin zu verüben.

Was Pikel anging, so betrafen seine Aussagen lediglich Sinowjew, und nach der mißlungenen Gegenüberstellung mit Sinowjew war er in Apathie verfallen und in einem solch depressiven Zustand, daß man sich gezwungen sah, seine Freunde Schanin und Gai zu Hilfe zu rufen. Pikel wurde in eine bessere Zelle überführt, wo Schanin und Gai bis spät in der Nacht mit ihm zusammensaßen. Sie tranken Wein, nahmen gemeinsam das Abendessen ein, spielten Karten und versuchten Pikel auf diese Art aufzumuntern. Der Untersuchungsführer hatte Pikel suggeriert, Sinowjew würde die gleichen Aussagen wie er machen. Bei der Gegenüberstellung mußte dann Pikel erfahren, daß das nicht stimmte. Sinowjew flehte ihn an, seine falschen Aussagen zurückzunehmen. Pikel war erschüttert, konnte kein Wort hervorbringen und mußte abgeführt werden.

Jetzt redeten Schanin und Gai ihm ein, daß Sinowjew die Aussagen früher tatsächlich zu Protokoll gegeben, sie aber bei der Gegenüberstellung überraschenderweise zurückgenommen habe, daß aber im weiteren Verlauf des Verfahrens alles bestens klappen würde. Unter dem Einfluß von Gais und Schanins Überredungskünsten, die von Essen und Trinken und vom Kartenspiel begleitet wurden, kam Pikel – zur Beruhigung von Jagoda und Moltschanow – wieder einigermaßen zu sich: sie hatten befürchtet, er könne in dieser depressiven Verfassung nicht in den Gerichtssaal gebracht werden.

Also mußte der Regieplan immer wieder geändert werden, natürlich würden Olberg und Pikel nützlich sein und würden zweifellos eine Rolle spielen: Aussagen waren Aussagen, und Mittäter waren Mittäter. Aber zum »Hauptdetonator« war Reingold geworden und Scharok, der die Akte Reingold bearbeitete, zum beachteten Untersuchungsführer.

Alle zufälligen Begegnungen mit jedem der ehemaligen Oppositionsanhänger – einerlei ob in einer Privatwohnung oder bei dienstlichen Anlässen, bei Sitzungen, Beratungen, ja, sogar bei Parteitagen und Konferenzen, stellte Reingold als Treffen dar, bei denen die Einzelheiten der Verschwörung erörtert worden waren. Ausschlaggebend für ihn war lediglich, daß er sich genau an das Datum und den Ort des Zusammentreffens erinnerte, damit der auf diese Weise Überführte kein Alibi hatte.

Als bedeutender Wirtschaftsführer und Prominenter im Staatsapparat hatte Reingold an vielen Sitzungen teilgenommen, in denen ebenfalls führende Köpfe, ehemalige Anhänger der Opposition, zugegen gewesen waren.

Reingolds Aussagen, was Zeit und Ort betraf, wirkten dadurch absolut glaubwürdig, so daß auch seine Version über den Inhalt der geführten Gespräche überzeugend klang.

Reingold sagte aus, daß er Teilnehmer einer trotzkistisch-sinowjewschen Verschwörung gewesen sei, unter der Leitung von Sinowjew, Kamenew und Bakajew gehandelt und den Mord an Stalin sowie an Woroschilow, Kaganowitsch und anderen Führern der Partei und des Staates vorbereitet habe. Das Attentat auf Kirow war seinen Worten zufolge auf direkte Anweisung von Sinowjew verübt worden.

Natürlich bestätigte Reingold die Aussagen von Pikel und Olberg

voll und ganz, ebenso wie Pikel und Olberg Reingolds Aussagen bekräftigten. Auf Moltschanows Anordnung trafen sich Reingold, Pikel und Olberg im Zimmer des Leiters der Wirtschaftsabteilung Mironow, wo sie ihre Aussagen in Übereinstimmung bringen mußten.
Reingolds, Olbergs und Pikels abgesprochenen, einander bestätigenden und von Moltschanow und Jagoda peinlich genau abgestimmten Aussagen, die, wie Scharok erriet, dem Genossen Stalin vorgetragen worden waren, wurden nun den Hauptangeklagten Sinowjew, Kamenew und den anderen vorgelegt. Diese Aussagen sollten die Grundlage für den bevorstehenden Prozeß abgeben.
In einem Gespräch mit Wutkowski äußerte Scharok sein Erstaunen über Reingolds merkwürdigen Eifer.
Wutkowski, ein kluger und vorsichtiger Mann, sagte nach einigem Nachdenken: »Reingold versteht seine Aufgabe als Parteiauftrag. Wissen Sie, ich denke sogar, daß er aufrichtig daran glaubt. Er ist eine starke, integre Persönlichkeit.«
Scharok tat, als befriedige ihn diese Erklärung. Was für ein Unterschied bestand zwischen Wutkowski und Reingold? Der eine erfand den ganzen Schwindel, und der andere gab sich den Anschein, als ob er an diesen Schwindel glaubte. Und beide taten es angeblich im Interesse der Partei. Eine glatte Lüge! Beide retteten bloß ihre Haut. Und er, Scharok, rettete ebenfalls seine Haut. Allerdings schützte er keine Parteiinteressen vor, er erfüllte lediglich seine dienstliche Pflicht, so war das, nur so. Er befolgte die Anordnung seines Vorgesetzten, nicht etwa blindlings, sondern so wie es dem Gesetz und der Vorschrift entsprach – die Verantwortung trugen jene,die diese Gesetze verabschiedet und diese Vorschriften unterschrieben hatten.
Das allerhöchste Gesetz aber war Stalin. Und alles, was in Stalins Interesse geschah, war gerecht. Scharok hatte schon immer, Zeit seines Lebens, die Kommunisten gehaßt. Außer einem einzigen: Stalin. Stalin selber liquidierte die Kommunisten, namentlich die alten Kommunisten, und gerade in ihnen war die erschreckende Kraft dieser Diktatur begründet, sie hatten selbst alle erbarmungslos liquidiert, jetzt waren sie dran, jetzt verfolgte Stalin sie, gebe Gott ihm Gesundheit. Durch seine Arbeit im NKWD hatte sich

Scharok für immer diesem System verbunden, und sein Leben hing von der Stärke und Stabilität des Systems ab. Stalin und nur Stalin war der Garant dieser Stabilität. Darum war Scharok ihm und nur ihm treu ergeben. Darum war alles, was in Stalins Interesse getan wurde, gerechtfertigt.

Scharok war klar, daß auch Reingold sich letztlich von dieser Konsequenz leiten ließ. Meldung machte Scharok Jeshow persönlich, allerdings im Beisein von Moltschanow oder Agranow. Jeshow überflog Reingolds Aussagen und stellte fest, daß auch Rykow auf einer Abendveranstaltung, die Reingold besucht hatte, gewesen war, Bucharin und Tomski auf einer anderen. In den zwanziger Jahren hatte Reingold bei irgendwelchen Versammlungen außerdem Iwan Nikitisch Smirnow, Mratschkowski, Ter-Waganian und Dreitzer getroffen.

»Über diese Leute hält er aber sonderbarerweise den Mund«, bemerkte Jeshow.

Der Wink wurde sofort verstanden. Gleich bei der nächsten Vernehmung sagte Reingold aus, daß nicht nur Sinowjew und Kamenew, sondern auch die Trotzkisten Iwan Nikititsch Smirnow, Mratschkowski und Ter-Waganian, außerdem Rykow, Bucharin und Tomski sich an der Verschwörung beteiligt hatten. Wie befohlen schrieb Scharok die Namen Rykow, Bucharin und Tomski in ein Extraprotokoll.

Die Aussagen von Reingold, Olberg und Pikel bildeten lediglich den Ausgangspunkt für die Anklage gegen die Hauptbeschuldigten im bevorstehenden Prozeß. Benötigt wurden ferner Aussagen untergeordneter Teilnehmer der terroristischen Verschwörung, aber die aus den Gefängnissen, Verbannungsorten und Lagern herangeschafften ehemaligen Oppositionsanhänger machten keine Aussagen. Als Moltschanow sich überzeugte, daß die Untersuchung nicht weiterkam, rief er eine neue Besprechung der Untersuchungsgruppen ein, bei der diesmal Jeshow persönlich anwesend war.

Scharok war nicht dabei: In Djakows Auftrag war er nach Leningrad gefahren, um dort Einblick in die Akten einiger ehemaliger Sinowjew-Anhänger zu nehmen, die für die Teilnahme am Prozeß oder für die benötigten Zeugenaussagen geeignet wären. Er suchte mehrere Dozenten für Sozialwissenschaften aus und ordnete an, sie nach Moskau zu bringen.

Aus Leningrad zurückgekehrt, begab sich Scharok zu Djakow. In dessen Arbeitszimmer traf er Wladimir Nikolajewitsch Lunin, der in einer Abteilung arbeitete, die sich mit den sozialistischen Parteien beschäftigte. Scharok hatte früher schon bemerkt, daß Lunin sich beharrlich vor der Teilnahme an der Vorbereitung des Prozesses drückte. Auch jetzt erklärte er Djakow, daß er sich mit einer Gruppe von Anarchisten beschäftige und darum in seiner Abteilung unabkömmlich sei.

Djakow verzog die Lippen.

»Anarchisten hin, Anarchisten her, was gibt es jetzt noch für Anarchisten? . . . Genosse Lunin, Sie wollen sich aus irgendeinem Grund nicht an der gemeinsamen Arbeit beteiligen. Sie wissen doch, was Genosse Jeshow in der letzten Besprechung gesagt hat? Genosse Jeshow hat gesagt, daß der bevorstehende Gerichtsprozeß eine außerordentliche Bedeutung für das ganze Land hat, für die Partei und für die internationale kommunistische Bewegung. Die Untersuchungsführer müssen erbarmungslos gegen die Volksfeinde vorgehen, und alle, ich wiederhole, alle Untersuchungshäftlinge sind Volksfeinde. Das ist die feste Überzeugung des Zentralkomitees der Partei, des Politbüros und des Genossen Stalin persönlich.«

Lunin hörte Djakow zu und putzte derweil umständlich mit dem Taschentuch seine Brillengläser. Nachdem er mit dieser Prozedur fertig war, sah er Djakow an.

»Woher soll ich das wissen? Ich war ja bei der Besprechung nicht dabei.«

»Und nun das wichtigste, was Genosse Jeshow gesagt hat: Wenn einer von Ihnen Bedenken hat und schwankt, wenn er merkt, daß er nicht über die Kraft verfügt, gegen die trotzkistisch-sinowjewschen Banden zu kämpfen, dann soll er das offen und ehrlich eingestehen, und wir werden ihn von seiner Arbeit in der Untersuchungsgruppe entbinden. Verstehen Sie den Sinn dieser Worte, Wladimir Nikolajewitsch? Jeder, der ›offen und ehrlich eingesteht‹, daß er nicht imstande ist, die Untersuchung durchzuführen, wird unverzüglich als Sympathisant des Beschuldigten verhaftet.«

Scharok hörte Djakow ruhig zu. Er vernahm den Kronzeugen Reingold, der immer neue Aussagen unterschrieb. Scharok hatte eine geschickte Verschleppungstaktik eingeschlagen, traf sich jede Nacht mit Reingold, koordinierte am Tage dessen Aussagen mit den Aussagen der anderen Untersuchungshäftlinge und wich auf diese Art den Vernehmungen der hoffnungslosen Trotzkisten aus, namentlich nach dem Mißerfolg mit der Swjaguro. Er verstand nur zu gut, warum Lunin sich jedenfalls vor solchen Vernehmungen drückte.

»Ich weigere mich ja nicht«, sagte Lunin ruhig, »ich verrichte die Arbeit, die mir meine Vorgesetzten aufgetragen haben. Und wenn ich von meinen Vorgesetzten den Befehl bekomme, etwas anderes zu tun, so werde ich das auch machen. Ihre Untersuchungshäftlinge sind zweifellos Terroristen, aber die Anarchisten galten schon immer als echte Terroristen, das ist in der ganzen Welt bekannt ... Wenn Sie meinen Vorgesetzten beweisen, daß die Fälle der Anarchisten geschlossen werden müssen, bitte sehr, dann werde ich tun, was mir befohlen wird.«

Damit erhob sich Lunin groß und straff von seinem Stuhl, und verließ Djakows Arbeitszimmer.

»Verdammter Saboteur!« äußerte Djakow gehässig. »Ein raffinierter Intellektueller!«

»Ein Intellektueller?« meinte Scharok erstaunt, »soweit ich weiß, war er die rechte Hand des Kommandeurs einer Kavallerieschwadron.«

»Egal. Ein raffinierter Intellektueller. Und leider hält ihm Wutkowski die Stange.«

»Doch nicht weiter verwunderlich«, sagte Scharok lächelnd, »Wutkowski ist auch ein Intellektueller.«

Walentin Olberg sagte aus, daß zu der von ihm an der Pädagogischen Hochschule in Gorki gegründeten terroristischen Gruppe, außer anderen Dozenten und Studenten, auch der Dozent für Geschichte und Angehörige der Kommunistischen Partei, Sokolow, und der Dozent für Chemie, Nelidow, gehörten. Nelidow war parteilos, obendrein adlig und ein Enkel des zaristischen Botschafters in Frankreich.

Djakow glaubte, daß Nelidow der leichtere Fall sei, obendrein

würde es mit seiner Hilfe gelingen, die Trotzkisten mit dem zaristischen Adel in Verbindung zu bringen; er übernahm Nelidow selbst, während er Sokolow an Scharok abgab.
Aber es kam ganz anders, als er gedacht hatte. Als erfahrener Propagandist begriff Sokolow sofort, daß das Gerichtsverfahren eine gegen Trotzki, Sinowjew und Kamenew gerichtete Aktion werden würde. Die Richter würden lediglich Stalins Willen ausführen und sein, Sokolows Widerstand, wäre sinnlos. Er erklärte Scharok, er verstünde, welche Aufgabe das Untersuchungsverfahren habe und fühle sich verpflichtet, bei der Untersuchung zu helfen, zumal er als Dozent für Geschichte viele Jahre hindurch seinen Studenten den Haß gegen Trotzki suggeriert habe und selbst diesen Haß teile.
Scharok präzisierte nicht, wie die Studenten der Pädagogischen Hochschule in Gorki Stalin ermorden wollten; ihm war klar, daß jede Erfindung einen solchen Plan nur noch zweifelhafter erscheinen lassen würde. Im großen und ganzen hatte er keine Schwierigkeiten mit Sokolow und konnte schon am nächsten Morgen Wutkowski Sokolows Aussagen auf den Tisch legen.
Der Fall Nelidow verlief ganz anders. Gegen Djakows Erwartung erwies sich Nelidow als schwierig, war vielleicht der schwierigste Untersuchungshäftling überhaupt, denn er brauchte sich wegen seiner Familie keine Sorgen zu machen, von seiner Verwandtschaft lebte fast niemand mehr. Vor der Partei empfand Nelidow keinerlei Achtung, zumal er ihr nie angehört hatte.
Einmal trat Scharok in Djakows Zimmer und sah Nelidow: ein junger Mann von etwa 35 Jahren, kluge Augen, eine hohe Stirn. Scharok schien, daß er Angst vor Djakow hatte, der, durch seine Mißerfolge verbittert, seine übliche Selbstbeherrschung verlor, in Raserei geriet und Nelidow anschrie. Auf dessen Gesicht löste ein schuldbewußtes Lächeln den ängstlichen Ausdruck ab, aber er unterschrieb nichts.
Wegen dieser zweiten Schlappe drohte Djakow das Mißfallen der Vorgesetzten, eine mögliche Amtsenthebung und Abschiebung aus der Zentrale des NKWD an die Peripherie. Scharok war der Ansicht, daß das für Djakow der beste Ausweg aus dieser Situation sei. Aber Djakow war anderer Ansicht, er wollte um jeden Preis

beweisen, daß er fähig war, sich auch unter diesen schwierigen Bedingungen zu bewähren. Zunächst schien, daß sich ihm eine solche Gelegenheit schon bald bieten sollte.
Nach Olbergs Darstellung wollten die Studenten der Pädagogischen Hochschule in Gorki den Genossen Stalin mit einer Pistole umbringen.
Der bei der Besprechung anwesende Leiter der Verwaltung »Grenztruppen«, Frinowski, lachte schallend, als diese Variante erörtert wurde.
»Aus einer Kolonne, die über den Roten Platz zieht, den auf dem Mausoleum stehenden Stalin mit einem Pistolenschuß treffen? Wissen Sie überhaupt, was das für eine Entfernung ist? Haben Sie so weitreichende Pistolen? Zeigen Sie sie mir, ich habe nämlich noch nichts von Fern-Pistolen gehört. Sie haben wohl noch nie die Soldatensperren gesehen, die niemandem erlauben würden, die Kolonne zu verlassen und zum Mausoleum zu rennen? Jetzt stellt sich heraus, daß es an der Pädagogischen Hochschule in Gorki solche Scharfschützen gibt. Treten Sie sie mir ab, die ersetzen mir ja eine ganze Division meiner Truppe.«
Alle verstanden, daß Frinowski recht hatte. Auch wenn sich das Untersuchungsverfahren mit manchen Ungereimtheiten Eselsbrücken baute, in der Annahme, daß sie beim Prozeß im Munde der Angeklagten mehr oder weniger glaubwürdig klingen würden, war diese Variante mit dem Pistolenschuß doch allzu töricht.
Moltschanow lief rot an. Er verstand ebensogut wie die anderen, daß diese Variante dumm war, aber er fand es wichtig, daß die Angeklagten allein schon die Tatsache der Vorbereitung eines Attentats eingestanden, wie sie das ausführen wollten, würde in der Vielzahl der Anklagen unbemerkt bleiben. Jetzt hatte Frinowski ihm diese Möglichkeit aus der Hand genommen.
Djakow meldete sich zu Wort. Er schlug eine andere Variante vor: Eine Bombe! Er bearbeite den Fall des Chemiedozenten Nelidow – der habe doch im Chemielabor der Hochschule in Gorki gut und gern Bomben herstellen können. Freilich mache Nelidow Schwierigkeiten und wolle nicht aussagen, aber wenn man ihn mit Zeugenaussagen und einem Beweisstück konfrontieren würde, käme er wohl kaum um ein Geständnis herum.

Moltschanow gefiel die Idee. Erstens klang die Version mit der Bombe glaubwürdiger als die mit der Pistole, zweitens war die Erwähnung eines Beweisstückes wesentlich, da im ganzen Verfahren keine Beweisstücke vorhanden waren, weder Dokumente, noch Briefe oder Flugblätter, nichts außer den Geständnissen der Beschuldigten selbst. In den Labors der Hochschule würden sich ganz bestimmt irgendwelche Sprengstoffe finden lassen.
Djakow reiste unverzüglich mit einigen Mitarbeitern nach Gorki, kehrte bald wieder zurück und legte bei der nächsten Besprechung mehrere verrostete hohle Eisenkugeln mit einem Durchmesser von 6 bis 7 Zentimetern auf Moltschanows Tisch, erklärte, das seien die Mäntel von Bomben, und las ein in Gorki zusammengeschustertes offizielles Gutachten vor, daß diese von studentischen Terroristen seinerzeit auf dem Hof der Hochschule versteckt worden seien, um zu gegebenem Zeitpunkt mit Sprengstoff gefüllt werden zu können. Djakow verlas auch das Gutachten des städtischen Wehrkreiskommandos von Gorki, demzufolge es sich tatsächlich um Bombenmäntel handelte, die mit Sprengstoff gefüllt, eine verheerende Wirkung haben könnten.
Dieses offizielle Zeugnis machte Eindruck, aber nicht auf alle.
Gai, der Chef der Sonderabteilung, wog eine Kugel in der Hand und erklärte spöttisch: »Diese Kugeln sind zur Herstellung von Bomben genauso geeignet wie zur Zubereitung von Hühnerbuletten. Das wird jeder Artillerist und auch jeder Koch bestätigen.«
Es trat eine lastende Stille ein. Aber Moltschanow wollte wohl unbedingt die »Bomben« in der Gerichtsverhandlung vorweisen und damit die Anklage wegen Terrors untermauern, vielleicht hatte er auch schon »oben« Bericht erstattet und konnte nicht mehr zurück.
»Legen Sie Nelidow die Kugeln vor«, befahl er Djakow, »wenn er stur bleibt, bringen Sie ihn zu mir.« Er warf Scharok einen Blick von der Seite zu.
»Unterstützen Sie den Genossen Djakow.«
Für Djakow war das eine deutliche Warnung: Seinem Untergebenen wurde mehr Vertrauen entgegengebracht als ihm selbst.
Als Nelidow die Kugeln sah, brach er in Lachen aus und erklärte,

warum diese Kugeln für die Herstellung von Bomben absolut ungeeignet waren.

Der wohlerzogene, rücksichtsvolle Nelidow war schon ziemlich zermürbt, ließ es sich aber nicht anmerken. Er blieb fest.

Innerlich brachte Scharok ihm sogar Sympathie entgegen, er hatte eigens im Lexikon nachgeschlagen und den Namen Nelidow gesucht – ein altes Adelsgeschlecht, das sich bis zu Johann III. zurückverfolgen ließ, immerhin ein halbes Jahrtausend. Das waren keine frischgebackenen Herrscher wie diese Parvenus. Und Nelidow benahm sich auch wie ein echter russischer Aristokrat.

Scharok begriff, daß es ein großer taktischer Fehler war, Nelidow diese Kugeln zu zeigen, denn der konnte daraus schließen, daß man keinerlei Beweise gegen ihn hatte, und das würde ihn nur in seiner Haltung bestärken. Auch dieses Mal verweigerte Nelidow die Aussage.

Nachts wurde er zu Moltschanow gebracht.

Der sah Nelidow streng an und fragte zornig: »Warum stellen Sie sich stur und machen keine Aussage?«

»Tja, sehen Sie«, antwortete Nelidow, »ich lüge nie, bin es nicht gewohnt und kann mir nicht gestatten, unschuldige Menschen zu bezichtigen – meine Studenten und meine Kollegen.«

Moltschanow unterbrach ihn: »Wen bezeichnen Sie als unschuldig? Sie haben zu bestätigen, was die anderen Beschuldigten ausgesagt haben und was der Wahrheit entspricht. Und was nur Sie allein leugnen. Oder wollen Sie vielleicht behaupten, daß alle lügen und nur Sie allein die Wahrheit sagen?«

»Sehr richtig. Ich sage die Wahrheit. Und eine Lüge werden Sie von mir nie hören.«

Moltschanow hob die Stimme: »Nelidow, ich warne Sie zum letzten Mal: Machen Sie keine Dummheiten! Wir werden Ihnen Ihren Adelsdünkel schon austreiben. Vergessen Sie nicht, wir sind mit Ihrer ganzen Klasse fertig geworden, mit Ihrem Staat, mit Ihren Armeen und mit dir allein werden wir sehr schnell fertig sein.«

Nelidow machte völlig überraschend einen Schritt auf Moltschanows Tisch zu. Das kam so unerwartet, daß Moltschanow sogar zurückwich.

Die Hände auf den Tischrand gestützt und Moltschanow gerade in die Augen sehend, sagte Nelidow: »Ich habe keine Angst vor Ihnen, merken Sie sich das. Sie können mit mir machen, was Sie wollen. Aber nie und nimmer werde ich mich selbst und andere unschuldige Menschen bezichtigen. Das müssen Sie wissen.«

24

Anfang Juni erstattete Stalin in einer Plenarsitzung des ZK Bericht über den Verfassungsentwurf. Die Plenarsitzung billigte den Entwurf und verabschiedete einen Beschluß über die Einberufung eines Unionskongresses der Sowjets, um diesen Entwurf zu diskutieren.

Aber das Hauptthema, das im Plenum zur Sprache kam, war der Umtausch der Parteibücher.

Der Beschluß über den Umtausch der Parteibücher war im November 1935 vom ZK-Plenum gefaßt worden. Man hatte das Fazit der Parteisäuberung gezogen, die schon 1933 begonnen hatte, und die Säuberung als beendet erklärt. Im Verlauf der Säuberungsaktion hatte sich gezeigt, daß der Parteihaushalt vernachlässigt und zerrüttet war, manche Mitglieder zwei Parteibücher hatten, in den Kontrollkarten wüstes Durcheinander herrschte, Parteibücher in die Hand von Volksfeinden gelangt waren. Darum war der Umtausch beschlossen worden.

Das war SEINE Idee gewesen. Der Sinn dieser Idee war, daß diese Prozedur, die äußerlich betrachtet als reine Formalität erschien, in Wirklichkeit eine allgemeine, totale und sorgfältige Überprüfung jedes Parteimitglieds bedeutete.

In dieser Hinsicht hatte die Säuberungsaktion ihr Ziel nicht erreicht. Da stellte sich ein Parteimitglied auf die Rednertribüne, berichtete zur eigenen Person, dann sprachen die anderen, die Freunde lobten ihn, die Gegner schmähten ihn, aber entscheidend war die Dauer der Parteizugehörigkeit. Jemand, der seit April 1917 Mitglied war, war natürlich ein Unschuldslamm, und einer, der seit 1905 zur Partei gehörte, war schon fast ein Heiliger. Solche Säuberungsaktionen brachten das wahre Gesicht des Betreffenden nicht an den Tag.

Da war die neuerliche Überprüfung der Parteibücher eine ganz andere Sache. Man würde den ganzen Lebenslauf des Parteimitglieds sorgfältig überprüfen, jedes Jahr, jeden Tag seines Lebens, seine Verbindungen, sowohl die verwandtschaftlichen als auch die freundschaftlichen und dienstlichen, seine Aussagen, sein Dossier im NKWD, seine schriftlichen Erklärungen bezüglich dieser oder jener Unklarheit in seiner Biographie.

Der Umtausch der Parteibücher war eine gute Grundlage für die Kaderrevolution. Jedes Parteimitglied mußte fühlen, daß es sich unter einer ständigen, wachsamen und nicht erlahmenden Kontrolle befand.

Er selbst hatte sich zu dieser Frage äußern, die örtlichen Parteiorganisationen aufrufen müssen, die Kontrollkarten nicht einfach abzuschreiben, und die Parteibücher nur bei jenen Mitgliedern umzutauschen, die sorgfältig überprüft worden waren. Öffentlich hatte die gesamte Partei daran erinnert werden müssen, daß jeder Bolschewik unter den jetzigen Bedingungen die Fähigkeit entwikkeln müsse, den Feind zu erkennen, wie geschickt auch immer er sich tarnte. Die Partei hatte auch darauf hingewiesen werden müssen, daß die Parteiorganisationen berechtigt waren, jenen Mitgliedern, die die Bezeichnung »Kommunist« nicht verdienten, das Parteibuch zu entziehen.

Der Juni war aufreibend. Die zweite Rede über den Verfassungsentwurf hielt er, eine Woche nach der ersten, bei der Sitzung des Präsidiums des Zentralexekutivkomitees der UdSSR. Die künftige Verfassung wurde schon als Stalinsche Verfassung bezeichnet. Ferner führte er Besprechungen mit Fliegern durch, unterhielt sich mit dem Gelehrten Gubkin über die Erdölvorkommen im Ural, besichtigte zusammen mit Kaganowitsch und Ordschonikidse die Pererwa-Schleuse am Moskwa-Wolga-Kanal. Der Kanalbau sollte im nächsten Jahr vollendet, Moskau sollte zum Hafen von fünf Meeren werden: dem Weißen Meer, der Ostsee, dam Kaspischen, dem Asowschen und dem Schwarzen Meer. Der Kanal würde das Problem der Wasserversorgung von Moskau und der Wasserzufuhr in die Moskwa, die Kljasma, die Jausa, die Utscha lösen und zugleich der Erholung und Freizeitgestaltung der Moskauer Stadtbevölkerung dienen. Der Moskwa-Wolga-Kanal war Teil des Generalplans von der Umgestaltung Moskaus, SEINES Plans.

Stalin besichtigte die Bauflächen, wo die monumentalen Standbilder der Gründer des Sowjetstaates Lenin und Stalin nach dem Entwurf des Bildhauers Merkurow aufgestellt werden sollten.

Die Stellen waren günstig gewählt, die Statuen würden schon von weitem zu sehen sein.

Am 8. Juni besuchte ER den kranken Gorki im Sanatorium. Er wurde von Molotow und Woroschilow begleitet. Zehn Tage später, am 18. Juni, starb Gorki. Ein Tag Volkstrauer wurde angeordnet, und am 20. Juni wurde Gorki auf dem Roten Platz zur letzten Ruhe gebettet.

Ging IHM der Tod von Gorki nahe? Jeder stirbt zu der ihm bestimmten Stunde. Als Künstler hatte Gorki sich längst erschöpft. Sein *Jegor Bulytschow* war natürlich der Gipfel seines Schaffens. Was *Das Leben des Klim Samgin* betraf, so hatte ER es noch immer nicht über sich gebracht, diesen trostlos langweiligen Wälzer zu lesen. Gorki war nicht berufen, große Epen zu verfassen, für Epen brauchte man große geschichtliche Figuren, aber was für Figuren gab es im *Klim Samgin? Meine Kindheit, Unter fremden Menschen, Meine Universitäten* – das waren gute Bücher, darin hatte Gorki das echte Leben beschrieben und sich nichts aus den Fingern gesogen wie im *Klim Samgin.* Angeblich hatte er über IHN schreiben wollen, aber immer noch »Material gesammelt«, ein bißchen lange hatte er gesammelt. Natürlich hatte ER Gorki anläßlich seines *Das Mädchen und der Tod* stark geschmeichelt, als er gesagt hatte: »Dieses Ding ist stärker als Goethes *Faust«.* Da konnte es natürlich überhaupt keinen Vergleich geben. Aber ER hatte das nicht nur gesagt, ER hatte es sogar geschrieben, damit es für die Geschichte erhalten blieb, hatte Gorki damit gezeigt, daß ER sein Verhältnis zu ihm über das Urteil der Nachfahren stellte. Wie die Literaturwissenschaftler diese Worte in hundert Jahren auslegen würden, war IHM gleichgültig, wichtig war IHM, wie Gorki jetzt im Land und in der ganzen Welt SEINE Politik auslegte.

Gorki hatte seine Schuldigkeit getan: Er hatte die Intellektuellen vereinigt. Um das Volk zu unterwerfen, mußte man die Intellektuellen, die sogenannte Intelligenz, entweder liquidieren oder kaufen. Richtiger war es noch, einen Teil zu liquidieren und den anderen zu kaufen, ihn in Angst und Schrecken zu halten. Gorki hatte diese Mission erfüllt, denn er hatte den Ausspruch geprägt: »Wenn sich der Feind nicht ergibt, wird er vernichtet.« Im Namen der Intelligenz hatte er einen wichtigen Beitrag zur Sache der Kaderrevolution geleistet. Aber Schriftsteller sind sich nicht immer genau dessen bewußt, was sie sagen, häufig opfern sie den Sinn des Gesagten dem treffenden Wort, der schönen Phrase zuliebe, sagen nicht immer das, was sie denken. Wer weiß, wie sich Gorki während der Prozesse gegen Kamenew, Pjatakow, Bucharin und die anderen Lumpen verhalten hätte, unter denen viele seiner persönlichen Freunde waren.

Er war also rechtzeitig gestorben. Er war gestorben, nachdem er die Kaderrevolution gebilligt hatte: »Wenn sich der Feind nicht ergibt, wird er vernichtet.« Er hatte eine Losung hinterlassen, eine gute Losung.

Im großen und ganzen hatte er sich loyal verhalten. Manchmal hatte er aufgemuckt, im vorigen Jahr mußte ihm der Kopf zurechtgerückt werden, – und zwar durch den Beitrag des Schriftstellers Panfjorow, der ihm zeigte, daß es bei uns keine unantastbaren Persönlichkeiten gab. Genosse Gorki hatte ja selbst behauptet, daß Kunst und Literatur sich in einem Klima freien Meinungsaustauschs entwickeln müßten. Genau nach diesem Prinzip hatte Panfjorow seine Meinung frei geäußert.

Gorki hatte verstanden. Und nicht mehr gemuckt. Man hatte gegen Schostakowitsch losgeschlagen, gegen die formalistischen Komponisten – er hatte geschwiegen, gegen den Architekten Melnikow und die anderen formalistischen Baumeister – er hatte geschwiegen; man hatte die Schmierfinken von Malern zusammengestaucht, darunter auch Kamenews Bruder – er hatte auch dazu geschwiegen. Na schön, das waren zwar verwandte Bereiche, aber immerhin andere Kunstgattungen, es ging nicht um Literatur. Aber im März hatte man Bulgakow niedergeknüppelt, und das war Literatur, Dramatik, ein Gebiet, auf dem Gorki führend gewesen war, aber auch da hatte er kein Wort des Widerspruchs geäußert.

Trotz allem war er nicht zuverlässig. Das Jahr 1917 und seine Einstellung zur Oktoberrevolution hatte das bewiesen. Sehr ungewiß, wie er sich bei der Kaderrevolution verhalten hätte. Viel-

leicht hätte er sein Gesicht vor der sogenannten Weltöffentlichkeit wahren wollen.
Sein Tod war also nur zu begrüßen, er war zur rechten Zeit gestorben. Die Erinnerung an ihn mußte verewigt werden, sein Name im Gedenken des Volkes erhalten bleiben. »Wenn der Feind sich nicht ergibt, wird er vernichtet.«
Der Intelligenz mußte er als Beispiel für den Dienst an der Partei und dem sowjetischen Staat, als Beispiel der Treue gegenüber der Führung dienen.
Gorki war tot, das Leben ging weiter. Auf SEINE Anregung hin waren außerordentlich wichtige Beschlüsse gefaßt worden: »Über den Unterricht an Höheren Lehranstalten«, »Über das Verbot der Abtreibung«, »Über die pädologischen Verzerrungen«. Diese Beschlüsse zielten auf die Zunahme der Bevölkerung im Land, die Festigung der Familienbande, die richtige Erziehung der heranwachsenden Jugend in Mittel- und Hochschulen.
Der neue Staat mußte eine feste Grundlage haben. Jede Revolution vernichtet die alte Ordnung, ist aber verpflichtete eine neue Ordnung herzustellen, die fest und unerschütterlich ist. Dazu muß sie auf die in Jahrhunderten entwickelten und bewährten Lebensformen zurückgreifen. Hatte die Revolution diese vernichtet, so mußten sie wiederhergestellt werden.
Es war unzulässig, ohne Schwierigkeiten das Lebensbündnis der Ehe durch Scheidungen aufzulösen, die Elternteile von Familien- und Erziehungspflichten zu entlasten, das führte zu einer Verunstaltung der Psyche der Gesellschaft, verwandelte ihre Mitglieder in verantwortungslose Menschen, die sorglos in den Tag hinein lebten, ohne sich der Verantwortung ihren Nächsten gegenüber bewußt zu sein.
Es verbot sich, Kinder pädologischen Experimenten auszusetzen, das Kind durch törichte und schädliche Tests und Fragebögen zum Untersuchungsobjekt, zum Versuchskarnickel von Hochstaplern zu machen, die sich als Wissenschaftler ausgaben. Das Kind mußte erzogen, unterrichtet werden, wie ER erzogen und unterrichtet worden war. Natürlich hatte sich inhaltlich in Erziehung und Ausbildung viel geändert, aber Erziehung und Ausbildung als solche waren die gleichen.

Eben darum hatte er sich Zeit für ein Gespräch mit den Teilnehmern eines Chorwettbewerbs genommen. Chorgesang war echtes, volksverbundenes Singen – ER selbst hatte seinerzeit in einem Chor gesungen – das im Menschen Kollektivbewußtsein und zugleich einen höheren ästhetischen Sinn entwickelte. Eben das mußte grundsätzlich unterstützt und gefördert werden.

Am Abend des 9. Juli rief Berija aus Tiblissi an.
»Genosse Stalin! Heute hat das Büro des Regionskomitees der Partei den Bericht des Volkskommissars des Inneren der transkaukasischen Sowjetrepublik über die Aufdeckung einer konterrevolutionären terroristischen Organisation in Georgien, Aserbeidschan und Armenien entgegengenommen. Gegen den Sekretär des ZK der Partei in Armenien, Chandshjan, wurden wegen dessen mangelnder Wachsamkeit schwere Beschuldigungen erhoben. Chandshjan hat sie kategorisch zurückgewiesen. Heute abend ist er zu mir gekommen. Er benahm sich herausfordernd, beschuldigte mich, die alten Parteikader zu dezimieren und die Parteigeschichte zu verfälschen. Er befand sich in einer unbeschreiblichen Verfassung, er war erregt und drohte, mich zu erschießen. Und er hätte seine Drohung auch wahr gemacht, wäre ich ihm nicht zuvorgekommen – ich habe ihn in Notwehr erschossen.«
Stalin schwieg.
»Können Sie mich hören, Genosse Stalin?«
»Ja«, antwortete Stalin halblaut.
Und verstummte erneut.
Auch Berija schwieg.
Schließlich erkundigte sich Stalin: »Was für eine Version haben Sie dem Apparat bekanntgegeben?«
»Selbstmord.«
»Und was für eine Version wollen Sie für die Öffentlichkeit in Umlauf setzen?«
»Ich denke, die gleiche.«
»Wie alt war er?«
»Fünfunddreißig.«
Stalin schwieg und sagte dann: »Morgen fliegt ein leitender Mitarbeiter des ZK zu Ihnen.«

Stalin legte auf.
Er erhob sich.
Er ging langsam in seinem Arbeitszimmer auf und ab.
Der Sekretär eines Regionskomitees hatte in seinem Arbeitszimmer den ersten Sekretär des Zentralkomitees einer Republik erschossen.
So etwas geschah in der Partei zum ersten Mal.
Natürlich hatte Berija sich nicht zu wehren, sich nicht zu verteidigen brauchen. Chandshjan hatte ihn nicht überfallen – dazu war er gar nicht couragiert genug. Und den Sekretär des Regionskomitees zu ermorden – davon konnte überhaupt keine Rede sein, Chandshjan wußte viel zu gut, was das für Folgen haben würde.
Berija hatte ihn einfach niedergeschossen. Aber er hatte es IHM ehrlich gestanden. Er hätte ihn anlügen können, daß Chandshjan sich erschossen hätte, er hätte Zeugen nennen und ein Protokoll abfassen können. Das alles wäre ihm nicht schwergefallen. Nein, er hatte es nicht getan, hatte nicht gewagt, IHN zu belügen. Natürlich war er ein Verbrecher, dieser Berija, aber ein Verbrecher, der zu ihm hielt und ihm treu ergeben war.
Außer Zweifel, Berija hatte keinen leichten Stand. Der Transkaukasus wollte ihn nicht anerkennen. 1931 war er vom Vertreter der GPU zum Ersten Sekretär des ZK von Geogien und 1932 zum Ersten Sekretär des transkaukasischen Regionskomitees aufgestiegen – ein einfacher Tschekist, nicht mal Mitglied des ZK der Partei. Und das ausgerechnet in Georgien, wo es prominente Parteifunktionäre gab, Angehörige des ZK, zum Beispiel Mamija Orachelaschwili, Parteimitglied seit 1903, Kartwelischwili, Parteimitglied seit 1910. Sie hielten sich für die Gründer der Transkaukasischen Parteiorganisation, und da kam ihnen irgend so ein hergelaufener Berija, Untersuchungsführer in der Tscheka, dazwischen.
Näher kennengelernt hatte ER Berija 1931 im Urlaub in Zchaltubo. Damals war Berija Bevollmächtigter Vertreter der GPU der UdSSR im Transkaukasus gewesen und hatte persönlich SEINEN Schutz übernommen, einen dreifachen Wachkordon aus zweihundertfünfzig Tschekisten zusammengestellt; sechs Wochen lang war er nicht von SEINER Seite gewichen.
In anderthalb Monaten kann man sich über einen Menschen klar-

werden. ER war sich über Berija klargeworden. Berija hatte IHM erschöpfende Informationen über jeden höheren Funktionär im Transkaukasus vorgelegt, detaillierte Agentenberichte über jeden einzelnen geliefert. So hatte ER erfahren, was jeder über IHN sagte, was jeder über IHN dachte. Berija hatte IHN richtig und wahrheitsgetreu informiert, hatte bestätigt, was ER selbst geargwöhnt hatte. Sie alle waren Gegner einer »Geschichtsrevision«, wie sie die Richtigstellung SEINER wahren Rolle in der Geschichte des vorrevolutionären Kaukasus nannten. Diese Herrschaften pochten darauf, »Zeugen« und »unmittelbar beteiligt« gewesen zu sein. Unter allen »alten Bolschewiki« waren sie am unbrauchbarsten, in ihrem Dünkel glaubten sie, IHM gleich zu sein, nicht weniger wert zu sein als ER, hielten sich für »Teilnehmer des revolutionären Kampfes im Transkaukasus«. Ihre wahren Gedanken, ihre wahren Meinungen hatte der naive Awel Jenukidse in seiner Broschüre ausgedrückt. Berija hatte diese Leute verstanden und sie durchschaut.

Berija hatte auch von sich erzählt. Sehr ausführlich, ob ehrlich oder nicht, das war nicht festzustellen. Er war im Dorf Mercheuli bei Suchumi geboren, hatte eine technische Lehranstalt in Baku besucht, war im März 1917 der Partei beigetreten und hatte in der Illegalität gearbeitet. Im Auftrag der Parteiorganisation hatte er Verbindung mit dem musawatistischen Nachrichtendienst aufgenommen.

Diesen Punkt hatte Berija besonders hervorgehoben und die Namen aller Mitglieder des Parteikomitees in Baku aufgezählt, die diesen Beschluß gefaßt hatten, und auch eine schriftliche Bestätigung, daß ein solcher Auftrag an ihn ergangen war, auf den Tisch gelegt.

ER hatte die Papiere nicht angeschaut und sie weggeschoben.

ER hatte gewußt, daß die Papiere in Ordnung waren, sonst hätte Berija sie nicht vorgelegt. Aber er hatte diesen Mann in der Hand: Er war mit dem musawatistischen Nachrichtendienst verbunden gewesen. Und wenn einer als ehemaliger Provokateur erschossen wird, dann hat er keine Zeit mehr, zu beweisen, ob er von sich aus oder im Auftrag der Partei mit dem Nachrichtendienst zu tun hatte. Jedenfalls verstand es dieser Mann, treu zu dienen, er würde dienen und wußte, wie er zu dienen hatte.

In Zchaltubo war ER sich darüber klargeworden, daß Berija genau der Mann war, der mit dieser überheblichen Kaste im Transkaukasus fertig werden konnte. Aber dazu brauchte er ausreichende Machtbefugnisse. Auf dem Posten des Leiters der GPU würde er das nicht schaffen. Auf dem Posten des Leiters der GPU hatte er die Überreste der Musawatisten, der Daschnaken, der Menschewiki liquidiert, hatte mit den Trotzkisten aufgeräumt, aber für die Kaderrevolution im Transkaukasus mußte er zum Leiter der Partei im Transkaukasus aufsteigen. Nur in dieser hohen Position konnte er die Leute auswechseln, die unbrauchbaren loswerden und die nützlichen einsetzen.

Gleich nach SEINER Rückkehr im Herbst 1931 nach Moskau wurden die Leiter des Transkaukasischen Regionskomitees aus den drei Republiken Georgien, Aserbeidschan und Armenien ins Zentralkomitee in die Hauptstadt bestellt. Die Tagesordnung der Besprechung war nicht bekanntgegeben worden. ER hatte eine Stunde über Wirtschaft und nationale Belange gesprochen, ruhig, hatte alles im Guten erledigen wollen. Schon im Aufstehen hatte er erklärt:

»Ich schlage vor, daß wir die Leitung des Transkaukasischen Regionskomitees folgendermaßen zusammensetzen: Zum Ersten Sekretär ernennen wir Lawrentij Kartwelischwili, zum Zweiten Sekretär Lawrentij Berija.«

IHM war ihre Reaktion keineswegs entgangen: Sie saßen wie versteinert da, mit hervorquellenden Augen, und standen nicht mal auf, obwohl ER sich schon erhoben hatte.

Nur Kartwelischwili hatte schroff geantwortet: »Mit diesem Gauner werde ich nicht zusammenarbeiten.«

Lawrentij Kartwelischwili, mit Parteinamen Lawrentjew, hatte gewagt, IHM so zu antworten. Nun ja, im Jahr 1931 hatten sie sich noch vieles herausgenommen. Sie hatten gewagt, IHM vorzuwerfen, daß ER einen Gauner in die Leitung der Partei empfahl.

Orachelaschwili, Mussabekow, Buniat-Sadé und auch die anderen hatten spöttisch gelächelt. Selbst ein untergeordneter Mitarbeiter des Regionalkomitees, der Leiter der Organisationsabteilung, Snegow, hatte gewagt zu grinsen. Dieses Grinsen würde ER ihnen nie vergessen.

Nur Chandshjan hatte nicht gelächelt. Er hatte mit versteinertem Gesicht dagesessen und verstanden, daß ein Lächeln jetzt sehr fehl am Platze wäre. Ein schlauer Kerl. Und schlaue Menschen waren gefährlich.

Damals hatte ER erklärt: »Na schön, fahren Sie nach Hause. Wir werden diese Frage im Geschäftsverfahren entscheiden.«

Natürlich hatte ER damals getan, was er hatte tun wollen. Lawrentij Kartwelischwili (dem ER befohlen hatte, sich nur Lawrentjew zu nennen) wurde zur Parteiarbeit nach Sibirien geschickt, zum Ersten Sekretär hatte ER Mamija Orachelaschwili gemacht, zum Zweiten Sekretär Berija.

Nach einigen Monaten wurde Orachelaschwili als stellvertretender Direktor des Marx-Engels-Lenin-Instituts nach Moskau versetzt. Berija wurde Erster Sekretär des Transkaukasischen Regionskomitees der Partei. In diesen fünf Jahren hatte er sich gut bewährt. Er hatte die ganze ehemalige georgische Leitung in andere Parteiorganisationen versetzt, hatte alle Sekretäre der Bezirkskomitees ausgewechselt, den ganzen Apparat durcheinandergewirbelt. Er führte innerhalb des Transkaukasus erfolgreich die Kaderrevolution durch, er tat es selbst, ohne Jagoda und ohne Jeshow. Als Sekretär des Transkaukasischen Regionskomitees war Berija berechtigt, sich unmittelbar an IHN zu wenden. Jagoda und Jeshow wurden in diesem Fall nicht benötigt. ER und Berija kannten die Situation im Kaukasus besser.

In Aserbeidschan hatte er seinen Mann: Bagirow! Bagirow war mit Mussabekow und den anderen Nörglern fertig geworden. Unzufriedenheit gab es zwar noch, aber auch die würde mit den letzten Nörglern verschwinden.

Aber Armenien war für Berija ein harter Brocken. Und Chandshjan ein Dorn in seinem Fleisch. Chandshjan wollte Berija nicht anerkennen, konnte ihn nicht anerkennen: Warum Berija, warum nicht er, Chandshjan? Sie waren beide seit 1917 Parteimitglieder, er, Chandshjan, war zwei Jahre jünger. Berija war vor 1931 ein gewöhnlicher Mitarbeiter der Tscheka gewesen, während Chandshjan schon im Jahre 1921 als Sekretär des Eriwaner Stadtparteikomitees fungiert hatte und seit 1930 als Erster Sekretär des ZK der Kommunistischen Partei von Armenien. Er war ein echter

Parteifunktionär, Berija dagegen nicht. Und zu welchem Zweck der Tschekamann Berija eingesetzt worden war, war allen klar. Darum ließ Chandshjan seinen Armeniern kein Härchen krümmen und verteidigte sogar seinen Volkskommissar für Bildungswesen Stepanjan. Wie war noch sein Vorname? Nersik Stepanjan. Der Hundesohn hatte Berijas Buch *Zur Frage der Geschichte der bolschewistischen Organisationen im Transkaukasus,* das dieser in SEINEM Auftrag geschrieben hatte, verrissen. Es war die Widerlegung von Awel Jenukidses verlogenen Erfindungen. SEINE Rolle in der Geschichte der bolschewistischen Partei im allgemeinen und in Transkaukasien im besonderen wurde darin richtig dargestellt. Das Buch war nicht frei von Fehlern, aber schließlich war Berija kein Literat. Es gab Gerüchte, daß er es nicht selbst verfaßt hatte. Was spielte das für eine Rolle? Es war ein notwendiges Buch. Das mußte allen klar sein. Aber Stepanjan hatte es verspottet, hatte es wegen seiner angeblichen Unwissenschaftlichkeit und der zahlreichen Verfälschungen kritisiert. Gegen wen hatte sich Stepanjan gewandt? Gegen Berija? O nein, er hatte sich gegen IHN gewandt, gegen die Richtigstellung SEINER wahren Rolle in der Geschichte der Partei. Berija hatte verlangt, daß Stepanjan als Volksfeind erschossen wurde. Chandshjan hatte das nicht zugelassen, hatte zwar Stepanjan gerügt, aber einer Erschießung nicht zugestimmt. Keinem Menschen ließ er ein Haar krümmen, ein Schlauberger, ein Blender, der ein doppeltes Spiel trieb.

ER konnte sich noch gut daran erinnern, daß 1932 oder 33 eine Gruppe Armenier zu IHM nach Sotschi gekommen war. Sie hatten sich bei einem Glas Wein zusammengesetzt, dann waren sie auf die Terrasse hinausgegangen, die Sonne hatte gebrannt. Chandshjan hatte einen Blick auf SEINE Füße geworfen und gefragt: »Ist Ihnen in Ihren Stiefeln denn nicht heiß?«

Dieser Lump. Das war doch SEIN Image. Das Image des Führers. So kannte IHN das Volk, das ganze Land, die ganze Welt. Mit einem höflichen, teilnahmsvollen Lächeln hatte ihn der Kerl das gefragt, hatte geglaubt, mit diesem Lächeln den Spott in seiner Frage vertuschen zu können. Dieser Halunke!

»Nein«, hatte ER geantwortet, »mir ist nicht heiß. Aber so läßt es sich leichter zuschlagen, einem in die Schnauze hauen.«

Chandshjan hatte höflich gelächelt. Aber alles verstanden. Und seine Feindschaft war natürlich noch größer geworden.
Und trotzdem – den Sekretär des Zentralkomitees der Kommunistischen Partei einer Republik in seinem Arbeitszimmer über den Haufen zu schießen – das war noch nie dagewesen.
Wie hatte sich Lenin ereifert, als er von der Ohrfeige erfuhr, die Ordshonikidse dem Kollegen Kobachidse gegeben hatte. Lenin hätte Ordshonikidse am liebsten aus der Partei ausgeschlossen. Und wer war dieser Kobachidse schon gewesen? Ein ganz mittelmäßiges Mitglied des ZK der Georgischen Kommunistischen Partei. Obendrein ein Abweichler.
Nein, Wladimir Iljitsch Lenin hatte den kaukasischen Charakter nicht gekannt, er hatte auch Sergej Ordshonikidse nicht verstanden. Sergej konnte jemandem eine Ohrfeige geben und trotzdem danach mit diesem Mann Wein trinken, ihn umarmen.
Natürlich war Chandshjan ein Halunke gewesen. Aber ihn so einfach im Arbeitszimmer umlegen, ohne Untersuchung durch ein Gerichtsverfahren?
Andererseits, Berija verlieren?
Stalin drückte auf die Klingel und befahl Poskrebyschew, Malenkow zu ihm zu rufen.
Malenkow kam.
Stalin sah ihn unverwandt düster an.
Malenkow begriff: Entweder war Stalin mit irgend etwas unzufrieden, oder er wollte ihm einen ernsten Auftrag geben.
Ohne Malenkow zum Sitzen aufzufordern, sagte Stalin, im Arbeitszimmer auf und ab gehend: »Heute hat sich Chandshjan in Berijas Arbeitszimmer erschossen. Er ist unter der Last der Anklage, nicht wachsam genug gewesen zu sein, zusammengebrochen. Bestellen Sie für morgen früh ein Flugzeug und fliegen Sie nach Tiflis. Sorgen Sie dafür, daß alles reibungslos abläuft.«
Er schwieg und fügte dann hinzu: »Und jetzt die Hauptsache. Bestellen Sie Berija folgendes. Er soll alles, was er mir heute am Telefon gesagt hat, schriftlich niederlegen, unterschreiben, in einen Umschlag tun, den Umschlag versiegeln und Ihnen für mich mitgeben. Sofort nach Ihrer Rückkehr übergeben Sie mir persönlich diesen Umschlag. Das Papier, das Berija verfassen wird, darf an

niemanden gerichtet sein, weder an mich noch an eine andere Person oder Institution. Einfach die Darstellung der Tatsachen und seine Unterschrift. Das wär's! Tun Sie, was ich Ihnen befohlen habe!«

Als Malenkow schon an der Tür war, hielt Stalin ihn noch kurz zurück: »Besprechen Sie mit Berija die Zusammenstellung der neuen armenischen Leitung. Endgültig werden wir diese Frage nach Ihrer Rückkehr entscheiden. Sehen Sie zu, daß Sie übermorgen früh wieder zurück sind.«

Zwei Tage später brach Stalin den von Malenkow mitgebrachten Umschlag auf. Berija hatte alles, wie von IHM befohlen, getan, hatte die Umstände, unter denen er Chandshjan erschossen hatte, ausführlich dargelegt. Der Brief trug keine Anschrift. Berija berief sich weder auf das Telefongespräch mit Stalin noch erwähnte er SEINEN Namen.

Stalin legte Berijas Brief in seinen Privattresor.

Zwei Tage später empfingen Stalin und Jeshow die Leiter des NKWD: Jagoda, Agranow, Moltschanow und Mironow.

Zur Verdeutlichung seines Berichts breitete Moltschanow eine Karte auf dem Tisch aus, auf der Trotzkis Verbindungen zu den Führern des »Vereinigten Zentrums« in der UdSSR graphisch dargestellt waren.

Stalin war mit Moltschanows Bericht unzufrieden: »Nicht überzeugend. Alles nur Gerede. Keine Dokumente, Briefe, Notizen ...«

»Solche Unterlagen sind nicht vorhanden«, antwortete Moltschanow. Stalin konstatierte die Entschiedenheit dieser Antwort: Sie wollten also keine Dokumente erstellen, hatten Angst davor. Wovor eigentlich? Wenn die Beschuldigten sich einverstanden erklärt hatten, Aussagen zu machen, warum sollten sie dann nicht auch die Echtheit der vorgelegten Dokumente bestätigen? Würden sie auf einem Gutachten bestehen? Wer sollte darauf bestehen?

Moltschanow und sie alle waren formellen Vorstellungen verhaftet. Einerlei welches Protokoll der Angeklagte unterschrieb, ihrer Ansicht nach war das ein echtes Dokument, und war das Dokument nicht echt, hatten sie sofort Angst ... Federfuchser ... Oder dachten sie vielleicht, daß ER, wenn ER einen solchen Befehl gab, dann auch alles selbst machen würde? Nein, diese Fragen sollten sie gefälligst selbst lösen.

»Dokumente sind also nicht vorhanden«, wiederholte Stalin, »was gibt es also? Nichts als allgemeines Gerede? Mit wem wurde geredet? Mit Sedow? Das ist nicht überzeugend. Trotzki persönlich muß die Anweisungen gegeben haben. Golzman behauptet, daß er die Weisungen von Sedow erhalten hat. Vielleicht lügt Golzman? Vielleicht hat er sich nicht mit Sedow sondern mit Trotzki getroffen?«

Moltschanow zuckte die Achseln.

Darauf hat er keine Antwort, überlegte Stalin, darauf hat er einfach nichts zu erwidern, eigentlich braucht er keine Angst zu haben, wenn er wenigstens einen Fetzen Papier, ein von Golzman unterschriebenes Protokoll, in der Hand hat. Wie und wo sich Golzman und Trotzki getroffen haben ist ihre Sache. Trotzki war in Dänemark, Golzman in Deutschland, gar nicht weit entfernt, bloß ein paar Fahrstunden, sie hätten sich leicht treffen können.

Moltschanow wagte keinen Widerspruch, folglich hatte er SEINE Worte zur Kenntnis genommen. Jagoda und Agranow schwiegen ebenfalls, auch sie hatten also seine Worte zur Kenntnis genommen.

Anschließend berichtete Mironow über den Verlauf der Untersuchung: Wer ausgesagt hatte und wer nicht, wer stur geblieben war. Stalin hörte aufmerksam zu. Dann zog er erstaunt die Brauen hoch.

»Kamenew will nicht gestehen? Tatsächlich nicht?«

»Nein, er gesteht nicht.«

»Tatsächlich nicht?« wiederholte Stalin unheildrohend.

»Nein.«

»Will er sein Leben nicht schonen?«

Mironow hob die Schultern.

»Nicht mal das Leben seiner Kinder?«

Mironow schwieg.

»Er hat doch zwei Söhne. Tut es ihm um keinen von den beiden leid?«

Mironow blieb die Antwort schuldig.
»Warum schweigen Sie?! Ich habe Sie etwas gefragt!«
»Ich denke, daß es ihm um ihr Leben leid tut.«
»Ach, Sie denken!« sagte Stalin gehässig. »Dann erzählen Sie mir nicht, daß Kamenew oder Sinowjew oder irgend jemand keine Aussagen machen will.« Er ließ seinen schweren Blick von einem zum anderen gehen. »Sagen Sie ihnen: Einerlei, was sie tun und wie immer sie sich herauswinden werden, sie können den Lauf der Geschichte nicht aufhalten. Entweder sie retten ihre Haut oder sie krepieren, fertig. Bestellen Sie ihnen das! Wenn sie ihr Leben retten wollen, sollen sie gefälligst aussagen! Arbeiten Sie mit ihnen, arbeiten Sie, bis die Kerle mit ihren Geständnissen zwischen den Zähnen auf dem Bauch zu Ihnen gekrochen kommen!«
Alle schwiegen. Wenn Stalin zornig war, konnte jedes unvorsichtige Wort den Betreffenden teuer zu stehen kommen.
Nach einer Pause sagte Stalin, nun schon ruhig, mit halblauter Stimme: »Bestellen Sie Sinowjew: Wenn er sich freiwillig bereit erklärt, vor Gericht zu erscheinen, in einem öffentlichen Verfahren, und alles gesteht, kommt er mit dem Leben davon. Wenn nicht, so wird ihn das Militärgericht verurteilen. Und dann wird er erschossen. Und alle seine Gefolgsmänner und Anhänger, die jetzigen und die früheren, werden ebenfalls erschossen. Wenn ihm das eigene Leben nichts wert ist, soll er doch wenigstens an das Leben der Menschen denken, die er in den Sumpf gezogen hat.«

Jagoda und seine Männer verließen den Raum.
Stalin erhob sich und ging auf und ab. Jeshow stand ebenfalls auf, aber Stalin machte ihm ein Zeichen, sitzen zu bleiben.
»Wieviel Angeklagte werden sie – realistisch betrachtet – vor Gericht stellen können?«
»Insgesamt sechzehn.«
»Acht davon sind noch wichtig«, meinte Stalin spöttisch, »die übrigen spielen überhaupt keine Rolle mehr.«
»Die übrigen sind eben nur ausführende Kräfte«, sagte Jeshow vorsichtig.
Stalin fuhr fort, als hätte er die Antwort nicht gehört: »Da haben sie fast vierhundert Leute kommen lassen und nur sechzehn davon

breitschlagen können. Eine feine Arbeit. Nichts dagegen zu sagen.«
Jeshow verstand sehr gut, daß diese Vorwürfe Jagoda galten, er verstand auch, daß Stalin von ihm eine Reaktion auf diese Worte erwartete.
Aber was für eine, das war ihm noch nicht klar.
»Mironow und Moltschanow sind fähige Leute, vor allem Mironow«, fuhr Stalin fort, »aber sie sind Formalisten und Federfuchser, für sie ist das Vernehmungsprotokoll das A und O! Warum? Sie wollen sich mit dem Protokoll absichern, sich damit rechtfertigen, sich gegebenenfalls damit reinwaschen. Aber was heißt: gegebenenfalls möchte ich fragen? Wovor haben sie eigentlich Angst. Vor dem Sturz der sowjetischen Regierung? Tja, wenn die sowjetische Regierung stürzen sollte, so wird man sie als erste aufhängen. Und da werden ihnen keine Vernehmungsprotokolle helfen, kein Mensch wird ihre Protokolle nachprüfen. Wovor haben sie also Angst? Vor dem Wechsel der Parteileitung? Wollen sie sich für diesen Fall absichern? Offenbar schon. Zumal sie Jagodas Männer sind. Und Jagoda sabotiert die Vorbereitung des Gerichtsprozesses. Jawohl, er sabotiert. Und er sabotiert aus dem gleichen Grund. Aber er befürchtet nicht den Wechsel in der Führung wie Moltschanow und Mironow, sondern er hofft auf einen Wechsel. Er ist überzeugt von einem solchen Wechsel.«
Stalin trat an den Tisch und rückte die Stühle, auf denen soeben Jagoda und seine Leute gesessen hatten, an den Tisch.
»Aber soll er erst diesen Prozeß durchführen, wir wollen ihn dabei nicht stören. Aber er muß bei diesem Prozeß auch schon den nächsten vorbereiten. In diesem Verfahren muß mit den Sinowjew-Anhängern abgerechnet werden, im nächsten mit den Trotzkisten. Sollen sie Namen nennen ... Namen, Namen, noch mal Namen. Sie müssen begreifen: Je mehr prominente Trotzkisten sie nennen, desto überzeugender wird ihre Darstellung von Trotzkis Machenschaften, desto größer ist die Hilfe, die sie im Gerichtsverfahren leisten, desto größer ist auch ihre Chance, ihr Leben zu retten. Ich wiederhole: Namen, Namen und noch mal Namen. Je prominenter der Name, desto besser. Das muß von Jagoda, von seinen Männern, von allen Untersuchungsführern verlangt werden. Ich bin

der Ansicht, daß Sie sich endgültig der Arbeit des NKWD widmen und die Untersuchung in die Hand nehmen sollten. Jagoda ist nicht zuverlässig. Aber ich wiederhole, diesen Prozeß, den Prozeß gegen Sinowjew und Kamenew muß er zu Ende führen.«

Stalin setzte seine langsame Wanderung durchs Zimmer fort. Jeshow wartete geduldig, er verstand und fühlte, daß Stalin gleich etwas sehr Wichtiges, vielleicht sogar das Allerwichtigste sagen würde.

»Alle Trotzkisten sind ehemalige Militärs. Viele davon sind auch jetzt noch bei der Armee. So hat Divisionskommandeur Schmidt beispielsweise 1923 für die Opposition gestimmt, er soll sich inzwischen angeblich anders entschieden haben. Aber wer soll das glauben? Er ist ein naher Freund von Primakow, um so schlimmer für Primakow, soll er vorsichtiger in der Wahl seiner Freunde sein. Natürlich wird Genosse Jakir Schmidt und Primakow verteidigen, aber Genosse Jakir soll erst einmal das Ende der gerichtlichen Untersuchung abwarten. Divisionskommandeur Putna hat 1923 ebenfalls für die Opposition gestimmt. Ein unaufrichtiger Patron, übrigens ein enger Freund und Mitschüler von Tuchatschewski. Ihre Verbindungen sollte man ebenfalls überprüfen, höchst interessant, was Putna von seinem Freund und Gönner, dem Genossen Tuchatschewski, erzählen wird. Ich glaube, daß die Verbindungen des Genossen Tuchatschewski zu deutschen militärischen Kreisen besonders interessant sein dürften. Haben Sie das Material mitgebracht?«

»Jawohl.« Jeshow schlug die Mappe auf.

»Lassen Sie hören, was Sie da haben.«

Jeshow entnahm der Mappe das oberste Blatt.

»Das wäre der Lebenslauf ...«

»Nicht nötig. Seinen Lebenslauf kenne ich. Was haben Sie bezüglich Deutschland da?«

Jeshow nahm ein anderes Blatt.

»Vor allem die deutsche Kriegsgefangenschaft. Das erste Mal wurde er am 19. Februar 1915 in den Karpaten gefangengenommen und ins Kriegsgefangenenlager Stralsund überstellt. Von dort ist er geflohen. Drei Wochen später wurde er aufgegriffen, als er ein Boot für die Flucht nach Schweden suchte. Er kam in ein Lager in Mecklenburg, von dort ist er ebenfalls geflohen und wurde in der Nähe der dänischen Grenze aufgegriffen. Er wurde in ein Gefangenenlager bei Münster gebracht, ist auch von dort getürmt und dreißig Meter von der holländischen Grenze entfernt gefangengenommen. Daraufhin kam er in die Festung Küstrin, ins Fort Zorndorf. Von dort versuchte er wiederum auszubrechen, indem er einen unterirdischen Gang aushob, wurde aber gefaßt und ins Fort 9 der bayerischen Festung Ingolstadt überstellt, das für Kriegsgefangene bestimmt war, die mehrere Fluchtversuche unternommen hatten. Von dort floh er im Spätherbst 1917, und dieses Mal, also beim fünften Mal, war er erfolgreich.«

»Wie groß ist die Entfernung von dieser bayerischen Festung bis zur russischen Grenze?« erkundigte sich Stalin.

»1120 Kilometer.«

»Wie hat er, ein russischer Offizier, eine solche Entfernung bewältigen können?«

»Er spricht fließend deutsch und französisch.«

»Das ist nicht ausreichend, um eine solche Entfernung im feindlichen Hinterland zurückzulegen. Wer hat ihm geholfen?«

»Darüber gibt es keine Angaben. Diese Fluchtversuche hat er zusammen mit dem Offizier Tschernowetzki unternommen. Aber Tschernowetzki wurde schon nach drei Tagen aufgegriffen, während Tuchatschewski fliehen konnte.«

»Den einen hat man gefangen, und der andere ist geflohen. Höchst interessant. Beide wurden verfolgt, der eine wurde aufgegriffen, der andere nicht, man ließ ihn ungehindert tausend Kilometer laufen. Interessant, sehr interessant. Fahren Sie fort!«

Jeshow griff nach einem anderen Blatt.

»Jetzt zu seinen offiziellen Besuchen. 1923 war Tuchatschewski zum ersten Mal als Verbindungsoffizier des Oberkommandos der Roten Armee in Deutschland und wurde der Reichswehr zugeteilt. Er hat an den Vorbereitungen der sowjetisch-deutschen Militärverhandlungen und der Abkommen im Rahmen des Rapallo-Vertrages mitgearbeitet, hat nach dem Abschluß des Militärabkommens an einer Inspektionsreise teilgenommen, dann war er zweimal zwischen 1926 und 1932 in Deutschland, im Zusammenhang mit der militärischen Zusammenarbeit. Da diese Verhandlungen

und Abkommen deutsche militärische Objekte auf unserem Territorium betrafen – in Lipezk, Kasan und Charkow –, gibt es zweifellos Dokumente, die von Tuchatschewski unterschrieben worden sind. Zum letzten Mal war er im Februar dieses Jahres auf der Durchreise nach England in Berlin – er war beim Begräbnis von König Georg V.«
»Wer von unseren hohen Militärs war außerdem in Deutschland?«
»Jakir, Uborewitsch, Eideman, Timoschenko haben an der Akademie des Generalstabs in Deutschland studiert.«
Er ergänzte schuldbewußt:
»Und außerdem noch einige, die dort studiert und gelebt haben.«
Schuldbewußt, weil er keine Liste vorbereitet hatte. Stalin begriff das sofort und sagte streng: »Machen Sie eine Liste aller Militärs, die irgendwie mit Deutschland Verbindungen haben. Zweifellos sind nicht alle deutsche Spione. Beispielsweise Genosse Timoschenko, den man zum Studium hingeschickt hat. Ich muß sagen, daß er sich auf militärischem Gebiet gut bewährt. Ein einfacher Mann, ein Mann aus dem Volk, während Jakir, Uborewitsch, Eideman und manche andere noch sehr genau überprüft werden müssen.«
Stalin wanderte eine Weile schweigend durchs Zimmer und blieb am Fenster stehen. War die Zeit schon reif oder noch nicht? Alles mußte sich in Jeshows Hand befinden. Jagoda durfte diese Sache nicht anvertraut werden. Jagoda konnte die Leute warnen. Aber Jagoda durch Jeshow zu ersetzen, wäre verfrüht. Sollte Jagoda erst mal den Sinowjew-Kamenew-Prozeß durchziehen. Trotzdem war es an der Zeit, anzufangen. Jeshow verstand es, seine Zunge im Zaum zu halten.
Stalin ging vom Fenster weg, nahm in seinem Sessel Platz und warf Jeshow einen schweren Blick zu.
»Will man den Worten des Genossen Tuchatschewski Glauben schenken, so ist er ein erklärter Feind Deutschlands. Aber ich vermute, daß er in Wirklichkeit viele Freunde in der deutschen Generalität hat. Sein Lebenslauf ist der beste Beweis dafür. Außerdem wollen die Militärs, sowohl die unseren als auch die deutschen, die Parteiführung loswerden. Ich denke, daß der deutsche Nachrichtendienst, die Abwehr, über Informationen über die Verbindun-

gen von Tuchatschewski zu deutschen Militärs verfügt. Leider arbeitet die deutsche Abwehr besser als unser Nachrichtendienst – wir verfügen nicht über solche Informationen. Ich weiß nicht, ob es den Interessen der deutschen Abwehr entspricht, uns diese Informationen zukommen zu lassen, aber wir müssen es versuchen. Ich vermute, daß das möglich ist. Aber damit darf erst nach der Beendigung des Gerichtsprozesses gegen Sinowjew und Kamenew begonnen werden.«

Er überlegte eine Weile und wiederholte dann den Gedanken, den er vorher geäußert hatte: »Auf Jagoda ist kein Verlaß.«

25

Der Plan mit der Bombe, die angeblich im Chemielabor der Pädagogischen Hochschule in Gorki hergestellt worden war, wurde verworfen. Die Eisenkugeln, die sogenannten Beweisstücke, wurden beim Gerichtsverfahren nicht vorgelegt. Die von Djakow in Gorki fabrizierten Dokumente kamen zu den Akten und dienten bei der Verhandlung als Beweis dafür, daß die Angeklagten Terroranschläge vorbereitet hatten.
Aber das war noch kein stichhaltiges Argument für die Existenz einer riesigen landesweiten terroristischen Verschwörung. Das verstand nicht nur Scharok, das war allen klar.
Der wiederholte Versuch, den Widerstand der ehemaligen Oppositionellen zu brechen, war mißlungen. Von den vierhundert Häftlingen, die aus den Gefängnissen, Lagern und Verbannungsorten geholt worden waren, hatten nur zwei die geforderten Aussagen gemacht: Dreitzer, der ehemalige Chef von Trotzkis Leibwache, der sich schon 1927 von der Opposition gelöst hatte, und Golzman, ein höherer Mitarbeiter des Volkskommissariats des Äußeren. Zwei Zeugen waren aber zuwenig. Um zu beweisen, daß Trotzki das terroristische Zentrum in der UdSSR aus dem Ausland geführt hatte, mußten vier deutsche Kommunisten geopfert werden, die kurz vor Hitlers Machtergreifung nach Moskau gekommen waren. Fritz David, früherer Mitarbeiter der *Roten Fahne*, dem Zentralorgan der Kommunistischen Partei Deutschlands, Konon Berman-Jurin, ehemals sowjetischer Korrespondent in Deutschland, ferner die Namensvettern Nathan Lurier und Moses Lurier, der eine Chirurg, der andere Wissenschaftler. Allen vieren wurde verkündet, sie hätten ihre Parteipflicht zu erfüllen und die geforderten Aussagen zu machen. Selbstverständlich wurde ihnen dafür ihr Leben zugesichert.
Mit diesen Zeugen wurde die Voruntersuchung gegen die sieben

Hauptangeklagten durchgeführt: Sinowjew, Kamenew, Bakajew, Jewdokimow, – alles ehemalige Sinowjew-Anhänger – sowie Smirnow, Mratschkowski und Ter-Waganian – die ehemaligen Trotzkisten.

Scharok erriet aus Wutkowskis und Moltschanows Andeutungen, daß die Untersuchung gegen diese Angeklagten von Stalin persönlich geleitet wurde. Er gab die Anweisungen, was für Aussagen von ihnen erwartet wurden, überprüfte und korrigierte dann die Protokolle.

Die Schwierigkeit mit den Trotzkisten bestand auch darin, daß sie sich, wie beispielsweise Iwan Nikititsch Smirnow, seit dem 1. Januar 1933 in Haft befanden und damit ein Alibi hatten. Wie konnten sie im Gefängnis terroristische Aktivitäten entwickeln oder entsprechende Anweisungen geben?

Aber Stalin wollte das nicht berücksichtigen.

»Smirnow ist für den Fall Mratschkowski einzuspannen«, befahl er. Unschwer zu erraten, weshalb Stalin ausgerechnet Smirnow erschießen lassen wollte. Iwan Nikititsch Smirnow, ein ehemaliger Arbeiter, war 1899 als Siebzehnjähriger der Partei beigetreten, war in der revolutionären Untergrundbewegung aktiv gewesen, hatte viele Jahre in zaristischen Gefängnissen und in der Verbannung verbracht, hatte Koltschak im Bürgerkrieg besiegt. In der Partei genoß er eine außerordentlich große Autorität, obwohl er vorübergehend, bis 1929, der Opposition angehört hatte. Aber seinerzeit hatte er darauf bestanden, Lenins Forderung zu erfüllen, Stalin seines Postens als Generalsekretär zu entheben. Mit Smirnows Geständnis könnte Stalin das Gerichtsverfahren überzeugender erscheinen lassen und zugleich seine Rachegelüste befriedigen.

Stalins Anweisung, Iwan Nikititsch Smirnow und Sergej Mratschkowski als einen Fall zu behandeln, wurde dahingehend verstanden, daß die persönliche Freundschaft der beiden, die im Bürgerkrieg begonnen und auch später, obwohl beide im Gefängnis gewesen waren, fortbestanden hatte, als Komplizentum dargestellt werden sollte. Obendrein hatte Smirnow Einfluß auf Mratschkowski, wenn Smirnow sich ergab, so würde sich auch Mratschkowski ergeben. Von diesen Erwägungen ließ sich Slutzki leiten, der den Fall übernommen hatte.

Slutzki war ein hochgestellter Beamter, Chef der Auslandsabteilung und konnte folglich im Namen der Leitung des NKWD sprechen. Da man selbst mit den härtesten Untersuchungsmethoden bei Leuten wie Smirnow und Mratschkowski nichts ausrichten würde, mußte sich mit den beiden ein verlogener, raffinierter Untersuchungsführer befassen, der imstande war, sich bei den Angeklagten einzuschmeicheln und ihnen Vertrauen einzuflößen. Genau so ein Mann war Slutzki, ein Schauspieler von Natur.

Aber als Smirnow die Anklage vorgelegt wurde, er habe sich terroristisch betätigt, antwortete er: »Das verfängt bei mir nicht. Ich bin seit dem 1. Januar 1933 im Gefängnis, so daß Sie mir nichts beweisen können.«

»Wir werden auch nichts beweisen, Iwan Nikititsch«, sagte Slutzki weich, »wenn Sie nicht geständig sind, werden Sie ohne Gerichtsurteil und nur auf Beschluß der Sonderkommission erschossen. Und im Gerichtsverfahren werden die anderen Angeklagten Sie einen Terroristen und Mörder nennen und als solcher werden Sie im Gedächtnis des sowjetischen Volkes weiterleben. Wenn Sie dagegen die Forderung des Politbüros erfüllen und der Partei helfen, Trotzki endgültig zu entlarven, so wird Ihr Leben geschont. Mit der Zeit bekommen Sie auch eine Ihnen angemessene Arbeitsstelle, und alles wird schließlich und endlich in Vergessenheit geraten.«

Smirnow sah Slutzki mit einem spöttischen Lächeln schweigend an.

»Glauben Sie mir nicht?« fragte Slutzki.

Ohne ein Wort zu antworten sah Smirnow den anderen nach wie vor spöttisch an.

»Iwan Nikititsch«, sagte Slutzki so freundlich wie möglich, »seit 1927 kämpfen Sie gegen die Partei, also fast schon seit zehn Jahren. Jawohl, 1929 haben Sie sich von der Opposition losgesagt, aber nicht endgültig. Seit zehn Jahren beteiligen Sie sich nicht am Aufbau des Sozialismus, seit zehn Jahren sind Sie von der Gesellschaft isoliert. Sie, der Stolz der Partei, der Stolz der Arbeiterklasse, Sie sind im Gefängnis und in der Verbannung. Dabei haben Sie doch die Chance, sich auf einen Schlag von diesem Alptraum zu befreien. Überlegen Sie doch, Iwan Nikititsch! Für Sie ist es jetzt fünf vor zwölf, glauben Sie mir, Sie haben nur noch ganz wenig

Zeit für diese Entscheidung. Wollen Sie vielleicht Ihr heldenhaftes Leben so ruhmlos beenden? Und wem zuliebe? Lew Davidowitsch Trotzki? Seine Sache ist sowieso verloren. Formell haben Sie doch schon mit der Opposition gebrochen, formell. Brechen Sie jetzt auch de facto mit ihr! Helfen Sie der Partei, Trotzki endgültig zu vernichten. Dazu werden Sie einige peinliche Dinge gestehen müssen, schändliche Dinge, mit denen Sie obendrein nichts zu tun hatten, das weiß ich sehr wohl. Aber einen anderen Ausweg gibt es nicht. Wenn Sie das Vertrauen der Partei wiedergewinnen wollen, müssen Sie sich ihr endgültig ergeben und das gestehen, was der Untersuchungsführer von Ihnen verlangt, einen anderen Preis gibt es nicht und wird es auch nicht geben. Denken Sie nach, Iwan Nikititsch! Ich flehe Sie an. Sie können sich überhaupt nicht vorstellen, welche Hochachtung, ja welche Ehrfurcht ich Ihnen gegenüber empfinde. Ich schwebe Ihretwegen in tausend Ängsten, Iwan Nikititsch. Ich verstehe natürlich, daß Sie gekränkt, ja verärgert, um Ihre Ehre besorgt sind, aber für einen Kommunisten gibt es keine höhere Ehre, als die Interessen der Partei zu verteidigen. Demütigen Sie sich vor der Partei, Iwan Nikititsch, tun Sie das, denn sonst erwartet Sie ein ruhmloser Tod«, er wies mit dem Zeigefinger auf den Boden, »dort unten im Keller. Wem ist damit gedient, Iwan Nikititsch?«

Smirnow sah Slutzki nach wie vor leicht spöttisch an, ohne ihn einer Antwort zu würdigen.

»Tja, was soll ich Ihnen noch sagen«, erklärte Slutzki mit einem Seufzer, »ich habe Ihnen alles gesagt, Iwan Nikititsch, Sie können mir glauben, alles! Ich habe Ihnen viel mehr gesagt, als ich Ihnen eigentlich sagen durfte. Ich habe meine Vollmachten weit überschritten. Aber ich wiederhole noch einmal: Entweder Sie bereuen und erfüllen mit einem öffentlichen, ehrlichen Geständnis Ihre Pflicht als Kommunist und bleiben am Leben, oder aber Sie werden erschossen, Ihnen werden die Ehrenrechte aberkannt, und Sie sterben als Feind der Sowjetmacht.«

Auf Smirnows Gesicht schien das spöttische Lächeln erstarrt zu sein, mit dem er Slutzki ansah. Doch nach wie vor würdigte er ihn keiner Antwort.

Slutzkis Mißerfolg erregte den Unwillen von Jagoda, Agranow

und Moltschanow und zwar vor allem deshalb, weil Slutzki den Befehl des Genossen Stalin nicht befolgt hatte. Genosse Stalin hatte klipp und klar gesagt: »Smirnow muß für den Fall Mratschkowski eingespannt werden.« Das bedeutete, daß Genosse Stalin auf den Schwächeren in diesem Doppel hingewiesen hatte: nämlich auf Mratschkowski. Folglich hätte Slutzki mit ihm beginnen müssen, und nicht mit Smirnow.

Slutzki beeilte sich, seinen Fehler wiedergutzumachen, obwohl er insgeheim befürchtete, daß Mratschkowski noch schwerer beizukommen war als Smirnow. Smirnow war ein sehr befähigter Mann und, obwohl Autodidakt, außerordentlich gebildet. Mratschkowski war seinem Wesen nach tapfer, aber aufbrausend und grob. Bei den Verhaftungen hatte er um sich geschlagen, er mußte gefesselt und in den Karzer gesperrt werden. Im großen und ganzen ein schwieriger Untersuchungsgefangener.

Slutzki, der ein Feigling war, beschloß, sich Mratschkowski gegenüber korrekt und streng offiziell zu verhalten. Er legte ihm den Kern der Sache dar, sagte, daß das Politbüro beschlossen habe, mit Trotzki ein für allemal Schluß zu machen, daß das unter den gegebenen Umständen absolut notwendig sei und es keinen anderen Ausweg gebe. Deshalb würde Mratschkowski vor die Wahl gestellt: entweder der Partei zu helfen und von ihr wieder aufgenommen oder als Anhänger von Trotzki liquidiert zu werden. Slutzki ergänzte, daß Kirow auf Befehl von Trotzki ermordet worden war (was nicht der Wahrheit entsprach), Sinowjew und Kamenew hätten das bereits gestanden (was ebenfalls gelogen war), allein Iwan Nikititsch Smirnow bliebe stur (was der Wahrheit entsprach und Slutzkis vorangegangenen Behauptungen den Anschein von Richtigkeit verlieh). Mratschkowski hatte also die Wahl: Entweder mit der Partei gegen Trotzki – dann wären sein Leben und seine Zukunft gerettet – oder mit Smirnow für Trotzki und gegen die Partei – dann habe er sowohl sein Leben wie auch seine Zukunft verwirkt. Er, Slutzki, vertrete hier lediglich das Untersuchungsverfahren und sage Mratschkowski, was er ihm aus dienstlichen Gründen pflichtschuldig sagen müsse. Aber wenn Mratschkowski nichts dagegen hätte, so würde er, Slutzki, sich gestatten, ihm seine persönliche Meinung mitzuteilen.

»Reden Sie«, antwortete Mratschkowski.
»Sergej Witaljewitsch«, sagte Slutzki eindringlich, »Sie sind ein Held des Bürgerkrieges, als solchen kennt Sie das Volk, das Land, die Partei. Sie sind ein großer Heerführer und hätten Sie sich nicht der Opposition angeschlossen, so hätten Sie jetzt bestimmt einen hohen Posten in unserer Armee. Wenn Sie unsere Forderungen annehmen, werden Sie zweifellos bei dem Gerichtsverfahren mehrere unangenehme Tage erleben. Aber danach ... danach Sergej Witaljewitsch, kommt der Krieg. Sie wissen doch sehr gut, was Hitler im Schilde führt. Und wenn der Krieg beginnt, so werden Sie, Sergej Witaljewitsch, einen würdigen Platz bei der Verteidigung unseres Landes einnehmen, einen Platz, der Ihren Fähigkeiten, Ihren Kenntnissen, Ihrer Erfahrung und Ihrem Talent entspricht. Wer wird dann an die wenigen Tage im Gericht zurückdenken? Sollte aber jemand daran zurückdenken, so nur, um das als weiteren Beweis Ihrer Tapferkeit, Ihrer Treue zur Partei und Ihrer Ergebenheit deren Idealen gegenüber zu würdigen. Es fällt mir schwer, die Worte auszusprechen, die ich jetzt auszusprechen habe, aber ich bin verpflichtet, das zu tun. Sie stehen vor der Wahl: Ein ruhmvolles Leben oder ein ruhmloser Tod.«
»Was muß ich unterschreiben?« fragte Mratschkowski düster.

Mratschkowski machte nicht nur die geforderten Aussagen, sondern erklärte sich auch bereit, Iwan Nikititsch Smirnow zu überreden. Aber das gelang ihm nicht. Bei der Gegenüberstellung schimpfte Smirnow Mratschkowski einen Feigling und weigerte sich, mit ihm zu sprechen.
Erbost machte Mratschkowski ergänzende Aussagen gegen Smirnow: Smirnow habe angeblich schon 1932 in einer Geheimberatung vorgeschlagen, sich mit den Anhängern von Sinowjew zu verbünden und Gewalt anzuwenden. Auf diese Weise kamen zu Olbergs und Reingolds Aussagen gegen Smirnow noch die Aussagen seines nächsten Freundes Mratschkowski hinzu. Das langte vielleicht, um Smirnow in den Gerichtssaal zu zerren, aber nicht, um ihn zu einem Geständnis zu zwingen.

Nach Slutzkis Mißerfolg wurde Smirnow Gai, dem Leiter der Sonderabteilung, zugewiesen, dem der Apparat der Agenten und Informatoren sowie die sogenannte »operative Technik« unterstand, die den Mädchennamen »Nadjuscha« trug – abgeleitet von dem Tarnnamen »Unternehmen N«.
Gai war zynisch und grausam. Als er Scharok einmal anwies, einen Trotzkisten zu vernehmen, der Smirnow kannte, sagte Scharok, er wolle erst einmal eine Frageliste aufstellen.
Gai sah ihn verächtlich an und und fragte: »Wollen Sie meinen Fragenkatalog kennenlernen?«
»Ja, natürlich.«
Gai zog einen Gummiknüppel aus dem Schreibtischfach und wirbelte ihn durch die Luft.
»Das ist mein einziger Fragenkatalog, ich würde Ihnen raten, sich auch so einen zu besorgen.« So geschehen vor Stalins offizieller Anordnung, physisch auf die Gefangenen einzuwirken. Damals war Scharok davor zurückgeschreckt, sich einen solchen »Fragenkatalog« zuzulegen.
Gai erklärte Smirnow ohne Umschweife, er sei nicht nur durch die Aussage von Olberg, Reingold, Dreitzer, Golzman und Mratschkowski überführt, sondern auch durch die von Sinowjew und Kamenew (diesmal entsprach das der Wahrheit, da beide entsprechend ausgesagt hatten). Er habe also nur deren Aussagen zu bestätigen und seine Schuld zu gestehen.
Zur Bekräftigung hielt er Smirnow die Vernehmungsprotokolle von Sinowjew und Kamenew hin.
»Lesen Sie.«
Aber Smirnow lehnte ab. »Sie können machen, was Sie wollen«, antwortete er, »Sie können mir sogar das Matthäus-Evangelium vorlegen, in dem Matthäus bezeugt, daß ich ein Terrorist bin. Druckereien haben Sie ja genug.«
»Sie glauben mir nicht?« Gai lächelte sarkastisch. »Gleich werden Sie mir glauben.«
Er hob den Hörer des Haustelefons ab, sagte ein paar für Smirnow unverständliche Sätze, legte auf und wandte sich seinen Papieren zu, ohne Smirnow die geringste Beachtung zu schenken.
Es wurde an die Tür geklopft.

»Herein!« rief Gai.
Die Tür öffnete sich. Von einem Posten begleitet, kam ein Mann herein, in dem Smirnow erst nach einer Weile Sinowjew erkannte, er hielt sich nur mühsam aufrecht, sein Atem ging stoßweise, er hatte ein krankes, aufgedunsenes Gesicht.
Vom Posten gestützt, ließ er sich auf einen Stuhl sinken.
»Bürger Sinowjew«, fragte Gai, »bestätigen Sie die von Ihnen früher gemachten Aussagen, daß Iwan Nikititsch Smirnow sich an den terroristischen Aktivitäten des ›Vereinigten trotzkistisch-sinowjewschen Zentrums‹ beteiligt hat?«
»Ja, ich bestätige das«, antwortete Sinowjew kaum hörbar.
»Bürger Smirnow leugnet seine Teilnahme an diesen Aktivitäten nämlich ab«, erklärte Gai.
Sinowjew sah mit müdem, leerem Blick zu Smirnow hoch und sagte halblaut: »Iwan Nikititsch, wir müssen politisch denken. Wenn wir Stalin, unserem alten Freund Koba, entgegenkommen, wird er sich uns gegenüber erkenntlich zeigen. Das öffnet uns die Tür zur Partei.«
»Er öffnet uns die Tür zum Jenseits«, antwortete Smirnow. »Du kennst doch Koba. Glaubst du ihm vielleicht? Er ist ein Lügner und Betrüger. Diese ganze abgekartete Sache hat er bloß eingefädelt, um uns zu vernichten.«
»Davon bin ich nicht überzeugt«, flüsterte Sinowjew, »aber wenn du ihm nicht entgegenkommst, wird er dich ganz bestimmt erschießen lassen.«
»Ich ziehe es vor, als ehrlicher Mensch und nicht als Lügner, Feigling und käuflicher Hund zu sterben.«
Nach diesem Wortwechsel setzte Gai das Protokoll der Gegenüberstellung auf, demzufolge Sinowjew seine Aussagen über Smirnows Teilnahme an Terroraktionen bestätigte, während Smirnow alles ableugnete.
Sinowjew wurde abgeführt.
Gai ordnete die Papiere auf dem Tisch, dann legte er ein paar Blätter beiseite und fragte wie nebenbei: »Kennen Sie eine Frau Safonowa?«
Smirnow hob zum ersten Mal den Kopf.
»Kennen Sie den Namen Safonowa?« wiederholte Gai.

»Ja, das ist meine ehemalige Frau.«
»Dann lesen Sie das da.«
Gai schob Smirnow eine schriftliche Erklärung der Safonowa zu, welche die Behauptung enthielt, daß Smirnow Ende 1932, also vor seinem Gefängnisaufenthalt, von Trotzki Anweisung erhalten habe, Terroranschläge gegen die Führer von Partei und Regierung zu organisieren.
»Auch das haben Sie erfinden können«, Smirnow warf das Blatt auf den Tisch.
Gai drückte auf den Klingelknopf und befahl dem Posten, die Zeugin Safonowa hereinzuführen.
Angestrengt starrte Smirnow auf die Tür. Frau Safonowa trat ein. Smirnow hatte sie schon viele Jahre nicht mehr gesehen, aber diese Frau war einst seine Frau gewesen, sie hatten sich als gute Freunde getrennt und waren auch gute Freunde geblieben.
Gai deutete auf einen Stuhl. Sie nahm Platz und brach in Tränen aus. Smirnow hatte seine frühere Frau noch nie weinen sehen. Sie war einmal eine starke Frau gewesen. Sie weinte und konnte nicht aufhören, während Gai gelassen zusah, mochte sie sich ausweinen. Je länger sie weinte, desto besser. Endlich gewann die Frau ihre Fassung zurück und trocknete ihre Tränen.
Smirnow zeigte auf ihre schriftliche Erklärung.
»Hast du das geschrieben?«
Sie schluchzte erneut, wischte sich die Augen und begann mit stockender Stimme zu sprechen: »Iwan! Wir haben keinen anderen Ausweg. Weder du, noch Rosa (Smirnows jetzige Frau) und auch Olga nicht (Smirnows Tochter). Nur du kannst unser Leben retten – tu, was das Politbüro befiehlt. Alle verstehen doch: Der Prozeß ist gegen Trotzki gerichtet. Sogar Sinowjew und Kamenew haben das begriffen. Wenn du beim Prozeß erscheinst, wird dich die ganze Welt sehen, und dann wirst du nicht erschossen. Wenn du dich weigerst und nicht vor Gericht erscheinst, so wirst du erschossen und wir auch. Und kein Mensch wird das je erfahren.«
Smirnow hörte wortlos zu. Und diese Frau hatte er einst geachtet. Was hatten sie aus dieser standhaften, prinzipienfesten, furchtlosen Frau gemacht? Sie war innerlich gebrochen und nun nichts mehr als eine einfache, den Tod fürchtende Frau.

»Bringen Sie diese dumme Gans weg!« sagte Smirnow.
»Wenn Sie nicht mit ihr sprechen wollen – Ihre Sache«, meinte Gai spöttisch.
Er ließ den Posten kommen und sagte: »Bringen Sie die Frau weg!«
»Iwan!«
»Mach, daß du wegkommst!« fiel ihr Smirnow schroff ins Wort.
Nachdem sie abgeführt worden war, erklärte Gai: »Wie grob Sie mit den Leuten reden, Smirnow!«
Smirnow schwieg.
»Vergessen Sie nicht, Sie haben schließlich noch andere Familienangehörige. Werden Sie mit denen auch so reden?«
Smirnow schwieg. Er verstand nicht, wovon Gai sprach. Frau Safonowa war ehemaliges Parteimitglied, politisch tätig gewesen, aber seine Familie? Seine Frau Rosa war nicht in der Partei, die Tochter Studentin, was hatten die mit seinem Fall zu tun?
Das sollte Smirnow zehn Minuten später erfahren. Als man ihn einen der Gefängnisgänge entlangführte, erblickte er seine Tochter Olga am anderen Gangende. Mit zerzaustem Haar, in zerrissenem Kleid. Zwei kräftige Wärter hielten sie an den Armen fest. Olga erkannte ihn offenbar nicht, stürzte nicht auf ihn zu, es war Smirnow, der auf sie zustürzen wollte. Aber der Posten packte ihn von hinten mit eisernem Griff. Olga wurde sofort in eine Zelle gezerrt, die Tür schlug zu.
Smirnow versuchte, sich loszureißen, aber die Wärter stießen ihn in seine Zelle und warfen ihn zu Boden.
Das Schloß schnappte zu.
Smirnow sprang auf und hämmerte gegen die Tür.
Der Spion ging auf, der Wärter vom Gang fragte: »Was ist los?«
»Bringen Sie mich zum Untersuchungsführer zurück.«
»Da müssen Sie mit dem Wärter vom Trakt reden.«
»Holen Sie ihn her.«
Der Spion ging zu.
Smirnow setzte sich aufs Bett. Damit also hatte ihm dieser Lump Gai gedroht. Genau so ein Verbrecher wie ihrer aller Anführer Stalin. Kein Wunder, daß Stalin in den Gefängnissen immer mit Kriminellen befreundet gewesen war. Offenbar benutzten sie seine

Tochter zunächst einmal als Handhabe, um ihm zu zeigen, was seine Tochter erwartete, wenn er starrköpfig bleiben würde. Er mußte sich zusammenreißen. Sie wußten doch: Auch wenn sie sich tatsächlich an ihr vergriffen, würden sie bei ihm nichts erreichen. Vorerst drohten sie nur. Erst war die Tochter die Handhabe, dann die Frau. Aber sie konnten ihre Drohung wahrmachen. Obendrein würden sie ihn ohne Gerichtsverfahren und ohne Urteil erschießen. Sein Leben war verwirkt – das war eindeutig, einerlei, ob er unterschrieb oder nicht. Stalin würde ihn erschießen lassen – daran zweifelte er keinen Augenblick. Folglich mußte er Frau und Tochter retten. Er mußte nachgeben, irgendeine ihrer Bedingungen annehmen. Sie würden sich auch mit einer Geringfügigkeit zufriedengeben. Sie brauchten ihn bei der Gerichtsverhandlung. Ohne ihn fehlte der trotzkistische Teil in ihrem sogenannten »Vereinigten Zentrum«. Sinowjew und Kamenew hatten sie in der Tasche, was ja zu erwarten gewesen war – seit neun Jahren bereuten sie schon ihre Sünden, also würden sie auch weiter bereuen, und zwar alles, was man ihnen befahl. Aber er hatte schon immer gewußt, wer Stalin war, und hatte nie bereut. Er hatte 1929 mit der Opposition gebrochen, weil er geglaubt hatte, daß Stalin den Weg beschritt, den die Opposition vorzeichnete, nämlich den Weg des Kampfes gegen die echte Gefahr, hatte geglaubt, daß zwischen Partei und Opposition keine Meinungsverschiedenheit mehr bestünde und daß man unter diesen Umständen mit der Partei arbeiten müsse. Er hatte schon sehr bald seinen Fehler erkannt: Wie schon immer hatte Stalin nur manövriert, er hatte die Opposition politisch liquidiert, hatte alle ehemaligen Oppositionellen in die Gefängnisse gesteckt. Jetzt wollte er sie alle auch noch physisch vernichten. Auch er, Smirnow, würde erschossen werden. Aber er war verpflichtet, seine Familie zu retten. Das hieß, daß er im Gerichtssaal erscheinen mußte, um so wenigstens in geringem Maß die Lügen zu widerlegen, mit der ihm die gefügigen Angeklagten und käuflichen Zeugen entgegentreten würden. Wollte Stalin Smirnow auf der Anklagebank sehen, würde er sich auch gefallen lassen müssen, daß Smirnow den Regieplan etwas durcheinanderbrachte.

Smirnow erklärte Gai, daß er einverstanden sei, zu gestehen, daß

Trotzki angeblich 1932 Terroraktionen befohlen habe. Aber er, Smirnow, habe im Gefängnis gesessen, sich nicht am Terror beteiligt und wisse auch nicht, ob die anderen Angeklagten sich an solchen Aktionen beteiligt hätten. Dafür verlange er aber, daß seine Tochter sofort nach Hause entlassen würde und daß man ihm die Möglichkeit gäbe, sich davon zu überzeugen.
Gai nahm diese Bedingungen an. Etwa zwei Stunden später wurde Smirnow wieder zu Gai bestellt, der ihn aufforderte, zu Hause anzurufen. Smirnow rief an. Seine Frau kam an den Apparat, danach seine Tochter. Auf ihre Frage, wie es ihm gehe, antwortete er: »Alles in Ordnung.«
In Gais Anwesenheit durfte Smirnow täglich aus dessen Arbeitszimmer bei sich zu Hause anrufen und sich überzeugen, daß Frau und Tochter daheim waren.

26

Sie arbeiteten zu dritt in der Annahmestelle der Wäscherei, drei Frauen: die eine nahm die Wäsche entgegen, die andere gab sie aus, die dritte füllte die Quittungen aus und kassierte das Geld.
Sophia Alexandrowna hatte vom ersten Tag an die Wäsche ausgeben müssen – eine schwierige, nervenaufreibende Arbeit. Die Wäschepakete waren schwer und die Auseinandersetzungen mit den Kunden peinlich: Mal fehlte ein Stück, mal war die Wäsche zerrissen oder ein Fleck war hineingekommen, mal lag statt eines Unterhemds eine fremde Unterhose im Paket. Oft war der Wäschereibetrieb schuld, aber Ljusja, die die Wäsche entgegennahm, war häufig nachlässig: Bei der Annahme prüfte sie die Wäsche nicht genau genug und ließ manchen Schaden durchgehen, der in der Quittung hätte vermerkt werden müssen. Tamara Fjodorowna, eine ältere, strenge und wortkarge Frau, die die Quittungen ausschrieb, das Geld in Empfang nahm und als Vorgesetzte galt, machte ihr manchmal Vorhaltungen.
Ljusja, ein junges Ding, antwortete in solchen Fällen schnippisch: »Soll ich vielleicht in ihren dreckigen Unterhosen herumschnüffeln?!« Tamara Fjodorowna konnte nicht alles sehen: Es war schwierig genug, Quittungen auszustellen, jedes Stück genau nach der Preisliste aufzuführen, zumal nicht alle Wäschestücke darin verzeichnet waren und deshalb der Preis eines ähnlichen Wäschestückes angegeben werden mußte. Ferner mußte sie die Beträge zusammenrechnen, das Geld zählen und richtig herausgeben.
Im Grunde genommen hatte Sophia Alexandrowna alles auszubaden. Kontra zu geben war nicht ihre Sache, und sie konnte auch nicht abstreiten, was sie selber sah. Also unterschrieb sie das Protokoll über das Fehlen oder über die Beschädigung eines Wäschestückes. Der Leiter, Jakow Grigorjewitsch war sehr unzufrieden damit. Er leitete fünf Annahmestellen, kam mal morgens, mal kurz

vor Arbeitsschluß, ein mürrischer Mann mit hängenden Schultern und schiefem Blick. Er hörte sich Tamara Fjodorownas Erklärungen schweigend an, tauchte die Feder mit unsicherer Bewegung ins Tintenfaß, sah stumpfsinnig in die Aufstellung und malte dann einen Krakel, der seine Unterschrift sein sollte.

Bevor er die Bescheinigung über das Fehlen oder die Beschädigung eines Stückes unterschrieb, sah er Sophia Alexandrowna argwöhnisch von oben bis unten an, drehte sogar das Blatt um – ob man ihm nicht eine Falle stellte – und sagte dann zu ihr: »Bevor Sie bei uns angefangen haben, hat es nie Beschwerden gegeben.«

»Aber ich beschädige doch nicht die Wäsche«, verteidigte sich Sophia Alexandrowna.

»Sie leisten allen möglichen Launen der Kunden Vorschub«, knurrte er und griff nach irgendeinem Tischtuch. »Wird denn in der Wäscherei so ein Fleck gemacht?«

»Aber der Fleck war in der Quittung nicht angegeben«, widersprach Sophia Alexandrowna.

»Warum sollte er auch angegeben sein?« explodierte Ljusja. »Der Fleck war nicht da, als ich die Tischdecke angenommen habe. Was fällt Ihnen überhaupt ein?«

»Ljusja, Sie verstehen mich nicht«, versuchte Sophia Alexandrowna zu erklären. »Ich sage es ja: Da der Fleck in der Quittung nicht angegeben ist, muß der Schaden in der Großwäscherei entstanden sein.«

Sophia Alexandrowna pflegte immer so zu antworten, obwohl sie Ljusjas Nachlässigkeit genau sah.

»Das ist überhaupt kein Fleck, man sieht ihn fast gar nicht«, erklärte Jakow Grigorjewitsch wütend, »Sie aber wollen den Kunden das nicht erklären. Alles wird mir in die Schuhe geschoben, ich muß bei der Großwäscherei reklamieren und das nur Ihretwegen.«

So ging es jeden Tag und wurde zunehmend schlimmer. Und sein Ton wurde immer gröber.

Nachdem Jakow Grigorjewitsch gegangen war, schob Sophia Alexandrowna eine Tablette Nitroglyzerin unter die Zunge und ließ sich schwer atmend auf einen Schemel sinken. Tamara Fjodorowna erhob sich wortlos und bediente selbst die Kunden.

»Danke, Tamara Fjodorowna, es geht mir schon besser.«

Sophia Alexandrowna stand auf und stellte sich an den Tresen. Sie versuchte, die Kunden zu überzeugen, aber die wollten nichts hören, wurden nur noch wütender, schimpften und schrieben ins Beschwerdebuch, daß nicht nur schlecht gewaschen würde, sondern daß das Personal grob und unaufmerksam sei.
»Man beschwert sich über Sie«, sagte Jakow Grigorjewitsch finster, »mir bleibt nichts anderes übrig, als Ihnen eine Rüge zu erteilen.«
»Wissen Sie was«, antwortete Sophia Alexandrowna, »für mich ist die Arbeit zu schwer, ich bin herzkrank, befreien Sie mich von der Arbeit.«
»Wenn Sie krank sind, müssen Sie zuerst Ihre Invalidität beantragen«, sagte er, »aber entlassen kann ich Sie schon – wegen mangelhafter Arbeitsleistung. Ich kann dem Direktor der Großwäscherei melden, daß es zu viele Kundenbeschwerden über Sie gibt.«
»Sie könnten sie doch auf eigenen Wunsch entlassen«, mischte sich Tamara Fjodorowna plötzlich ein.
»Und wo finde ich Ersatz?«
»Zerbrechen Sie sich ein bißchen den Kopf. Sie sind schließlich der Leiter und haben sich Gedanken zu machen. Sie sehen doch, daß Sie eine kranke und alte Frau vor sich haben. Wie kommen Sie dazu, sie zu schikanieren?!«
»Na, immer mit der Ruhe, Tamara Fjodorowna, wissen Sie überhaupt, wen Sie in Schutz nehmen? Man wird sie nirgendwo aufnehmen, ihr Sohn sitzt im Lager.«
»Er ist nicht im Lager ...« begann Sophia Alexandrowna.
Aber Tamara Fjodorowna unterbrach sie: »Ob man sie nimmt oder nicht, ist ihr Problem. Hier kann sie jedenfalls nicht arbeiten, das sehen Sie doch. Und Sie sind nicht berechtigt, einen Werktätigen zu schikanieren. Wir leben immerhin in einem Sowjetstaat!«
»Wer schikaniert denn?« murmelte Jakow Grigorjewitsch.
»Sie! Sie schikanieren die Frau. Und wir werden das bestätigen.«
»Aber genau«, erklärte Ljusja plötzlich, »ganz bestimmt werden wir das bestätigen.«
Jakow Grigorjewitsch schwieg und sagte dann mürrisch zu Sophia Alexandrowna: »Machen Sie eine Eingabe, daß Sie auf eigenen Wunsch entlassen werden wollen.«

Sophia Alexandrowna arbeitete also nicht mehr in der Wäscherei. Nun erhob sich die Frage nach einer anderen Arbeit, und Sophia Alexandrowna besprach sich mit ihren Schwestern Vera und Polina, mit der alten Armenierin Margarita Artjomowna, einer Nachbarin im Haus, und natürlich mit Warja.
Warja war froh, daß Sophia Alexandrowna die Wäscherei verlassen hatte.
»Sie brauchen eine ruhige Arbeit, bei der Sie sitzen können.«
»Wo finde ich so was?«
»Wir müssen eben suchen.«
Zuallererst dachte Warja an Vika Marassewitsch. Vika hatte eine Menge einflußreicher Bekannter, die eventuell helfen könnten. Außerdem war ihr Vater, Professor Marassewitsch, Berater in der Poliklinik in der Gargaringasse, vielleicht konnte er Sophia Alexandrowna in der Registratur unterbringen. Das wäre wunderbar – die Poliklinik war ganz in der Nähe.
Warja rief Vika an. Es meldete sich Wadim, Warja erkannte seine Stimme sofort.
»Guten Tag, Wadim ...«
»Guten Tag ... Wer spricht da?«
»Warja Iwanowa. Erinnerst du dich? Die Schwester von Nina.«
»Ah ...», sagte Wadim gedehnt und ergänzte trocken: »Ja bitte?«
»Ich hätte gern mit Vika gesprochen.«
»Vika ist nicht da.«
»Wann kommt sie?«
»Überhaupt nicht. Sie wohnt nicht mehr in Moskau.«
»Ach so.«
»Jawohl. Alles Gute. Grüßen Sie Nina.«
Damit legte er auf.
Er benahm sich wie ein Flegel. Sonderbar. War mit Vika etwas passiert? Hatte man sie verhaftet? Mit ihrem Mann, dem Architekten, war doch offenbar alles in Ordnung, sein Name erschien öfter in der Zeitung ... Was war also mit Vika los?
Warja erfuhr erst später, daß Vika geheiratet hatte und ins Ausland gegangen war.
Aber in jenem Moment tat es ihr sehr leid, daß Vika nicht da war – sie hätte gut helfen können.

Warja wandte sich sogar an Soja. Sojas Mutter arbeitete als Platzanweiserin im Filmtheater *Karnaval*, vielleicht brauchten sie noch eine Platzanweiserin. Soja nahm sich der Sache mit Feuereifer an. Sie hoffte, durch ihre Hilfsbereitschaft würde die Freundschaft zu Warja wieder aufleben.

Täglich hatte sie Warja Erfreuliches zu berichten.

Im *Karnaval* ließ sich vorerst freilich nichts machen, aber im *Ars* bestanden die besten Aussichten, obendrein befand sich das Kino in Sophia Alexandrownas Haus, etwas Besseres konnte man sich einfach nicht wünschen.

Dann stellte sich heraus, daß im *Ars* keine Stelle frei war, aber im Filmtheater *Chudoshestwenny* am Arbatplatz wurde jemand gebraucht. Sojas Mutter kannte die Geschäftsführer aller Filmtheater, sie hatte gute Beziehungen zu diesen Kreisen. Nach einer Weile sprach Soja vom Filmtheater *Praga*, ebenfalls am Arbatplatz ... dann schon vom Kino *Union* am Nikitski-Tor.

So vergingen zwei Wochen, und Warja glaubte Soja kein Wort mehr, weil diese einfach nicht zugeben wollte, daß sie nichts ausrichten konnte.

Warja blieb nichts anderes übrig, als sich an Igor Wladimirowitsch zu wenden. Das war ihr sehr peinlich, denn nach dem Vorfall mit den Blumen hatte sich das Verhältnis zwischen ihnen geändert. Igor Wladimirowitsch war nach wie vor sehr zuvorkommend zu ihr, lächelte ihr freundlich zu, nahm sie zu den technischen Beratungen mit, begleitete sie sogar mehrmals nach Hause – sie hatten denselben Weg –, aber er verhielt sich reserviert. Er hatte Warjas Brief nicht vergessen, in dem sie sich zwar für die Blumen bedankt, aber zugleich das angebliche Gerede der Nachbarn vorgeschützt hatte, um weiteren Annäherungsversuchen vorzubeugen. Sie hielt ihn auf Distanz. Äußerlich blieb aber alles beim alten. Warja befürchtete, daß eine solche Bitte von Igor Wladimirowitsch falsch verstanden werden könnte. Obendrein wollte sie ihn nicht in eine Sache verwickeln, die mit Saschas Mutter verbunden war.

Aber sie sah keinen anderen Ausweg.

»Ich habe eine Bekannte«, sagte Warja, »sie wohnt in unserem Haus. Ich kenne sie sehr gut und habe sie gern. Es ist eine alleinstehende ältere Frau, ehrlich, anständig und gutherzig. Von ihrem

Mann hat sie sich schon vor langer Zeit getrennt, und ihr Sohn ist vor zwei Jahren verhaftet worden. Sie ist alleinstehend und hat keine Existenzgrundlage. Bisher hat sie in einer Wäscherei gearbeitet, aber das ist eine zu schwere und nervenaufreibende Arbeit für sie. Sie mußte dort aufhören. Sie ist eine gebildete Frau, hat das Lyzeum abgeschlossen und könnte jede beliebige Büroarbeit übernehmen. Vielleicht könnte sie bei uns oder in einer anderen ähnlichen Organisation unterkommen? Könnten Sie vielleicht helfen? Natürlich irgendwo in der Nähe vom Arbat, Sie wissen doch, wie überfüllt die Straßenbahnen sind.«

»Bei uns?« wiederholte Igor Wladimirowitsch. »Aber Warja, der Hotelbau ist doch abgeschlossen! Die Kleinigkeiten, die noch zu machen sind, fallen nicht ins Gewicht. Unser Büro übernimmt jetzt andere Bauprojekte, welche, steht allerdings noch nicht fest. Man munkelt sogar von einer Umgestaltung, dann werden wir mit allen anderen Architekturbüros zusammengelegt, und das bedeutet, daß wir einen neuen Stellenplan bekommen. Mit einem Wort, sobald das entschieden ist, kann man versuchen, etwas zu tun. Ich meine, in unserem Büro. Na, und woanders ...«, er überlegte eine Weile, »da muß ich mich erst mal erkundigen. Was kann sie eigentlich, die Frau? Wie heißt sie übrigens?«

»Sophia Alexandrowna Pankratowa.«

Er notierte den Namen in seinen Kalender.

»Schön! Was kann sie also?«

»Sie könnte jede Büroarbeit machen, Akten ablegen, oder sie könnte für irgend jemanden als Sekretärin arbeiten. Sie ist sehr ordentlich und zuverlässig. Vielleicht auch in der Buchhaltung oder als Kassiererin. Nein, als Kassiererin lieber nicht, sie könnte sich beim Geldzählen verrechnen. Am besten in einer Registratur.«

»Hat sie irgendeinen richtigen Beruf?«

»Offen gestanden weiß ich das nicht. In der letzten Zeit hat sie wie gesagt in einer Wäscherei gearbeitet, aber das war reiner Zufall. Die Annahmestelle war einfach in der Nähe ihrer Wohnung.«

»Ich will mein Bestes tun«, sagte Igor Wladimirowitsch, »aber ich denke, das Realistischste ist, wenn wir abwarten, bis wir die Umorganisation hinter uns haben und über einen neuen Stellenplan

verfügen. Ich sehe, daß Ihnen das Los dieser Frau sehr nahe geht«, sagte Igor Wladimirowitsch lächelnd.
»Ja, das stimmt«, antwortete Warja, »sie steht mir sehr nahe.« Und ergänzte: »Sie ist in großer Not. Ihr muß geholfen werden.«
Abends erzählte sie Sophia Alexandrowna von ihrem Gespräch mit Igor Wladimirowitsch. Sie glaubte nicht allzusehr an eine solche Möglichkeit, aber sie wollte Sophia Alexandrowna Mut und Hoffnung machen.
»Was ich Sie übrigens fragen wollte, Sophia Alexandrowna, haben Sie irgendeinen Beruf? Mein Chef hat nämlich danach gefragt.«
»Einen Beruf? Nein, einen richtigen Beruf habe ich nicht, Warja. Ich habe das Lyzeum abgeschlossen ... Wann das war? 1910. Damals wollte ich ans Konservatorium gehen ... Ich hatte eine recht gute Stimme. Aber ich habe geheiratet, und dann ist Saschenka geboren worden. Bald darauf brach der Krieg aus, die Revolution. Als Sascha etwas größer wurde, das muß wohl 1922, 1923 gewesen sein, habe ich ein bißchen was dazu verdient. Weißt du, Pawel Nikolajewitsch, Saschas Vater, ist ein überaus pünktlicher und heikler Mensch. Alles mußte nach der Uhr gehen: Frühstück, Mittag- und Abendessen. Und im Hause mußte auch alles seine Ordnung haben. Er bestand darauf, daß die Wäsche immer gewaschen und gebügelt war. Darum konnte ich keine ständige Arbeit annehmen, denn sonst wäre ich immer spät nach Hause gekommen. Ich habe mir eine Arbeit gesucht, bei der man gleichzeitig den Haushalt führen konnte. Eine Zeitlang habe ich Lotterielose verkauft, ich erinnere mich, daß es eine solche Lotterie gab, um die Hungernden im Wolgagebiet zu unterstützen. Natürlich mußte ich die Wohnungen abklappern, und damals haben noch nicht alle Fahrstühle funktioniert. Aber ich war jung, und da ging es. Dafür konnte ich jederzeit einkaufen gehen und auch nach Hause laufen, kochen und waschen. Allerdings habe ich nicht viel verdient, nur Prozente bekommen. Später habe ich Luftreiniger verkauft.«
»Wozu braucht man die?«
»Na, weißt du, das sind solche Kästchen, die man in Toiletten anbringt, damit die Luft gereinigt wird. In der Mitte der Zwanziger Jahre waren sie sehr in Mode, sie wurden gekauft, aber dann ging die Welle zurück. Na ja, das war ziemlich komisch«, sie lachte, »da

kam ich in eine Wohnung und pries meinen Luftreiniger an. Wozu braucht man das, wurde ich gefragt. Ich habe es erklärt und vorgeführt. Du mußt dabei bedenken, daß es damals fast nur Gemeinschaftswohnungen gab. Folglich hatten alle Mieter die Frage zu entscheiden. Das Ding hat vielleicht zwei, drei Rubel gekostet, aber trotzdem mußten ja alle zahlen. Und wenn einer sich weigerte, die anderen aber dafür waren, wurde der Luftreiniger eben nicht gekauft. Die Begründung war dann: Tja, der soll auf unsere Kosten die angenehme Luft riechen? Nein, das kommt nicht in Frage! Dann soll lieber keiner davon profitieren«, Sophia Alexandrowna lachte wieder, »also mußte ich die Sache mit den Luftreinigern aufgeben. Danach habe ich als Versicherungsagentin gearbeitet. Na, du weißt schon, Lebensversicherungen oder Versicherungen gegen Feuer usw. Eine durchaus annehmbare Arbeit. Aber nur die wenigsten wollten sich versichern lassen. Man mußte sich eine Stunde lang den Mund fusselig reden, bis jemand eine Versicherung abschloß. Die meisten sagten: Was soll ich denn versichern? Ich habe doch nichts. Tisch, Bett, drei Stühle. Was kann es schon für einen Feuerschaden in einem Steinhaus geben? Manchmal bekam ich zu hören: Ja, ihr Versicherungsagenten macht große Versprechungen, aber wenn man sich nachher an euch wendet, um Geld zu bekommen, will keiner mit einem reden. Übrigens stimmte das: Wir Agenten bekamen Prozente und waren bestrebt, die Leute zu versichern, während die Inspektoren genau im Gegenteil darauf aus waren, überhaupt nichts zu zahlen oder möglichst wenig zu zahlen ... Im großen und ganzen war es eine erniedrigende Situation. Manchmal wurde einem einfach die Tür gewiesen. Aber die Hauptsache war etwas anderes. Bei der Versicherung wurden manchmal ganz unerwartet Versammlungen angesetzt. Da kam man gegen siebzehn Uhr, um die Quittungen und das Geld abzuliefern, und mußte dableiben, um an der Versammlung teilzunehmen. Dabei mußte ich schnell nach Hause, weil Pawel Nikolajewitsch von der Arbeit kam und ich ihm das Essen vorsetzen mußte. Einmal bin ich zur Versammlung geblieben, und da hat er mir einen solchen Krach gemacht, daß ich um meine Entlassung gebeten habe. Einmal bekam ich sogar ein Angebot, beim Rundfunk zu singen, obwohl ich das nicht gelernt hatte, aber

Pawel Nikolajewitsch hat es mir kategorisch verboten. Darum bin ich auch ohne Beruf geblieben, vielmehr, ich habe den prosaistischsten aller Berufe ausgeübt: Ich war Hausfrau.«

Eines Tages kam Vera, energisch und aktiv wie immer, zu Sophia Alexandrowna. Sie lobte die Schwester, daß sie die Wäscherei aufgegeben hatte.

»Das hast du richtig gemacht. Das ist keine Arbeit für dich. Wir suchen dir etwas Anderes, etwas Leichteres und Ruhiges. Gedulde dich vorerst ein Weilchen und sei nicht so dickköpfig, wenigstens Sascha zuliebe.«

Die letzten Worte bezogen sich darauf, daß Sophia Alexandrowna sich weigerte, das Geld anzunehmen, das ihr Bruder Mark Alexandrowitsch ihr schickte. Freilich schickte er es nicht direkt an Sophia Alexandrowna, weil sie seine erste Geldüberweisung hatte zurückgehen lassen, sondern jeden Monat an Vera, mit der Bitte, die Schwester zu überzeugen, das Geld anzunehmen. Sophia Alexandrowna weigerte sich jedoch, so daß Vera es zur Sparkasse trug.

»Du mußt alles gut bedenken«, sagte Vera vernünftig, »wieviel schickt dir Pawel Nikolajewitsch?«

»Fünfzig Rubel.«

»Davon schickst du zwanzig an Sascha, fünfundzwanzig zahlst du für die Wohnung. Dir bleiben also nur fünf Rubel, praktisch nichts. Warum verzichtest du auf das Geld von Mark? Weil er einmal irgend etwas in bezug auf Sascha gesagt hat, was dir gegen den Strich ging. Aber verstehe ihn doch in seiner Situation. Er hat für Sascha nichts ausrichten können, obwohl er es versucht hat. Er hat es selbst erzählt und geschworen, daß er mit den höchsten Instanzen gesprochen hat. Und ich habe keinen Grund, ihm nicht zu glauben. Du weißt doch genau, Mark lügt nicht. Nun, und was er in bezug auf die Regierung und Stalin gesagt hat, da ist eben nichts zu machen. Er ist nun mal so, ein Kommunist. Er glaubt, daß es so sein muß und daß alles mit rechten Dingen zugeht. Seine Überzeugung ist schließlich seine Privatsache.«

»Ich brauche sein Geld nicht.«

»Meinetwegen. Du brauchst es nicht. Aber Sascha? Seine Zeit ist bald um. In Moskau werden sie ihn nicht anmelden, das mußt du wissen und berücksichtigen. Folglich muß er irgendwo anders hinfahren, sich um Arbeit bemühen, und in seiner Lage ist das nicht gerade einfach. Sophia, sieh die Dinge realistisch. In Sibirien kommt er mit zwanzig Rubeln im Monat aus, woanders nicht. Das wird viel teurer sein. Bedenke, die vielen Fahrten, die Mißerfolge und die Zeit, die das alles kostet. Sonja, du mußt seine Lage richtig einschätzen und verstehen, er wird Geld brauchen, sonst geht er unter.«

»Schön. Soll das Geld erst mal auf deinem Sparbuch bleiben«, erklärte sich Sophia Alexandrowna einverstanden, »und wenn Sascha es braucht, werden wir es ihm schicken. Schließlich und endlich haben sie ihn verhaftet und deportiert, jetzt werden sie ihn durch das ganze Land jagen. Sollen sie ihm auch mit ihrem Geld aushelfen.«

»Sonja! Warum denn so? Hat Mark ihn vielleicht verhaftet?«

»Jawohl, Mark hat ihn verhaftet. Mark oder einer wie Mark. Sie sind alle gleich, alle über einen Leisten geschlagen. Mein Bruder? Ja, mein Bruder! Und trotzdem bin ich nicht gewillt, ihm zu verzeihen. Und nicht wegen Sascha. Was machen sie aus Rußland? Was haben sie aus den Menschen gemacht?! Was hat er aus sich selbst gemacht, dein Mark?! Er hat nichts Menschliches mehr an sich. Er ist zur Maschine geworden, die Erz und Stahl produziert.«

»Du bist ungerecht, Sonja. Du weißt doch genau, wie sehr Mark dich liebt. Ich und Polina, wir sind nur Schwestern für ihn, du bist seine Lieblingsschwester. Und Sascha ist sein Lieblingsneffe.«

Sophia Alexandrowna unterbrach sie: »Das war einmal. Jetzt hat er nur noch einen Liebling – Stalin. Sie sind doch alle blind geworden, bei ihm haben sie Scheuklappen auf, sie wollen nicht sehen, was er macht. Er ist für sie ein Gott, mehr als das, denn für den Frommen, der an Gott glaubt, gibt es die Begriffe Gut und Böse, Barmherzigkeit, Reue und Sühne, Mitgefühl und Teilnahme, für sie gibt es aber nichts. Für sie gibt es nur Stalin. Er ist ihr Gott und ihr Gewissen.« Sie holte tief Luft. »Na schön, genug davon. Jetzt ist für mich wichtig, eine Arbeit zu finden.«

»Das ist kein Problem«, sagte Vera, »aber du brauchst eine Arbeit, die möglichst nah von dir zu Hause ist.«

»Seit wir die Metro haben, ist das einfacher.«

»Trotzdem wäre es günstiger, du würdest etwas in der Nähe deiner Wohnung finden. Ich suche, und Polina sucht auch, unsere Männer ebenfalls. Wir fragen alle Bekannten, und irgend etwas wird sich auf diese Weise finden.«

Aber den besten und praktischsten Rat gab Margarita Artjomowna, Sophia Alexandrownas Nachbarin, die alte, kluge Armenierin.

»Sie brauchen überhaupt keine Arbeit zu suchen, Sophia Alexandrowna«, sagte sie, »kümmern Sie sich doch einfach um die kleinen Kinder in unserem Haus. Beispielsweise die Gurows haben eine kleine Tochter von fünf Jahren, Sonja, ein sehr nettes Mädchen, die Eltern gehen arbeiten, beide sind Ingenieure und haben niemanden, dem sie das Kind anvertrauen können. Sie haben eine Frau vom Dorf gefunden, aber die wird hier nicht angemeldet, und so mußten sie sie zurückschicken. Sie haben auch eine ältere Tochter, die schon größer ist, zehn Jahre alt. Aber die ist bis um zwei Uhr in der Schule. Die Gurows suchen jemanden, dem sie das Kind bis zwei Uhr anvertrauen können, und Fortunatows auch, die ebenfalls beide arbeiten. Ihr kleiner Sohn Borja ist vier Jahre alt. Es gibt zwar zwei Großmütter, aber die können sich nicht riechen und kommen auch erst abwechselnd nach zwei Uhr, weil sie zu Hause bei sich zu tun haben. Das wäre schon das zweite Kind.«

»Aber sie fahren doch im Sommer auf die Datscha«, erklärte Sophia Alexandrowna.

»Ja, Fortunatows Mutter hat eine Datscha, durchaus möglich, daß sie den Jungen im Sommer dorthin schicken. Aber auch nicht den ganzen Sommer über. Die alte Frau wird sich nicht den ganzen Tag mit dem Kind abgeben, sie hat nämlich einen Nutzgarten. Ferner ist da Soja Welitschkina, deren Lage überhaupt aussichtslos ist. Sie kennen doch Soja Wassiljewna Welitschkina vom dritten Aufgang? Ihr Mann ist im vorigen Jahr gestorben.«

»Ja, ich kenne sie.«

»Na also, sie ist Ärztin, arbeitet irgendwo im Sokolniki-Viertel und fährt das Kind quer durch die ganze Stadt zum Kindergarten. Stellen Sie sich vor, was das für eine Entfernung ist! Sie muß jeden Morgen um fünf Uhr aus den Federn. Mit tausend Freuden würde sie das Kind Ihrer Obhut anvertrauen. Weiter: Ljubow Michailowna Saposhnikowa, die Malerin. Ihr Mann geht ins Büro, und sie malt zu Hause, macht Kopien von Führer-Porträts, sie hat niemanden, der mit dem Kind spazierengeht. – Da haben Sie schon vier Kinder. Genau weiß ich's nicht, aber ich meine, daß jede Partei gut und gern fünfundzwanzig Rubel zahlen wird, und das gibt schon hundert Rubel. Sie sitzen mit den Kindern im hinteren Hof, unter den Bäumen, dort ist es still und ruhig. Bei schlechtem Wetter könnten Sie mit den Kindern bei irgend jemanden in der Wohnung bleiben, immer abwechselnd. Die Gurows haben übrigens eine Zweizimmerwohnung für sich.«

»Ich weiß nicht«, sagte Sophia Alexandrowna unsicher, »von neun bis zwei Uhr. Da muß man doch den Kindern etwas zu essen geben, bloß wo?«

»Das kann alles geregelt werden«, erklärte Margarita Artjomowna überzeugt, »die Eltern werden das unter sich ausmachen. Bestimmt werden auch noch andere Leute zu Ihnen kommen und Sie bitten, die Kinder zu betreuen.«

»Nein, mehr als vier Kinder, das geht wohl kaum. Das würde ich nicht schaffen. Die müssen doch beaufsichtigt werden.«

»Ja natürlich«, stimmte Margarita Artjomowna zu, »vier Kinder, das reicht.«

Sophia Alexandrowna konnte ihre Kindergruppe nicht lange beaufsichtigen, nur im April und im Mai, dann fuhren die Kinder mit den Eltern weg, die einen auf die Datscha, die anderen ins Dorf, zu den Großeltern.

Einmal traf Sophia Alexandrowna den Hausverwalter Viktor Iwanowitsch im Hof. Er blieb stehen und fragte: Wo sind denn die Kinder, die Sie immer betreuen?«

»Es ist doch Sommer, die sind alle auf dem Land.«

Viktor Iwanowitsch schwieg, dann sagte er: »Gehen Sie in die Ljowschenski-Gasse, Haus 5, Inventarisierungsbüro. Fragen Sie nach Afanassi Petrowitsch, sagen Sie, daß ich Sie geschickt habe. Nehmen Sie Ihren Paß mit. Die brauchen vorübergehend Arbeitskräfte, da sind Sie bis zum Herbst mit Arbeit versorgt.«

Sophia Alexandrowna ging hin und wurde eingestellt. Sie hatte einer Mitarbeiterin des Büros zu helfen. Die Dokumente, technischen Zeichnungen, Baupläne und Kostenvoranschläge waren schon lange nicht mehr durchgesehen worden, alles lag durcheinander und mußte in Ordnung gebracht werden. Es gab viel Arbeit, und sie war nicht einmal uninteressant. Sophia Alexandrowna kannte fast alle Häuser am Arbat und in den umliegenden Gassen. Die Papiere kamen in große Ordner, die, nach Häusern numeriert, in den Regalen aufgestellt wurden. Auf dem Tisch lag ein Verzeichnis der Papiere, die sich in den Registern befinden mußten; fehlten welche, mußten sie gesucht werden, manchmal lagen sie in der Mappe eines anderen Hauses. Ferner mußte überprüft werden, ob die Papiere Datum und Unterschrift trugen.

Sophia Alexandrowna machte alles sehr sorgfältig, und die Leiterin war mit ihr zufrieden. Sie arbeiteten in einem Kellerraum, aber es war dort trocken. Durch die vergitterten Fensterscheiben, die sich auf der Ebene des Gehsteigs befanden, drang sogar Sonnenlicht. Sie hatten einen Elektrokocher und einen Teekessel, konnten sich das Mittagessen aufwärmen und Tee aufbrühen. Sophia Alexandrowna fühlte sich dort wohl. Sie bekam siebzig Rubel im Monat. Aber sie mußte oft an die Kinder in ihrer Gruppe zurückdenken, besonders häufig dachte sie an die kleine Sonja Gurowa.

»Ein so kluges kleines Mädchen«, erzählte sie Warja. »Sie konnte mir alle Märchen, die sie zu Hause vorgelesen bekam, erzählen.«

Sophia Alexandrowna fuhr lächelnd fort: »Die Kinder sind so komisch und alle ganz verschieden. Da hatte ich einen Jungen, Borja Fortunatow, ein kleiner Simulant und ganz schön durchtrieben. Borja, räum deine Spielsachen weg. Nein, das kann ich nicht, ich bin krank. Was fehlt dir denn? Ich habe Tränen in der Nase. Einmal haben wir bei den Gurows Mittag gegessen, und es gab Sauerampfersuppe. Borja wollte nicht essen: Das ist ja keine Suppe, sondern ein richtiger Sumpf. Was für einen treffenden Vergleich er gefunden hat! Einmal ist dieser Borja unters Bett gekrochen. Komm raus, sagte ich. Nein, hier ist es viel schöner. Im Zimmer ist es Tag, und unter dem Bett ist es Nacht. Na schön, komm schon raus, du bist doch ein guter Junge. Nein, ich bin gar nicht gut, ich bin ein Lump.«

Warja staunte über Sophia Alexandrownas Bescheidenheit, sie war

schon damit zufrieden, daß sie eine kleine Freude im Leben gefunden hatte, die sie wenigstens ein bißchen von ihren quälenden Gedanken, ihren Sorgen um Sascha ablenkte.
»Im Herbst kommen sie alle wieder in die Stadt zurück, und dann können Sie mit Ihrer Gruppe weitermachen«, sagte Warja.
»Schon möglich, ich bin gern mit den Kleinen zusammen. Allerdings gibt es auch viel Scherereien. In meinem Büro finde ich es auch nicht übel. Es gibt eine Menge Arbeit, aber weißt du, die Arbeit ist sogar interessant. Ich habe neue Begriffe kennengelernt, von denen ich früher keine Ahnung hatte: Blaupause, Durchzeichnung, Aufriß.«
Warja kannte diese Fachausdrücke natürlich und sagte lächelnd: »Na, sehen Sie, jetzt haben wir beide den gleichen Beruf.«

Zu Hause wartete ein Brief auf Warja.
Die Handschrift kam ihr bekannt vor, sie riß den Umschlag auf, sah nach der Unterschrift. Ja, natürlich, es war ein Brief von Igor Wladimirowitsch.

»Liebe Warja«, schrieb er, »Ihr kurzer Brief wegen der Blumen gibt mir das Recht, Ihnen zu schreiben, obwohl ich mich lange nicht dazu entschließen konnte. Jetzt brauche ich mir nicht vorzuwerfen, daß ich Ihnen einen Briefwechsel aufzwinge, ich antworte nur. Ich schreibe, das bringt Sie mir etwas näher und macht mir darum Freude.
Ihren Brief habe ich mehrmals gelesen, er ist der erste seit unserer Bekanntschaft. Ich versuche, jedes Wort zu deuten, suche nach einem verborgenen Sinn. Manchmal ist mir, als enthalte ein Satz besondere Herzlichkeit, aber dann muß ich an Ihre gewohnte Zurückhaltung denken und lese aus Ihren Worten Ironie heraus. Ich weiß nicht, was ich davon halten soll, ich höre ja nicht den Tonfall. Verzeihen Sie, wenn Ihnen mein bescheidenes Geschenk Ungelegenheiten bereitet hat, ich will es nicht wieder tun, das verspreche ich Ihnen hoch und heilig.
Ich kann Ihr »BITTE« nicht vergessen, mit dem Sie, schon auf dem Trittbrett der Straßenbahn stehend, meine Frage: ›Darf ich Sie anrufen?‹ beantwortet haben.

Für einen Unbekannten wäre das ›BITTE‹ die Erlaubnis, die Bekanntschaft fortzusetzen. Für mich, der ich Sie kenne, bedeutet es nicht mehr als ›Auf Wiedersehen‹.
Hätten Sie gesagt ›Aber ja, rufen Sie doch an‹, so dürfte ich das nicht nur als Erlaubnis, sondern als Ihren Wunsch, als Aufforderung verstehen. Ein paar Worte nur, aber welch ein Unterschied.
Erinnern Sie sich noch an den abgeschlossenen Alexandergarten? Die Pfützen. Ihre Schuhe. Die Kremlmauer. Die Venusgrotte. Die Laufmasche in Ihrem Strumpf. Der Pfiff des Parkwächters. Unsere Flucht. Das Tor mit der Bank davor. Hurra! Wir sind gerettet. Jetzt können wir es uns leisten, den Wächter zu necken. Der ganze Spaziergang war mit einem Schleier aus Regentropfen eingehüllt.
Erzählen Sie mir doch bitte etwas ... Sie sind so eigenartig und sehr schwierig.
Mir scheint, daß Sie Unannehmlichkeiten haben, und dabei möchte ich Sie trösten und Ihnen helfen. Als Sie verheiratet waren, wußte ich nichts von Ihrem Leben, verstand jedoch alles. Ich wollte Ihnen helfen, wußte aber nicht, wie.
Gestern abend war ich geschäftlich am Arbat, bin an Ihrem Haus vorbeigekommen und in die 31 an Ihrer Haltestelle eingestiegen, habe mich nach allen Seiten umgesehen, aber leider ... Sie waren nicht zu entdecken.
Erinnern Sie sich an unser Spiel? Bis zur Straßenecke per Du, bis zur nächsten per Sie, und so immer abwechselnd? Sie wollten nicht darauf eingehen, wollten mich nicht duzen. Ich war noch lange darüber traurig.
Könnten Sie mir Gelegenheit geben, Sie ohne Soja zu begleiten? Wie schwierig, mit Ihnen jenen unsichtbaren Faden zu knüpfen, der sich aus einer gemeinsamen Stimmung ergibt, wenn man zu zweit ist. Ein Wort von Ihnen genügt, und dieser Faden wäre da. Wie schön wäre das. Aber leider muß ich jedesmal immer wieder von vorn anfangen.
Als Sie einmal krank waren, wollte ich Sie besuchen, ohne mich vorher telefonisch anzumelden (als Chef bin ich doch verpflichtet, mich um die Gesundheit meiner Untergebenen zu sorgen.) Ich stieg die Treppe hinauf, stand vor Ihrer Tür, hob sogar die Hand zur Klingel, befürchtete jedoch einen kühlen Empfang, rannte die

Treppe hinunter und fuhr nach Hause. Ich habe Ihnen noch nie davon erzählt.
Ich schwärme für Musik, gehe oft ins Konservatorium, wie gern würde ich mit Ihnen zusammen Musik hören.
Entschuldigen Sie, daß ich einen so langweiligen Brief geschrieben habe. Ich möchte neben Ihnen am Kai der Moskwa sitzen und die Passanten beobachten, hören wie pointiert und geistreich Sie über die Menschen sprechen. Ich möchte sehen, wie Sie eine Blume auf der Straße fallen lassen, denn vielfältige Empfindungen ergeben sich nur aus solchen Kleinigkeiten. Wir sind den ganzen Tag im Büro zusammen, aber das Büro ist es, was uns trennt. Schreiben Sie mir wenigstens zwei Worte, einen Brief so kurz wie ein Telegramm. Dann sind wir wenigstens allein zu zweit. Und ich will Ihnen antworten. Ich möchte so gern, daß Ihnen meine Briefe gefallen.
Als Sie damals zum ersten Mal das *National* betraten, trugen Sie einen kleinen Hut mit Krempe. Sie nahmen den Hut ab, und ich sah Ihre großen Augen, rein und unschuldig. I.W.
PS. Diesen Brief habe ich fast vor einem Jahr geschrieben, konnte mich aber nicht entschließen, ihn abzuschicken. Jetzt tue ich es, ohne ein Wort zu verändern, weil sich an meiner Liebe zu Ihnen und an meiner Bewunderung nichts geändert hat. I.W.«

Warja ließ den Brief auf die Knie sinken und saß noch lange grübelnd da.
Ein guter und aufrichtiger Brief. Igor Wladimirowitsch war ein lieber Mensch, und wahrscheinlich wäre ihr Leben mit ihm leicht, sorglos und fröhlich verlaufen. Er gehörte zur Elite, wurde umschmeichelt, und alle Güter des Lebens, mit denen die Elite überschüttet wurde, waren auch ihm zugänglich – dank seinem Talent und seinem Fleiß und nicht etwa, weil er angepaßt und gefügig war. Das war nicht wenig, gar nicht wenig, und darum achtete sie ihn. Aber das Leben, das ihr vor einem Jahr noch als ein Märchen erschienen war, das sie in ihrer tristen Gemeinschaftswohnung angestrebt hatte, reizte sie nicht mehr. Sie kannte jetzt auch die andere Seite der Medaille: Sie konnte und wollte nicht mehr sorglos und gedankenlos leben, wenn neben ihr hungrige Kinder, Greise

und Greisinnen litten, sich quälten und starben. Sie war nicht imstande, gegen die Hungersnot und die Lüge zu kämpfen, wußte auch nicht, wie sie kämpfen sollte, aber auf diesem Fest fröhlich sein, nein, das wollte sie nicht.
Sie wartete auf Sascha ... Sascha wußte, wie er zu leben hatte, und wußte auch, wie sie leben mußte! Namentlich jetzt, bei all den Prüfungen, die er zu bestehen hatte. Natürlich würde er es nach seiner Rückkehr nicht leicht haben, alle sagten, daß er nicht in Moskau angemeldet werden würde. Aber einerlei, wo er einmal leben sollte, sie war verpflichtet, ihm zu helfen. Jeder Mensch brauchte irgendeine Stütze. Sie, Warja, würde Saschas Stütze sein, denn eine andere hatte er nicht.
Aber Ninas Worte wurmten sie noch immer – damals bei ihrem Streit, der wegen Saschas Foto an der Wand zwischen ihnen entbrannt war. Ninas Vorwurf saß ihr wie ein Stachel im Fleisch, sie konnte ihn nicht vergessen. Nina hatte sie angeschrien: Wenn Sascha dein Verlobter ist, warum hast du dann nicht auf ihn gewartet, sondern einen Gauner und Falschspieler geheiratet? War's möglich, daß Sascha ihre Ehe mit Kostja ebenfalls als Verrat auffassen würde? Aber es war kein Verrat! Sie war damals ein kleines Mädchen gewesen, hatte nichts verstanden, sie hatte nur Unabhängigkeit gewollt und gedacht, daß die Heirat mit Kostja ihr diese Unabhängigkeit geben würde. Sie hatte sich geirrt. Sie hatte Sascha nie über Kostja geschrieben, wollte ihn nicht betrüben, es hätte ihm weh getan. Aber wenn er zurückkäme, wollte sie ihm alles erzählen, und er mußte alles verstehen und ihr verzeihen.
Warja überlegte lange, wie sie Igor Wladimirowitsch antworten sollte. Was war besser: Ihm zu schreiben oder mit ihm zu reden? Sie wollte ihm ganz offen die Wahrheit sagen. Sie entschloß sich, mit ihm zu sprechen. Damit wäre hinter jenes zweite, vom Büro getrennte Leben ein Schlußstrich gesetzt.
Sie wählte einen geeigneten Augenblick und ging in das Arbeitszimmer von Igor Wladimirowitsch.
»Igor Wladimirowitsch, ich komme wegen Ihres Briefes.«
Er wurde blaß.
»Ja bitte?«
»Ich möchte Ihnen folgendes sagen: Ich liebe jemanden, er ist weit

weg von hier und kommt erst in einem Jahr zurück. Ich warte auf ihn.«

Er schwieg, bezwang seine Aufregung und antwortete mit einem freundlichen Lächeln: »Also, Warja, dann werde ich eben auch warten.«

27

Die Bearbeitung des Falles der Hauptangeklagten Sinowjew und Kamenew wurde Mironow, dem Chef der Wirtschaftsabteilung, übertragen, der der gebildeste Mann in der Leitung des NKWD war!
Stalin war mit dessen Arbeit zufrieden, auf seine Empfehlung hin war Mironow zum Chef der Wirtschaftsabteilung ernannt worden, den er zusammen mit Jagoda oft zu sich bestellte.
Jagoda war das recht: Mironow hatte ein phänomenales Gedächtnis und konnte nach der Berichterstattung bei Stalin wortwörtlich aufschreiben, was Stalin gesagt hatte. Es war nicht immer angebracht, in Stalins Gegenwart dessen Anweisungen zu notieren. In Zusammenhang mit dem bevorstehenden Prozeß gegen Sinowjew und Kamenew verbot sich das überhaupt: Stalin hielt vor allen, selbst vor den Mitgliedern des Politbüros, geheim, daß er die Vorbereitung zum Prozeß selber leitete; von dem Prozeß erfuhren sie erst, nachdem die Vorbereitungen endgültig abgeschlossen waren.
Man munkelte, daß Mironow seinen Posten aufgeben wolle. Die einen behaupteten, daß Jagoda gewillt sei, ihn sich vom Halse zu schaffen, da er ihn für einen Rivalen halte, die anderen, daß Mironow als Fachmann für Wirtschaftsfragen sich um eine Stelle im Volkskommissariat für Außenhandel bewerbe. Aber Wutkowskis Andeutungen, der mit Mironow befreundet war, entnahm Scharok, daß Mironow sich nicht an den Vorbereitungen zum Prozeß gegen die alten Bolschewiki beteiligen wollte. Wie Scharok deutlich sah, hatte auch Wutkowski keine große Lust dazu.
Im Gegensatz zu dem gleisnerischen Slutzky und dem grausamen und groben Gai galt Mironow als weicher Mensch. Außerdem war er überzeugt, daß diese ganze, höchst unappetitliche Arbeit im Interesse der Partei geschah. Mironow führte die Vorbereitungen zu den Prozessen gegen die sogenannten Schädlinge durch, aber er

beschäftigte sich nicht mit innerparteilichen Angelegenheiten und hatte mit den Verhaftungen und der Deportation der ehemaligen Parteimitglieder nichts zu tun. Er wußte nicht einmal etwas vom Unternehmen Jagoda – Saporoshetz – Nikolajew.
Er hatte keine Erfahrungen mit Trotzkisten, Sinowjew- und Bucharin-Anhängern, und nun sollte er gleich den Fall Kamenew bearbeiten, Kamenew vernehmen, den ehemaligen Angehörigen des Politbüros, Lenins engsten Freund und Mitstreiter, jenen Kamenew, dem er in vielen Versammlungen begeistert zugehört und als einem der Parteiführer stürmisch Beifall geklatscht hatte. Jenen Kamenew führte man ihm jetzt vor, und er, Mironow, mußte ihn vernehmen, mußte von Kamenew das Geständnis erzwingen, daß er ein Terrorist und Mörder sei.
Kamenew war jetzt ein alter, von der langen Gefängnishaft zermürbter Mann. Trotzdem erkannte Mironow den Kamenew, den er in Versammlungen gesehen und gehört hatte, nur daß der Spitzname »Pummel«, den sich Mironow für ihn ausgedacht hatte, nach all den Jahren der Prozesse, der Deportationen und Gefängnisse, viel weniger zu ihm paßte als damals. Kaum mittelgroß, mit stolzer Kopfhaltung, blondem, stark ergrautem Haar und ebenfalls blondem, ins Rötliche spielenden Kinn- und Lippenbart, hellblauen, leicht vorgewölbten, kurzsichtigen Augen (den Kneifer hatte man ihm laut Gefängnisvorschrift abgenommen), mit den ruhigen Bewegungen und dem zurückhaltenden Benehmen des guterzogenen Intellektuellen, hatte er sogar hier im Kerker etwas Achtungsgebietendes, das unwillkürlich Sympathie zu ihm einflößte.
Mironow wies auf einen Stuhl und sagte: »Bürger Kamenew, Ihre Akte enthält die Aussagen einer Reihe von Oppositionellen darüber, daß sie seit Anfang 1932 unter Ihrer Leitung den Mord an dem Genossen Stalin und anderen Mitgliedern des Politbüros vorbereitet haben, vor allem aber die Ermordung des Genossen Kirow, die dann auch erfolgte.«
»Sie wissen sehr gut, daß das nicht stimmt«, antwortete Kamenew, »die Bolschewiki haben nie individuellen Terror angewandt.«
Mironow las ihm Reingolds Aussagen vor.
»Kein einziges Wort davon ist wahr.«
»Reingold kann das alles bei der Gegenüberstellung bestätigen.«

»Bitte sehr.«

Bei der Gegenüberstellung bestätigte Reingold, daß er mehrmals in Kamenews Wohnung gewesen sei, als dort die Vorbereitung von Terroraktionen besprochen wurde.

»Lügner!« sagte Kamenew.

Reingold antwortete herausfordernd: »Nicht ich bin ein Lügner, sondern Sie!«

»Wann waren Sie denn bei mir?«

»Das wissen Sie selbst sehr genau! Stellen Sie mir keine provokatorischen Fragen.«

Kamenew warf Mironow einen Blick zu, der besagte, der Untersuchungsführer solle so vorgehen, wie es dem Gesetz entsprach.

»Bürger Reingold«, sagte Mironow, »die Frage des Bürgers Kamenew ist berechtigt.«

Reingold zuckte die Achseln.

»Ich habe doch klar und deutlich gesagt, daß ich 1932, 33 und 34 mehrmals in seiner Wohnung war.«

»Wenn das stimmt«, erklärte Kamenew, »dann möchte ich Sie bitten, möglichst genau zu beschreiben, wie die Zimmer in meiner Wohnung angeordnet sind.«

Reingold begriff, daß er reingefallen war und antwortete grob: »Ich bin nicht verpflichtet, solche Fragen zu beantworten. Ihre Wohnung ist noch keine Gedenkstätte und wird es wohl nie werden. Ich war nicht zur Besichtigung da.«

Nun wandte sich Kamenew an Mironow: »Genosse Mironow, vielleicht stellen Sie dem Bürger Reingold diese Frage.«

Aber Mironow verstand ebenfalls, daß Reingold in der Falle saß, und sagte deshalb: »Bürger Kamenew, es geht ja nicht um Ihre Wohnung, sondern um Ihre Gespräche mit dem Bürger Reingold.«

»Trotzdem bitte ich ins Protokoll aufzunehmen, daß Bürger Reingold meiner Frage ausgewichen ist«, beharrte Kamenew.

»Ich habe kein Protokoll aufgesetzt, das ist lediglich ein Vorgespräch, das wir später fortsetzen werden.«

Damit war die Gegenüberstellung beendet. Kamenew und Reingold wurden in ihre Zellen zurückgebracht.

Mironow rief sogleich bei Scharok an und bat ihn, zu ihm zu kommen.

»Genosse Scharok, Sie haben Reingold vorbereitet. Leider haben Sie das schlecht gemacht.«

Scharok sah Mironow mit unverhüllter Verblüffung an. Im Grunde genommen bildeten Reingolds Aussagen die Grundlage der Anklage. Und nun erwies sich, daß er, Scharok, Reingold schlecht vorbereitet hatte: Wenn Reingolds Aussagen auf schwachen Füßen standen, so brach die ganze Anklage zusammen, und die Verantwortung würde man natürlich ihm, Scharok, zuschieben.

»Er hat mehrmals in seinen Aussagen wiederholt, daß er bei Kamenew in der Wohnung war. Bei der Gegenüberstellung hat sich jedoch erwiesen, daß er nicht mal weiß, wie die Zimmer in der Wohnung liegen. Sie hätten das voraussehen müssen. Wären Sie doch wenigstens einmal mit Reingold zu Kamenews Wohnung gefahren.«

Scharok fiel ein Stein vom Herzen. Natürlich war Mironow ein hoher Vorgesetzter. Aber ein hoher Vorgesetzter und ein guter Untersuchungsführer waren verschiedene Dinge. Einen Angeklagten zu Aussagen zu zwingen, war eins, ihn auf eine Gegenüberstellung vorzubereiten etwas ganz anderes. Reingold hatte gegen viele Personen ausgesagt, ihn zu deren Wohnungen oder zu anderen Stellen zu bringen, war nicht Scharoks Aufgabe, und niemand hätte es ihm gestattet. Mironow hätte Scharok im voraus sagen müssen, daß er Reingold auf die Gegenüberstellung mit Kamenew vorbereiten solle, dann hätte Scharok alles überprüft, alles vorbereitet. Mironow aber hatte ihm nichts gesagt, und das war Mironows Fehler und nicht seiner.

Eben das gab Scharok Mironow in höflicher, rücksichtsvoller Form zu bedenken. Mironow war klug und sah seinen Fehler ein.

Scharok war ebenfalls klug. Als Mironow in der Besprechung der verschiedenen Untersuchungsgruppen bei Moltschanow berichtete, daß sich bei Kamenew nichts ausrichten ließ, er keine Aussagen mache, und die Gegenüberstellung ebenfalls nichts gebracht habe, sagte Scharok kein Sterbenswörtchen davon, daß die Gegenüberstellung nicht vorbereitet gewesen war. Mironows Blick sagte ihm deutlich, daß er Scharoks Zurückhaltung und Anständigkeit zu schätzen wisse. Außerdem hatte Mironow Jagoda gemeldet – wie Scharok von Wutkowski erfuhr –, daß es nutzlos sei, Kamenew länger zu vernehmen; mochte Jeshow, so wie im Fall Reingold, mit Kamenew reden und ihn im Namen des ZK auffordern, der Partei zu helfen und ihm, falls er sich weigern sollte, den Tod durch Erschießen androhen.

Aber auch dieses Mal untersagte Jagoda, Jeshows Hilfe zu beanspruchen, und befahl statt dessen, den sadistischen Tschertok ins Untersuchungsverfahren einzuschalten, einen ihm nahestehenden Mann, der sogar in seinem Haus verkehrte.

Jagoda lief gern Schlittschuh (alle kannten die Eisbahn an der Petrowkastraße, Haus 26), und der liebste Zeitvertreib der Mitarbeiter des NKWD war, zuzuschauen, wenn Tschertok, fast schon auf dem Bauch liegend, Jagoda die Schnürsenkel zuband. Nach oben katzbuckelte, nach unten trat er: Tschertok kannte den Untersuchungshäftlingen gegenüber kein Erbarmen. Scharoks und Tschertoks Arbeitszimmer lagen im gleichen Gang. Wenn Scharok vorüberging, hörte er, wie Tschertok Kamenew anbrüllte:

»Du bist ein Feigling und Streikbrecher – das hat schon Lenin von dir gesagt. Als Genosse Stalin im Untergrund gekämpft hat, hast du in Pariser Cafés herumgesessen. Du hast der Partei, dem Volk, der Arbeiterklasse schon immer auf der Tasche gelegen, du Dreckskerl, verdammter Schmarotzer! Du hast Kirow ermordet und würdest am liebsten die ganze Partei abschlachten. Wenn ich dich jetzt auf die Straße lasse, zertreten dich die Leute wie eine stinkende Laus. Würde man dich und Sinowjew in einen Betrieb bringen, würden euch die Arbeiter in Stücke reißen. Der letzte Dreck seid ihr! Du bist längst abgeschrieben, wenn ich's befehle, wirst du in zehn Minuten wie ein Hund erschossen, und mir sagt man noch danke schön. Man kommt dir Ekel noch entgegen, verspricht dir dein dreckiges Leben, und du Scheißkerl überlegst noch hin und her! Steh stramm, du Sau, und keine Bewegung!«

Auf diese Weise vernahm Tschertok den Untersuchungsgefangenen Kamenew, zwang ihn, stillzustehen, bis er zusammenbrach, erreichte aber nichts – Kamenew verweigerte die Aussage.

Der Mißerfolg mit Kamenew und der zweifelhafte Erfolg mit

Smirnow gestatteten Jeshow, die Untersuchung in die Hand zu nehmen. Jagodas Widerstand war nutzlos – Stalin drängte, und eine weitere Verzögerung hätte für Jagoda schlecht enden können. Jetzt dagegen würde die ganze Verantwortung auf Jeshows Schultern liegen.

Jeshow beherzigte die Erfahrungen mit Kamenew und Smirnow und wandte eine andere Taktik an: Im Namen des Politbüros verlangte er ganz offen von Sinowjew, die für Trotzkis Diffamierung erforderlichen Aussagen zu machen.

Der kranke, sich nur mühsam aufrecht haltende Sinowjew wurde nachts in Agranows Arbeitszimmer gebracht. Außer Jeshow und Agranow waren noch Mironow und Moltschanow anwesend. Jeshow befahl Mironow, genau Protokoll zu führen. Jagoda fehlte unter irgendeinem Vorwand, er wollte nicht die zweite Geige spielen, verfolgte aber eifersüchtig jede Aktion von Jeshow und hoffte insgeheim, daß dieser sich eine Blöße geben, ein Fiasko erleiden würde.

Immer wieder seinen großen Notizblock zu Rate ziehend, in den er ausschließlich Anordnungen des Genossen Stalin eintrug, erklärte Jeshow, daß nach absolut glaubwürdigen Informationen Japan und Deutschland im Frühjahr 1937 die UdSSR überfallen wollten. Darum benötige die UdSSR gerade jetzt die Unterstützung des internationalen Proletariats. Aber Trotzki hintertreibe das. Das Politbüro rechne damit, daß Sinowjew der Partei helfen würde, Trotzki und dessen verbrecherische Organisationen endgültig zu entlarven. Wenn sich Sinowjew bereitfände, das zu tun, wäre es ein Beweis dafür, daß er sich der Partei ergeben habe.

»Was wollen Sie ganz konkret von mir?« fragte Sinowjew schwer atmend.

»Sie haben in der öffentlichen Gerichtsverhandlung zu bestätigen, daß Sie und Ihre Gesinnungsgenossen auf Trotzkis Weisung hin den Mord an Stalin und anderen Mitgliedern des Politbüros vorbereitet und einen solchen Mord bereits ausgeführt haben – am Genossen Kirow.«

»Das werde ich nie bestätigen, das ist eine Verfälschung der Tatsachen, zu der ich mich nie bereitfinden werde.«

»Na, dann hören Sie zu«, Jeshow warf wieder einen Blick auf den

Block, »ich richte Ihnen die Worte des Genossen Stalin aus: ›Wenn Sinowjew ein Geständnis ablegt, wird ihm das Leben geschenkt. Wenn er sich weigert, werden er und alle Teilnehmer der Opposition bis zum letzten Mann vor ein Militärgericht gestellt und in einer geschlossenen Verhandlung abgeurteilt.‹«

»Sie brauchen meinen Kopf«, sagte Sinowjew halblaut, »schön, präsentieren Sie ihn Stalin auf einem Tablett.«

»Aber Sie setzen zugleich das Leben Tausender von Oppositionellen aufs Spiel. Sie sind in Ihrer Hand.«

»Einerlei, was ich immer aussage und was auch immer ich unterschreibe, Sie werden mich und Tausende von anderen ermorden, werden Lenins ganze Garde ausrotten.« Sinowjew schwieg, sammelte seine letzten Kräfte und sagte abschließend entschieden und kategorisch: »Ich wiederhole: Bei mir erreichen Sie nichts.«

Jeshow befahl, Sinowjew abzuführen und unverzüglich Kamenew zu holen. Jeshow mußte unbedingt einen Erfolg erzielen und rechnete damit, daß sich der von Tschertok »verarztete« Kamenew gefügiger erweisen würde. Aber da er sich dessen nicht absolut sicher war und nicht erneut eine Schlappe in Gegenwart unnötiger Zeugen erleben wollte, ließ er Agranow und Moltschanow gehen. Nur Mironow, der Kamenews Fall bearbeitete, blieb.

Jeshow erklärte Kamenew das gleiche wie Sinowjew, betonte jedoch zum Schluß, daß die Untersuchung über Reingolds Aussage verfüge, dieser habe zusammen mit Kamenews Sohn den Autos von Stalin und Woroschilow an der Dorogomilowostraße aufgelauert.

»Wie konnte mein Sohn das tun, wenn er seit einem halben Jahr nach Alma-Ata verbannt ist?«

»Sie reden von Ihrem Sohn Alexander«, widersprach Jeshow, »Reingold nennt aber Ihren zweiten Sohn Juri, hier, lesen Sie.«

Er hielt ihm Reingolds Aussage hin.

Kamenew las und murmelte verstört: »Das ist doch ... das kann doch ... Jura ist doch noch ein Kind.«

»Kennen Sie die Verordnung des Zentralexekutivkomitees und des Rates der Volkskommissare der UdSSR vom 7. April 1935? Oder haben Sie sie vielleicht vergessen? Dann will ich sie Ihnen in Erinnerung bringen. Minderjährige ab 12 Jahre, die wegen Diebstahl,

Gewaltanwendung, Körperverletzung, Mord oder Mordversuch überführt sind, werden strafrechtlich verfolgt und nach dem üblichen Strafrecht verurteilt. Unterschrieben von den Genossen Kalinin, Molotow, Akulow. Bitte sehr. Ihr Sohn ist über zwölf. Für den Versuch eines Attentats auf die Genossen Stalin und Woroschilow wird das entsprechende Strafmaß, das heißt, die Todesstrafe, über ihn verhängt.«

»Du bist ein Lump! Ein Halunke!« schrie Kamenew.

Jeshow griff zum Telefonhörer und befahl Moltschanow, sofort Juri Kamenew, Kamenews Sohn, zu verhaften und ihn für den Prozeß gegen das »Trotzkistisch-sinowjewsche terroristische Zentrum« vorzubereiten. Nachdem er diese Anordnung gegeben hatte, verließ er das Zimmer, ohne einen Blick auf Kamenew zu werfen.

Kamenew wurde in die Zelle zurückgebracht.

Er wußte, was ihn erwartete, und hatte verstanden, daß ihm nichts helfen würde.

In dem schmachvollen Prozeß im Januar 1935 hatte er sich selbst vorgemacht, die höheren Interessen der Partei erforderten, daß er die moralische Verantwortung für den Mord an Kirow übernahm. Dafür war er zu fünf Jahren Gefängnis verurteilt worden. Im Juli 1935 wurde ihm erneut ein geheimer Prozeß gemacht, dieses Mal wegen einer fingierten Kreml-Verschwörung, an der sich angeblich die Frau seines Bruder Nikolai, Nina Alexandrowna, die in der Regierungsbibliothek gearbeitet hatte, beteiligt haben sollte. Nina und Nikolai wurden verurteilt. Er selbst, Lew Borissowitsch, bekam zehn Jahre.

Seine erste Frau, Olga Dawydowna, wurde im März 1935 nach Taschkent deportiert. Gleichzeitig wurde sein älterer Sohn Alexander, Absolvent der Shukowski-Militärakademie der Luftstreitkräfte in Moskau, verhaftet und nach Alma-Ata verbannt.

Seine zweite Frau, Tatjana Iwanowna Glebowa, wurde zusammen mit ihrem Sohn aus erster Ehe, Igor, und dem fünfjährigen Wladimir, der aus ihrer zweiten Ehe mit Kamenew stammte, nach Mittelasien deportiert. Kamenew selbst war am 16. Dezember 1934 in ihrer gemeinsamen Wohnung in der Karmanizki-Gasse am Arbat verhaftet worden.

Auf freiem Fuß befanden sich nur noch sein Sohn Juri und der fünfjährige Enkel Vitali. Jetzt streckten sie schon die Fänge nach Jura aus, einem Jungen, der noch bei den Jungen Pionieren war, und wollten ihn als Terroristen erschießen. Und in sieben Jahren, wenn der Enkel Vitali zwölf sein würde, würden sie auch ihn pakken. Unglückliche Kinder.
Kamenew knöpfte sich den Kragen auf. In seine Zelle schien nie die Sonne, sogar im Juli war es hier ziemlich kühl, aber heute war offenbar ein sehr heißer Tag.
Kamenew verstand nur zu gut, wenn er sich weigern würde, an der Verhandlung teilzunehmen, würden sie ihn erschießen. Würde er vor Gericht erscheinen, würden sie ihn auch erschießen. In jedem Falle würde er in den Augen des Volkes als Terrorist, Spion und Konterrevolutionär sterben – das war ihnen zuzutrauen. Würde er aber mit einem falschen Geständnis die verlogene Anklage bestätigen, würden sie vielleicht die Kinder verschonen. War er dazu berechtigt? Was war kostbarer: Seine Ehre oder das Leben der unschuldigen Kinder? Aber die Ehre war doch sowieso verloren. Er hatte sie in all diesen Jahren eingebüßt, den Jahren seiner ununterbrochenen Treuebekundungen, des Eingeständnisses seiner angeblichen Fehler, der Lobhudeleien für Stalin. Da spielte es überhaupt keine Rolle, wenn er der schmählichen Liste eine weitere falsche Selbstbezichtigung hinzufügte. So oder so würde er als Verräter, Spion und Sowjetfeind angeprangert werden. Und dennoch, dennoch ...
Die Hitze wurde unerträglich. Sonderbar. Er befühlte den Heizkörper und zog sofort die Hand zurück: glühend heiß. Halunken, Verbrecher! Sie heizten absichtlich, um ihn mit dieser Hitze zu foltern, ihn fertigzumachen, um ein Geständnis zu erzwingen.
Er klopfte an die Tür. Klopfte unaufhörlich. Das Klappfensterchen ging auf.
»Was ist los?« fragte der Wärter.
»Warum wird geheizt?«
»Das geht uns nichts an!«
Das Fensterchen klappte zu.
Protestieren war zwecklos. Je energischer er protestierte, desto mehr würden sie heizen.

Nein, sie würden ihn nicht zerbrechen. Dieses letzte Vergnügen würde er Koba nicht machen. Damals, vor zehn Jahren, 1927, hatte er ihm, Koba, nicht nachgegeben, nein, er hatte sich lediglich der Partei gefügt, hatte sich vor der Partei gedemütigt, der er fünfunddreißig von seinen dreiundfünfzig Lebensjahren geopfert hatte. Jetzt sollte er, der Freund und Mitstreiter Lenins, ständiges Mitglied des Leninschen Politbüros, der erste Vorsitzende des Altrussischen Zentralexekutivkomitees, sich selbst als Spion, Terrorist, Mörder und Sowjetfeind bezichtigen. Ein solches Zugeständnis benötigte die Partei nicht. Ein solches Opfer brauchte die Partei nicht. Ein solches Geständnis nützte der Partei nicht, es schadete ihr nur; gebraucht wurde es nur von Stalin, um die Partei in den Schmutz zu ziehen, Lenin zu verleumden, die Leninschen Mitkämpfer, die Leninsche Garde zu verunglimpfen. Wenn er als Kommunist sterben, sein Leben für sich würdig beenden wollte, durfte er nicht am Gerichtsverfahren teilnehmen und keine falsche Aussage machen. Stalin würde sich an ihm rächen, seine Kinder würden liquidiert werden – er war dazu bereit und würde der Partei auch dieses Opfer bringen. Selbst wenn er gestehen, selbst wenn er Stalins Forderung erfüllen würde, Stalin würde ihn, seine Kinder und Enkel töten. Stalin machte reinen Tisch. Er merzte alle bis zum letzten Mann aus.

Er riß Hemd und Hose herunter, behielt nur das schmutzige Unterhemd und die Unterhose an, legte die Socken ab, streckte sich auf dem Zementfußboden aus. So konnte er wenigstens atmen.

Das Klappfenster öffnete sich.

»Häftling, aufstehen!«

Das Fenster schloß sich wieder.

Gleich darauf trampelten Stiefel durch den Gang, die Tür ging auf, drei kräftige Wärter stürzten in die Zelle, einer trug einen Stuhl.

Sie rissen Kamenew hoch, setzten ihn auf den Stuhl, banden ihn mit einem Strick an Lehne und Sitz, zogen den Strick um seinen Bauch fest.

»Bleib so sitzen, du Arsch!«

Nun betrat ein Arzt in weißem Kittel die Zelle, fühlte Kamenews Puls, prüfte, ob der Strick nicht zu straff gespannt war, hob Kamenews Lider, sah ihm in die Pupillen und verließ die Zelle.

Die Wärter folgten ihm.
Lew Borissowitsch konnte kaum noch atmen. Der Stuhl stand dicht neben dem Heizkörper, die fest angebundenen Arme und Beine wurden gefühllos. Der Kopf sank ihm auf die Brust, aber er war noch bei Bewußtsein. In seinem Hirn tauchten verschiedene, ineinander verschwimmende Bilder auf, aber er konnte sich nicht darüber klar werden, was seine Sinne ihm vorgaukelten. Nur eine Szene sah er jetzt plötzlich deutlich vor sich, erinnerte sich daran, wie Lenin ihn einmal sein Pferdchen genannt hatte. Lenin war erkrankt gewesen, und er, Kamenew, hatte die Sitzungen des Rates der Volkskommissare geleitet. Als er einmal die jeweilige Sitzung eröffnete, sagte er, er habe eine Überraschung für die Teilnehmer. Darauf betrat Lenin den Saal, umarmte Kamenew und sagte lachend: »Wie recht hatte ich, Kamenew zu meinem Stellvertreter zu machen. Sind alle zufrieden? Ich wußte doch, daß dieses Pferdchen mich nie im Stich lassen würde.« Alle hatten gelacht und Lenin applaudiert.
Die Tür öffnete sich wieder, von den Wärtern gefolgt trat der Arzt ein, prüfte erneut den Puls, betastete die Beine, zog Kamenews Lider auseinander und sagte:
»Durchaus zumutbar, Sie können weitermachen.«

28

Ein halbes Jahr war vergangen, und Altman hatte sich nicht wieder bei Wadim gemeldet.

Klar, Jura Scharok hatte ihm etwas gesagt, und Altman ließ ihn deswegen in Ruhe, sicherlich herrschte bei ihnen so etwas wie kameradschaftliche Solidarität: Wenn ein Kamerad um einen Gefallen bat, so kam man ihm entgegen, bei Gelegenheit würde er sich ebenfalls erkenntlich zeigen. Jura war ein ganzer Kerl!

Wadim rief Jura natürlich nicht an, die Sache war viel zu delikat. Aber als er ihn einmal zufällig am Arbat traf, lächelte er ihm erfreut zu und schüttelte ihm die Hand. Er begleitete ihn bis zum Arbat-Platz und sagte beim Abschied: »Hab Dank, Jura!«

Scharok hatte nichts geantwortet und ihm nur lächelnd zugewinkt, als er in die Straßenbahn stieg. Ein Idiot war dieser Wadim, er war schon immer ein Idiot gewesen. Bildete er sich vielleicht ein, daß Jura sich für ihn einsetzen würde? Verstand er nicht, daß man sich in solchen Dingen nie für jemanden einsetzte? Über diese Intellektuellen konnte man sich tatsächlich totlachen. Altman bestellte ihn darum nicht zu sich, weil er inzwischen einer Untersuchungsgruppe zugeteilt worden war und bei der Vorbereitung des Prozesses mitarbeitete. Er hatte mehr zu tun, als sich mit Wadim zu beschäftigen. Er, Scharok, dachte nicht im Traum daran, nur einen Gedanken an Wadim zu verschwenden, obwohl er ahnte, daß sich die Auslandsabteilung für Vikas Akte interessierte.

Aber Wadim wußte nichts davon. Scharoks freundliche Geste beruhigte ihn endgültig.

Er schrieb jetzt viel, trat noch häufiger auf, wurde allmählich berühmt. Viele suchten seine Bekanntschaft.

Einmal kam Jerschilows Neffe aus Saratow nach Moskau. Genauso glotzäugig wie der Onkel, mit der gleichen spitzen Nase, aber mit einem angenehmen, schüchternen Lächeln.

Jerschilow nahm den Neffen in den Schriftstellerklub mit, um ihn bei der Moskauer Prominenz einzuführen. Dort trafen sie Wadim.
»Er ist bei der Eisenbahn beschäftigt«, erklärte Jerschilow, als er Wadim seinen Neffen vorstellte, »ist aber ein Theaterfan. Er hat dein Interview mit der Koonen gelesen und sagt, er will nirgends mehr hin, weder ins Bolschoi-Theater noch zu Meyerhold – nur noch ins Kammertheater. Habe ich es richtig verstanden?«
Der Neffe bestätigte die Worte des Onkels mit einem Nicken.
»Kein Problem«, antwortete Wadim, »sehen Sie sich die Theaterprogramme an, suchen Sie eine Vorstellung aus und rufen Sie mich an.«
Jerschilow, die Kanaille, schmeichelte ihm natürlich, aber es war doch angenehm, daß sein Interview im ganzen Land bekannt war, sogar in Saratow hatte man es gelesen. Dabei war das im Grunde genommen seine erste ernst zu nehmende Arbeit gewesen, er hatte sie vor anderthalb Jahren verfaßt, Ende 1934.
Damals hatte das Kammertheater sein zwanzigjähriges Bestehen gefeiert. Aber die Feier wurde vom 25. Dezember auf Anfang Januar verschoben, also die beste Gelegenheit, hatte Wadim damals kalkuliert, etwas Entsprechendes in der Zeitung zu veröffentlichen: Ein größeres Interview beispielsweise mit Alissa Koonen, der künftigen Volksschauspielerin der Republik. Alle wußten, daß der Regierungsbeschluß über die Verleihung dieser Titel an Tairow und Koonen bereits verabschiedet war. Genau der richtige Zeitpunkt, für einen solchen Beitrag.
Aber die Koonen würde ihm kein Interview gewähren, da war jeder Versuch vergeblich. Am Jubiläumsabend sollte sie im Kammertheater nicht nur einige Szenen aus der »Optimistischen Tragödie« und aus *Giroflé – Girofla* spielen, sondern auch die Neuinszenierung der *Salome* – diese Aufführung symbolisierte gewissermaßen die zweite Geburt des Theaters nach der Oktoberrevolution.
Aber der Vater wußte einen Ausweg und half ihm: »Alissa Georgijewna wird mir keinen Korb geben.«
In der Tat willigte sie ein, fragte bloß erstaunt: »Warum denn diese Eile?« Sie bat, einen Augenblick am Telefon zu warten, sah in ihrem Kalender nach und nannte den 26. Dezember, um 16.15 Uhr. Ihre Wohnung befand sich im Gebäude des Theaters.

Wadim wollte gut vorbereitet zu Alissa Koonen kommen, besorgte sich ein Notizbuch, begann Lunatscharskij zu lesen, machte Auszüge und Notizen. Obwohl Lunatscharskij Tairows Neorealismus ablehnte, unterstützte er das Theater und beurteilte die *Phädra* als großen Erfolg, verglich die Koonen mit der großen Rahel. Er lobte *Giroflé – Girofla* und auch den *Haarigen Affen*.
Wadim saß in Bibliotheken, las Rezensionen, stöberte in Bücherregalen und förderte dabei eine interessante Broschüre zutage, noch ganz neu, die offenbar noch niemand aufgeschlagen hatte. Pressestimmen westlicher Zeitungen über die Gastspiele des Kammertheaters im Ausland.
1923 hatte das Kammertheater mit 133 Aufführungen in Paris, Berlin und anderen deutschen Großstädten gastiert. Die Besprechungen waren großartig, und Wadim schrieb sie eifrig ab:
»Die Russen haben gesiegt ...«
»Laßt die Fanfaren schmettern. Das Moskauer Kammertheater ist das einzige Theater in Europa ...«
»Wenn das Moskauer Kammertheater ein Kind des Bolschewismus ist, so stimmt es nicht, daß der Bolschewismus die kreativen Kräfte vernichtet, im Gegenteil, er entfesselt sie ...«
Auch ein Verriß war dabei. Wadim las ihn mit spöttischem Lächeln: »Was für grobe Tricks! So grob, daß das Publikum diese Schuster am liebsten in ihre Heimat zurückschicken würde ...«
Über Mangel an Stoff hatte er also nicht zu klagen. Zu Hause blätterte er noch einmal in Tairows *Entfesseltes Theater*. Seinerzeit hatte er das Buch in einem Rutsch verschlungen, und er konnte sich noch gut an den Inhalt erinnern. Der Vater bewahrte das Buch mit der persönlichen Widmung in seinem Schreibtisch auf und hatte das Fach abgeschlossen. Nicht wegen Tairows Widmung, sondern aus Vorsicht: Das Buch war von der Graphikerin Alexandra Ekster gestaltet worden, die ins Ausland emigriert war. Die vielen Zufallsgäste, die in ihrer Wohnung ständig aus und ein gingen, brauchten nicht zu wissen, daß die Marrassewitschs solche Bücher besaßen.
Als Motto für das Interview wählte Wadim Tairows Worte, die gut zum Jubiläum paßten:

»Trotz aller Widrigkeiten ist das Kammertheater entstanden. Es mußte entstehen – so stand es in den Sternen.«
Wenn er diese Worte als Aufhänger benutzte, konnte er das Interview so anlegen, daß es nicht banal wirkte: Also nicht von den ersten *Schritten zum Gipfel* sondern umgekehrt, vom Gipfel, von der *Optimistischen Tragödie* zu den Quellen, zur *Salome*. Die *Optimistische Tragödie* hatte Wadim gesehen. Eine phantastische Aufführung, kein Vergleich mit dem *Befehlshaber* bei Meyerhold. Man erzählte, daß Angehörige der Kriegsmarine zu Tairows Proben gekommen waren und überprüft hatten, ob in der Aufführung alles stimmte, daß die Schauspieler ihnen den wiegenden Gang, die straffe Haltung abgeschaut hatten, es hieß sogar, daß es die Idee eines Seemanns gewesen sei, die Koonen, die eine Kommissarin darstellte, in einer Lederjacke spielen zu lassen. Und daß der Bühnenbildner Ryndin gerade bei dieser Inszenierung den Trick gefunden hatte, wie man Wolken über den Bühnenhimmel schweben lassen konnte.
Durch Vermittlung des Vaters hatte sich Wadim die Generalprobe ansehen können, der mehrere Angehörige des revolutionären Militärrats, allen voran Woroschilow, beiwohnten. Im Parkett saßen Rotarmisten, Matrosen, die mitten im Stück klatschten und Hurra schrien, und in der Szene, in der die Kommissarin, von den angreifenden Matrosen an die Wand gedrängt, auf einen halbnackten, furchteinflößenden Heizer schießt, der aus einer Luke steigt, wollten viele aus der ersten Reihe auf die Bühne springen und ihr zu Hilfe eilen. Einerseits natürlich komisch, andererseits rührend. Totenstille trat erst im Finale ein, als die Kommissarin zusammenbrach und zum Schluchzen eines Schifferklaviers starb, während tatsächlich Wolken über den Rundhorizont zogen.
Nach dieser Aufführung erhielt das Theater die Erlaubnis, in den Anschlägen die Zeilen drucken zu lassen: »Der Roten Armee und Flotte gewidmet«.
Jawohl, seine Entscheidung war goldrichtig: von der *Optimistischen Tragödie* ausgehend zur *Salome* hinabzusteigen. Der Rahmen war da, jetzt brauchte er nur noch die Details, das gesprochene Wort der Koonen, dann war er, Wadim, obenauf und hatte seine Schäfchen im Trockenen.

Mit einem Strauß Rosen in der Hand stand Wadim am 26. genau zur vereinbarten Zeit vor der Tür und drückte auf die Klingel. Alissa Koonen öffnete selbst und fragte lächelnd: »Sie sind also der ungeduldige Journalist?«
»Es ist mir wirklich peinlich ...«, begann Wadim.
»Sie brauchen sich nicht zu entschuldigen, mir geht es bei meiner Arbeit genauso, ich bin auch ungeduldig. Wenn ich mich recht erinnere, heißen Sie Wadim.« Sie entfernte sich einen Augenblick, während Wadim den Mantel ablegte.
»Ich bringe dem Mädchen die Blumen, damit sie sie ins Wasser stellt«, sagte sie. Als sie zurückkehrte, führte sie ihn ins Zimmer. Gleich darauf erschien das »Mädchen« und stellte die Vase auf den Tisch.
Wadim war überrascht, das »Mädchen« war bereits um die dreißig. Aber dann wurde die Verwunderung von einem anderen Gedanken verdrängt: Welch genaue Funktion das Wort »Mädchen« bei der Koonen hatte – es bedeutete Pflege und Fürsorglichkeit. Das war echte aristokratische Gesinnung: Nicht spießbürgerlich – Dienstmädchen oder Domestikin, sondern zärtlich »Mädchen«.
Alissa Koonen musterte Wadim unterdessen.
»Sie ähneln Jewgenija Fjodorowna. Ich habe Ihre Mutter geliebt«, und sie ergänzte ohne Übergang, »wissen Sie, daß der Titel *Optimistische Tragödie* von mir stammt? Ich bin einmal zu Tairow ins Direktionszimmer gekommen und habe dort Wischnewski getroffen, der durchs Zimmer lief und nicht bereit war, sein Stück Tragödie zu nennen. Tairow versuchte ihm klarzumachen, daß sein Stück eine Tragödie sei.
›Wenn schon‹, antwortete Wischnewski, ›aber mein Stück ist optimistisch.‹
›Dann könnte man es doch auch so nennen‹, schlug ich vor, ›Optimistische Tragödie‹.«
Wadim machte sich Notizen und sah von seinem Block auf, es war ihm immer noch nicht ganz wohl in seiner Haut.
»Na, was soll ich Ihnen noch erzählen?«
»Fühlen Sie sich frei und ungebunden, wenn Sie eine neue Rolle übernehmen oder legt Sie der Anspruch des Autors fest?«
Sie brach in Lachen aus.

»Nein, ich lasse mich nicht festlegen. Freiheit ist eine Notwendigkeit, eine unabdingbare Notwendigkeit. Wie Tairow sagt, würde sonst das Theater aufhören, eine selbständige Kunstgattung zu sein, und sich in eine Schallplatte verwandeln, die die Ideen des Autors wiedergibt.«
Sie warf Wadim einen leicht amüsierten Blick zu.
»Wie finden Sie diesen Vergleich? Mir beispielsweise gefällt er sehr, ich finde ihn absolut treffend. Haben Sie *Alle Kinder Gottes haben Flügel* gesehen?«
»Natürlich.«
»Dann will ich Ihnen ein sehr gutes Beispiel zu O'Neill geben. Stefan Zweig hat einmal gesagt: ›Um sich *Alle Kinder Gottes* anzusehen, lohnt es sich, zu Fuß von Wien nach Moskau zu laufen.‹«
Sie verstummte, offensichtlich wollte sie Wadim die Möglichkeit geben, Zweigs Worte zu überdenken. »Haben Sie auch *Gier unter Ulmen* gesehen?«
»Ja, sogar zweimal.«
Erneut sah ihn die Koonen wortlos an.
Er konnte ihren Blick nicht sofort deuten.
»Die Aufführung hat mir sehr gut gefallen.«
»Danke. Aber ich wollte Ihnen sagen, daß ich die Rolle der Abbie ganz anders gespielt habe, als sie damals in Amerika aufgefaßt wurde. Die Rolle der Abbie wurde mit Schauspielerinnen besetzt, die sie immer als negative Gestalt darstellten. Ich aber wollte ihre große Tragik verdeutlichen, wollte die Abbie nicht verurteilen, sondern rechtfertigen, die Wurzeln aufdecken, die sie zur Katastrophe führen. Sie ist kein Scheusal ohne Moral, sondern ein von einem tragischen Schicksal furchtbar geschlagener Mensch.«
Sie erhob sich, trat zur Wand, nahm eine gerahmte Fotografie herunter und legte sie vor Wadim auf den Tisch.
»Das ist O'Neill.«
Sie schaltete eine Mahagonie-Stehlampe mit einem großen Schirm ein, damit Wadim besser sehen konnte.
Was für ein außergewöhnliches Gesicht, dachte Wadim, streng und verschlossen, ja, ein gutes Gesicht.
»Sehen Sie, hier steht: ›M. Alissa Koonen, die den Gestalten von Abbie und Ella Leben eingehaucht hat.‹ Das andere sind bloß

Komplimente, das brauchen Sie nicht zu lesen. O'Neill hat unsere Aufführungen in Paris gesehen. Er hat damals auf einem großen Gut bei Paris gelebt und ist extra dazu in die Stadt gekommen.«
Sie hängte das Foto wieder an die Wand, setzte sich in ihren Sessel und lehnte sich weit zurück.
»Wissen Sie, was O'Neill noch gesagt hat: Ein Theater mit kreativer Phantasie war schon immer mein Ideal. Das Kammertheater hat mir diesen Traum erfüllt!«
Ihr Ton hatte etwas Triumphierendes. Aber im selben Momant sank ihre Stimme herab, klang plötzlich mitfühlend: »Sie wirken so angespannt, Wadim. Nehmen Sie alles nicht so ernst. Ich werde Ihnen eine kleine komische Geschichte erzählen, vielleicht hilft sie Ihnen ... Seien Sie nicht so aufgeregt, bitte ...«
Wadim zuckte mit den Schultern.
»Als wir die *Phädra* probten, hatte ich am laufenden Spieltag viel zu tun, die *Adrienne Lecouvreur* lief fast jeden Abend. Tairow setzte die Proben zur *Phädra* gleich nach der Aufführung an. Einmal kam der berühmte Schauspieler Jushin zu uns ins Theater, und als er erfuhr, daß wir noch vier Akte *Phädra* durchproben wollten, machte er Tairow eine Szene. ›Ihr vermaledeiter Linkskurs richtet Alissa Georgijewna noch zugrunde. Die Jermolowa und die Fedotowa haben sich nach größeren Rollen immer einige Tage ausgeruht, Sie aber zwingen sie, die *Phädra* zu proben, obwohl sie sich nach der *Adrienne* noch nicht mal richtig abgeschminkt hat. Unerhört! Und un-ver-nün-ftig!‹ Tairow lachte: ›Machen Sie sich keine Sorgen um Alissa Georgijewna, sie beherrscht die genialste Regel von Stanislawski, sie spielt mit entspannter Muskulatur, ohne körperliche Anspannung, darum ermüdet sie nicht.‹ Es stimmt schon«, sie warf Wadim einen Blick zu, »nichts macht den Schauspieler so müde wie körperliche Anspannung.«
Wadim zuckte wieder mit den Schultern. Endlich war er die Aufregung los und konnte sogar lächeln.
»Dann reden wir vielleicht über die *Phädra*? Jean Cocteau schrieb: ›Tairows *Phädra* ist ein Meisterwerk.‹«
»Über die *Phädra* ist schon so viel gesagt und geschrieben worden ... Ich erzähle Ihnen lieber etwas, was kaum jemand weiß. Wir sind 1923 mit *Phädra* nach Paris gegangen. Der erste Abend in

Paris, Hochstimmung, Journalisten um uns herum, interessante Gespräche. Plötzlich blieb mir das Herz fast stehen. Ich hörte nämlich, daß seit Jahren keine französische Schauspielerin mehr und auch keine Ausländerin, die in Frankreich gastierte, die *Phädra* gespielt hatte – aus Pietät Sarah Bernard gegenüber, die diese Rolle noch in hohem Alter verkörpert hatte. Können Sie sich meine Verfassung vorstellen? Ich war in Panik. Da nahm mich ein Journalist, ein sehr sympathischer, älterer Herr, beiseite, und bat um die Erlaubnis, mir einen kleinen, freundschaftlichen Rat geben zu dürfen. ›Ich glaube‹, sagte er, ›daß Sie als junge russische Schauspielerin, die nach Paris gekommen ist, um die Phädra zu spielen, unserer großen französischen Schauspielerin ein paar Worte schreiben und um ihren Segen bitten sollten.‹ Das war ein wunderbarer Rat. Am nächsten Morgen schickte ich der Bernard ein respektvolles Briefchen mit einem Blumenstrauß. Aber ich glaube, sie hat meinen Brief nie gelesen. Einen Tag später stand auf den ersten Seiten der Zeitungen: ›Unsere große Sarah ist gestorben.‹«
Dann sprachen sie über die Gastspielreisen in Deutschland. »Aber dort«, sagte Alissa Koonen, »waren wir nicht mehr die ›unbekannten Bolschewiki‹. Man war über den Erfolg in Paris informiert, und das Kammertheater wurde erwartet. Die Theaterleute in Berlin bewunderten nicht nur unsere Aufführung, sondern studierten genau Tairows Regiearbeit, die schauspielerischen Darbietungen, die Prinzipien der Inszenierung, die Lichteffekte. Der synthetische Schauspieler, der Tairow vorschwebte, war ein Darsteller, der alle Bühnengattungen in gleicher Vollkommenheit beherrschte – und das beschäftigte die Geister. Zumal Tairows *Das entfesselte Theater* gerade in deutscher Sprache erschienen war.«
»Wir haben dieses Buch mit einer persönlichen Widmung von Alexander Tairow«, warf Wadim ein, er fühlte sich nun völlig unbeschwert und frei. Nun stellte er eine Frage zu *Salome.* Alissa Koonen dachte nach.
»Wir haben fünfzig Minuten miteinander gesprochen, ich habe ein absolut genaues Zeitgefühl. Sehen Sie auf die Uhr. Stimmt es?«
»Ja«, sagte Wadim nach einem Blick auf die Uhr, »Sie haben recht. Es ist fünf nach fünf.«
»Mir bleiben leider nur noch ein paar Minuten für Sie. Machen Sie

keine Notizen, hören Sie lieber zu. Können Sie sich an dieses Stück von Oscar Wilde erinnern?«

Natürlich kannte Wadim die Salome.

»Vor der Februarrevolution war die Aufführung von *Salome* durch die kirchliche Zensur verboten. Nach Aufhebung des Verbots wurde das Stück in Moskau inszeniert, und zwar am Kleinen Theater und bei uns. Was Tairow an dem Stück faszinierte, war die Rebellion gegen die äußeren Zwänge, der Aufruhr der Gefühle, die entfesselten Leidenschaften. Und Alexandra Ekster schuf natürlich ein wundervolles Bühnenbild. In der Form, Aussagekraft und Dynamik war das eine ihrer besten Arbeiten.«

»Alexandra Ekster?« fragte Wadim und tat, als notiere er den Namen in seinem Block. Allmächtiger, wegen dieses Namens hielt der Vater Tairows Buch unter Verschluß, während die Koonen mit Begeisterung von dieser Frau sprach.

»Als gestalterischer Höhepunkt dieses Stücks«, fuhr Alissa Koonen fort, »gilt der Tanz der sieben Schleier, für den Salome von Herodes das Haupt des Johannes, der sie verschmäht hat, fordert. Dieser Tanz wurde häufig von Damen vom Ballett dargestellt, und zwar als erotische Nummer, als verführerischer Tanz. In unserer Aufführung tanzte die Salome nicht, um Herodes zu verführen, sondern war nur von dem wahnwitzigen Gedanken besessen, das Haupt des Propheten als Lohn zu erringen.«

Erschauernd zog sie die Schultern zusammen und erklärte lachend: »Wenn ich an die Salome zurückdenke, überkommt mich immer ein Frösteln. Einfach nicht zu fassen, daß wir uns damals nicht erkältet haben. Der Zuschauerraum war nicht geheizt, das Publikum saß in warmen Mänteln im Saal, während wir fast unbekleidet spielen mußten. Aber diese Inszenierung bedeutete einen riesigen Erfolg für das Kammertheater, es stieg in der Achtung der Moskauer Theaterkenner buchstäblich ins Unermeßliche. Nach allgemeiner Ansicht hatten wir mit dieser Aufführung das Kleine Theater ausgestochen.«

Beim Abschied fragte Wadim: »Möchten Sie, daß ich Ihnen das Interview zeige?«

Sie antwortete lächelnd: »Das ist nicht nötig, ich vertraue Ihnen.« Und fragte unvermittelt: »Sitzen Sie gern in der fünften Reihe?«

Wadim wußte nicht, was er antworten sollte.
»Das ist die allerbeste Reihe. Ich werde veranlassen, daß Platz 17 immer für Sie freigehalten wird. Kommen Sie zu unseren Aufführungen. Ich danke Ihnen für unser anregendes Gespräch.«
Beschwingt eilte Wadim in seiner Renfellmütze mit den langen Ohrenklappen und den von Fenja aus dicker Bauernwolle gestrickten warmen Fäustlingen den Twerskoi-Boulevard hinab. Er war selig, denn er wußte, daß er einen Schatz nach Hause trug.
Was für eine königliche Frau, wie offen sie sprach, wie sie den Gesprächspartner auf ihr Niveau hinaufzog. Und sie zweifelte überhaupt nicht, daß ihre Worte anders gedeutet werden könnten. Ihr Ruhm gehörte dem ganzen Land. Dem Beispiel der Franzosen folgend, müßte er ausrufen: Unserer großen Alissa wird der höchste Titel verliehen – Volksschauspielerin der Republik!
Und wie gut sie erzählte! Wie großzügig sie ihre Gedanken mit ihm geteilt hatte. Es war die Großzügigkeit des wahren Talents. Übrigens könnte er dem Interview diese Überschrift geben: Großzügigkeit des Talents. Gar nicht übel, ja, sogar gut.
Allein schon die Geschichte mit der modernen elektrischen Anlage. Im Kopf formulierte er bereits die Sätze: Was haben die Schauspieler in Deutschland für ihre Gage erworben – was glauben Sie, verehrte Leser? Sie kauften die modernste elektrische Anlage für ihr Moskauer Theater. Ein schönes Beispiel für ihren selbstlosen Dienst an der Kunst.
Und Litwinows Worte nach der Rückkehr des Ensembles: »Sowjetisches Theater in Ländern aufzuführen, wo man uns für Barbaren hält, und dort das Publikum zu erobern, das ist ein großer Sieg ... Es ist sehr wichtig, daß die erste Gastspielreise des sowjetischen Theaters ins Ausland zu einem Triumph geworden ist.«
Dieses politische Moment mußte im Interview besonders hervorgehoben werden.
Zu Hause angekommen, warf Wadim den Mantel ab, ging in sein Zimmer und setzte sich sofort an die Schreibmaschine. Nach einigen Stunden lief er zu Fenja in die Küche. »Mach mir schnell irgendwas zurecht, Tee, ein paar belegte Brote.«
Vika hatte damals noch in Moskau gewohnt, sie schaute zur Tür herein und blickte Wadim an.

»Was hat sie angehabt?«
»Wer?« Wadim verstand nicht, wen sie meinte.
»Wer schon ... Die Koonen natürlich.«
»Was sie angehabt hat?«
Wadim dachte nach. »Irgend etwas Braunes war es wohl, vielleicht aber auch etwas Grünes ...« Vielleicht auch blau. Er konnte sich nicht daran erinnern. Er erinnerte sich nur an seinen ersten Eindruck, als sie die Tür geöffnet hatte: Eine schöne, schlanke Frau, die kein Make-up trug, nur ganz leicht die Lippen geschminkt hatte.
»Blödian ...«
Sie wollte ihn provozieren, aber er gab keine Antwort. Die Hauptsache war jetzt, sich das Gefühl der Freude nicht von dieser Gans verderben zu lassen. Er kaute in aller Eile und stürzte wieder an die Schreibmaschine zurück.
Es war schon tiefe Nacht, als er den Schlußsatz schrieb. Er las den Text noch einmal durch, stand auf, reckte wohlig die Glieder und warf einen Blick auf die Uhr. Oho! Es war halb fünf morgens.
Es war ein hervorragendes Interview geworden. Wadim wurde damals beglückwünscht, bekam Aufträge, die Aufführungen des Kammertheaters zu besprechen, man bat ihn um Freikarten.
Und so ging es bis zum heutigen Tag ... Beispielsweise Jerschilow mit seinem Neffen. Jerschilow hatte danach angerufen und sich bedankt. Die Karte hatte an der Kasse gelegen. Man hatte den Neffen wie einen Prinzen in der fünften Reihe auf Platz 17 gesetzt (er hatte wortwörtlich »Prinz« gesagt). Der Neffe war sehr zufrieden gewesen, bat, seinen herzlichen Dank auszurichten, und war bereits in sein Saratow zurückgefahren.
Etwa zehn Tage später traf er Jerschilow in einer Versammlung, hinterher gingen sie in den Schrifstellerklub, um einen Kognak zu trinken, und da begann Jerschilow wieder zu betteln: Er brauchte Karten für den Gynäkologen seiner Frau, den er doch nicht abweisen könne ... Karten für *Ägyptische Nächte*.
»Du bist doch ein berühmter Mann. Jerschilow«, sagte Wadim, »du kannst doch selber Karten in jedem Theater kriegen.«
»Im Kammertheater kenne ich wirklich niemanden, darum bitte ich dich ja.«

Ein anderes Mal rief er wieder an und bat für einen ehemaligen Schulfreund Karten zu besorgen, ein Biologe, der im Chibiner Gebirge nach Erzen suchte und schon lange nicht mehr in Moskau gewesen war, er wolle ins Kammertheater. Wadim solle doch bitte helfen.
Wadim lehnte ab, versprach aber Jerschilow, ihn Ende Oktober zur Premiere der komischen Oper *Die Recken* mitzunehmen.
»Sag mal, ist das interessant?«
»Da fragst du noch! ... Erstens schon die Tatsache, daß man die verlorene Partitur der komischen Oper von Borodin gefunden hat. Schon eine Sensation! Sie ist nur ein einziges Mal im Bolschoi Theater aufgeführt worden, nachdem Borodin die Oper fertig hatte. Zum zweiten hat das Kammertheater schon seit fünf Jahren kein Musikschauspiel inszeniert. Ganz Moskau wartet darauf. Und drittens ist Demjan Bedny der Autor des Librettos, zwar ziemlich grob, wie ich finde, aber doch interessant. Und viertens: Tairow hat Bashenow als Bühnenbildner verpflichtet. Er kommt aus Palech, hast du schon mal von ihm gehört?«
»Schön«, sagte Jerschilow, »sehen wir uns also *Die Recken* an. Abgemacht.«

29

Jeshows Mißerfolg bei Sinowjew und Kamenew bereitete Jagoda größte Genugtuung. Für Stalin blieb Jagoda nach wie vor der einzige Vollstrecker seiner politischen Pläne. Solange Jeshow noch seinen Aktionsplan vorbereitete, mußte er, Jagoda, handeln, um ihm um jeden Preis zuvorzukommen. Er hatte mehr Erfahrung als Jeshow und spürte, daß Sinowjew und Kamenew zermürbt waren und daß in absehbarer Zeit eine Wende eintreten mußte.

Auf Jagodas Befehl wurde nun auch in Sinowjews Zelle die Zentralheizung eingeschaltet. In der Zelle herrschte unerträgliche Hitze. Sinowjew litt an Asthma und stand fürchterliche Qualen aus. Dazu kamen noch Leberkoliken, er wälzte sich auf dem Boden, verlangte nach einem Arzt, aber der verschrieb ihm Tabletten, die Sinowjews Leiden nur noch verschlimmerten. Der Arzt hatte die Anweisung, lediglich darauf zu achten, daß Sinowjew und Kamenew nicht starben, damit der Prozeß nicht ins Wasser fiel.

Jagoda wurde stündlich über ihren Zustand informiert. Er verließ nicht mehr das Gebäude des NKWD und schlief in seinem Arbeitszimmer, da er wußte, daß die Wende jede Minute eintreten konnte. Und dann war es soweit: Sinowjew verlangte, unverzüglich von Moltschanow empfangen zu werden, den er dann um die Erlaubnis bat, mit Kamenew sprechen zu dürfen. Moltschanow begriff sofort, daß Sinowjew einen Kaputulationsplan vorbereitet hatte. Er rief Jagoda an und unterbreitete ihm Sinowjews Bitte. Jagoda begriff ebenfalls und befahl Sinowjew zu sich.

Jagoda empfing ihn freundlich und sagte weich: »Grigori Jewsejewitsch, mein Lieber! Befreien Sie sich und uns alle von diesem fürchterlichen Alptraum. Ich veranlasse sofort eine Begegnung zwischen Ihnen und Kamenew. Sie werden allein sein und können miteinander reden, so lange Sie wollen. Aber ich flehe Sie an, Grigori Jewsejewitsch: Nehmen Sie endlich Vernunft an!«

Anschließend wurde Sinowjew in eine Zelle gebracht, in die nach kurzer Zeit auch Kamenew geführt wurde. Man ließ die beiden allein. In der Zelle befanden sich ein Tisch, zwei Stühle und ein unsichtbares Mikrophon, von dessen Vorhandensein Sinowjew und Kamenew natürlich nichts wußten.
»Es gibt keinen Ausweg«, sagte Sinowjew schwer atmend, »wir müssen uns dem Gericht stellen. Ich habe keine Kraft mehr.«
»Ich auch nicht«, erklärte Kamenew, »aber früher oder später muß das ein Ende haben. Wir müssen durchhalten.«
»Wenn wir uns dem Gericht stellen, so retten wir das Leben unserer Familien und das der Familien der anderen Angeklagten. Ohne uns beide können sie den Prozeß nicht führen. Sie brauchen uns in erster Linie. Findet der Prozeß nicht statt, wird Koba nicht nur uns und unsere Familien ermorden, sondern auch alle anderen und deren Angehörige.« Er holte Luft und fuhr dann fort: »Wir dürfen nicht nur an uns und an unsere Frauen und Kinder denken, sondern sind auch verpflichtet, an die Tausende von ehemaligen Anhängern und ihre Familien zu denken. Wir tragen die Verantwortung für sie. Deshalb schlage ich vor, folgende Bedingung zu stellen: Stalin muß uns, unseren Familien, unseren ehemaligen Anhängern und ihren Familien das Leben zusichern. Denn wenn er uns unser Leben zusichert, bestätigt er damit, daß es nicht um Bestrafung für ein begangenes Verbrechen geht – er weiß sehr gut, daß es keine Verbrechen gegeben hat –, sondern um eine Abmachung: Leben im Austausch gegen die Beschuldigung, daß Trotzki zum Terror anstiftet.«
»Er wird jedes beliebige Versprechen geben und uns dann in allen Punkten betrügen. Man kann ihm nicht glauben.«
»Wir werden nicht ihm glauben, sondern den Garantien, die er uns offiziell geben wird.«
Sinowjew war umgefallen, das war klar. Er würde sich dem Gericht stellen und die geforderten Aussagen machen, darunter auch Aussagen gegen ihn, Kamenew.
Natürlich würden Stalins Versprechungen eine Zeitlang gehalten werden, wie lange, stand auf einem anderen Blatt, aber auch nur bei den Leuten, die sich einverstanden erklären würden, zu tun, was von ihnen verlangt würde. Mit den anderen würde er sofort

kurzen Prozeß machen, mit ihnen, ihren Familien, ihren Kindern, mit seinem kleinen Jura.
»Diesen abscheulichen Vergleich«, sagte Kamenew, »kann man nur unter einer Bedingung schließen: Stalin muß uns diese Garantien in Gegenwart aller Mitglieder des Politbüros geben. Ich erkläre noch einmal, aller Mitglieder des Politbüros. Dann ist das nicht allein seine Verantwortung, sondern die des Politbüros. Und die kann nur durch Beschluß des Politbüros aufgehoben werden.«
»Richtig.« Sinowjew war einverstanden.
Kamenew teilte Jagoda diese Bedingung mit, als er und Sinowjew zu ihm gebracht wurden.
Jagoda versprach, Stalin davon zu unterrichten.
Übrigens hatte er das schon getan, als Sinowjew und Kamenew auf dem Wege zu ihm waren. Er hatte ihr Gespräch vom ersten bis zum letzten Wort mitgehört und Stalin sofort angerufen, da er befürchtete, daß Jeshow überraschend auftauchen, Kamenew anhören und ihm, Jagoda, zuvorkommen könnte.
Jagoda war zufrieden. Die Lorbeeren für den Sieg über Sinowjew und Kamenew gebührten ihm und seinem Apparat. Auch Stalin müßte zufrieden sein.

Aber die Dinge sollten sich etwas anders entwickeln, als Jagoda vermutet hatte. Stalin befahl ihn, Moltschanow und Mironow unverzüglich zu sich und verlangte einen detaillierten Bericht. Er hörte wortlos zu, sein Gesicht verfinsterte sich immer mehr, sein schwerer Blick ging von einem zum anderen.
Da lümmelten sie sich nun auf ihren Stühlen, die Halunken, und waren sehr zufrieden mit sich. Am liebsten hätten sie Hosiannah gerufen. Warum? Weil nun der Prozeß gerettet war? Ja, natürlich, nun wollten sie gelobt werden, weil sie den Auftrag erfüllt hatten. Aber der wahre Grund lag woanders. Sie jubelten, weil sie Sinowjew und Kamenew, Smirnow und Mratschkowski gerettet, weil sie Scheißkerle wie Olberg herausgerissen hatten. Das war die wahre Ursache ihres Jubels. Denn im Austausch für ihr aufrichtiges Geständnis würden die Angeklagten ihre Sicherheit garantiert bekommen – und nun glaubten die Nieten hier, daß sie den Angeklagten das Leben gerettet hatten. Auf diese Weise hätten sie nicht

das Blut der alten Bolschewiki, der »Mitstreiter Lenins«, auf dem Gewissen, die Saubermänner! Sie wollten eine reine Weste behalten. Er, Stalin, würde Sinowjew und Kamenew begnadigen, würde die Verantwortung für die Folgen einer solchen politisch falschen Entscheidung übernehmen, und diese Lumpen in Uniform dürften jubilieren, daß sie Sinowjews und Kamenews Leben gerettet hätten, wollten sich als Humanisten und Menschenfreunde gebärden, ein reines Gewissen haben. Hatten es aber nicht geschafft, Sinowjew und Kamenew zu knacken, diese Tagediebe, Schmarotzer und Raffer, waren nicht mal mit zwei Männern fertig geworden, die politisch und moralisch längst zusammengebrochen waren. Jetzt sollte ER das für sie besorgen?
Stalin erhob sich und nahm seine gewohnte Wanderung durchs Zimmer auf.
Jagoda, Moltschanow und Mironow saßen schweigend an der Wand und beobachten besorgt den still und langsam durchs Zimmer gehenden Stalin.
»Auf den ersten Blick erscheint das nicht übel«, begann Stalin endlich, »aber nur auf den ersten Blick. Wollen sie ihr Leben retten? Zweifellos. Jeder Mensch will leben. Jedem ist sein Leben teuer. Also wollen auch Sinowjew und Kamenew ihr Leben retten. Natürlich gibt es Leute, die dem Tod mutig ins Auge sehen und ihn auf sich nehmen. Aber das sind Menschen, die Ideale haben und bereit sind, ihren Idealen zuliebe unterzugehen. Sinowjew und Kamenew haben keine solchen Ideale. Sie haben ihre Ideale längst verloren und darum haben sie auch nichts, wofür sie den Tod auf sich nehmen könnten. Es gibt einen weiteren Grund, warum ein Mensch bereit ist, in den Tod zu gehen. Nämlich die Ehre, die Ehre eines Kommunisten, die Ehre eines Bolschewiken. Haben Sinowjew und Kamenew diesen Ehrbegriff? Natürlich nicht. Sie betrügen seit vielen Jahren die Partei und die Arbeiterklasse und haben Ehre und Gewissen längst eingebüßt – wofür sollten sie jetzt ihr Leben einsetzen? Klammern sie sich ans Leben wie einfache Sterbliche? Nein. Sie halten sich durchaus nicht für einfache Sterbliche. Sie wollen ihre Gefolgschaft retten. Wenn man ihnen trotz all ihrer Verbrechen das Leben schenkt, so fragt sich, was man dann von ihren einfachen Anhängern verlangen kann? Das ist die

Absicht, die insgeheim dahintersteckt, sie wollen sich selber retten und ihre Anhänger ebenfalls. Das ist die Garantie, die sie fordern. Und nun erhebt sich die Frage: Warum soll ihnen die Partei diese Garantie geben?«

Er schwieg nun, ohne seine langsame und lautlose Wanderung abzubrechen.

Jagoda, Mironow und Moltschanow sagten nichts, niedergeschlagen von der unerwarteten Wendung, die die Sache genommen hatte: Stalin hatte seinen Entschluß rückgängig gemacht und wollte den Angeklagten nicht das Leben garantieren. Aber das Gerichtsverfahren würde stattfinden, ER würde unbedingt auf dem Prozeß bestehen, und nun mußten sie mit anderen Mitteln die geforderten Aussagen von Kamenew und Sinowjew erzwingen.

Stalin kehrte an den Tisch zurück und setzte sich.

»Warum schweigen Sie?«

Keiner antwortete.

Stalin lächelte spöttisch.

»Haben Sie ihnen irgendwelche Garantien gegeben?«

»Genosse Stalin«, sagte Jagoda schließlich, »wir haben ihnen keine Garantien zugesichert und hatten ja auch nicht das Recht dazu. Sie haben Garantien gefordert und zwar nicht von uns, sondern vom Politbüro. Wir haben zugesagt, ihre Forderung dem Politbüro vorzulegen.«

»Sie haben es versprochen«, wiederholte Stalin, »Sie haben ihnen einen Kuhhandel mit dem Politbüro zugesichert. Aber kann das Politbüro sich auf einen solchen Handel einlassen? Haben Sie sich das überlegt? Jetzt verstehe ich, in welcher Richtung die Untersuchung gelaufen ist.«

Er schwieg und sagte dann: »Sie haben ihnen versprochen, ihre Forderung an den Genossen Stalin weiterzugeben. Aber was soll Genosse Stalin antworten? Daß er mit einer solchen Zusammenkunft nicht einverstanden ist? Wie werden sie es deuten, daß das ZK nicht in ihr Schicksal eingreifen, es nicht verändern will? Sie werden das als ihr Todesurteil verstehen. Wozu sich dann dem Gericht stellen? Was nützt dann Ihre ganze Arbeit? Ein halbes Jahr haben Sie sich mit diesem Fall beschäftigt und nichts erreicht. Ich sehe kein Ergebnis. Sie haben einen Fehler begangen, als Sie ihnen versprachen, ihre Forderung dem Politbüro zu übermitteln. Sie hätten sich alles anhören und dann sagen sollen, daß Sie sich ihre Forderung überlegen würden, und zwar selbst. Daraufhin hätten Sie dann unseren Rat einholen müssen, und wir hätten empfohlen, ihnen zu sagen, Sie seien nicht berechtigt, dem Politbüro eine solche Forderung zuzumuten. Und darum sollten sie selbst über ihr Schicksal entscheiden. So hätten Sie sich verhalten müssen. Aber das haben Sie nicht getan.«

Er schwieg und fuhr dann fort: »Jetzt erhebt sich die Frage, wie Ihr Fehler zu berichtigen ist. Und da sehe ich nur einen einzigen Ausweg ...«

Wiederum musterte er alle mit seinem schweren Blick.

»Wenn wir die von Ihnen vorgetragene Forderung ablehnen, sind Sie als Übermittler dieses Ansinnens in den Augen des ganzen Apparats kompromittiert. Das wollen wir aber nicht. Wir haben nicht vor, die Leitung des NKWD bloßzustellen, die wir achten und unterstützen. Nur darum sieht sich das Politbüro gezwungen, Kamenews und Sinowjews Forderung anzunehmen. Aber das ist der erste und letzte Fall dieser Art. In Zukunft haben Sie solche Forderungen lediglich anzuhören, sind aber nicht berechtigt zu versprechen, daß Sie sie weitergeben. Merken Sie sich das.«

Moltschanow und Mironow fuhren Sinowjew und Kamenew in einer geschlossenen Limousine zum Kreml.

Am Tisch saßen Stalin, Woroschilow und Jeshow. Jagoda saß an der Wand.

Ohne Sinowjew und Kamenew eines Grußes zu würdigen, wies Stalin mit einer herablassenden Handbewegung auf die Stühle an der Wand.

Sinowjew und Kamenew setzten sich, neben ihnen nahmen Mironow und Moltschanow Platz.

Stalin betrachtete Sinowjew und Kamenew so gleichgültig, als seien sie ihm völlig unbekannt. Die Vergangenheit war versunken, existierte nicht mehr, er brauchte sich nicht einmal an diese Menschen zu erinnern. Zwei erschrockene, zerknautschte Visagen. Und diese beiden Nullen wollten ihn stürzen. IHN stürzen! Halunken und Verbrecher! Sie hätten längst vernichtet werden müssen!

»Was haben Sie uns zu sagen?« fragte Stalin finster.
»Uns ist versprochen worden, daß uns das Politbüro anhört«, sagte Kamenew.
»Haben Sie vielleicht damit gerechnet, daß alle Mitglieder des Politbüros ihre Arbeit liegenlassen, aus ihren Städten und Republiken kommen, nur um Sie sich anzuschauen und anzuhören? Ihnen zuhören? Aber sie haben schon genug gesehen und Ihnen zur Genüge zugehört.«
Kamenew warf Sinowjew einen Blick zu.
Stalin fing den Blick auf und wußte ihn sofort zu deuten, er und Kamenew kannten sich lange genug. Mit diesem Blick forderte Kamenew Sinowjew auf, auf dem gegebenen Versprechen zu bestehen: Das ganze Politbüro mußte sie anhören. Bisher war immer Kamenew Sinowjew gefolgt, aber heute war Sinowjew der Schwächere und Nachgiebigere der beiden.
»Wenn Ihnen ein Gespräch mit dem Ausschuß des Politbüros nicht paßt«, sagte Stalin, »können wir diese Begegnung sofort beenden.«
Stalins Berechnung erwies sich als richtig. Sinowjew erhob sich.
Früher hatte Sinowjew eine hohe, leicht schrille Stimme gehabt, die fast wie die einer Frau klang. Jetzt sprach er leise und langsam, mühsam jedes Wort artikulierend. Altes Waschweib! Er war schon immer ein Jammerlappen gewesen und hatte auch eine Weibervisage. Nicht mal sterben konnte er mit Würde. Aber andere hatte er haufenweise erschießen lassen. Wie viele Menschen hatte er in Petrograd umgelegt! Keinen hatte er verschont, sich selbst aber schonte und bemitleidete er. Hätte er in der Partei die Oberhand behalten, würde er sich nicht auf solche Gespräche einlassen, sondern dafür sorgen, daß der Genosse Stalin erschossen würde. Glaubte er vielleicht, daß er auch jetzt, in dieser Situation, mit heiler Haut davonkäme?
Sinowjew sprach derweil schwer atmend, mit kaum hörbarer Stimme.
»Weder ich noch Lew Borissowitsch hatten irgend etwas mit dem Mord an Kirow zu tun ... Das wissen Sie selbst am besten ...«
Er hob den Kopf und sah Stalin in die Augen. Aber Stalin hielt seinem Blick stand.

»Trotzdem ...«
Sinowjew ließ den Kopf wieder sinken.
»Trotzdem verlangt man von uns, daß wir ..., daß wir die moralische Verantwortung für diesen Mord übernehmen ... Man hat uns ... hat uns Ihre Worte übermittelt, daß die Partei unser Geständnis braucht.«
Sinowjew rang nach Luft.
»Wir haben unsere Ehre geopfert und uns damit einverstanden erklärt ... Aber man hat uns betrogen und ins Gefängnis gesteckt.«
Er holte Luft.
»Was wollen Sie jetzt von uns? Jetzt wollen Sie, daß wir uns wieder dem Gericht stellen, wo man uns, ehemalige Mitglieder des Leninschen Politbüros, ehemalige persönliche Freunde von Wladimir Iljitsch, als Banditen und Mörder hinstellen wird. Aber das bringt doch nicht nur Schande über uns, sondern auch über die Partei, die Partei, der wir ... der wir nach bestem Vermögen unser Leben gewidmet haben ...«
Er brach in Tränen aus. Moltschanow schenkte ihm Wasser ein. Ohne Sinowjews Tränen zu beachten sagte Stalin: »Das ZK hat Sie mehr als einmal gewarnt, daß Ihr und Kamenews Standpunkt, Ihr und Kamenews Verhalten einmal zu einem schlimmen Ende führen würde. So ist es auch gekommen ... Wir sagen Ihnen noch einmal: Ordnen Sie sich der Partei unter, und dann wird Ihnen das Leben geschenkt. Das wollen Sie nicht? Sie widersetzen sich also wieder. Nun, schön, dann müssen Sie sich selbst die Schuld zuschreiben.«
»Man hat uns oft genug betrogen«, sagte Kamenew, »wo ist die Garantie, daß wir diesmal nicht betrogen werden?«
»Sie verlangen Garantien?« Stalin sah Woroschilow mit gespieltem Erstaunen an. »Sie verlangen Garantien! Die Zusage des Politbüros ist für sie nicht ausreichend, sieh einer an! Sie haben vergessen, daß es in unserem Lande keine höhere Garantie gibt!«
Stalin sah erneut zu Woroschilow und dann zu Jeshow. »Was meinen Sie, Genossen? Mir scheint, dieses Gespräch ist die reinste Zeitvergeudung.«
Jeshow zuckte mit den Achseln, als wolle er sagen, alles klar.
»Sieh einer an, sie wollen uns ihre Bedingungen diktieren«, sagte

Woroschilow entrüstet. »Sie verstehen nicht oder tun so, als ob sie nicht verstünden, daß Genosse Stalin ihr Leben schonen will. Ihr Leben ist ihnen also nichts wert – dann eben nicht! Zum Teufel damit!«

Alle schwiegen, Stalin sagte nach einer längeren Pause: »Sehr schade, daß Sinowjew und Kamenew sich wie Spießbürger benehmen, sehr schade. Sie verstehen nicht einmal, zu welchem Zweck der Prozeß angestrengt wird. Um sie zu erschießen? Aber das ist doch töricht, Genossen, wir könnten Sie auch ohne jede Gerichtsverhandlung erschießen lassen. Sinowjew weiß nur zu gut, wie das gemacht wird. Der Gerichtsprozeß ist gegen Trotzki gerichtet. Seinerzeit wußten Sinowjew und Kamenew, daß Trotzki ein eingeschworener Feind der Partei ist, aber später haben sie Trotzki rehabilitiert und sich gegen die Partei gewandt. Sie haben Trotzki aus Fraktionserwägungen heraus rehabilitiert, dabei ist Trotzki geblieben, was er war: ein eingeschworener Feind der Partei. Sinowjew und Kamenew wissen das genau. Nun erhebt sich die Frage: Wenn wir Sinowjew und Kamenew nicht erschossen haben, als sie zusammen mit Trotzki gegen die Partei kämpften, warum müssen wir sie dann jetzt erschießen, wenn sie dem ZK im Kampf gegen Trotzki helfen?«

An dieser Stelle machte Stalin eine Pause. Sein Gesicht wurde nachdenklich, in seinen Augen erschien ein menschlicher, vertrauensvoller Ausdruck. Was er jetzt sagte, klang unerwartet aufrichtig, rührend und menschlich: »Wir wollen nicht das Blut unserer alten Parteigenossen vergießen, einerlei wie schwer die Fehler auch sind, die sie begangen haben.«

Sinowjew schluchzte auf. Wieder erhob sich Moltschanow, um ihm Wasser einzugießen. Aber Stalin bemerkte, daß Moltschanow nun ein anderes Gesicht machte als vorhin, als er ins Zimmer gekommen war. Moltschanow war glücklich und freute sich, daß das Leben von Sinowjew und Kamenew gerettet war. Und Mironow freute sich ebenfalls. Mironow, den ER selbst zum Stellvertreter von Jagoda gemacht hatte. Dieser Menschenfreund war besonders froh.

Natürlich, warum sollten sie sich auch nicht freuen? Vor der Geschichte würden sie dann nicht die Verantwortung für den Tod »Unschuldiger« tragen müssen.

Aber warum eigentlich »unschuldig«? Weil sich nach ihren albernen Papieren, nach ihren spitzfindigen juristischen Leitsätzen irgend etwas nicht deckte? Was für Papiere und juristische Leitsätze waren aber Gesetz für die Diktatur des Proletariats? Für die Diktatur des Proletariats gab es nur ein Gesetz: Die Interessen dieser Diktatur. Und für einen wahren Tschekisten konnte es keine anderen Gesetze geben. Wenn es sie aber gab, so hieß das, daß er kein richtiger und kein wahrer Tschekist war.
Kamenew stand auf.
»Genosse Stalin, Genossen Angehörige des Politbüros. In meinem und im Namen des Genossen Sinowjew erkläre ich, daß wir die uns gestellten Bedingungen annehmen und bereit sind, uns dem Gericht zu stellen. Aber wir bitten, uns zu versprechen, daß keiner der ehemaligen Oppositionellen weder jetzt noch in Zukunft wegen seiner früheren oppositionellen Tätigkeit erschossen wird.«
Stalin sagte müde: »Das versteht sich von selbst.«
Sinowjew und Kamenew wurden mit der gleichen Limousine ins Gefängnis zurückgefahren, aber in andere Zellen mit frischbezogenen Betten gebracht. Sie konnten sofort duschen, wurden gut verpflegt. Sinowjew bekam die notwendige Diät verschrieben. Während der zwei Wochen bis zum Beginn der Gerichtsverhandlung benahmen sich die Leute, mit denen sie zusammenkamen, absolut korrekt.
Trotzdem sah Sinowjew schlecht aus, als sie am 19. August 1936 um 12.10 Uhr zur Gerichtsverhandlung in den Oktobersaal des Gewerkschaftshauses geführt wurden. Das gedunsene Gesicht mit den Tränensäcken war aschfahl. Er rang asthmatisch mit weit geöffnetem Mund nach Luft, knöpfte den Hemdkragen ab und saß während der ganzen Gerichtsverhandlung ohne Kragen da.
Kamenews Gesicht war genauso grau, auch er hatte Ringe unter den Augen, aber er wirkte frischer als Sinowjew und blickte in der Hoffnung in den Saal, Bekannte zu sehen; er war jahrelang Vorsitzender des Moskauer Stadtsowjets gewesen, kannte alle einigermaßen namhaften Moskauer Parteifunktionäre, sah aber kein einziges bekanntes Gesicht, den Saal füllten ausschließlich untergeordnete Mitarbeiter des NKWD in Zivil.

Jagoda und sein Stab verfolgten den Prozeß vom Nebenzimmer aus.
Nur Reingold sah gesund aus, als hätte man ihn nicht aus dem Gefängnis, sondern aus seiner Wohnung geholt. Er sprach mit überzeugter Stimme und wenn der Staatsanwalt Wyschinski irgend etwas durcheinanderbrachte, bat Reingold ums Wort und berichtigte ihn mit diplomatischer Höflichkeit.
Aber Reingold hätte sich gar nicht so zu bemühen brauchen. Alle Angeklagten hatten sich das Szenario gut eingeprägt und antworteten so, wie es der Staatsanwalt haben wollte. Damit nicht genug, sie führten noch andere als Teilnehmer der Verschwörung an, und zwar: Sokolnikow, Smilga, Rykow, Bucharin, Tomski, Radek, Uglanow, Pjatakow, Serebrjakow, Mdiwani, Okudshawa, den Korpskommandeur Putna, den Korpskommandeur Primakow, den Divisionskommandeur Dimitrij Schmidt. Im Schlußwort gestand jeder Angeklagte seine Schuld vollständig ein, gestand ein Mörder, Terrorist und Verbrecher zu sein.
Nur Iwan Nikititsch Smirnow verdarb den Effekt. Wie er es Moltschanow versprochen hatte, gestand er, daß er 1932 von Trotzki die Anweisung zu Terroraktionen erhalten, sich aber überhaupt nicht terroristisch betätigt hatte, da er am 1. Januar 1933 verhaftet worden war und sich seither im Gefängnis befand. Während der Verhandlung bestritt Smirnow die Existenz eines Vereinigten Zentrums und widerlegte die Aussagen von Mratschkowski, Sinowjew, Jewdokimow, Dreitzer, Ter-Waganian und Kamenew.
Einige Fragen beantwortete Smirnow überhaupt nicht.
Wyschinski forderte die Erschießung aller Angeklagten.
In der Nacht vom 23. zum 24. August verkündete das Gericht um 2.30 Uhr sein Urteil: Alle Angeklagten wurden zum Tod durch Erschießen verurteilt.
Laut Gesetz waren die Verurteilten berechtigt, innerhalb von 72 Stunden ein Gnadengesuch einzureichen.
Ungeachtet dessen wurden alle Verurteilten schon am 24. morgens zur Hinrichtung geführt.
Sinowjew verlor die Selbstbeherrschung, schrie hysterisch Stalins Namen und beschwor ihn, sein Versprechen zu halten. Um seinem Schreien, das im ganzen Gefängnis zu hören war, ein Ende zu ma-

chen, trieb ihn der Leutnant, der ihn bewachte, in eine Zelle und erschoß ihn mit der Pistole.

Kamenew war bestürzt, sagte kein einziges Wort und nahm schweigend den Tod auf sich.

Nur Iwan Nikititsch Smirnow ging gelassen und tapfer durch den Gang und sagte, bevor er erschossen wurde: »Wegen unseres unwürdigen Verhaltens vor Gericht haben wir das verdient.«

Smirnows Tochter Olga und seine Frau Rosa wurden sofort verhaftet und 1937 erschossen.

Ebenfalls 1937 wurden erschossen: Sinowjews Sohn – Stepan Radomyslskij, Bakajews Frau – Anna Petrowna Kostina, Parteimitglied seit 1917. Mratschkowskis Bruder und Neffe, Ter-Waganians Bruder Endsak. Ter-Waganians Frau, Klawdia Wassilijewna Generalowa, wurde 1936 verhaftet und verbrachte 17 Jahre in Lagerhaft.

Kurz nach Kamenews Hinrichtung wurden seine erste und seine zweite Frau erschossen.

1939 wurde sein ältester Sohn Alexander erschossen.

Kamenews jüngster Sohn, Juri, wurde am 13. Januar 1938 erschossen, einen Monat bevor er das 17. Lebensjahr erreicht hatte.

Kamenews Enkelsohn Vitali wurde 1951 im Alter von 19 Jahren verhaftet, zu 25 Jahren Arbeitsbesserungslager verurteilt und starb 1966.

So hielt Genosse Stalin sein Versprechen.

Aus dem Besuch der Premiere von *Die Recken* wurde nichts. Wadim erkrankte an einer schweren Angina, das Fieber stieg auf 39,9 Grad, er spülte den Hals mit Riwanol, aber nichts half. Fenja kochte ihm eine Brühe aus gedörrten Steinpilzen, auf dem Dorf das einzige Heilmittel, und es brachte ihm tatsächlich etwas Erleichterung ... Er bat um Zeitungen, denn seit Tagen hatte er nichts gelesen. Litowski lobte *Die Recken*, seine Besprechung war in der *Sowjetskoje Iskusstwo* (Sowjetische Kunst) erschienen, Sagorskis Rezension in *Wetscherneja Moskwa* (Moskau am Abend). Sagorskis Beitrag las Wadim gar nicht erst, er warf die Zeitungen auf den Boden, er würde immer noch Zeit haben, sie zu lesen, wollte sich die Aufführung erst selbst ansehen. Er wollte schlafen.
Am 14. November rief Jerschilow an.
»Bist du noch nicht gesund? ... Kannst du wenigstens Zeitung lesen? Lies die *Prawda.*«
»Wieso, was steht drin?« fragte Wadim lahm.
»Der Beschluß des Komitees für Kunst über das Aufführungsverbot der *Recken.*»
»Nanu?!«
»Da kannst du mal sehen, mein Lieber ...«
Am 15. November brachte dieselbe *Prawda* Kershenzews Beitrag mit der Überschrift: »Verfälschung der Vergangenheit des Volkes«.
Kershenzew verriß Demjan Bedny nach Strich und Faden. Sein Aufsatz schloß mit den Sätzen: »Vom historischen Aspekt her ist D. Bednys Stück eine Verfälschung der Geschichte, ein Beispiel für eine nicht nur antimarxistische, sondern darüber hinaus eine leichtfertige Einstellung zur Geschichte, eine Besudelung der Vergangenheit des Volkes ... D. Bedny beschwört die Erinnerung an die Recken nur wegen ihres reckenhaften Schnarchens ... Das rus-

sische Volk stellt er so dar, als ob es die Zeit ›auf der Ofenbank verpenne‹. In diesem Stück haben sich die bedauernswerten Überbleibsel von Verirrungen niedergeschlagen, die den Bolschewiki, ja überhaupt sowjetischen Dichtern, absolut fremd sind.«

Jetzt war es Wadim, der Jerschilow anrief:

»Was gibt's Neues? Ich liege im Bett und weiß von nichts ...«

»Es heißt, daß man Demjan Bedny aus seiner Kreml-Wohnung hinausgeworfen hat«, lachte Jerschilow, »er soll angeblich bei Bekannten übernachten ... Es dauert nicht mehr lange, und dann ist dein Kammertheater dran, du wirst es sehen. Jetzt mußt auch du aufpassen.«

»Wieso muß ich aufpassen? Ich bin krank, und *Die Recken* habe ich nicht gesehen, das weißt du doch selbst.«

»Ob du sie gesehen hast oder nicht, du wirst auf jeden Fall aufpassen müssen.«

Jerschilow, der Schlawiner, sollte recht behalten, vielleicht hatte er auch irgend etwas läuten hören, aber nichts davon gesagt. Am 20. November erschien in der *Prawda* ein Beitrag »Eine fehlerhafte Linie«, der gezeichnet war mit »Ein Zuschauer«. Es war ein harter Angriff gegen das Theater, ein, wie man so sagt, Schlag ins Kontor. Wadim las, las noch einmal und griff immer wieder nach der Zeitung.

»Es ist alles getan worden, daß sich das Theater vom formalistisch-ästhetischen ›Erbe‹ befreien und eine lebensnahe inhaltsbezogene und tatsächlich sowjetische Entwicklung anstreben konnte. Aber das war nicht der Fall im Kammertheater. Der Leiter des Theaters hat die politischen Lehren nicht beherzigt ...

Bescheidenheit – die hat dem Kammertheater schon immer gefehlt. Anmaßendes Selbstlob – das gab es dort stets mehr als genug.

Das Kammertheater hat häufig politisch falsche Stücke inszeniert. *Die Verschwörung der Gleichen* von Michail Lewidow im Jahr 1927, *Die Purpurinsel* von Michail Bulgakow im Jahr 1928, *Natalia Tarpowa* von S. Smirnow im Jahr 1929.

Die gesamte Öffentlichkeit, darunter auch die anderen Theater, verurteilten diese Inszenierungen des Kammertheaters aufs schärfste, so daß diese Inszenierungen abgesetzt wurden. A. J. Tairow, der Leiter des Kammertheaters, hielt jedoch beharrlich an seiner

fehlerhaften Linie fest. 1931 inszenierte er das durch und durch chauvinistische Stück *Sonata pathétique* von M. Kulisch.
Anschließend wurden *Die Recken* aufgeführt, ein Stück von D. Bedny, das in der politischen Tendenz eine absolute Verfälschung darstellt. Das Kammertheater war nur mangelhaft mit dem politischen und künstlerischen Leben des Landes verbunden.
Tairow führte im Theater eine Art Selbstherrschaft ein, die jede kreative Initiative des Kollektivs im Keim erstickte. Dabei hat ihm niemand das Theater »verpachtet«.
Es ist dem Kammertheater nicht gelungen, ein kreatives Ensemble zu schaffen, da nicht einmal die besten Schauspieler sich frei entfalten können. Das Kammertheater ist hinter der allgemeinen positiven Entwicklung der sowjetischen Kunst zurückgeblieben ...«
Am selben Tag wurde Wadim vom Redakteur einer Zeitung angerufen, für die er öfter Beiträge schrieb.
»Wadim Andrejewitsch, wir sollen uns ebenfalls zu den Ereignissen im Kammertheater äußern. Schreiben Sie uns bitte einen Beitrag.«
»Tja, wissen Sie«, sagte Wadim, »ich war krank, habe jetzt nach einer Angina einen rheumatischen Anfall und muß im Bett bleiben. Außerdem habe ich *Die Recken* wegen meiner Krankheit überhaupt nicht gesehen. Die anderen genannten Inszenierungen kenne ich nicht oder erinnere mich jedenfalls nicht an sie, da ich damals noch zu jung war.«
»Das muß ich mit dem Chefredakteur besprechen«, antwortete der Anrufer säuerlich, »ich hatte nicht damit gerechnet, daß Sie uns eine Absage erteilen, Wadim Andrejewitsch.«
Am 23. November erschien auf der sechsten Seite der *Prawda* eine kleine Notiz unter dem Titel »Das Ensemble des Kammertheaters meldet sich zu Wort«. Der Untertitel lautete: »A. J. Tairow vertuscht Fehler«.
Die bewußte Versammlung des Ensembles und des Bühnenpersonals zog sich über zwei Tage hin, zu Wort meldeten sich zahlreiche Angehörige des Theaters, darunter auch seine prominentesten Schauspieler.
L. Fenin, »Verdienter Kunstschaffender der Republik«, äußerte sich folgendermaßen: »Die Schauspieler wurden gezwungen, jedes

angenommene Stück zu loben, selbst wenn sie es für schlecht hielten.«
Doch was Wadim ehrlich erstaunte, war Zenins Erklärung: »Tairow weigerte sich, die Arbeit an der Inszenierung mit den Schauspielern zu diskutieren.«
Wadim konnte sich gut an Zenin erinnern: In *Maschinal* hatte er den Ehemann gespielt, in der *Optimistischen Tragödie* den Anführer, während des Interviews damals hatte ihn Alissa Koonen gelobt. Nun sah man, was für ein Mensch er war!
Und er, Wadim, hatte vor anderthalb Jahren ein Interview mit Alissa Koonen veröffentlicht! Natürlich konnte er sich damit herausreden, daß man ihn beauftragt hatte, die Schauspielerin zu interviewen. Aber in der Redaktion würde man sich bestimmt bestens daran erinnern, daß er das Interview selbst gebracht hatte. Der entscheidende Teil des Textes stammte nicht von ihm, sondern von der Koonen, andererseits waren die Randbemerkungen und Fragen auf seinem Mist gewachsen und brachten seine Begeisterung für das Theater und für Alissa Koonen deutlich zum Ausdruck. Und das konnte ihm ganz schön unter die Nase gerieben werden. Damals hatten ihn viele um seinen Erfolg beneidet, jetzt würden sie die Scharte auswetzen.
Offenbar war es verkehrt gewesen, sich zu sperren, als der Redakteur um seinen Beitrag gebeten hatte, da hatte er keinen guten Riecher gehabt. Jerschilow goß zusätzlich Öl ins Feuer. Er erzählte von der Sitzung im Komitee für Kunst, zu der er und Elsbein eingeladen gewesen waren.
»Wenn du gesund gewesen wärst, hätten sie dich auch eingeladen. Genaueres über die Sitzung wirst du morgen oder übermorgen in der *Sowjetskoje Iskusstwo* (Sowjetische Kunst) lesen können. Aber es ist nur gut, wenn du vorher schon einiges weißt: Kershenzew hat Tairow politische Feindseligkeit vorgeworfen.«
»Und die *Optimistische Tragödie?*« fragte Wadim, »diese Inszenierung hätte man doch nicht vergessen dürfen. Politische Feindseligkeit kann man der bestimmt nicht vorwerfen.«
»Diese Inszenierung wurde kein einziges Mal erwähnt. Kershenzew sagte: ›Kammertheater, das ist ein Name, der mit Schande bedeckt ist.‹«

Jetzt saß er richtig in der Patsche ... Ein Esel, daß er sich geweigert hatte, den Beitrag zu schreiben. Sollte er Jerschilow von der Sache erzählen?
»Ich bin von meiner Zeitung angerufen worden, und sie haben mich um einen Beitrag gebeten. Allerdings habe ich gesagt, daß ich krank und nicht imstande bin, den Beitrag zu schreiben.«
»Kleinigkeit ... Ruf an und sag, daß du wieder gesund bist. Gleich jetzt, ruf gleich jetzt an, ich warte solange.«
Wadim rief an, kam ins Zimmer zurück und sagte, daß alles in Ordnung sei.
»Sehr richtig: Man muß immer obenauf bleiben.«

Wadim rief nach Fenja und bat sie, ihm ein zweites Kissen als Rükkenstütze zu bringen. Im Sitzen würde er bequemer schreiben können. Er griff nach einem Buch, um es als Unterlage zu benutzen, aber das Papier rutschte ab. Er sah suchend zum Schreibtisch, dann zum Bücherregal und entdeckte dort ein altes Notizbuch. Das war das richtige.
Er schlug es auf und stieß auf die Eintragung *Chicago Tribune* vom 22. März: »Wir hoffen auf ein Wiedersehen mit ihnen. Ihre Abreise macht die Pariser Bühne ärmer. Wir warten mit Ungeduld auf die Rückkehr dieser genialen Schauspieler, und wenn wir uns an sie erinnern, werden wir oft an Rußland denken, denn nun wissen wir, daß das Licht auf der europäischen Bühne aus dem Osten kommt.«
Wo kam das Zitat her? Jetzt erinnerte er sich: aus der Broschüre *Politische Rezensionen der westlichen Presse über die Gastspielreise des Moskauer Staatlichen Kammertheaters.*
»Geniale Schauspieler!« »Das Licht auf der europäischen Bühne kommt aus dem Osten« ... Kein Zufall, daß die bürgerliche Presse sie so lobte ... Ihre Kunst nützte also der Bourgeoisie.
Er dachte voller Abneigung an die Koonen. »Mädchen ...« Sie sprach von einer dreißigjährigen Frau als »Mädchen«, diese feine Dame brauchte ein »Mädchen«, das sie bediente. Und es war auch nicht auf ihre Menschlichkeit zurückzuführen, daß sie sich dem Besucher gegenüber so einfach und demokratisch gab, nein, es lag an ihrer Indifferenz. Egal, mit wem sie sprach, für sie war die

Hauptsache, daß sie von sich und ihren Erfolgen erzählen konnte. Stefan Zweig, O'Neill, Jean Cocteau ...
Der Zuschauer hatte schon Recht, wenn er in seinem Beitrag schrieb: »Was im Kammertheater fehlt, das ist Bescheidenheit.« In der Tat, nichts als Angabe und Selbstlob! »Wir haben das Kleine Theater in diesem Wettbewerb geschlagen« ... Das Kleine Theater war da und würde bleiben, aber ob ihr bleibt, ist die Frage ... Das Kleine Theater wurde vom Volk gebraucht, vom Land gebraucht. Aber ob Sie vom Land gebraucht werden, liebe Madame Koonen, ist noch sehr fraglich. Jawohl, der Westen braucht Sie, das stimmt, der Westen klatscht Ihnen Beifall, aber bei unserem Publikum werden Sie jetzt wohl kaum Applaus ernten.

Andrej Andrejewitsch Marassewitsch wurde Wadims Beitrag im Krankenhaus gezeigt – es blieb ungewiß, ob man sein Söhnchen damit loben oder auslachen wollte. »Ihr Sohn führt eine gewandte Feder.«
Abends kam er wie immer in Wadims Zimmer und schob einen Stuhl an sein Bett.
»Ich habe deine Artikel gelesen. Du wirst verstehen, daß wir dort jetzt nicht mehr willkommen sein werden. Und ich fürchte, nicht nur dort.«
Er saß noch ein Weilchen da, den Blick zu Boden gerichtet und stand dann auf.
»Hast du Fieber gemessen?«
»Ich habe kein Fieber mehr«, brummte Wadim. »Wenn man uns dieses Haus verbietet, werden sich vielleicht bessere Häuser finden.«
Dann drehte er sich zur Wand um und schlief den tiefen Schlaf des Gerechten, der seine Pflicht erfüllt hat.

Wie auch beim letzten Mal kam der Anruf am frühen Morgen. Schlaftrunken griff Wadim nach dem Hörer, die bekannte grobe Stimme sagte in dienstlichem Ton: »Bürger Marassewitsch? Sie haben sich heute um zwölf Uhr im NKWD der UdSSR bei Genossen Altman zu melden. Den Passierschein erhalten Sie am Schalter Kusnezki-Most 24.«

Derselbe Raum mit den vergitterten Fenstern, derselbe Altman in einer Uniform, die schlotternd an ihm herabhing, dieselben eingefallenen Wangen und schwermütigen Augen.
Er kramte im Schreibtischfach, fischte eine Akte heraus, schlug sie auf, entnahm ihr das Protokoll der letzten Vernehmung und las es noch einmal durch.
Wadim beobachtete ihn mit ängstlichem Blick, wiederum von panischer Angst beherrscht. Er wußte nicht, womit Altman ihn diesmal überraschen würde.
Nachdem Altman die letzte Seite gelesen hatte, fragte er, ohne Wadim anzusehen, mit halblauter monotoner Stimme: »Bestätigen Sie Ihre Aussagen?«
»Aber natürlich, ich habe sie doch unterschrieben.«
»Wollen Sie irgend etwas ergänzen?«
Wadim sah eine Chance. Er mußte sie ausnutzen.
»Ja, sehen Sie«, begann Wadim, »Sie haben beim letzten Mal nach antisowjetischen Gesprächen gefragt. Ich wiederhole auch heute: Ich habe keinerlei konterrevolutionäre antisowjetische Gespräche geführt und konnte sie auch mit niemanden führen. Aber natürlich hat mich Ihre Frage sehr nachdenklich gemacht. Mir war klar, daß Sie eine solche Frage nicht zufällig gestellt haben, irgendwelche Gründe werden Sie sicherlich dafür gehabt haben. Ich vermute, daß ein Witz ein solcher Grund gewesen ist, ein Witz, den ich einem Bekannten erzählt habe, und zwar ganz zufällig. Aber ich habe das getan.«
»Was für ein Witz?« Altman lehnte sich zurück und sah Wadim zum ersten Mal voll ins Gesicht.
Wadim erzählte also den Witz, aber auch, von wem er ihn gehört und wem er ihn weitererzählt hatte. Er fügte hinzu, daß er dem Witz keine Bedeutung beigemessen habe, da er in Gegenwart eines Mitglieds des Parteikomitees erzählt worden sei und der Mann aus dem Parteikomitee überhaupt nicht reagiert, sondern sogar gelacht habe. Er, Wadim, habe den Witz seinem Friseur, Sergej Alexejewitsch, weitererzählt, denn wenn man beim Friseur sitzt, unterhält man sich immer über irgend etwas, zumal er diesen Friseur von klein auf kenne und er ein Mann sei, der nichts mit Politik zu tun habe. Seine ganze Einstellung zur Politik beschränke sich auf sie-

ben alberne Wörter: Ohne Lew Davidowitsch ist es nicht gegangen.«

Diese Version hatte sich Wadim hier bei Altman im Arbeitszimmer zurechtgelegt, eine ruhige, zurückhaltende Version, die ihm sehr überzeugend schien.

Altman schwieg eine Weile. Gerade dieses Schweigen wirkte besonders unheilvoll: Er gab Wadim zu verstehen, daß er ihm nicht traute, unzufrieden mit ihm war. Er machte außerdem den Eindruck eines Mannes mit sehr langer Leitung.

Dann griff Altman nach einem Bogen Papier und sagte: »Wiederholen Sie, wer Ihnen den Witz erzählt hat?«

Wadim wiederholte das Gesagte.

»Wann war das?«

Wadim nannte den Monat, an das Datum konnte er sich nicht mehr erinnern.

»Wem haben Sie den Witz weitererzählt?«

Bei dieser Gelegenheit stellte sich heraus, daß Wadim Sergej Alexejewitschs Zunamen nicht kannte. Altman notierte den Vor- und Vatersnamen, sowie die Adresse des Friseursalons.

»Was für Witze haben Sie außerdem erzählt und wem?«

Wadim zuckte die Achseln.

»Ich? Witze? Ich habe niemandem Witze erzählt.«

»Sie wollen mir weismachen, daß Sie in Ihrem Leben noch nie einen anderen Witz außer diesem gehört haben? Das wollen Sie mir weismachen?«

»Natürlich habe ich in meinem Leben schon verschiedene Witze gehört. Aber ich habe sie niemandem erzählt.«

»Was für Witze haben Sie gehört?«

»Daran kann ich mich nicht erinnern. Jedenfalls keine politischen.«

»Sondern?«

»Ganz einfach Witze ...«

»Marassewitsch! Sie wollen mir beweisen, daß ich ein Narr bin? Ich bin's nicht!«

Wieder kniff Altman die Augen zusammen, maß ihn mit seinem Henkerblick und sagte gehässig: »Hier gibt es überhaupt keine Narren.« Es klang wie ein Fauchen.

Wadim hatte auf einmal den Eindruck, es mit einem Geisteskranken zu tun zu haben. Das machte die Situation noch unheimlicher. Bei einem Irren mußte man auf alles gefaßt sein.
»Ich kann mich nicht mehr erinnern«, murmelte Wadim.
»Sie können sich also nicht erinnern«, sagte Altman und musterte Wadim haßerfüllt, »und wer soll sich an Ihrer Stelle daran erinnern? Ich vielleicht? Dann setzen Sie sich auf meinen Platz, und ich setze mich auf Ihren.«
Er stand auf.
»Na bitte sehr, setzen Sie sich doch«, er machte einen Schritt zur Seite und zeigte auf seinen Stuhl.
Wadim erstarrte vor Angst, dieser Wahnsinnige würde ihn gleich niederschießen, an seinem Koppel hing eine Pistole.
Altman setzte sich ebenso unerwartet, wie er aufgestanden war. Dann schwieg er wieder und sah jetzt nachdenklich und mit schwermütigen Blick in die Ecke. Plötzlich fragte er: »Werden im Schrifstellerverband Witze erzählt?«
»Wahrscheinlich schon.«
»Antworten Sie präzise: Werden dort Witze erzählt oder nicht? Mit ›wahrscheinlich‹ ist mir nicht gedient. Geben Sie präzis Auskunft.«
»Im Schriftstellerverband sind Hunderte von Menschen.«
»Ich habe nicht gefragt, wie viele Menschen im Schriftstellerverband sind, ich frage Sie: Erzählen sie Witze?«
»Sicherlich erzählt dort jemand Witze.«
»Wer ist dieser ›jemand‹?«
»Konkret kann ich das nicht sagen ...«
»Sie können das nicht?!« Altman verzog den Mund zu einem höhnischen Grinsen. »Sagen Sie lieber ›ich will nicht‹ ... Bei einem Witz hat man Sie ertappt, und an den können Sie sich erinnern. Wenn man Sie bei einem anderen ertappt, werden Sie sich auch an den erinnern. Aber dann ist es zu spät. Na gut! Kennen Sie Alexander Pawlowitsch Pankratow?«
»Pankratow? Ach richtig, Sascha Pankratow. Natürlich kenne ich ihn. Wir sind zusammen zur Schule gegangen.«
»Wissen Sie, wo er sich jetzt befindet?«
»Er ist verhaftet und deportiert worden. Ich glaube nach Sibirien.«

»Von wem wissen Sie das?«

»Wie meinen Sie das?« Wadim war verwirrt. »Wir haben in einer Straße gewohnt, sind auf dieselbe Schule gegangen. Alle wissen, daß er verhaftet worden ist.«

»Sie halten mich tatsächlich für einen Narren«, sagte Altman, »Sie wollen mich davon überzeugen, daß die ganze Straße einzig und allein von Pankratows Verhaftung spricht. Sie wollen mir weismachen, daß Sie nach wie vor zur Schule gehen, wo auch nur über Pankratows Verhaftung gesprochen wird ... Ja?«

»Ich habe am Arbat Mitschüler getroffen, und die haben mir erzählt, daß Sascha Pankratow verhaftet worden ist.«

»Und das ist alles.«

»Wie meinen Sie das?«

»Was heißt hier, wie ich das meine!« explodierte Altman. »Ich frage Sie klipp und klar: Ist das alles, was Sie vom Fall Pankratow wissen?«

»Ich weiß nichts von seinem Fall. Ich weiß nur, daß er verhaftet worden ist, weswegen, entzieht sich meiner Kenntnis.«

»Aha! Sie wissen also nichts! Alles, was Sie wissen, ist nur dieser eine Witz. Und Sie haben in Ihrem ganzen Leben nur einen einzigen Witz erzählt!«

Altman schwieg, dann kam wieder eine lange Pause und eine überraschende Frage: »Haben Sie einen Brief zu Pankratows Verteidigung geschrieben?«

»Einen Brief?« Wadim war wie vor den Kopf gestoßen, »einen Brief ...«

»Jawohl, einen ›Brief‹, einen ›Brief‹«, Altman verzog sein Gesicht wieder zu einer höhnischen Grimasse, »haben Sie einen Brief zu Pankratows Verteidigung geschrieben?«

Wadim erinnerte sich, daß sie bei Lena Budjagina im Eßzimmer gesessen hatten, als Nina den Vorschlag gemacht hatte, einen Brief zu Saschas Verteidigung zu schreiben. Er erinnerte sich an Lena, an Nina und Maxim ... Sascha war vor zwei Jahren verhaftet worden, Wadim hatte ihn mittlerweile völlig vergessen.

»Tja, sehen Sie«, begann er unsicher, »als Sascha Pankratow verhaftet wurde, war ich zu Besuch bei unserer Klassenkameradin Lena Budjagina, dort waren auch andere aus unserer Klasse.«

»Wer?!« unterbrach ihn Altman. »Wer konkret? Reden Sie gefälligst konkret, Marassewitsch, machen Sie keine Ausflüchte. Ich muß Ihnen ja buchstäblich jedes Wort aus der Nase ziehen. Es hat ein ganzes Jahr gedauert, bis Sie sich an Ihren Friseur erinnert haben, glauben Sie, daß das so weitergehen wird? Nein, wir geben Ihnen nicht ein Jahr für jeden Namen. Wir haben Mittel, Ihrem Gedächtnis auf die Sprünge zu helfen. Jawohl. Und das erste Mittel ist beispielsweise, daß wir Sie einfach hierbehalten. Hier, in einer Zelle werden Sie Ihr Gedächtnis wieder auffrischen.«
Wadim stockte der Atem, seine Hände zitterten, ihm war, als umspanne ein eiserner Reifen seine Stirn.
»Nun«, sagte Altman plötzlich ganz friedfertig, »werden Sie reden?«
»Bei Lena waren ich, Nina Iwanowa und Maxim Kostin. Wir alle kommen aus einer Klasse ...«
Altman notierte die Namen auf einem Blatt.
»Wir unterhielten uns über Sascha Pankratow, und Nina Iwanowa schlug vor, eine Erklärung an die GPU zu schreiben, daß wir Sascha Pankratow als einen anständigen Komsomolzen kennen. Ich widersprach und sagte, daß wir Sascha Pankratow als guten Komsomolzen in der Schule gekannt hatten, aber seitdem über sechs Jahre vergangen seien und in diesen Jahren habe er sich verändern können. Lena Budjagina ...«
»Schon gut, schon gut«, unterbrach ihn Altman ungeduldig. »Genug! Im großen und ganzen haben Sie die Frage erörtert, wie man diesen verurteilten Konterrevolutionär verteidigen könne. Das stimmt doch? Was glauben Sie: Wenn man Pankratow nach Paragraph 58 verurteilt hat, ist er dann ein Konterrevolutionär oder nicht?«
Wadim hätte entgegenhalten können, daß Sascha damals noch nicht verurteilt war, daß sie nicht wissen konnten, was man ihm vorwarf und daß er, Wadim, Nina tatsächlich widersprochen habe. Aber er fürchtete sich vor Altman, wollten keinen Widerspruch riskieren, befürchtete einen neuen Ausbruch des Vernehmungsführers und bestätigte unterwürfig: »Ja, natürlich, wenn Pankratow als Konterrevolutionär verurteilt worden ist, ist er zweifellos ein Konterrevolutionär. Das steht fest.«

»Und Sie wollten einen Konterrevolutionär verteidigen.«
»Aber ich persönlich ...«
»Was heißt denn ›ich persönlich, ich persönlich‹ ... Mich interessiert nicht, was jeder von Ihnen im einzelnen gedacht hat. Für mich ist allein die Tatsache ausschlaggebend, daß Sie sich getroffen haben, vier Mann hoch, also eine ganze Gruppe, und die Frage erörtert haben, wie man einem verhafteten Konterrevolutionär helfen könne. Sie wollten sogar einen Brief zu seiner Verteidigung abschicken. Haben Sie den Brief abgeschickt?«
Wadim hätte sagen können, daß der Brief gerade deshalb nicht abgeschickt worden war, weil er, Wadim, widersprochen hatte. Aber er hatte Angst, die Unwahrheit zu sagen, hatte Angst, daß Altman ihn als Lügner überführen könnte, und dann wäre die Situation noch schlimmer, viel schlimmer als jetzt. Darum sagte er: »Ich habe ja widersprochen, und dann haben wir Iwan Grigorjewitsch Budjagin, Lenas Vater, um Rat gefragt. Sie wissen doch, der Stellvertreter von Ordshonikidse, und er hat gesagt, wir sollten einen solchen Brief nicht abschicken.«
»Na also«, äußerte Altman zufrieden, »jetzt ist die Sache mehr oder minder klar, natürlich nicht alles, aber immerhin etwas.«
Er legte ein Vernehmungsblatt vor sich hin, griff nach dem Federhalter und begann, das Protokoll aufzusetzen.
Wadim saß ihm gegenüber und wagte sich nicht zu rühren.
Altman schrieb lange und zog zuerst das Notizblatt zu Rate, auf dem die Namen Elsbein, Jerschilow und Sergej Alexejewitsch vermerkt waren, dann das Blatt, das die Namen von Lena, Nina und Maxim trug.
Wadim begriff, daß nun die Freunde und alle anderen, die er genannt hatte, hierher zitiert werden könnten. Na und? Er empfand keine Gewissensbisse. Man hatte ihn herbestellt, vernahm ihn, warum sollte man die anderen nicht ebenfalls verhören? Er hatte kein unwahres Wort geäußert, niemanden angeschwärzt, niemanden verraten, hatte gesagt, wie es gewesen war. Sollte man sie herbestellen, sollten sie auch sagen, wie es war. Warum mußte er sich für irgend jemanden aufopfern? Nein, er würde sich nicht aufopfern, und sie brauchten das auch nicht zu tun. Sie würden die Wahrheit sagen, und ihnen würde nichts passieren.

Altman war endlich mit seinem Protokoll fertig und hielt Wadim die beschriebenen Bogen hin.
»Lesen Sie, alles richtig notiert?«
Wadim begann zu lesen. Alles war richtig, aber der Eindruck, den man beim Lesen bekam, war schlimm. Elsbein hatte den Witz in Anwesenheit von Jerschilow zum besten gegeben, und er, Wadim, hatte ihn seinem Friseur Sergej Alexejewitsch weitererzählt. Sergej Alexejewitsch erwähnte Trotzki bei jedem Gespräch mit deutlicher Sympathie. Seinen Worten war zu entnehmen, daß alle Beschuldigungen, die gegen Trotzki erhoben wurden, absolut grundlos waren. Nina Iwanowa hatte vorgeschlagen, eine Eingabe zur Verteidigung des verhafteten Konterrevolutionärs Pankratow zu machen. Diese wurde in der Wohnung des Stellvertretenden Volkskommissars I. G. Budjagin diskutiert und zwar von ihm, Wadim, Nina Iwanowa, Jelena Budjagina, Maxim Kostin. Auf Anordnung des Stellvertretenden Volkskommissars I. G. Budjagin war die Eingabe nicht abgeschickt worden.
Je weiter Wadim las, desto größeres Entsetzen packte ihn.
»Sergej Alexejwitsch erwähnte Trotzki jedesmal mit nicht zu verkennender Sympathie ...« Sergej Alexejewitsch war bestimmt ein Spitzel (er tat ihm nicht leid), aber trotzdem konnte Wadim nicht mit Sicherheit behaupten, daß er Trotzki »mit Sympathie« erwähnt hatte, eher schon mit Spott. Ferner »die Eingabe« wurde diskutiert ... »auf Anordnung von Budjagin« – das ließ an irgendeine Organisation denken. Oder wie man es auffassen wollte.
»Na«, hörte er Altmans halblaute, schleppende Stimme, »womit sind Sie nicht einverstanden? Ich rate Ihnen, sich nicht mit stilistischen und grammatikalischen Feinheiten aufzuhalten. Die spielen keine Rolle. Wesentlich ist nur die Sache selbst.«
Solche Worte hatte Wadim von Altman nicht erwartet, er war überzeugt gewesen, daß Altman solche Worte überhaupt nicht kannte. Wieso hatte er in ihm nicht den Intellektuellen erkannt?
Altman fuhr fort: »Wen wollen Sie eigentlich retten? Lassen Sie das gefälligst. Jeder von ihnen ist im Stande, für sich selbst einzustehen, da können Sie sicher sein. Und sich selbst retten Sie nur, wenn Sie das Protokoll unterschreiben. Warum? Weil das Protokoll richtig ist.«

Eigentlich hätte er widersprechen müssen. Aber widersprechen war nutzlos. Mit seinem Widerspruch würde er Altman bloß reizen. Selbst wenn er erreichte, daß irgendein Wort durch ein anderes ersetzt wurde, was änderte das schon? Die Hauptsache war, von hier wegzukommen.
Altmans Blick hing an seiner Hand, verfolgte jede Bewegung. Wadim spürte das und unterschrieb das Protokoll.
Altman nahm die Bögen an sich, legte sie zu dem Protokoll, das Wadim beim letzten Mal unterschrieben hatte, schloß die Akte und packte sie in das Schreibtischfach. Während er sich leicht zurücklehnte, sah er Wadim nun schon ganz anders, mit einem freundschaftlichen Blick an.
»Wadim Andrejewitsch, wissen Sie, was Sie soeben unterschrieben haben?«
»Ich habe ehrlich unterschrieben, was Sie mir vorgelegt haben.«
»Jawohl, ehrlich. Und ich weiß das zu würdigen.«
Wo war der verkniffene Henkerblick geblieben, seine hysterische Art? Jetzt sprach ein ruhiger, wohlwollender und guterzogener Mann mit Wadim.
»Ich wiederhole, daß ich das zu schätzen weiß, ebenso wie ich Ihre literarische Arbeit schätze. Ihren letzten Beitrag über das Kammertheater weiß ich sehr wohl zu würdigen. Ich war sogar erstaunt, daß Sie imstande waren, eine solche Arbeit zu schreiben, obwohl Sie bestimmt nicht in bester Verfassung und zweifellos deprimiert waren, wie es ja nach unserer Bekanntschaft auch nicht anders sein konnte. Aus irgendeinem Grund ist man der Ansicht, daß die Bekanntschaft mit uns gefährlich ist, aber das stimmt nicht. Die Bekanntschaft mit uns ist nützlich. Um aber zu Ihrem Artikel zurückzukehren: Er ist zweifellos gut, obwohl einige wenige Aspekte, wenn nicht direkten Widerspruch, so doch immerhin eine gewisse Kritik beim Leser aufkommen lassen ... Nun ja, nur geringfügige Anmerkungen ... Nicht mal zum Inhalt, eher zur Form. Aber das ist nicht das Entscheidende. Entscheidend ist etwas anderes. An Ihrer Stelle würde ich mich von dem Interview mit der Koonen irgendwie distanzieren.«
Er sah Wadim an.

Wadim war betroffen, er hätte nie vermutet, daß Altman so genau über ihn Bescheid wußte.
Zufrieden mit dem Eindruck, den er auf Wadim gemacht hatte, fuhr Altman fort: »Warum ich das sage? Es gibt viele schlechte Menschen, Sie haben viele Neider, die Ihnen jetzt am Zeug flicken werden: Heute schreibt Genosse Marassewitsch so, aber vor anderthalb Jahren hat er noch ganz anders getönt. Einem solchen Angriff würde ich zuvorkommen. Sie hätten sich selbst auf das Interview berufen und zeigen sollen, daß das Theater schon damals, vor anderthalb Jahren, an den schweren Irrtümern krankte, die ihm gegenwärtig angelastet werden. Aber das haben Sie leider nicht getan.«
Er sah Wadim an, in seine Augen war ein anderer, sonderbar anmutender Ausdruck getreten.
»Schade. Denn als Sie das Theater über den grünen Klee lobten, war der ausgepichte Spion und Terrorist Pikel der Direktor des Theaters. Sie lesen doch Zeitung und wissen, wofür man Pikel erschossen hat?«
»Aber ich war gar nicht mit ihm bekannt«, stammelte Wadim.
»Das müßte noch bewiesen werden, Wadim Andrejewitsch. Und das wird schwer zu beweisen sein. Sie sind ständiger Gast im Kammertheater, sein ständiger Rezensent sozusagen, Sie haben sogar einen Platz in der fünften Reihe zur ständigen Verfügung. Und nun behaupten Sie, daß Sie mit dem Theaterdirektor nicht bekannt waren?«
»Aber ich habe ihn wirklich ...«
»Schon gut, schon gut«, unterbrach ihn Altman, »über Pikel wollen wir nicht reden. Auch nicht über das Theater und nicht über die Kunst, denn sonst«, er lachte und zwar auf sehr sympathische Art, »sonst würde uns diese Diskussion vom eigentlichen Kern der Dinge wegführen. Ich möchte, daß Sie über die Schwere Ihres Geständnisses absolute Klarheit gewinnen. Erstens: In Ihrer Gegenwart ist ein antisowjetischer Witz erzählt worden. Wie haben Sie darauf reagiert? Sind Sie zu uns gekommen, oder sind Sie wenigstens zum Parteikomitee gegangen, um dort den Vorfall zu melden und den betreffenden Sowjetfeind anzuzeigen? Mitnichten. Ganz im Gegenteil. Und Sie selber haben diesen Witz weitererzählt.

Wem? Ihrem Friseur. Nur ihm? Sie behaupten, Sie hätten nur ihm diesen Witz erzählt. Wir haben aber keinen Anlaß, Ihnen zu glauben. Wenn Sie einem Bekannten diesen Witz erzählt haben, könnten Sie ihn auch einem anderen erzählt haben. Jedenfalls haben Sie diesen Witz gehört, wir wissen jetzt von wem und wissen auch, wem Sie ihn weitererzählt haben. Ein Zufall? Es kommt natürlich vor, daß man zufällig so etwas hört und zufällig weitererzählt. Aber auch das verzeihen wir nicht – jeder muß wissen, was er erzählt. Aber bei Ihnen, Wadim Andrejewitsch, war das kein Zufall, o nein, das war es keineswegs.«

Altman kniff wieder die Augen zusammen, und Wadims Herz zog sich erneut vor Angst zusammen. Dann wurde Altmans Blick wieder menschlich, und er fuhr fort: »Warum kein Zufall? Weil Sie, Wadim Andrejewitsch, ein verkappter Trotzkist sind.«

Wadim wollte schon entrüstet hochfahren, aber Altman hob beschwichtigend die Hand.

»Immer mit der Ruhe, immer mit der Ruhe! Sie haben sich versammelt, eine Gruppe gebildet und einen Brief zur Verteidigung eines verhafteten Konterrevolutionärs diskutiert. Sie behaupten, daß Sie gegen einen solchen Brief gewesen seien. Wir wollen Ihnen glauben, meinetwegen, Sie haben also widersprochen. Aber warum haben Sie widersprochen? Weil man einen Konterrevolutionär nicht verteidigen darf? Nein, Sie haben widersprochen, weil angeblich viel Zeit seit dem Schulabschluß verflossen war. Ist das eine sowjetische Einstellung? Nein, eine sowjetische Einstellung setzt einen ganz anderen Standpunkt voraus: Ich will und werde nie und nimmer einen verhafteten Konterrevolutionär verteidigen und bin auch nicht gewillt, diese Frage zu diskutieren. Das ist eine sowjetische Einstellung. Und die haben Sie nicht bewiesen. Im Gegenteil. Sie haben an der Diskussion dieser Frage teilgenommen und hätten diesen Brief bestimmt unterschrieben, wenn Budjagin es nicht verboten hätte. Und warum er es verboten hat, wissen Sie auch nicht. Sie haben sich nicht von Ihrer sowjetischen Bürgerpflicht leiten lassen, sondern von einem fremden Befehl. Auf welcher Grundlage haben Sie sich denn Ihre Meinung gebildet? Sie stammt aus dem Milieu, in dem Sie großgeworden sind. Sie sind in einem Haus aufgewachsen, in dem Ausländer aus und ein gehen durften. Professor Kramer, Rossolini«, seine Stimme klang auf einmal angewidert, »ach, was für liebe Menschen ... Sind Sie überzeugt von der Loyalität dieser Ausländer uns gegenüber? Können Sie dafür bürgen, daß sie ausschließlich aus wissenschaftlichen Erwägungen und mit wissenschaftlichen Zielen zu uns kommen? Können Sie das?«

Wadim schwieg bedrückt.

»Das können Sie nicht«, antwortete Altman statt seiner. »Aber Sie haben mit ihnen an einem Tisch gesessen, gegessen und getrunken, haben ihren Gesprächen zugehört und sind kein einziges Mal zu uns gekommen, um zu sagen: Diese Ausländer führen sehr sonderbare Reden bei uns. Und einen von ihnen, einen ausgekochten Sowjetfeind, hat Ihre Schwester geheiratet. Dieser Mann ist nicht nur ein Sowjetfeind, er ist ein Spion, der rechtzeitig weggefahren ist und sich gerettet hat, um mit heiler Haut unserer Justiz zu entkommen. Und weggefahren ist er nicht allein, sondern hat auch Ihr Schwesterchen mitgenommen – sicherlich auch kein Zufall. Gibt es nicht genug hübsche Mädchen in Paris? Mehr als genug. Übrigens stammt seine ehemalige Braut aus einer der reichsten Familien Frankreichs, und er hat sie Ihrer Schwester zuliebe sitzenlassen. Ich will Ihnen auch sagen, warum: Um diese rechtzeitig von hier wegzubringen. Jawohl, sie hat nämlich auch Dreck am Stecken, wie man so sagt. Er hatte den Befehl, sie wegzubringen, sie zu retten, und das hat er getan.«

Er schwieg, hielt die gekreuzten Arme über den eingefallenen Bauch und sah mit schwermütigem Blick über Wadim hinweg.

»So ergibt sich ein Rattenschwanz von verdächtigen Momenten, Wadim Andrejewitsch, und das ist mehr als übel und außerordentlich ungünstig für Sie. Allein schon für den Witz über den Genossen Stalin hätte man Sie längst einlochen müssen ... Ferner diese Ausländer und obendrein die Verteidigung der verhafteten Konterrevolutionäre. Aber wir haben Sie nicht eingelocht, Wadim Andrejewitsch, wir haben Sie verschont ... Warum wohl? Ich will es Ihnen unumwunden sagen: Weil wir Sie schätzen. Wir schätzen Sie als Kritiker«, er lächelte spöttisch, »Sie sind natürlich kein Belinski und auch kein Tschernyschewski, aber in Ihren Beiträgen vertreten Sie einen richtigen Standpunkt. Aber nun erhebt sich die

Frage: Vertreten Sie ihn ehrlich, oder heucheln Sie? Ihrer Akte zufolge«, er wies auf das Schreibtischfach, in dem die Protokolle lagen, »dürfen wir Zweifel an Ihrer Aufrichtigkeit hegen. Es gibt ausreichende Gründe für solche Zweifel. Sie müssen also«, er warf Wadim einen langen, vielsagenden Blick zu, »Ihre Aufrichtigkeit beweisen. Das wär's, Wadim Andrejewitsch. Wie schätzen Sie die Situation ein?«

Wadim hob die Schultern.

»Ich weiß nicht ... Eine ganz dumme Geschichte ...«

»Sie müssen sich Ihre Haltung sehr genau überlegen, Wadim Andrejewitsch.«

»Jawohl, natürlich«, stammelte Wadim, »ich werde jetzt viel vorsichtiger sein.«

»Nun ja, Vorsicht ist natürlich sehr gut«, bestätigte Altman, »aber was machen wir damit?« Er wies erneut auf das Schreibtischfach. »Was soll ich meinem Vorgesetzten melden? Sobald mein Vorgesetzter diese Akte liest, wird er mich fragen: ›In welcher Zelle sitzt dieser Marassewitsch ein?‹ Was soll ich ihm antworten? Er hat versprochen, vorsichtiger zu sein – soll ich ihm das melden? Dann werden sie mich in die Zelle setzen, die für Sie bestimmt ist. Aber ich habe nicht die geringste Lust zu sitzen, Wadim Andrejewitsch, nein, das will ich nicht.«

Er schwieg wieder.

Wadim wagte keine Bewegung. Ihn plagte sein übliches Sodbrennen, er hätte jetzt Soda einnehmen müssen, er hatte wie immer Sodatabletten bei sich, wagte jedoch nicht, um Wasser zu bitten.

»Wir wollen zu einem Ende kommen, Wadim Andrejewitsch«, sagte Altman auf einmal fröhlich. »Ich wiederhole: Sie müssen Ihre Aufrichtigkeit beweisen. Und wenn Sie sie beweisen, wird das alles«, er klopfte gegen das Schreibtischfach, »tatsächlich wie ein dummer Zufall aussehen. Haben Sie mich verstanden, Wadim Andrejewitsch?«

»Ja, ja, natürlich.«

Er verstand, verstand nur zu gut, was man von ihm verlangte. Und er verstand gleichzeitig, daß er ihre Forderung annehmen würde, fürchtete jedoch, das selbst auszusprechen.

»Was denn: ja«, sagte Altman mürrisch, »was verstehen Sie?«

»Ich verstehe, daß ich meine Aufrichtigkeit beweisen muß.«
»Und wie?«
»Ich weiß nicht ..., ich bin ja gern bereit. Aber, ich weiß einfach nicht ...«
»Na schön, dann will ich es Ihnen sagen«, sagte Altman fest, »Sie müssen uns in unserem Kampf gegen die Feinde der Partei und des Staates helfen.«
»Aber meine Artikel, meine Vorträge ...«
»Ihre Artikel und Vorträge kennen wir, das habe ich Ihnen bereits gesagt. Aber sie betreffen Literatur und Kunst. Wir aber wollen über Menschen informiert werden, die sich mit Kunst und Literatur befassen, wollen wissen, wer sie sind, was sie in Wirklichkeit denken, was tatsächlich ihre Mentalität ist, und nicht, was sie in Versammlungen sagen. Wir wollen nicht wissen, was sie auf der Rednertribüne, sondern privat sagen. Wir brauchen einen Referenten.«
»Bitte sehr ...«
Altman fischte einen Bogen Papier aus der Schublade, reichte Wadim den Federhalter.
»Schreiben Sie!«
»Was denn?«
»Daß Sie bereit sind, uns zu helfen.«
»Das werde ich tun, aber warum soll ich etwas schreiben?«
»Aber wie soll ich das oben melden?« Altman hob den Finger zur Decke. »Daß Sie nur eine mündliche Zusage gegeben haben?«
Er öffnete das Fach, holte die Akte mit den Protokollen heraus und warf sie gereizt auf den Tisch.
»Hier ist alles über Sie aufgezeichnet, schlimm, alles Negative notiert, aber etwas Positives wollen sie nicht aufschreiben: Sie sagen bloß, daß Sie uns helfen wollen, aber so ist das nur ein leeres Versprechen.« Er sah auf die Uhr. »Also entscheiden Sie selbst, kein Mensch zwingt Sie. Wir haben nun schon zwei Stunden verquatscht. Sie können sich gewiß denken, daß ich auch noch anderes zu tun habe.«
Er lehnte sich zurück, kniff wieder die Augen zusammen, seine Lippen zogen sich zu einem angewiderten Grinsen zusammen.
»Also entscheiden Sie sich.«

Wadim tauchte die Feder ins Tintenfaß.
»Was soll ich schreiben?«
Er fragte mit ruhiger, sogar würdevoller Stimme – jetzt waren sie an ihm interessiert.
Altman diktierte langsam, immer wieder Pausen einlegend, aber fest und unerbittlich: »Ich, der Unterzeichnete Wadim Andrejewitsch Marassewitsch, verpflichte mich, den NKWD über alle Aktionen, Gespräche, Korrespondenzen und Veröffentlichungen zu informieren, die der Sowjetmacht Schaden zufügen. Ebenso verpflichte ich mich, auf Weisung des NKWD literarische und andere, die Kunst betreffende Werke für diese Behörde zu rezensieren. Haben Sie das fertig? Das war's schon. Wir verpflichten Sie nicht, Ihre Berichte mit Ihrem Namen zu unterschreiben. Es kann ja alles Mögliche passieren: Sie könnten sie verlieren oder irgendwo vergessen, und dann findet das jemand. Wir wollen Ihnen Ihr Leben nicht erschweren. Darum werden Sie Ihre Berichte am besten mit einem Decknamen unterschreiben. Sie können einen Männernamen oder einen Frauennamen wählen. Ich hoffe, Sie empfinden einen Frauennamen nicht als Affront?«
Schwarzer Humor, hol's der Teufel. Er verspottete ihn auch noch zu allem Überfluß.
»Ich würde einen Männernamen bevorzugen«, antwortete Wadim.
»Schön ... Sie heißen Wadim ... Haben Sie nichts gegen Vaclav? Einverstanden mit Vaclav?«
»Ja.«
»Dann setzen Sie noch hinzu: Meine Berichte werde ich mit dem Namen Vaclav unterzeichnen. Haben Sie das? So, und jetzt unterschreiben Sie ... Auch das Datum. Den Wievielten haben wir heute?«

31

Stalin begab sich vor dem Frühstück in den Garten, um sich etwas Bewegung zu verschaffen. Der Mohn blühte. Vor dem Grün des Rasens sahen die Levkojen besonders hübsch aus, weiß, blau und dunkelviolett. Etwas weiter entfernt standen unbekannte, langstielige Blumen, die man auch von der Veranda aus sehen konnte und die in der Mitte des Stengels mit schwarzen Papierbändern umwickelt waren. Warum eigentlich? Und wieso schwarzes Papier? Ein unangenehmer Anblick.
Walja, die Serviererin, brachte das Frühstück.
ER winkte sie zu sich heran, führte sie auf die Veranda und zeigte auf die Blumen.
»Was soll das?«
Walja antwortete lachend:
»Das sind doch Gladiolen, Jossif Wissarionowitsch, die tiefergelegenen Blüten öffnen sich früher als die oberen. Es ist aber schöner, wenn die ganze Blume gleichzeitig blüht. Deshalb werden die unteren Knospen mit schwarzem Papier umwickelt, damit sie nicht blühen, bevor sich die oberen geöffnet haben. In Subalowo hat man das doch genauso gemacht ...«
Sie schwieg erschrocken, weil ihr plötzlich einfiel, daß Wlassik ihr strengstens verboten hatte, Subalowo auch nur zu erwähnen.
Stalin erwiderte nichts, sah Walja nur böse an und ging ins Zimmer zurück. Ohne das Frühstück anzurühren warf er seinen Militärmantel über und ging zur Gartenpforte.
Walja sah ihm fassungslos nach, ihr traten Tränen in die Augen – Jossif Wissarionowitsch tat ihr leid, sie hatte ihn, wenn auch ohne es zu wollen, gekränkt, schlimm, und nun war er ohne Frühstück weggefahren ... Warum war ihr dieses Subalowo so unbedacht herausgerutscht, was hatte sie bloß angestellt!

Der Wagen glitt eine schmale Straße entlang, die zur Moshaisker Chaussee führte. Stalin beachtete nicht den neben dem Fahrer sitzenden Oberst, sah nicht die vor und hinter ihm auftauchenden Wagen, die zu seinem Personenschutz gehörten. Er sah zerstreut auf die Tannen rechts und die Birken und Espen links – der ganze Wald wurde minutiös kontrolliert, wurde unauffällig bewacht, aber gerade von einer Wache konnte er einen Genickschuß oder eine Kugel in die Stirn bekommen. Pauker versicherte, jeder vom Personenschutz achte nicht nur auf die Straße, sondern auch auf den Nebenmann, darum seien »Zufälligkeiten« absolut ausgeschlossen, wie sich dieser Fuchs Pauker ausgedrückt hatte. Trotzdem schienen IHM diese düsteren Tannen, die herbstlich kahlen Espen und Birken verdächtig und bedrohlich.
Stalin war wohler, als der Wagen in die Moshaisker Chaussee einbog und dann die Dorogomilowo-Straße entlangjagte: Hier standen keine Tannen, keine Espen und Birken, hinter denen sich unsichtbare Schützen verbergen konnten, und wer weiß auf wen schießen würden. Hier lag eine übersichtliche Straße vor ihm, der Personenschutz war gut eingespielt, der Verkehr gestoppt, hier funktionierte die Angst.
In alten Zeiten hatten die Untertanen, wenn der Herrscher vorüberfuhr, sich zu Boden werfen, liegenbleiben müssen, ohne den Kopf zu heben, als Beweis ihrer sklavischen Treue und Demut. Nein, nicht deshalb war das Brauch gewesen, die Untertanen mußten liegenbleiben, ohne den Kopf zu heben, um jede Möglichkeit eines Attentats auszuschließen. Jeder erhobene Kopf wurde von der Leibwache sofort mit dem Säbel abgeschlagen. Eine sehr vernünftige Ordnung. Die Alten wußten, wie sie sich vor der Menge zu schützen hatten. Aber wie man sich vor Palastrevolutionen schützen konnte, das wußten bei weitem nicht alle.
Hatte ER richtig gehandelt, als er sein Versprechen nicht gehalten und Sinowjew und Kamenew hatte hinrichten lassen?
Absolut richtig.
Warum?
Weil der Prozeß den Interessen der Partei und des Staates gedient hatte, weil die Aussagen der Angeklagten den Interessen der Partei und des Staates entsprochen hatten.

Wären die Angeklagten trotz der Verbrechen, die sie eingestanden hatten, verschont worden, hätte das die Glaubwürdigkeit ihrer Geständnisse, die Glaubwürdigkeit ihrer ungeheuerlichen Verbrechen in Frage gestellt.
Wären sie verschont worden, hätte man solch ungeheuerliche Verbrechen als entschuldbar hingestellt.
Wären sie verschont worden, hätte man andere zu ähnlichen Verbrechen verleitet.
Wären sie verschont worden, hätte man der Partei und dem Staat einen nicht wieder gutzumachenden Schaden zugefügt.
Victor Hugo hatte einmal gesagt, ein Verbrecher bliebe ein Verbrecher, einerlei ob er den Kittel eines Zuchthäuslers oder eine Königskrone trüge. Eine schöne, aber echt französisch-hohle Phrase. Ein Verbrecher handelt aus persönlichen Motiven, ein Herrscher läßt sich von den Interessen des Staates leiten und kann darum kein Verbrecher sein, denn nur der Herrscher entscheidet, was den Interessen des Staates dient und was nicht.
Lenin hatte viel über die Wahrheit gesprochen und hatte Wahrheit verlangt. Natürlich war Lenin ein großer Revolutionär gewesen, aber ein Revolutionär, der leider von Vorstellungen westlicher Prägung über Moral und Sittlichkeit beeinflußt war und der sich deshalb von manchen bürgerlichen Vorurteilen nicht freimachen konnte.
»Gewissen« war ein abstrakter und hohler Begriff. »Gewissen« – das war nichts als eine Tarnkappe für Andersgesinnte: »Ich bin kein Politiker, ich habe keine politischen Anschauungen, ich habe nichts als mein Gewissen.« Eine hinterlistige Formulierung, nichts weiter.
Menschen, die dieses sogenannte Gewissen besaßen, waren gefährlich. Sie hielten sich für berechtigt, selbst zu entscheiden, was sittlich und was unsittlich war. Sie dehnten dieses Recht auf alles aus, auch auf die Politik. Das sogenannte Gewissen gestattete ihnen, über die Aktionen der Partei und des Staates zu urteilen, also über SEINE Aktionen. Das sogenannte Gewissen erlaubte ihnen, Überzeugungen zu haben, die sich von SEINEN Überzeugungen unterschieden. Das mußte ein für allemal unterbunden werden.
Marx hatte einst geschrieben, daß niemand wegen seiner politi-

schen und religiösen Überzeugungen ins Gefängnis gesperrt werden dürfe. Marx hatte leicht reden und schreiben – er hatte keine Regierungsgewalt. Auch Marx war in bürgerlichen Vorurteilen befangen. Hätte er über Regierungsgewalt verfügt, hätte er verstanden, wie schwer sich politische Anschauungen in politische Taten verwandeln lassen und wie leicht ein Andersdenkender ein potentieller Feind wird.

Lenin hatte eine Partei geschaffen, die im Stande war, die Macht zu ergreifen und zu behalten. Aber wie viele Parteien hatten in der Geschichte der Völker bereits existiert, sie ergriffen die Macht und hielten daran fest, aber nur für gewisse Zeit.

ER hatte eine Partei geschaffen, die die Macht für immer behalten würde.

ER hatte eine Partei von völlig neuem Typus geschaffen, eine Partei, die sich von den Parteien aller Zeiten unterschied, eine Partei, die nicht nur das Symbol des Staates war, sondern die einzige gesellschaftliche Kraft innerhalb des Staates, eine Partei, der anzugehören nicht mehr nur als Ehre galt, sondern die zugleich Sinn und Inhalt des Lebens ihrer Mitglieder darstellte. ER hatte die Idee der Partei als solcher geschaffen, die Partei als absoluten Begriff, als das Absolute überhaupt, das alles ersetzte: Gott, Moral, Heim, Familie, die Gesetze der gesellschaftlichen Entwicklung.

Eine solche Partei hatte es in der Geschichte der Menschheit noch nie gegeben. Eine solche Partei war der Garant für die Unerschütterlichkeit des Staates, SEINES Staates.

Aber wenn die Partei das Absolute verkörperte, so war auch ihr Führer absolut.

Der Führer der Partei war die absolute Verkörperung ihrer Moral und Ethik.

Und das, was ER tat, war moralisch. Eine andere Moral und Ethik gab es nicht und konnte es nicht geben. Moral und Ethik hatten dem Staat zu dienen, den Interessen des Staates, SEINEN Aufgaben und Zielen zu entsprechen.

Die wichtigste Aufgabe war jetzt die Kaderrevolution. Um die gegenwärtigen und künftigen Feinde zu vernichten, mußten zuerst die Feinde von gestern vernichtet werden.

Der Wagen rollte über die Borodinski-Brücke. Stalin betrachtete sie mit Wohlgefallen. Ihm gefielen die wuchtigen Pfeiler, auf denen die Brücke ruhte, die Obelisken zu Ehren der Schlacht von Borodino mit den ehernen Gedenktafeln, das Halbrund der Kolonnaden mit den militärischen Symbolen. Eine kompakte, solide und schöne Bauform. So mußte man bauen und nicht wie die zeitgenössischen formalistisch ausgerichteten Architekten mit ihren plumpen, nichtssagenden Kästen.

Sie fuhren zum Smolenski-Platz hinauf und auf den Arbat zu. Stalin gab sich wieder seinen Gedanken hin.

Die erste Etappe war also durchgestanden, der erste Prozeß abgeschlossen, die Angeklagten waren erschossen.

Was lehrte dieser Prozeß? Er hatte zweifellos SEINE Hoffnungen erfüllt. Erstens waren Sinowjew und Kamenew für immer erledigt, physisch und politisch.

Zweitens waren beim Prozeß die Namen von Pjatakow, Radek, Sokolnikov, Serebrjakov und anderer Trotzkisten genannt worden. Sie waren bereits verhaftet und nun lief die Untersuchung gegen das »Parallele Zentrum«, dem sie angehört hatten. Aber das reichte nicht aus, um sie wegen Terrors anzuklagen. Schließlich und endlich war Terror eine Form des Kampfes. Marxisten erkannten den Terror offiziell nicht an, und nicht etwa deswegen, weil er angeblich unmoralisch, sondern weil er wirkungslos war. Die Sozialrevolutionäre hatten ihn für wirksam gehalten und angewandt. Die Mitglieder der Partei »Narodnaja Wolja« ebenfalls. In der russischen revolutionären Bewegung hatte der individuelle Terror tiefgehende Wurzeln. Wenn man das an die große Glocke hängte, so könnte es sich im Bewußtsein der Jugend festsetzen. Nachahmer würden sich finden. Und das durfte nicht zugelassen werden. Darum mußten gegen die Angehörigen des »Parallelen Zentrums« andere, aber nicht minder schwerwiegende Beschuldigungen erhoben werden.

Drittens waren die Namen von Bucharin, Rykow, Tomski, Uglanow und anderen Rechten gefallen, so daß die Grundlage für eine Gerichtsverhandlung gegen sie gegeben war.

Nachdem Tomskis Name bei der Gerichtsverhandlung erwähnt worden war, hatte er sich am 22. August auf seiner Datscha in Bolschewo erschossen. Das Zentralkomitee hatte diese Tat verurteilt: Tomski hatte damit lediglich die Stichhaltigkeit der gegen ihn und

folglich gegen alle Bucharin-Anhänger erhobenen Beschuldigungen bestätigt.
Viertens waren folgende Militärs genannt und verhaftet worden: Korpskommandeur Putna, Korpskommandeur Primakow und Divisionskommandeur Schmidt, wodurch eine Basis für die Liquidation der von Tuchatschewski geführten Verschwörer innerhalb der Armee gegeben war.
Das waren die positiven Aspekte des Prozesses. Es gab aber auch negative Faktoren, dazu gehörte insbesondere die mangelhafte Vorbereitung, nicht jedes Detail war genügend durchdacht worden, es hatte Ungenauigkeiten gegeben, die dem Lumpen Trotzki ermöglicht hatten, eine Hetz- und Dementierungskampagne in der bürgerlichen Presse zu entfesseln.
Natürlich war eine solche Kampagne zu erwarten gewesen, aber der Schnitzer mit Golzman war empörend. Genau eine Woche nach der Erschießung der Verurteilten hatte das offizielle dänische Regierungsorgan eine Meldung veröffentlicht, derzufolge das Hotel »Bristol«, wo sich Golzman nach seiner Aussage mit Sedow getroffen hatte, um anschließend mit ihm zu Trotzki zu fahren, schon 1917 abgerissen worden war und in Kopenhagen kein anderes Hotel »Bristol« existierte.
Ein bedenkliches Versehen. Das hatte Jagoda absichtlich ausgeheckt, um den Prozeß in Verruf zu bringen.
Jawohl, ER hatte ihnen die Idee nahegelegt, daß Golzman sich mit Trotzki getroffen hätte, aber warum hatten sie ein Hotel genannt, das es nicht gab, warum waren sie überhaupt auf ein Hotel verfallen? Golzman hätte aussagen können, sie hätten sich im Hafen getroffen. Golzman hatte doch ausgesagt, er sei eigens aus Berlin nach Kopenhagen gereist und zwar nur, um Trotzki zu treffen. Also hätte Sedow ihn am Hafen abholen und dann zu seinem Väterchen Trotzki bringen können.
So einfach und klar war das. Aber nein, sie hatten sich ein Hotel einfallen lassen, obendrein ein Hotel, das überhaupt nicht existierte. Solche Schnitzer durften nicht mehr vorkommen. Damit mußte Schluß gemacht werden. Aber mit Jagoda mußte ebenfalls Schluß gemacht werden.

Jagoda saß Stalin gegenüber und rechtfertigte sich wegen des Schnitzers mit dem »Bristol«. Ein Mitarbeiter habe die Liste mit der Aufzählung der Hotels in Oslo mit der in Kopenhagen verwechselt, in Oslo gebe es ein »Bristol«. Der Mitarbeiter sei strengstens bestraft worden.

»Wie bestraft?« fragte Stalin.

»Er ist degradiert und in die Verwaltung für Häftlingslager versetzt worden.«

Stalin sah ihn mit schwerem Blick an.

»Hier handelt es sich um den vorsätzlichen Sabotageakt eines Schädlings, darauf angelegt, den Prozeß zu diffamieren. Der Schuldige muß dem Militärgericht zur Verurteilung übergeben werden. Und diejenigen, die ihn dazu angestiftet haben, ebenfalls.«

»Zu Befehl«, antwortete Jagoda, »aber dieser Mitarbeiter, sein Name ist Djakow ...«

»Die Namen der Saboteure und Schädlinge, die Aufträge der Partei hintertreiben, interessieren mich nicht«, fiel ihm Stalin ins Wort.

»Zu Befehl«, Jagodas Lippen zuckten nervös, »dieser Mitarbeiter hat den Irrtum ganz allein verschuldet, er hat die Hotellisten von Oslo und Kopenhagen durcheinandergebracht.«

»Allein ...« Stalin sah Jagoda durchdringend an. Er hielt seinen Leuten die Stange, half ihnen aus der Klemme. »Gut, soll er allein die Verantwortung für alle anderen tragen.«

Er schwieg und fuhr dann fort: »Wo sitzen die Trotzkisten ein, die die Aussage verweigert haben?«

»Vorerst hier, in Moskau.«

»Lassen Sie alle noch einmal vernehmen und jene, die die Aussagen verweigern, dem Militärgericht als Terroristen übergeben. Das Urteil des Gerichts wird nicht veröffentlicht. Und die aktiven Trotzkisten, die noch nicht gestanden haben, haben nicht länger Anspruch auf Plätze im Lager. Für sie gibt es auch keinen Platz mehr auf der sowjetischen Erde – weder in den Lagern oder Gefängnissen noch in der Deportation. Befreien Sie das sowjetische Volk von ihnen.«

»Zu Befehl«, Jagodas Lippen bebten immer noch.

»Diese Leute sind Feinde der Partei, Feinde des sowjetischen Staates, und zwar für immer. Smirnows Verhalten vor Gericht hat das hinlänglich bewiesen, er hat sich dem Gericht gestellt, um das Gericht zu kompromittieren. Mögen seine Anhänger das verantworten. Genug! Seit zehn Jahren geben wir uns mit ihnen ab. Unser Staat hat mehr zu tun, als Todfeinde der Sowjetmacht durchzufüttern.«

»Zu Befehl.«

Stalin lächelte spöttisch: Jagoda hatte Angst, die Verantwortung zu übernehmen, die Sache ohne Dokumente, ohne Protokolle, ohne Geständnisse und ohne die gewohnten Formalitäten durchzuführen.

»Schicken Sie Ihre Männer in die Lager, um dort die Urteile zu verkünden, und zwar mit den Vollmachten von Beauftragten der Sonderabteilung.«

Wieder warf Stalin Jagoda einen durchdringenden Blick zu, Jagoda hoffte offensichtlich, daß sie auch in den Lagern mit ihren Haarspaltereien entlastende Dokumente ausstellen würden. Nein, das würde ER ihnen versalzen.

»Keine Untersuchungen, keine Anklagen,« schloß Stalin. »Die Lagerleiter haben Listen der Trotzkisten aufzustellen, die sich in den Lagern weiterhin konterrevolutionär betätigen, konterrevolutionäre Gespräche führen, antisowjetische Äußerungen fallenlassen. Aufgrund dieser Listen sind die Urteile zu fällen. Und sogleich zu vollstrecken.«

»Zu Befehl«, wiederholte Jagoda unterwürfig.

»Und nun das letzte«, Stalins schwerer Blick ruhte immer noch auf Jagoda. »Die Angehörigen des ›Parallelen Zentrums‹ haben nicht nur zu gestehen, daß sie sich an Terrorakten beteiligt haben, um die Macht zu ergreifen, sondern auch, daß sie planten, von Nazideutschland und dem militaristischen Japan unterstützt, in der Sowjetunion den Kapitalismus wieder einzuführen, und das selbstredend auf Kosten großer territorialer Zugeständnisse, also beispielsweise: Deutschland erhält die Ukraine, Japan den Fernen Osten.«

Er machte eine Pause und fragte dann: »Haben Sie verstanden, was Sie zu tun haben?«

»Selbstverständlich«, antwortete Jagoda hastig.

»Kann ich davon ausgehen, daß Sie es schaffen?«
»Zweifellos«, sagte Jagoda mit überraschend fester Stimme. Seine Lippen zitterten nicht mehr. Stalin würde das leiseste Anzeichen von Unsicherheit erkennen und das Vertrauen zu ihm verlieren.
Sobald Jagoda gegangen war, befahl Stalin, Pauker und Wlassik vorzulassen. Sie warteten schon lange im Vorzimmer. Stalin sagte ihnen, daß er in zwei Stunden vom Kursker Bahnhof nach Sotschi zu fahren wünsche.
Niemand, weder Pauker noch Wlassik, wußte je im voraus, wann und von welchem Bahnhof aus Stalin Moskau verlassen wollte. Er gab das immer erst in letzter Minute bekannt. ER hatte das so eingeführt, und darum stand SEIN Zug in Moskau und der Dampfer in Gorki seit zwei Wochen bereit.
Diesmal wurde der Dampfer nicht benötigt. Stalin sagte, daß er direkt nach Sotschi fahren wolle und nicht über Gorki und Stalingrad, wie er das zuweilen zu tun pflegte.

Die meisten Mitglieder des Politbüros waren in Urlaub. Aber Jeshow blieb in Moskau, leitete die Vorbereitungen zum Prozeß gegen das »Parallele Zentrum« und mischte sich offen und rücksichtslos in Jagodas Arbeit ein.
Es war offensichtlich, daß Jeshow sich nicht nur als ZK-Sekretär, dem die Staatssicherheit unterstand, einmischte, sondern auf direkte Weisung von Stalin, dessen Vertrauen er, Jagoda, verloren hatte; eben das erklärte Jeshows Überheblichkeit und Rücksichtslosigkeit.
Jagoda verstand, was es ganz allgemein für ihn bedeutete, Stalins Vertrauen zu verlieren und insbesondere: Er wußte zuviel. Zeugen, denen man nicht vertraut, werden beseitigt. Das stimmte zweifellos, aber Genrich Jagoda hatte unter Stalin eine gute Schule durchlaufen. Der Umstand, daß er das Kräfteverhältnis im Politbüro kannte, gab ihm eine gewisse Chance.
Außer Stalin, Shdanow und Mikojan, kehrten die Mitglieder des Politbüros Ende August nach und nach zurück. Jagoda beantragte sogleich beim Politbüro die gerichtliche Verfolgung von Bucharin und Rykow; das war nötig, weil sie Kandidaten des ZK waren.
Jagodas Berechnung erwies sich als richtig. Nur Kaganowitsch,

Woroschilow und Molotow stimmten dafür, Rykow und Bucharin vor Gericht zu stellen.
Am 10. September meldete die *Prawda*, daß die Untersuchung gegen Rykow und Bucharin wegen verbrecherischer Aktivitäten mangels Beweise eingestellt worden sei.
Aber dieser Schachzug rette Jagoda nicht, im Gegenteil, er beschleunigte seinen Sturz.
Am 25. September 1936 kam ein ans Politbüro adressiertes Telegramm aus Sotschi in Moskau an, das von Stalin und Shdanow unterzeichnet war: »Wir halten es für absolut notwendig und dringend erforderlich, den Genossen Jeshow zum Volkskommissar für Innere Angelegenheiten zu ernennen. Jagoda hat sich als unfähig erwiesen, die trotzkistisch-sinowjewsche Gruppe zu entlarven. Die GPU ist in dieser Angelegenheit um vier Jahre zurück. Das haben alle Mitarbeiter der Partei und die meisten Angehörigen des NKWD festgestellt.«
Die letzten Worte bedeuteten, daß die anderen Abteilungsleiter des NKWD außer Jagoda ihre Posten behalten durften.
Wenige Tage darauf wurde Jeshow zum Volkskommissar für innere Angelegenheiten ernannt und Jagoda zum Volkskommissar für Post- und Fernmeldewesen. Rykow, der diese Stellung innegehabt hatte, wurde abgesetzt, ohne daß eine neue Ernennung erfolgte.
Weitere Umstellungen wurden in der Leitung des NKWD nicht vorgenommen, außer, daß Jagodas Stellvertreter Prokofjew ins Volkskommissariat für Schiffsverkehrswesen versetzt und Matwej Berman, vordem Leiter des Gulags, und Michail Frinowski, früher Oberkommandierender der Grenztruppen, noch zusätzlich zu Jeshows Stellvertretern ernannt wurden. Alle übrigen behielten ihre Stellungen, selbst Jagodas persönlicher Sekretär Bulanow. Freilich brachte Jeshow mehrere seiner Leute aus dem ZK-Apparat mit, die den Abteilungsleitern Moltschanow, Mironow, Sluzki, Pauker und den anderen zugeteilt wurden.
Damit nicht genug. Stalin bewies den übrigen Leitern des NKWD sein Vertrauen, indem er sie am 20. Dezember, dem Jahrestag der Gründung von Tscheka/GPU/NKWD, zu einem Bankett in engerem Kreis einlud.

Das Bankett verlief in freundschaftlich-vertraulicher Atmosphäre. Stalin verbot, über die Vorbereitungen zum Prozeß gegen das Parallele Zentrum zu sprechen.
»Amüsiert Euch, Freunde«, sagte er.
Die Freunde amüsierten sich auch, tranken Wodka und aßen deutsche Salzheringe dazu, die der unermüdliche Pauker organisiert hatte. Er war Leiter der operativen Abteilung und in Personalunion Leiter von Stalins Personenschutz, war sein Vertrauter und sogar sein Friseur: Die eigene Gurgel einem fremden Rasiermesser auszuliefern – das war wohl der höchste Vertrauensbeweis.
Vor dem Krieg war Pauker Friseur an der Budapester Operette gewesen und prahlte jetzt damit, daß die berühmten Budapester Operettenstars großes schauspielerisches Talent bei ihm entdeckt und ihm geraten hätten, zur Bühne zu gehen.
Er war tatsächlich ein erstklassiger Komiker, konnte jeden nachmachen, erzählte Witze, daß sich die Zuhörer vor Lachen bogen, jüdische und unanständige Witze gehörten zu seinem speziellen Repertoire. Als geborener Hofnarr konnte er sogar den mürrischen Stalin zum Lachen bringen.
Diesmal gab Pauker das Aktuellste zum Besten: Wie Sinowjew zur Hinrichtung geführt wurde.
Von Frinowski und Berman gestützt, die die Gefängnisaufseher spielten, hing Pauker hilflos zwischen ihren Schultern, jaulte und rollte erschrocken mit den Augen. In der Zimmermitte angelangt, fiel Pauker auf die Knie, umklammerte Frinowskis Stiefel und kreischte: »Genosse ... Um Gottes willen ... Genosse ...
Rufen Sie Jossif Wissarionowitsch an ... Genosse ...«
Alle lachten.
Stalin lächelte spöttisch.
Pauker wiederholte die Vorstellung, nur führte er diesmal Kamenew vor. Er fiel nicht auf die Knie, sondern reckte sich auf, streckte den Bauch vor, hob die Hände zur Decke und sagte, Kamenews Intellektuellenstimme nachahmend, kläglich: »Erhöre mich, Allmächtiger!«
Wiederum brachen alle in Lachen aus, alle außer Mironow und Moltschanow, was Stalin nicht entging. Aha, es gefiel ihnen nicht, und sie konnten es nicht verheimlichen, ebensowenig wie damals

in seinem Arbeitszimmer ihre Freude, als sie gehört hatten, daß den Angeklagten versprochen worden war, sie würden nicht erschossen. Sie hatten Mitleid. Ach, dieses naive russische Mitleid... Gib einem Russen die höchste Staatsgewalt, und er verliert sie sogleich wieder aus Mitleid und Erbarmen.

Aber Pauker, dieser widerwärtige Narr, tat des Guten zuviel. Politik war kein Zirkus, eine Tragödie durfte nicht zur Posse werden. Ein Lakai hatte zu wissen, wohin er gehörte. Im Grunde genommen gehörte dieser Kerl an den Galgen. Gegebenenfalls würde er auch IHN nachmachen. Ein infames, käufliches Subjekt!

Stalin hob das Glas, wandte sich an Mironow und Moltschanow und sagte: »Auf Ihre Gesundheit, Genosse Mironow, auf Ihre Gesundheit, Genosse Motschanow. Wir wollen auf die Gesundheit der Genossen Moltschanow und Mironow trinken und damit auf die wahren Tschekisten, die die ihnen gestellten Aufgaben in vollem Umfang verstehen und ebensogut erfüllen.«

Ohne das Glas abzustellen, sah er alle am Tisch der Reihe nach an. Aber nach Pauker, Berman und Frinowski, die noch immer in der Mitte des Zimmers standen, blickte er sich nicht um.

Fast alle Mitarbeiter des NKWD, die diesen wie auch die nachfolgenden Prozesse vorbereiteten, wurden liquidiert.

Der Volkskommissar für Innere Angelegenheiten der UdSSR, Genrich Jagoda, wurde im März 1938 erschossen.

Der erste stellvertretende Volkskommissar Agranow 1937.

Der stellvertretende Volkskommissar Prokofjew 1937, Berman und Frinowski 1939.

Die Abteilungsleiter der Hauptverwaltung Staatssicherheit im NKWD der UdSSR Moltschanow, Mironow, Pauker, Schanin, Gai 1937. Sluzki beging 1938 Selbstmord. Als man Tschertok verhaften wollte, stürzte er sich aus dem Fenster seines Arbeitszimmers.

Viele Untersuchungsführer wurden damals zusammen mit ihren Vorgesetzten liquidiert.

In den Jahren 1937 bis 1939 wurden insgesamt etwa 20 000 Tschekisten erschossen oder zu langen Zuchthausstrafen verurteilt.

Sascha erwartete die Winterpost noch mit der gleichen Ungeduld, wie er hier vor über zwei Jahren seiner ersten Post entgegengefiebert hatte.
Die letzte Zeitung, die er gelesen hatte, war die *Prawda* mit der Anklageschrift in Sachen Sinowjew/Kamenew gewesen. Die Anklage hatte ihn erschüttert, er konnte die fürchterlichen Beschuldigungen einfach nicht glauben. Jetzt bekam Sascha die Zeitungen von Ende August, von September und Oktober mit allen Unterlagen und Protokollen der Prozesse.
Die Angeklagten hatten gestanden, daß sie Kirow ermordet und geplant hatten, auch Stalin und die bekanntesten Führer von Partei und Regierung zu ermorden, und daß sie auf direkte Anweisung von Trotzki gehandelt hatten. Es war ein öffentlicher Prozeß gewesen, der aber sehr rasch abgewickelt worden war, in wenigen Tagen und ohne Verteidigung. Die Angeklagten hatten ebenso bereitwillig wie ausführlich über ihre fürchterlichen Greueltaten erzählt, die Aussagen glichen einander wie ein Ei dem anderen. Obwohl sie bereut hatten, waren alle erschossen worden. Die Angeklagten hatten ausgesagt, daß nicht nur die ehemaligen Trotzkisten Radek, Pjatakow, Sokolnikow, Serebrjakow, sondern auch Bucharin, Rykow, Tomski, Uglanow ihre Komplicen gewesen seien. Wyschinski hatte sogleich veranlaßt, die Untersuchung gegen diese Kriminellen einzuleiten, und schon wurden Leserbriefe vieler Werktätiger veröffentlicht, die verlangten, diese Verräter zur Verantwortung zu ziehen.
Sascha konnte das alles einfach nicht fassen. Alte Kommunisten, die bolschewistische Garde, Lenins Mitstreiter, Helden der Oktoberrevolution, legendäre Heerführer des Bürgerkrieges, alles Männer, die der Partei ihr ganzes Leben geopfert hatten, waren Mörder, Saboteure, Spione. Mitglieder des Leninschen Politbüros,

Männer, die die Oktoberrevolution vorbereitet und durchgeführt hatten, sollten dem Essen von Arbeitern Glassplitter beigemengt, Maschinen beschädigt haben und gedungene Killer ausländischer Nachrichtendienste geworden sein. Wenn man diesen Lügenmärchen Glauben schenken wollte, so müßte man logischerweise den Glauben an die Partei verlieren. Wenn die Partei Jahrzehnte lang von Verbrechern geführt worden war, was war dann diese Partei wert?
Sie hatten selbst alles zugegeben und gestanden? Sascha glaubte das nicht. Gleichlautende förmlich eingepaukte Geständnisse konnten nicht aufrichtig sein. Das waren nicht sie gewesen, die vor Gericht ihre Bekenntnisse abgelegt hatten, andere hatten das an ihrer Stelle getan. Irgendwelche Leute hatten ihre Rolle gespielt. Schauspieler, die man als Sinowjew und Kamenew, als Smirnow und Mratschkowski zurechtgeschminkt und in den Gerichtssaal geschickt hatte. Mratschkowski, im zaristischen Zuchthaus geboren, Held des Bürgerkrieges – ein deutscher und japanischer Spion, ein Mörder und Giftmischer – sollte mit sichtlicher Gelassenheit selbst darüber erzählt haben? Nein, das könnt ihr mir nicht weismachen, sagte sich Sascha. Das waren Schauspieler gewesen, oder die Angeklagten waren hypnotisiert worden. Oder man hatte ihnen irgendein besonderes Medikament gegeben, sie vielleicht gefoltert? Nein, solche Männer konnte auch die Folter nicht zu der Aussage zwingen, Mörder und Spione zu sein. Also entweder Schauspieler oder Hypnose oder besondere Medikamente. *Theater*, wie Lidia Swjaguro gesagt hatte.
Aber Stalin mußte gewußt haben, daß alles Theater und ein abgekartetes Spiel gewesen war. Ohne Stalins Wissen konnten sie so etwas nicht gewagt haben. Lidia Grigorjewna Swjaguro hatte recht gehabt: Er rottete die Partei aus, moralisch und physisch. Dieser ekelhafte Prozeß, dieses rechtswidrige Schmierentheater von Gerichtsverfahren bestätigte Sascha in seinen Zweifeln. Stalin sagte das eine und tat das andere. In seinen Worten war er fürs Volk, in Wirklichkeit hatte er ihm Furcht eingejagt. Angst und Gewalt – das waren die einzigen Mittel seiner Macht. Wenn er, Sascha, auch nichts gegen die Gewalt ausrichten konnte, so konnte er doch innerlich gegen die Angst ankämpfen.

Nur so würde er Mensch bleiben.
Aber offensichtlich hatten nicht alle Mittel geholfen, nicht alle diese Männer hatten sich hypnotisieren lassen. Davon zeugte das Verhalten von Iwan Nikititsch Smirnow bei der Gerichtsverhandlung. Gleich bei der ersten Sitzung des Gerichts am 19. August hatte Iwan Nikititsch Smirnow die Aussage von Mratschkowski kategorisch abgestritten, er, Smirnow, habe Trotzkis Direktiven, Terrorakte zu verüben, ans Moskauer Zentrum weitergeleitet.
Am zweiten Prozeßtag, dem 20. August, »bemühte sich Smirnow«, wie die Zeitungen berichteten, »den gezielten Fragen des Staatsanwalts der UdSSR, Genossen Wyschinski, auf jede nur denkbare Weise auszuweichen, versuchte, seine Rolle herunterzuspielen, bestritt die Tatsache, terroristisch gegen die Führer von Partei und Regierung vorgegangen zu sein.« Zwei Tage später, am 22. August, meldeten die Zeitungen, Smirnow habe »erneut versucht, die Verantwortung für die Aktivitäten des trotzkistisch-sinowjewschen Zentrums von sich abzuwälzen.«

Wyschinski: Wann sind Sie aus dem Zentrum ausgetreten?
Smirnow: Von einem Zentrum kann doch keine Rede sein ...
Wyschinski: Mratschkowski, hat das Zentrum existiert?
Mratschkowski: Jawohl.
Wyschinski: Sinowjew, hat das Zentrum existiert?
Sinowjew: Jawohl.
Wyschinski: Jewdokimow, hat das Zentrum existiert?
Jewdokimow: Jawohl.
Wyschinski: Bakajew, hat das Zentrum existiert?
Bakajew: Jawohl.
Wyschinski: Wie können Sie, Smirnow, sich erlauben, zu behaupten, daß das Zentrum nicht existiert hat?

Wieder versucht Smirnow, Ausflüchte zu machen, wobei er sich darauf beruft, daß das Zentrum keinerlei Sitzungen einberufen habe, wird aber durch die Aussagen von Sinowjew, Ter-Waganian und Mratschkowski erneut der Lüge überführt.«

Smirnow war der einzige, der bis zum Ende seine tapfere Haltung bewahrte und am 23. August in seinem Schlußwort laut Zeitungsbericht »seine Verantwortung für die vom trotzkistisch-sinowjewschen Zentrum nach seiner Verhaftung verübten Verbrechen nach wie vor abstritt«.
Folglich hatte man nicht alle in die Knie zwingen können. Folglich war das kein Schmierentheater gewesen. Was dann aber sonst? Wie und womit hatte man die anderen kleingekriegt?
Aber was Sascha noch mehr erstaunte, war die öffentliche Resonanz. Das Echo der Betriebsbelegschaften, der Institute und Institutionen, der Volkskommissariate: Das waren die üblichen Stimmen. Da hob jeder die Hand in der namenlosen Menge und fertig war die Erklärung. Bereits am 16. August – also drei Tage vor der Gerichtsverhandlung – überboten sich die Zeitungen an scharfen Resolutionen von Arbeiterversammlungen:
»Kein Erbarmen mit den Volksfeinden!«
»Das Gezücht muß vernichtet werden!«
»Die eingefleischten Feinde müssen ausgemerzt werden!« Und Ähnliches.
Aber erst die Äußerungen berühmter Schriftsteller, Schauspieler und Gelehrter! Es war grauenerregend.
Schon am 15. August – vier Tage vor der Gerichtsverhandlung – am Tag, als die Staatsanwaltschaft die Aufdeckung der Verschwörung bekanntgab, schrieb der bekannte Schriftsteller Stawski: »Ihr Scheusale und Ungeheuer, Eure verruchten Namen werden in alle Ewigkeit verachtet und verdammt sein!«
Am 20. August gaben mehrere sowjetische Schriftsteller Erklärungen ab. Anna Karawajewa: »... die Herzen von Millionen Menschen erbeben, die Fäuste ballen sich vor flammendem Haß auf die Unholde von der trotzkistisch-sinowjewschen Gruppe.«
Iwan Katajew: »Möge der Zorn des Volkes das Nest der Mörder und Brandstifter ausrotten!«
Wladimir Bachmetjew: »Mit unvergänglichem Zorn und bleibender Verachtung werden zukünftige Generationen der Natternbrut gedenken, die auf der Hintertreppe des krepierenden Imperialismus ihr Unwesen treibt.«
Artem Wessjoly: »Auch in der Parteiorganisation des Schriftstel-

lerverbandes stand es mit der bolschewistischen Wachsamkeit bei weitem nicht zum besten.«

Nikolai Ognew: »Das Urteil des Obersten Gerichtshofes wird das Urteil des ganzen sowjetischen Volkes sein. Dieses Urteil wird hart und gerecht ausfallen.«

Alexander Swirski: »Welche Schmach! Schwarzes Blut fließt in den Adern dieser Unmenschen! Zorn und Erregung hindern mich am Schreiben. Ich kann nur ausrufen: Die Welt braucht keine Verräter!«

21. August – Alexej Tolstoi: »Der Verrat, der gegenwärtig nicht nur vom sowjetischen Gericht, sondern vom gesamten internationalen Proletariat verurteilt wird, ist der gemeinste und niederträchtigste aller in der Geschichte der Menschheit begangenen.«

25. August – »Das Präsidium des Verbandes sowjetischer Schriftsteller begrüßt mit Genugtuung die Entscheidung des Gerichtshofes, die trotzkistisch-sinowjewschen Agenten des Faschismus, die Terroristen und Saboteure zu erschießen ...«

Wsewolod Wischnewski: »Die Ereignisse stellen uns vor die Aufgabe, die Mitglieder des Verbandes sowjetischer Schriftsteller gründlich zu überprüfen. Wir müssen wissen, mit wem wir es zu tun haben. Wir müssen alle dreitausend Mitglieder unseres Schriftstellerverbandes kennen. Wir werden deshalb alle Sektionen des Verbandes und seines Apparates auf Herz und Nieren prüfen müssen.«

A. Gidasch: wer sind sie eigentlich – diese Kamenews und Sinowjews? Das waren keine Menschen!
Das waren menschenähnliche Hunde!«

Agnija Barto: »... jeder von uns empfindet größte Erleichterung, daß sie erschossen wurden, daß es sie nicht mehr auf der Erde gibt ...
Sie werden nicht mehr die Luft unseres herrlichen Landes verpesten!«

Je mehr solcher Forderungen Sascha las, um so größer wurde seine Betroffenheit. Das waren doch Schriftsteller! Schriftsteller! Das Gewissen des Volkes! In Rußland hatten Schriftsteller immer als das Gewissen des Volkes gegolten: Puschkin, Tolstoi, Dostojewski, Tschechow ...

Folglich glaubten die Schriftsteller daran! Folglich wußten sie, daß das die Wahrheit war, daß die Angeklagten tatsächlich Mörder und Spione waren ...

Vielleicht verhielt es sich wirklich so?

Selbst ihre ehemaligen Gesinnungsgenossen von der Oppostition verurteilten sie in den Zeitungen.

Ch. Rakowski: »Für die trotzkistisch-sinowjewschen Mörder des Genossen Kirow, für die Organisatoren der Attentate gegen unseren geliebten Führer, den Genossen Stalin, und die anderen Führer von Parteien und Regierung, für die Trotzkisten und Agenten der deutschen Gestapo darf es keine Gnade geben – sie müssen erschossen werden.«

G. Pjatakow: »Durch die frische, reine Luft, die unser schönes blühendes sozialistisches Land atmet, wehte plötzlich ein ekelerregender Gestank aus dieser politischen Leichenkammer herüber. Menschen, die längst politische Leichen sind, vergifteten mit ihrem Fäulnis- und Verwesungsprozeß die Luft ringsum. Aber gerade im letzten Verwesungsstadium waren sie nicht nur widerwärtig, sondern stellten auch eine soziale Gefahr dar.

Worte reichen nicht aus, um meine Empörung und meinen Ekel auszudrücken. Das sind Leute, die auch die letzten Züge menschlicher Ähnlichkeit verloren haben. Sie müssen vernichtet werden wie Aas, das die reine, erfrischende Luft des sowjetischen Landes vergiftet, gefährliches Aas, das unseren Führern den Tod bringen kann und einem der besten Menschen unseres Landes bereits den Tod gebracht hat: einem so großartigen Genossen und Führer wie S. M. Kirow.«

Karl Radek: »Aus dem Gerichtssaal, in dem der Oberste Gerichtshof der UdSSR den Fall Sinowjew, Kamenew, Mratschkowski, Smirnow und den Fall des abwesenden Trotzki verhandelt, weht Leichengestank über die ganze Welt. Menschen, die die Waffen gegen das Leben der geliebten Führer des Proletariats erhoben haben, müssen mit dem Leben für ihre maßlose Schuld bezahlen.«

Aber Pjatakow, Rakowski und Radek waren doch noch vor kurzem die größten Trotzkisten und die wichtigsten Mitarbeiter von Trotzki gewesen, seine treuen Freunde und Anhänger. Sie mußten doch verstehen, daß wenn man heute unschuldige Menschen verurteilte und zwar nur deswegen, weil sie einmal der Opposition angehört hatten, man sie morgen vor Gericht stellen würde, weil sie ja selbst zur Opposition gehörten. Und wenn sie diese Lügenmärchen bestätigten, so konnten doch morgen gleiche Lügenmärchen gegen sie selbst ausgespielt werden. Nein! Sie konnten doch nicht die Unwahrheit bezeugen ... Folglich war alles die Wahrheit? Folglich waren Sinowjew und Kamenew, Smirnow und Mratschkowski Mörder und Spione?

Selbst Antonow-Owsejenko, ein Held der Oktoberrevolution und ebenfalls ehemaliger Trotzkist, schrieb am 24. August in der Zeitung *Istwestija:* »Das sind nicht nur doppelzüngige Abtrünnige und feige Verräter, das ist eine Sabotagekolonne des Faschismus.«

Und die Gelehrten?

»Die schlimmsten Feinde des Sowjetreichs müssen erbarmungslos vernichtet werden!« verlangten die Mitglieder der Akademie der Wissenschaften Bach und Keller.

»Unsere Liebe zur Partei und zu Stalin kennt keine Grenzen«, schrieben die Professoren Lurija, Wischnewski, Schereschewski, Gottlieb, Margulis, Gorinewskaja, Wowsi und andere. »Als lebende Mauer werden wir uns vor unseren großen Führer stellen, um ihn, der die höchsten Sehnsüchte der Menschheit verkörpert, bis zum letzten Blutstropfen zu schützen. Für die verkrachten politischen Banditen darf es keine Gnade geben.«

Und die Kulturschaffenden?

Der Regisseur Ptuschko: »Wir müssen die bolschewistische Wachsamkeit erhöhen und die Errungenschaften der Revolution vor den Anschlägen der trotzkistisch-sinowjewschen Landesverräter klüger als bisher verteidigen.«

Der Volksschauspieler der Republik Wassadse: »Ich verlange die Erschießung der faschistischen Bande. Keine Gnade für die Feinde und Verräter unserer großen Heimat.«

Der Volksschauspieler der Republik M. Klimow: »Vor drei Tagen druckte die *Istwestija* ein Gedicht der Schülerin Eva Nerubina ab, die in die zehnte Klasse der Schule Nr. 1 in Kadijewsk geht. Eine Zeile dieses Gedichts, das an die trotzkistisch-sinowjewsche Terroristen gerichtet ist, lautet: ›Wie Hunde soll man euch erschießen.‹

Ich, ein alter Mann, Volksschauspieler der Republik, schließe mich voll und ganz diesen Worten eines jungen Mädchens an. Das vollständige Gedicht der Eva Nerubina erschien dann in allen Zeitungen.

Ihr wolltet der Führer Blut vergießen
dreifach verfluchtes, ekles Gezücht
wie Hunde soll man euch erschießen
keine Gnade kennt des Volkes Gericht!

Entsetzt las Sascha dieses Kindergedicht – ein Kind forderte, man solle Menschen wie Hunde erschießen. Aber warum eigentlich Hunde erschießen? Kinder sind doch tierlieb. Oder war das jetzt anders geworden?
Was ging also vor? Was geschah? Wo war die Wahrheit?
Sonst pflegte Sascha schnell erst einmal die ganze Post zu überfliegen, alle Zeitungen, und dann aufmerksam jede einzelne zu lesen. Dieses Mal konnte er sich lange nicht von den August-Zeitungen losreißen, las, jedes Wort abwägend, den Prozeßbericht und die Pressestimmen dazu. Er verstand, daß darin auch sein Schicksal beschlossen lag, verstand jetzt Wsewolod Sergejewitsch und Lidia Grigorjewna: Es brachen finstere Zeiten an, die mit der blutigen Aufführung eines Schmierentheaters begannen. Erst am nächsten Tag las er die anderen Zeitungen.
Im Juni brach mit General Francos Militärputsch der Bürgerkrieg in Spanien aus, in dem sich reguläre marokkanische, deutsche und italienische Truppen im Einsatz gegen die Republik befanden. In den Zeitungen erschienen immer wieder Namen spanischer Städte und Provinzen sowie von spanischen Verteidigern der Republik: Assagna, Hiral, Largo Caballero, Jośe Dias, Dolores Ibarruri, genannt la Pasionaria.

Nach der Erschießung von Sinowjew und Kamenew hörte die hysterische Presse-Kampagne schlagartig auf. Am 10. September erschien die Meldung der Staatsanwaltschaft der UdSSR, daß die Untersuchung keinerlei juristische Anhaltspunkte für eine Anklage gegen N.I. Bucharin und A.N. Rykow ergeben habe, das

Gerichtsverfahren gegen genannte Personen sei eingestellt worden. Der Volkskommissar für Innere Angelegenheiten Jagoda wurde seines Amtes enthoben und durch einen gewissen Jeshow ersetzt. Jagodas Absetzung bewies, daß er die Verantwortung für die gesetzwidrigen Repressalien und der grundlosen Beschuldigung gegen Burcharin und Rykow trug. Natürlich hatte Jagoda ohne Stalins Wissen nichts tun können, Jagoda war nur der Sündenbock, aber Stalin hatte offensichtlich einen Rückzieher machen müssen. Die Partei war stärker als Stalin gewesen, die Parteikader waren also keine Marionetten, wie Lidia Grigorjewna Swjaguro behauptet hatte, sondern imstande, Stalin Kontra zu geben und seiner Politik des Terrors Grenzen zu setzen. Vielleicht mußte Stalin manövrieren, weil er nicht so allmächtig war, wie man allgemein glaubte, und die Partei aufpaßte.

Aber was Sascha am meisten erstaunte, das war der Entwurf der neuen Verfassung. Kaum zu glauben. Es wurde ein allgemeines gleiches und direktes Wahlrecht bei geheimer Abstimmung eingeführt, den Bürgern der UdSSR wurden volle demokratische Rechte und Freiheiten garantiert: Gleichberechtigung, unabhängig von Geschlecht, Nationalität und Vermögensstand; gewährleistet wurde Rede-, Presse-, Gewissens-, Versammlungs- und Demonstrationsfreiheit sowie die Freiheit, gesellschaftliche Organisationen und Vereine zu gründen.

All das bedeutete eine Wende zu Freiheit, Demokratie und Gesetzlichkeit. Natürlich paßte das Wort »Stalinsche Verfassung« wie die Faust aufs Auge, aber es kam ja nicht auf den Namen an! Alle durften fortan ihre Gedanken frei äußern, sogar veröffentlichen, sich ungehindert versammeln und Demonstrationen veranstalten. Gerichtsprozesse wie der im August waren nun ausgeschlossen und würden sich nie mehr wiederholen. Die Ungesetzlichkeiten hatten ein Ende. Sogar Stalin hatte gesagt: »Wir brauchen die Stabilität der Gesetze jetzt mehr als je zuvor ...«

Jawohl, die Sowjetunion war ein mächtiger Staat geworden, wenn sie eine solche Verfassung hatte verabschieden können! Die sowjetische Regierung erklärte, daß sie sich nicht mehr an die Zusage der Nichteinmischung in spanische Angelegenheiten gebunden fühle, daß hieß, daß wir der spanischen Republik vielleicht Hilfe leisten,

unsere internationale Pflicht erfüllen und dem Faschismus den Kampf ansagen würden. Später erfolgte eine kurze Pressemeldung über Freiwillige, die zur Verteidigung der Republik nach Spanien gefahren waren. Wenn man Sascha freilassen würde, und jetzt mußte das ja geschehen, wollte er sich sofort freiwillig nach Spanien melden, wo Kommunisten gegen Faschisten kämpften, wo das kommunistische Fünfte Regiment Madrid gehalten hatte.
Wieder erwachte die Hoffnung auf Freiheit in Sascha. Jetzt schützte ihn das Gesetz, die Verfassung, der revolutionäre Neubeginn. Niemand würde wagen, seine Verbannungsfrist zu verlängern, sie waren verpflichtet, ihn freizulassen. Am 19. Januar würde er bei Alfjorow erscheinen und seine Freilassung verlangen. Eine Verzögerung von nur einem Tag wäre eine grobe Verletzung des Gesetzes, er würde an Kalinin telegrafieren, und die Schuldigen würden streng bestraft werden. Gesetz war Gesetz, es war für alle verbindlich und keiner war berechtigt, jemanden auch nur einen Tag länger in der Verbannung festzuhalten.
Im Vorgefühl dieses Tages überkam Sascha große Aufregung. Würde sein Reisegeld ausreichen, wenn man ihn freiließ, was man ja tun mußte. Bis Taischet mußte man ihm Reisegeld vorstrecken, aber dann? Die Fahrkarte nach Moskau kostete 50 Rubel, nicht weniger. Ferner mußte er für unterwegs etwas zu essen haben. Das Geld mußte reichen. Trotz seiner Weigerung schickte ihm die Mutter jeden Monat zwanzig Rubel. Bei seinen Wirtsleuten wurden Unterkunft und Verpflegung mit den Arbeitseinheiten verrechnet, die er verdient hatte. Außerdem hatte er sich beim Fischfang und bei der Heumahd beteiligt. Geld gab er nur für Tabak und Petroleum aus. Von jetzt an würde er sparsamer leben.
Nach wie vor arbeitete er unablässig, er hatte noch vier Erzählungen geschrieben. Wie beim letzten Mal schrieb er jede ab und schickte sie der Mutter, bei der auf jeden Fall alles aufbewahrt sein mußte.

Endlich brach der 19. Januar 1937 an.
Am Vortag packte Sascha seine Sachen: Es konnte ja alles mögliche passieren, sie konnten ihn sofort verhaften, aber auch befehlen, daß er sich unverzüglich in Krasnojarsk meldete. Verfassung hin,

Verfassung her, Gesetz hin, Gesetz her, der NKWD hatte seine eigenen Gesetze.
In dieser Nacht konnte Sascha lange nicht einschlafen, überlegte sich das Gespräch mit Alfjorow noch einmal Satz für Satz, obwohl jedes Wort, das er sagen wollte, schon eindeutig feststand. Er malte sich alle möglichen Komplikationen aus und bereitete sich auf unangenehme Überraschungen vor.
Seit drei Jahren sehnte er die Stunde seiner Freilassung herbei: Würde er sie jetzt erleben, die ersehnte Freiheit? Wie, wenn Alfjorow an dem Tag nicht in Keshma war, wenn er nach Krasnojarsk gefahren war? Er blieb manchmal mehrere Wochen dort, zuweilen bereiste er auch den ganzen Bezirk, der riesig war, und das einzige Verkehrsmittel war im Winter der Schlitten und im Sommer das Boot. Wenn Alfjorow nicht da war, gab es niemanden, mit dem Sascha hätte reden können, dann müßte er auf dessen Rückkehr warten, müßte sich wieder quälen und plagen. Das waren keine fröhlichen Gedanken.
Sascha brach um sieben Uhr morgens auf.
Zwölf Kilometer, das waren drei Marschstunden, gegen zehn würde er bei Alfjorow eintreffen.
Es hatte seit Tagen nicht geschneit, der Schlittenweg war festgetreten und ziemlich hart. Nur auf den breiten Tannenzweigen lag der Schnee in flaumigen Kissen. Sogar die Luft schien gefroren, so kalt war es. Und doch flogen die Meisen von Baum zu Baum, in der Ferne hämmerte ein Specht, rotbrüstige Gimpel wiegten sich in den Wipfeln. Die wenigen Laute des Waldes machten die Stille noch deutlicher.
Mitunter glänzte linkerhand die weiße Fläche der Angara in einer Waldlücke auf. Es mochten dreißig Grad Kälte sein. Sascha hatte warme Unterwäsche, seinen Pullover, Filzstiefel, Mantel und Mütze an; er hatte Ohren- und Nackenschutz heruntergeklappt. In der Hand hielt er einen derben Stock; so wanderte es sich besser, und er konnte außerdem damit einen Wolf abwehren, sollte einer seinen Weg kreuzen.
Wie Sascha angenommen hatte, kam er um zehn Uhr in Keshma an und ging zu Alfjorows Haus. Durch das vereiste Küchenfenster schimmerte ein schwacher Lichtschein: Die Lampe oder vielleicht

der Ofen ... Vom Zaun aus sah er Fußspuren vom Vortag, also war jemand zu Hause. Sascha klopfte mit dem Eisenring gegen die Pforte, kein Laut, nicht einmal der Hund schlug an. Sicherlich schlief Aljorow noch, aber warten konnte er nicht, der Frost drang schon unter den Mantel, seine Zehen waren in den Filzstiefeln starr vor Kälte, stehenbleiben durfte er nicht, er würde sich steif frieren. Sascha klopfte gegen das Küchenfenster, ihm schien, daß sich drin etwas regte und jemand durchs vereiste Fenster lugte, um festzustellen, wer da klopfte. Der Schatten entfernte sich, eine Weile verging, weil die Wirtsfrau offenbar etwas Warmes anzog. Die Haustür knarrte, dann knirschten Schritte im Schnee, der Riegel klirrte, und die Pforte ging auf. In Filzstiefeln, Pelzmantel und Wolltuch stand die Wirtsfrau vor ihm.
»Zu wem wollen Sie?«
»Zum Genossen Alfjorow. Heute ist der 19. Januar.«
»Er schläft noch.«
»Ich komme aus Mosgowa.«
»Schön. Treten Sie näher und warten Sie im Haus.«
Sascha folgte der Hausfrau in die Diele. Wie sie zog er die Filzstiefel aus, die Frau wies auf ein Paar Hausschuhe in der Ecke, er fuhr hinein und ging in die Küche.
»Legen Sie ab und setzen Sie sich. Bei uns ist es warm«, sagte sie.
Sascha hängte seinen Mantel an den Haken und sah sich um. Auch bei seiner Wirtsfrau saß er morgens gern in der Küche, wenn der Ofen noch von gestern abend warm war und im Herd ein Feuer unter dem Kessel knisterte, in dem das Frühstück zubereitet wurde. Vor dem Herd lag ein soeben hereingebrachter Stoß Scheite auf dem Boden, die angenehm nach Kälte und Birkenrinde dufteten.
Die Frau stellte eingelegte Beeren und eine Fischpirogge auf den Tisch und schenkte ihm Tee in ein Glas ein.
»Essen Sie und trinken Sie Tee, das macht schön warm.«
»Vielen Dank.«
Sascha griff mit beiden Händen nach dem Glas und wärmte sich die kalten Finger.
»Sie kommen ja von weither. Ist der Weg nicht eingeschneit?«
»Nein, es läuft sich gut.«

Sascha schlürfte den Tee.
Im Haus ging eine Tür, dann ertönte der typische Raucherhusten.
»Viktor Gerassimowitsch ist aufgestanden, er hat seine eigene Waschgelegenheit, dort wäscht und rasiert er sich«, sagte die Frau, als wolle sie Sascha beruhigen, daß Alfjorow nicht gleich in die Küche kam. »Er hat auch einen eigenen Ausgang.«
Wieder schlug eine Tür, Alfjorow war von draußen hereingekommen und klopfte sich nun den Schnee von den Filzstiefeln. Gleich darauf hörte man Wasser laufen, er wusch sich. Das war wohl das Signal für die Wirtsfrau, den Samowar ins Eßzimmer zu tragen, dann die Teller mit den Beeren und eine Fischpirogge. Sie kam zurück, stellte eine Pfanne auf den Herd und schlug mehrere Eier hinein.
Sascha hörte Alfjorow ins Zimmer kommen, einen Stuhl rücken und Tee eingießen. Die Frau nahm die Pfanne mit dem Rührei vom Feuer und trug sie in die Wohnstube.
»Guten Morgen, Viktor Gerassimowitsch. Wie haben Sie geschlafen, hat sie nichts gestört?«
»Danke, ich habe gut geschlafen«, antwortete Alfjorow.
»Sie werden erwartet, Viktor Gerassimowitsch.«
»Von wem denn?«
»Es ist ein Mann da, Viktor Gerassimowitsch.«
»Wo ist er?«
»Er sitzt in der Küche, draußen ist es bitterkalt, ich habe ihn reingelassen, er kommt aus Mosgowa.«
Der Stuhl wurde zurückgeschoben. Alfjorow stand in der Tür und sah Sascha an.
»Sie? Warum sind Sie gekommen?«
Sascha stand auf.
»Gestern ist meine Haftfrist abgelaufen ...«
»Ach so.« Alfjorow ließ ihn nicht ausreden. »Kommen Sie zu mir rein.«

Sascha trat hinter Alfjorow in die gute Stube, setzte sich ihm gegenüber auf einen Stuhl, auf den der Hausherr gewiesen hatte.
»Möchten Sie Tee?« fragte Alfjorow.
Sein Gesicht wirkte leicht gedunsen, entweder vom Schlaf oder

von den Gläschen, die er sich am Abend zuvor genehmigt hatte. Seit ihrer letzten Begegnung schien er etwas voller und auch kräftiger geworden zu sein. Seine Hose steckte in Filzstiefeln, er trug eine Lammfellweste über dem Hemd.
»Danke, Ihre Wirtsfrau hat mich schon mit allem versorgt.«
»Ja, sie ist sehr gastfreundlich. Wenn jemand kommt, um mich abzumurksen, wird sie ihn erst abfüttern und auch das Glas Tee nicht vergessen. ›Doch da kam ein Mütterlein, nahm gleich mit das Knäblein klein, setzt es auf die Ofenbank, gab ihm sattsam Speis und Trank.‹ Erinnern Sie sich an dieses Weihnachtsgedicht?«
»Ja.«
»Wie ging das noch? Ich glaube so: ›Tiefe Nacht und Sterngefunkel, bittrer Frost und schon ganz dunkel, ging ein Knäblein ganz allein, ach, wie fror das Knäblein klein. Gott o Gott, so sprach das Kind, ach wie schneidend fegt der Wind, ach wie hungert's mich so arg, und der Frost geht bis ins Mark. Will denn keiner sich erbarmen? Gibt's kein Mitleid mit mir Armen? Doch da kam ein Mütterlein, nahm gleich mit das Knäblein klein, setzt es auf die Ofenbank, gab ihm sattsam Speis und Trank.‹ Da hat also ein Mütterlein mit Ihnen Mitleid gehabt, sonst wären Sie doch bestimmt draußen erfroren. Sind Sie zu Fuß gekommen?«
»Ja.«
»Na also«, fuhr Alfjorow fort und wandte sich seinem Rührei zu, »›setzt es auf die Ofenbank, gab ihm sattsam Speis und Trank‹. Als ich ganz klein war, hat mir mein Kindermädchen das vorgelesen, und ich habe damals vor lauter Mitleid mit dem Waisenkind geweint. Später hatte ich die Verse völlig vergessen, mich nicht mehr an sie erinnert. Erst jetzt wieder.«
»Als Sie mich sahen?«
»Schon möglich.«
»Sie haben also Mitleid mit mir«, Sascha lächelte spöttisch.
»Gar nicht ausgeschlossen. Ich war soeben draußen, pardon, um meine Notdurft zu verrichten, und hätte mir fast den Hintern abgefroren, obwohl unser Abort im Schuppen ist, also windgeschützt, so daß es dort nicht zieht, Sie aber sind zwölf Werst gelaufen. Darum habe ich Ihnen soeben in Reimen mein Mitleid ausgedrückt. Ich glaube, Sie haben doch etwas für Literatur übrig?«

»Ja, ich lese sehr gern. Wenn ich etwas zu lesen habe.«
»Damit steht's hier nicht zum besten«, bestätigte Alfjorow, »früher hat sie die Lehrerin mit Büchern versorgt, jetzt ist sie nicht mehr da. Warum wollen Sie nicht die neue kennenlernen? Ebenfalls jung und hübsch.«
Sascha ließ die Frage unbeantwortet und schwieg finster – eine taktlose Frage.
»Sie gefällt Ihnen also nicht«, lachte Alfjorow, »da sehen Sie, was für ein freies Leben Sie führen, Pankratow. Für einen Häftling, für Tausende von Häftlingen, für Hunderttausende von Häftlingen«, er machte eine Kunstpause und sah Sascha vielsagend an, als wolle er ihm Zeit geben, sich die hohe Zahl zu vergegenwärtigen, »also für Häftlinge sind Frauen nur ein Wunschtraum und nicht zu haben. Und wenn einem ein solches Glück in den Schoß fällt, dann ist man nicht wählerisch. Hauptsache, es ist eine Frau. Sie aber mäkeln herum. Sie wollen nicht nur eine gebildete haben, sondern sie muß auch sonst tipptopp sein und den höchsten Ansprüchen genügen. So gut geht es Ihnen.«
Sascha fand Alfjorows Geschwätz qualvoll, da hatte er sich wirklich die richtige Zeit dafür ausgesucht, jetzt, wo sich Saschas Schicksal entschied. Alfjorow schwatzte natürlich nicht einfach so drauflos, hinter seinem Geschwätz steckte etwas Bestimmtes. Und von der neuen Lehrerin sprach er auch nicht ohne Absicht. Folglich wußte er schon, daß sie Sascha eine neue Frist aufgebrummt hatten, sagte es aber nicht geradeheraus, wollte noch ein bißchen Katz und Maus mit ihm spielen und an seinen Nerven zerren.
Sascha ließ den Kopf sinken.
Es gab keinen Ausweg. Er fühlte sich krank und zerschlagen. Nein, das Leben in Mosgowa, in dieser grauenhaften Verlassenheit, würde er nicht mehr ertragen. Zum Teufel mit einem solchen Leben! Die Mutter? Na und? Sie würde sich letzten Endes darein finden, Kinder starben auch in zartem Alter.
»Was macht man also, wenn man ein so ungebundenes Leben führt«, fuhr Alfjorow fort, »wenn man sich außerdem zu den historischen Wissenschaften hingezogen fühlt? Na? Wenn es außerdem nichts zu lesen gibt ...«

Ohne Saschas Antwort abzuwarten folgerte er: »Da schreibt man eben selbst. Stimmt's?«
Alles klar, er hatte seine Erzählungen gelesen, die er der Mutter geschickt hatte. Was für ein Mistkerl. Er hätte nicht darüber zu sprechen brauchen.
»Ich schreibe nämlich auch«, fuhr Alfjorow fort, »freilich nichts Historisches, sondern über Philosophie. Ich habe sogar etwas, womit ich prahlen könnte.« Er ging in sein Arbeitszimmer und kam mit einem Stoß Korrekturbögen zurück. »Sehen Sie, das ist die Korrektur meines neuen Buches. Ich habe es hier in Keshma geschrieben. *Die Ursprünge der Philosophie von Descartes.* Haben Sie Descartes gelesen? Nein? Ein interessanter Philosoph. Er hat versucht, Gott und die real existierende Welt miteinander zu verbinden. Sie interessieren sich nicht für Philosophie? Schade. Ein Historiker muß Philosoph sein und umgekehrt.«
Er schwieg nachdenklich und zeigte dann sein spöttisches Lächeln. »Ich errate Ihre Gedanken: Dieser Alfjorow ist ein Schwein, er hat meine Arbeiten gelesen! Legt seine schmutzigen Pfoten auf meine kreative Seele. Ich gebe zu: Jawohl. Ich habe die Geschichten gelesen, das ist nun mal meine Aufgabe. Aber seien Sie unbesorgt: Ihre Texte sind dorthin gegangen, wohin Sie sie adressierten. Aber ich bin Ihr erster Leser und erster Kritiker. Wollen Sie meine Meinung hören?«
Die reinste Folter! Stellte hier Betrachtungen an, statt ihm sein Schicksal zu verkünden. Aber Sascha mußte sich zusammennehmen. Wenn er gleich nervös wurde, zeigte er Alfjorow damit seine Unsicherheit, seine Zweifel wegen Freilassung, und das durfte nicht sein. Von heute an war er frei! Sollten sie doch alle zur Hölle fahren!
Er antwortete ziemlich säuerlich: »Da bin ich aber gespannt.«
»Der Form nach sind Ihre Arbeiten hilflos, naiv, ja sogar primitiv. Diese gestelzten Phrasen, die Fülle von Epitheta, schönen Worten.«
Alfjorow schenkte sich Tee nach. Er bot auch Sascha Tee an, aber der lehnte dankend ab.
»Ferner ist die Französische Revolution dramatisch und lehrreich gewesen. Ich hebe das Wort lehrreich hervor, also einer der drama-

tischsten und lehrreichsten Augenblicke der Menschheitsgeschichte. Sie aber schreiben über einzelne Personen und einzelne Episoden. Für wen? Für Kinder, Jugendliche, für Erwachsene? Das bleibt unklar. Was für eine Folgerung soll man aus der Lektüre ziehen? Und außerdem«, er warf Sascha einen durchdringenden Blick zu, »fürchten Sie nicht, daß der Redakteur Parallelen suchen wird?«

»Was für Parallelen?« fragte Sascha verständnislos.

»Da fragen Sie noch? Die Franzosen hatten eine Revolution und wir ebenfalls. Was war das Ende ihrer Revolution? Der Thermidor, die Alleinherrschaft Napoleons, das Kaiserreich ...«

»Aber gestatten Sie, die Französische Revolution war eine bürgerliche Revolution, und unsere Revolution ist eine proletarische.«

»Ja, ja, natürlich«, unterbrach Alfjorow das Gespräch, »na schön, vielleicht wird man Ihre Arbeit auch veröffentlichen, natürlich, wenn bei Ihnen alles in Ordnung kommt. Wie Sie sicherlich verstehen, werden bei uns Arbeiten von Häftlingen nicht gedruckt. Ich wünsche Ihnen also viel Erfolg, obwohl ich noch gewisse Zweifel habe.«

Er verstummte, wischte sich den Mund mit einem Handtuch ab, zündete sich eine Zigarette an und hielt Sascha die Schachtel hin.

»Ich bin an meine Sorte gewöhnt.«

»Rauchen Sie Ihre, bei mir wird auch Knaster geraucht.«

Mit verkniffenem Blick beobachtete Alfjorow, wie Sascha eine Zigarette herausholte, ein Streichholz anriß, sie anzündete, das Streichholz ausblies und in den Ascher legte, den ihm Alfjorow hingeschoben hatte. Befürchtete er vielleicht, Sascha würde das Streichholz auf den Boden werfen?

»Genosse Alfjorow«, sagte Sascha, »gestern ist meine Haftfrist abgelaufen.«

»Ach was?« fragte Alfjorow erstaunt. »Tatsächlich?«

»Jawohl«, wiederholte Sascha, »ich habe Ihnen das bereits gesagt. Ich bin zu drei Jahren verurteilt, und zwar unter Berücksichtigung der Untersuchungshaft. Ich wurde am 19. Januar 1934 verhaftet, heute ist der 19. Januar 1937. Folglich bin ich von heute an ein freier Mensch. Ich bitte Sie, mir die Dokumente auszustellen.«

»Was für Dokumente meinen Sie?«

»Die Dokumente, die man in solchen Fällen bekommt. Sie wissen das doch.«
»Na schön. Ich stelle sie Ihnen aus. Und was machen Sie damit?«
»Ich fahre von hier weg.«
»Wohin?«
»Nach Hause.«
»Nach Moskau?«
»Ganz recht, nach Moskau.«
»Nach Moskau dürfen Sie nicht.«
»Warum nicht?«
»Sie unterliegen dem geltenden Paßrecht der UdSSR. Danach gibt es Orte, wo Sie keine Wohnberechtigung haben. Moskau gehört dazu.«
»Aber diese *Verordnung* ist doch vor der neuen Verfassung herausgekommen?«
»Die neue Verfassung hebt die Gesetze der Sowjetregierung nicht auf. Manche Gesetze, vielmehr Verordnungen werden abgeändert und revidiert werden, beispielsweise das Gesetz über die Wahlordnung und ähnliches. Aber Gesetze, die die Diktatur des Proletariats schützen, werden in Kraft bleiben. Haben Sie Genossen Stalins Bericht über die Verfassung gelesen?«
»Jawohl.«
»Genosse Stalin hat ausdrücklich erklärt: ›Der Entwurf der neuen Verfassung hebt die Diktatur des Proletariats nicht auf.‹ Was wollen Sie also. Haben Sie übrigens bemerkt, daß es in der Verfassung keinen Passus über Bewegungsfreiheit gibt, wie er in bürgerlichen Verfassungen üblich ist – ›Bewegungsfreiheit‹, das heißt, frei in der Wahl des Wohnorts zu sein, sich dort niederlassen zu dürfen, wo man will. Landstreicherei und Vagabundentum werden wir nicht zulassen. Die Einschränkungen im Paßsystem sind vorerst nicht abgeschafft und werden wohl auch kaum abgeschafft werden.« Er wandte Sascha den Rücken zu, sah zum Fenster hinaus und fügte vielsagend hinzu: »Ich denke, daß sie ganz im Gegenteil verschärft werden.«
»Selbst wenn Sie recht behalten sollten«, erwiderte Sascha, »es gibt aber das Gesetz, daß keiner auch nur einen Tag über die

Frist hinaus festgehalten werden darf, zu der er verurteilt worden ist. Dieses Gesetz hat niemand abgeschafft.«
»Wo haben Sie dieses Gesetz gesehen?«
»Ich habe darüber gelesen«, log Sascha.
»Sie sagen die Unwahrheit, Sie haben nichts darüber lesen können, weil es ein solches Gesetz gar nicht gibt. Es gibt lediglich die logische Schlußfolgerung: Wenn die Straffrist eines Häftlings verbüßt ist, er aber nicht freigelassen wird, heißt das, daß er völlig grundlos in Haft gehalten wird, und das stellt zweifellos eine Gesetzwidrigkeit dar.«
»Na sehen Sie, lassen Sie mich also frei.«
»Ich halte Sie ja nicht fest.«
»Aber ohne Papiere kann ich nicht wegfahren.«
»Ihre Dokumente befinden sich in der Regionsverwaltung des NKWD in Krasnojarsk. Die Entfernungen hier betragen Tausende von Kilometern, und Deportierte gibt es auf diesem Territorium mehr als genug. Hat man Ihre Dokumente nicht genau am 19. Januar zustellen können, so wird man sie zu gegebener Zeit zustellen. Da müssen Sie sich schon noch ein bißchen gedulden. Wenn Sie aber nicht warten wollen, bitte sehr, ich gebe Ihnen einen Passierschein bis Krasnojarsk. Dort gehen Sie zur Regionsverwaltung des NKWD und verlangen Ihre Papiere. Bloß was für welche Sie dort kriegen, das kann ich Ihnen beim besten Willen nicht sagen.«
In seinen letzten Worten lag eine deutliche Drohung: Die Papiere konnten bestätigen, daß er seine Verbannungszeit abgebüßt hatte, oder aber daß ihm eine neue Frist aufgebrummt worden war.
Sascha schwieg.
»Sie haben die Wahl«, schloß Alfjorow, »entweder warten Sie hier auf die Papiere oder Sie holen sie in Krasnojarsk.«
Sascha überlegte schweigend und sagte dann: »Die Freilassung muß ich heute haben. Wenn ich sie nicht kriege, schicke ich ein Telegramm an den Genossen Kalinin.«
Alfjorow brach in schallendes Gelächter aus.
»Und das flattert dann gleich auf Kalinins Tisch?«
»Das weiß ich nicht. Aber irgend jemand wird das Telegramm ja beantworten.«
Alfjorow kniff die Augen wieder zusammen.

»Haben Sie eine Antwort auf Ihren Brief an Genossen Stalin bekommen?«

Aha. Der Brief an Stalin lag bestimmt in Alfjorows Schublade. Darum das Lachen.

»Halten Sie es für richtig, daß Sie an den Genossen Stalin geschrieben haben?«

»Habe ich vielleicht nicht das Recht, mich an ihn zu wenden?«

»Aber natürlich haben Sie dieses Recht. Schließlich wenden sich alle an den Genossen Stalin, Sie lesen doch Zeitungen und wissen das. Die Leute berichten von ihren letzten Errungenschaften und Leistungen, danken für seine Hilfe bei ihrer Arbeit, für seine Anleitungen. Zweifellos wenden sich auch Verurteilte an ihn, wie Sie verstehen, sind es nicht wenige. Auch Sie haben das getan. Sie hatten die Hälfte Ihrer Frist verbüßt, hatten sich nicht beschwert und dann auf einmal – bums! Ich sitze für nichts und wieder nichts, laßt mich frei! Haben sich vielleicht neue Aspekte in Ihrem Fall ergeben? Sie sehen doch, Sie haben nicht mal eine Antwort bekommen. Damit ein solcher Brief beantwortet wird, müssen Gründe für eine Überprüfung des Falles vorliegen. Und solche Gründe gab es nicht.«

»Dann eben nicht«, sagte Sascha, »aber der Mensch hat ein Recht auf Hoffnung, und das darf man ihm nicht nehmen.«

Alfjorow schob sein Teeglas weg, stützte die Ellbogen auf den Tisch und sah Sascha ernst an.

»Sie haben recht, der Mensch darf hoffen. Aber der Mensch sollte sich Gedanken über seine Handlungen machen, dazu ist er schließlich verpflichtet. Haben Sie allen Ernstes damit gerechnet, daß Ihr Brief den Genossen Stalin erreicht, daß man Ihren Fall überprüft, bloß, weil Sie sich an den Genossen Stalin gewandt haben? Nein, damit haben Sie bestimmt nicht gerechnet, darauf haben Sie nicht gehofft. Dazu sind Sie zu klug. Das war ein unbedachter Entschluß. Mit dem Brief haben Sie sich wiederum in Erinnerung gebracht und zwar beim NKWD, bei dem Ihr Brief gelandet ist. Damit nicht genug, Sie haben auch noch den NKWD beschuldigt, daß Sie zu Unrecht verurteilt worden sind. Haben Sie das vielleicht nötig?«

Sascha schwieg. Was für ein Mensch saß da vor ihm? Ein Freund?

Ein Feind? Er sagte ihm ganz unverblümt: Es war verkehrt, an Stalin zu schreiben, verkehrt, den NKWD zu reizen, verkehrt, auf sich aufmerksam zu machen. Das hatte Sascha seinerzeit doch auch gedacht und dennoch den Brief geschrieben und abgeschickt.
»Vielleicht war das nicht richtig«, sagte Sascha, »aber ich habe nun mal den Brief geschrieben, und das ist eine Weile her, sinnlos, jetzt darüber zu reden. Aber seit heute werde ich hier rechtswidrig festgehalten. Und darüber kann und darf ich mich beschweren, dazu bin ich berechtigt. Ich weiß nicht, wann Sie meine Papiere bekommen, vielleicht nie.«
»Werden Sie es draußen besser haben?«
»Freiheit ist immer besser als Gefängnis.«
»Da haben Sie recht. Freiheit ist wirklich besser als Gefängnis.«
Alfjorow erhob sich, machte ein paar Schritte, ging zur Anrichte, griff nach der Karaffe, nahm zwei Gläser und stellte sie auf den Tisch.
»Na, Alexander Pawlowitsch, das letzte Mal wollten Sie nicht mit mir trinken, ich hoffe, daß Sie mir jetzt keinen Korb geben. Damals waren Sie ein Verbannter und ich Ihr Polizist, jetzt dagegen sind Sie ein freier Mann, wie Sie ja selber behaupten. Folglich können Sie mit mir trinken, ja, Sie sind direkt verpflichtet, das zu tun, ein solches Datum muß gefeiert werden.« Er schenkte beide Gläser voll, hob das seine, nickte Sascha zu und trank.
Sascha leerte sein Glas. Der Likör war bitter, schmeckte aber gut.
»Ich sehe keinen anderen Ausweg«, sagte Sascha. »Hier auf die Papiere zu warten, ist zwecklos. Das kann und will ich nicht. Stellen Sie mir den Passierschein nach Krasnojarsk aus, dort will ich mein Recht suchen, das mir nach dem Gesetz zusteht.«
»Da Sie es bei mir nicht gefunden haben, wollen Sie es dort suchen«. Alfjorow lächelte ironisch und fragte mit einer Kopfbewegung auf die Karaffe deutend: »Hat's geschmeckt?«
»Ja, danke.«
»Noch ein Gläschen?«
»Gern.«
Alfjorow trank aus, wischte sich die Lippen und wartete, bis Sascha sein Glas geleert hatte.
»Fürchten Sie nicht, daß sich folgende Situation ergeben könnte:

Sie fahren mit dem Schlitten nach Krasnojarsk und da Geld für solche Vergnügungsreisen nicht zur Verfügung steht, müssen Sie auf eigene Kosten fahren. Das ist nicht ganz billig. Gesetzt den Fall, Sie kommen hin, gehen zur Regionsverwaltung des NKWD und dort sagt man Ihnen, wozu kommen Sie her, Ihre Papiere sind schon nach Keshma unterwegs, kehren Sie um, Ihre Dokumente können Sie sich bei Genossen Alfjorow abholen. Was sagen Sie zu einer solchen Möglichkeit?«

Sascha schob das Glas beiseite und sah Alfjorow erzürnt an. Es reichte ihm! Da hatte sich Alfjorow eine nette Morgenzerstreuung ausgedacht, der Nichtstuer!

»Genosse Alfjorow!«

Aber der unterbrach: »Warum denn so offiziell? Wir haben miteinander getrunken, nennen Sie mich doch Viktor Gerassimowitsch.«

Aber Sascha war schon in Fahrt, er wiederholte: »Genosse Alfjorow! Verzeihung, Bürger Alfjorow! Das ist ein völlig überflüssiges und erniedrigendes Gespräch! Ich bitte offiziell um eine Bescheinigung, daß ich meine Verbannung abgebüßt habe, oder um eine schriftliche Erklärung mit entsprechender Begründung, warum die Frist verlängert wurde.«

»Tja«, sagte Alfjorow nachdenklich, »Sie haben mich also nicht verstanden. Schade ... Na ja, eines Tages werden Sie mich verstehen.«

Er ging ins Nebenzimmer, das ihm als Amtsraum diente, setzte sich an den Tisch, schrieb lange, wobei er hin und wieder in eine Akte sah, dann trocknete er das Geschriebene mit einem Löscher, erhob sich und kam in die Wohnstube zurück.

»Schön, Alexander Pawlowitsch«, sagte er, Saschas Vor- und Vatersnamen ironisch betonend, »hier haben Sie Ihre Bescheinigung, daß Sie Ihre Verbannung abgebüßt haben. Sehen Sie, hier ist eine Rubrik«, er hielt den Finger darauf, »Fahrtziel. Ich habe Keshma hineingeschrieben. Das heißt, daß Sie von mir geradewegs zum Milizrevier gehen, wo man Ihnen gegen diese Bescheinigung einen befristeten Paß ausstellt – mit einer Gültigkeitsdauer von drei oder sechs Monaten, egal, nehmen Sie, was man Ihnen gibt und stellen Sie keine Fragen. Sobald Sie den Paß haben, fahren Sie weg, und zwar am selben, spätestens am nächsten Tag! Morgen geht, was günstig ist, die Post nach Taischet ab. Versuchen Sie, mitzukommen. Reisespesen kann ich Ihnen nicht geben, da ich die Bescheinigung für Keshma ausgestellt habe, Sie werden schon irgendwie zurechtkommen. Der Postbote wird's nicht zu teuer machen. Legen Sie Ihren Koffer auf den Schlitten, Sie können zu Fuß nebenher gehen. Aber lassen Sie sich nicht einfallen, auch nur besuchsweise nach Moskau zu fahren. Fahren Sie in irgendeine kleinere Stadt, tauschen Sie den provisorischen Paß gegen einen ständigen Paß um, und fahren Sie sofort weiter, möglichst weit weg von Moskau. Alle sind darauf aus, sich am hundertsten Kilometer anzusiedeln, im ersten Ort jenseits der verbotenen Hundertkilometerzone um Moskau – davon möchte ich Ihnen dringend abraten. Dort leben zu viele Leute wie Sie, Sie aber müssen sich heraushalten, sich fernhalten von diesem Haufen. Vermeiden Sie überflüssige Kontakte und Verbindungen. Verbindungen dürfen Sie überhaupt nicht haben. Sie sind jung, gesund, sehen gut aus. Sie haben drei Jahre an einem Fleck gehockt, jetzt müssen Sie sich den Wind um die Nase wehen lassen. Reisen Sie durch Mütterchen Rußland, schauen Sie sich die Welt an. Kurz und gut, jetzt sollten Sie endlich begreifen, wovon ich rede. Beherzigen Sie meine Ratschläge, sie sind gut gemeint und werden Ihnen nützen. Ich habe Sie nicht belogen, Ihre Dokumente aus Krasnojarsk sind tatsächlich nicht gekommen. Gerade deswegen lasse ich Sie frei.«

Nach einer kleinen Pause fügte er vielsagend an: »Gerade darum dränge ich so und rate Ihnen zur Eile. Glückliche Reise!«

Er streckte Sascha seine Rechte hin und hielt Saschas Hand eine Weile in der seinen.

»Merken Sie sich, was ich Ihnen gesagt habe ... Wir haben uns übrigens nur über Ihre historischen Arbeiten unterhalten. »Stimmt's?«

»Ja«, antwortete Sascha fest, »stimmt genau.«

Sascha wußte nicht, daß bereits seit zwei Tagen in Moskau ein neuer, großer Gerichtsprozeß gegen Pjatakow, Radek, Sokolnikow, Muralow und andere prominente Funktionäre der kommunistischen Partei lief.

Alfjorow dagegen hatte das gewußt.
Dieser Prozeß leitete das Jahr 1937 ein.

Wolfgang Leonhard
Die Revolution entlässt ihre Kinder
Gebunden

Dieses Buch, in dem Wolfgang Leonhard seine Erlebnisse und Eindrücke während seiner Ausbildung in der Sowjetunion und seiner politischen Arbeit in der Sowjetischen Besatzungszone schildert, ist heute ein Klassiker der politischen Literatur und eines der großen historisch-politischen Dokumente der Gegenwart.

»*Die Revolution entläßt ihre Kinder* hat uns die Augen geöffnet. Leonhards Leben spiegelt die Geschichte unseres Jahrhunderts wider. Obwohl er nie ein politisches Amt innehatte, prägte er dennoch das westliche Denken gegenüber dem Kommunismus über Jahrzehnte.« *Hans-Dietrich Genscher*

Spurensuche
Vierzig Jahre nach Die Revolution entläßt ihre Kinder

Mit zahlreichen Dokumenten, historischen und aktuellen Fotos. Aktuelle Fotos von Gerhard Weber. Leinen

Nach 40 Jahren besucht Wolfgang Leonhard Personen und Orte, die er in seinem berühmt gewordenen Buch *Die Revolution entläßt ihre Kinder* beschrieben hat.
Als Mitglied der »Gruppe Ulbricht« erlebte er 1945 die Anfänge des DDR-Regimes; 1990/91 war er Zeuge seines Endes.
Wolfgang Leonhards erschütternde Wiederbegegnungen gehen weit über persönliche Erinnerungen hinaus – sie sind ein wichtiger Beitrag zur Aufarbeitung der Geschichte der DDR.

Alfred Döblin
im dtv

Berlin Alexanderplatz
Roman · dtv 295

Die Ermordung einer Butterblume
und andere Erzählungen
dtv 1552

Ein Kerl muß eine Meinung haben
Berichte und Kritiken 1921–1924
dtv 1694

Der Überfall auf Chao-lao-sü
Erzählungen aus fünf Jahrzehnten
dtv 10005

Babylonische Wandrung oder
Hochmut kommt vor dem Fall
dtv 10035

Werkausgabe in Einzelbänden
Herausgegeben von A. W. Riley

Eine auf dreiunddreißig Bände angelegte, nach Gattungen chronologisch geordnete Werkausgabe der erzählerischen, philosophischen und kritischen Schriften von Alfred Döblin. Die ersten 13 Bände:

Jagende Rosse
Der schwarze Vorhang
und andere frühe Erzählwerke
dtv 2421

Die drei Sprünge des Wang-lun
Chinesischer Roman · dtv 2423

Wadzeks Kampf mit der
Dampfturbine
Roman · dtv 2424

Wallenstein
Roman · dtv 2425

Der deutsche Maskenball
von Linke Poot
Wissen und Verändern!
dtv 2426

Reise in Polen · dtv 2428

Manas
Epische Dichtung · dtv 2429

Unser Dasein
dtv 2431

Pardon wird nicht gegeben
Roman · dtv 2433

Der Oberst und der Dichter
oder Das menschliche Herz
Die Pilgerin Aetheria
Zwei Erzählungen · dtv 2439

Hamlet oder Die Lange Nacht
nimmt ein Ende
Roman · dtv 2442

Drama, Hörspiel, Film
dtv 2443

Briefe · dtv 2444

Heinrich Böll im dtv

Irisches Tagebuch · dtv 1

Zum Tee bei Dr. Borsig
Hörspiele · dtv 200

Als der Krieg ausbrach · dtv 339

Nicht nur zur Weihnachtszeit
dtv 350 · dtv großdruck 2575

Ansichten eines Clowns · dtv 400

Wanderer, kommst du nach Spa ...
dtv 437

Ende einer Dienstfahrt · dtv 566

Der Zug war pünktlich · dtv 818

Wo warst du, Adam? · dtv 856

Gruppenbild mit Dame · dtv 959

Billard um halbzehn · dtv 991

Die verlorene Ehre der Katharina
Blum · dtv 1150/großdruck 25001

Das Brot der frühen Jahre
dtv 1374

Hausfriedensbruch. Hörspiel
Aussatz. Schauspiel
dtv 1439

Und sagte kein einziges Wort
dtv 1518

Ein Tag wie sonst
Hörspiele · dtv 1536

Haus ohne Hüter · dtv 1631

Du fährst zu oft nach Heidelberg
dtv 1725

Das Heinrich Böll Lesebuch
dtv 10031

Was soll aus dem Jungen bloß
werden?
Oder: Irgendwas mit Büchern
dtv 10169

Das Vermächtnis · dtv 10326

Die Verwundung · dtv 10472

Foto: Isolde Ohlbaum

Heinrich Böll/Heinrich Vormweg:
Weil die Stadt so fremd geworden
ist... dtv 10754

Niemands Land
Kindheitserinnerungen
an die Jahre 1945 bis 1949
Herausgegeben von Heinrich Böll
dtv 10787

Frauen vor Flußlandschaft · dtv 11196

Eine deutsche Erinnerung
Interview mit René Wintzen
dtv 11385

Rom auf den ersten Blick
Landschaften. Städte. Reisen
dtv 11393

Heinrich Böll zum Wiederlesen
dtv großdruck 25023

In eigener und anderer Sache
Schriften und Reden 1952 – 1985
9 Bände in Kassette · dtv 5962
(Einzelbände dtv 10601 – 10609)

In Sachen Böll –
Ansichten und Einsichten
Hrsg. v. Marcel Reich-Ranicki
dtv 730

Saul Bellow im dtv

Foto: Thomas Victor

Eine silberne Schale
Das alte System

Diese beiden Erzählungen schildern die vielschichtigen Beziehungen und Konflikte innerhalb einer großen jüdischen Familie, zeigen, wie man sich quält und verwöhnt, hilft und übers Ohr haut, und wie man sich trotzdem liebt. dtv 10425

Mr. Sammlers Planet

Mit den Augen eines weise gewordenen europäischen Intellektuellen zeigt Saul Bellow New York aus einer Perspektive, die voller Tragik und Komik zugleich ist: »Alle menschlichen Typen sind reproduziert: der Barbar, die Rothaut, der Dandy, der Büffeljäger, der Desperado, der Schwule, der Sexualphantast, Dichter, Maler, Schürfer...« dtv 11200

Der mit dem Fuß im Fettnäpfchen
Erzählungen

»Ich sehe nicht einmal aus wie ein Amerikaner«, sagt Mr. Shawmut, Held der Titelgeschichte, »– ich bin groß, aber ich habe einen krummen Rücken, mein Hintern sitzt höher als bei anderen Menschen, ich habe stets das Gefühl, daß meine Beine unverhältnismäßig lang sind: man brauchte einen Ingenieur, um die Dynamik auszutüfteln...« – der amerikanische Nobelpreisträger von einer leichten, heiteren Seite. dtv 11215

Der Regenkönig

Eugene Henderson, ein spleeniger Millionär, hat die Nase voll vom »American way of life«, läßt Familie und Reichtum hinter sich und sucht sein Glück in Afrika. Dort wird er von den Wariwaris zum Regenkönig gekürt – ein nicht ganz ungefährliches Amt, wie sich herausstellt. Ein moderner Schelmenroman voll hintergründiger Komik. dtv 11223

Mehr noch sterben
an gebrochnem Herzen

Der international geschätzte Botaniker Benn Crader erweist sich, wenn's ums andere Geschlecht geht, als Ignorant und Laie. Auch Kenneth Trachtenberg, Benns Neffe und treuer Begleiter, ist kein Frauenheld. Mit Entsetzen verfolgt er die amourösen Abenteuer seines ältlichen Onkels und dessen Heirat mit der wesentlich jüngeren Matilda Layamon. Doch er gerät bald selbst in die Netze der Liebe. dtv 11364

Isaac B. Singer im dtv

Feinde, die Geschichte einer Liebe

Immer noch von Ängsten gepeinigt, lebt ein der Nazi-Verfolgung entkommener Jude in einer fatalen Konstellation zwischen drei Frauen. dtv 1216

Das Landgut

Kalman Jacobi, ein frommer jüdischer Getreidehändler, wird 1863 Pächter eines enteigneten Landguts in Polen und gerät mit seiner Familie in den Sog der neuen Zeit. dtv 1642

Schoscha

»Eine Liebesgeschichte aus dem Warschauer Ghetto und zugleich ein Gesellschaftsroman unter Intellektuellen.« (Stuttgarter Zeitung) dtv 1788

Das Erbe

Auch Kalman Jacobis Familie wird von den politischen und sozialen Veränderungen gegen Ende des 19. Jahrhunderts erfaßt. dtv 10132

Eine Kindheit in Warschau

Singer erinnert sich an seine Kindheit im Warschauer Judenviertel. dtv 10187

Verloren in Amerika

Singer als kleiner Junge auf der Suche nach Gott, als junger Mann auf der Suche nach Liebe, und als einsamer Emigrant in New York. dtv 10395

Die Familie Moschkat

Eine Familiensaga aus der Welt des osteuropäischen Judentums in der Zeit von 1910 bis 1939. dtv 10650

Old Love

Geschichten von der Liebe dtv 10851

Der Büßer

Joseph Shapiro entkommt dem Holocaust und bringt es in den USA zu Vermögen, Ehefrau und obligater Geliebter. Eines Tages merkt er, daß er seine – wenn auch ökonomisch wie erotisch erfolgreiche – Existenz nicht mehr aushält ... dtv 11170

Der Kabbalist vom East Broadway

Geschichten von jiddisch sprechenden Menschen, denen Singer in seiner geliebten Cafeteria am East Broadway begegnete. dtv 11549 (Juni '92)

Manès Sperber
im dtv

Foto: Horst Tappe

Wie eine Träne im Ozean
Romantrilogie

In dieser an Figuren und Schauplätzen ungewöhnlich reichen und spannenden Romantrilogie beschreibt Manès Sperber die politische Landschaft Europas in den Jahren zwischen 1930 und 1945. Im Mittelpunkt steht das geistige Abenteuer des revolutionären Menschen. dtv 1579

Churban oder
Die unfaßbare Gewißheit
Essays

Das hebräische Wort Churban bedeutet Verwüstung, Vernichtung. Es bezeichnet insbesondere die Zerstörung des Ersten Tempels durch Nebukadnezar (587 v. Chr.), die des Zweiten Tempels durch Titus (70 n. Chr.) und die ab 1940 von den Nationalsozialisten organisierte Ausrottung der europäischen Juden. dtv 10071

Die Tyrannis und andere Essays
aus der Zeit der Verachtung

»Die Tyrannis, das ist nicht nur der Tyrann, allein oder mit seinen Komplizen, sondern das sind auch die Untertanen, seine Opfer, die ihn zum Tyrannen gemacht haben.«
dtv 10770

Wolyna
Erzählung

Dem kleinen jüdischen Städtchen Wolyna in Ostpolen droht im Winter 1942/43 der Untergang durch Hitlers Schergen …
dtv großdruck 2588

Individuum und Gemeinschaft
Versuch einer
sozialen Charakteriologie

Die letzten Vorlesungen, die Manès Sperber vor seiner Emigration 1933 am Individualpsychologischen Institut in Berlin gehalten hat.
dialog und praxis
dtv/Klett-Cotta 15030